厦门大学法学院社会法研究所主办

社会法论丛

2018 年卷（总第 3 卷）

SOCIAL LAW REVIEW **VOLUME 3**

蒋 月　主编

社会科学文献出版社
SOCIAL SCIENCES ACADEMIC PRESS (CHINA)

卷 首 语

在新时代全面深化改革、全面推进依法治国的进程中，我国社会法学遇到了前所未有的事业发展良机。2017年10月，中共十九大报告《决胜全面建成小康社会　夺取新时代中国特色社会主义伟大胜利》明确我国社会主要矛盾已经转化为人民日益增长的美好生活需要和不平衡不充分的发展的矛盾，指出当前在就业、教育、医疗、居住、养老等方面面临不少难题；要在发展中补齐短板，促进社会公平正义，在幼有所育、学有所教、劳有所得、病有所医、老有所养、住有所居、弱有所扶上不断取得新进展；要打赢脱贫攻坚战，促进全体人民共同富裕；要优先发展教育事业，提高就业质量和人民收入水平，要加强社会保障体系建设，要实施健康中国战略，要打造共建共治共享的社会治理格局，"更好满足人民在经济、政治、文化、社会、生态等方面日益增长的需要，更好地推动人的全面发展、社会全面进步"。纵观世界，以数字技术和生命科学为代表的新一轮科技革命和产业变革日新月异，互联网、人工智能、基因科学等极大地改变了并将进一步改变人类社会生活，劳动问题和劳动关系正经历着一系列深刻变化，社会保障权与社会保障法也将随之变迁。社会法学在其中承担的任务繁重，必将大有可为。

《社会法论丛》2018年卷收录了从理论到实践、从国内到国外不同面向的探讨社会法学问题的部分优质成果，其中，14篇论文、2篇译文和1篇会议综述。吴锦宇博士的论文《AI时代技术进步对劳动雇佣法律与政策的挑战》讨论了科技进步对劳动法律与政策带来的部分挑战。柯宇航的论文《论我国团结权主体范围之限缩》探讨了我国《工会法》第3条所确立的团结权主体范围是否合理，依据集体劳动法理关于团结权主体的限制理论，论述了对事业单位负责人和企业高管享有团结权宜作适当限制问题。蒋月和郭纯玥的论文《改革开放40年劳动法学研究的回顾与展望

（1978～2018）》梳理了我国实行改革开放政策 40 年间的劳动法学研究进展，就深入推进该领域研究提出了若干对策建议。杨勇明的论文《论用人单位调岗行为的法律规制》研究了近年来的热点问题——企业基于用工自主权调整劳动者工作内容或工作地点的权利，结合相关司法裁判案件统计，主张调岗应当确立保护企业用工自主权和调岗合理性两个基本原则，提出了基于企业经营上所必需等七个认定调岗行为正当性的判断标准。胡玉浪的论文《生育津贴给付法律问题探讨》论述了女职工享受生育津贴的权利，讨论了给付标准和给付期限。杨式敏、黄若阳合著的论文《社会保险费征收改革影响分析与应对建议》分析研究了最近两年热门的社会保险费征收改革及其影响。罗丽娜译、李海明校的一个案例《美国博雷洛公司诉劳资关系部案（1989）》讨论了一个采摘黄瓜的农业劳动者与农场主订立书面共享收益协议后，是否成了被工伤赔偿覆盖范围排除在外的"独立承包商"问题，对用工形式多元化情形下的当事人之间法律关系的争辩也不失有趣。本集收录的作品多数来自中青年学人，他们思维开放，专业反应快速，及时追踪社会法学前沿中的问题或者社会反响比较热烈的专业问题或现象并展开探讨。这从一个侧面反映出社会法学专业队伍的不断壮大和日益增强的活力。

　　《社会法论丛》是社会法学事业大潮中的一朵小小浪花。希望这个专业平台能为社会法学从业者的使命担当和责任履行提供一定支持，让同行们产生思想碰撞，收获专业分享，享受交流的愉悦。感谢同行们的支持与厚爱，期待大家多多赐稿。让我们共同努力，推进社会法制事业进步，为促进社会公平正义、促进人的全面发展贡献心力、智力和服务。

蒋　月

2019 年 8 月 10 日

目录

Contents

Contents

理论探索与争鸣

AI 时代技术进步对劳动雇佣法律与政策的挑战[*]

吴锦宇[**]

摘　要："技术进步对就业的影响"争论已久，技术进步带来工作岗位的消失和创造。劳动学界的传统观点是：蓝领工作有被自动化取代的风险，白领工作则暂无此忧。进入 21 世纪，不能确保白领工作在未来技术变革面前受到保护。机器能力突飞猛进有三个主要原因：计算能力、数据处理能力、程序设计的改进。技术改变就业水平和结构有三个面向：首先，技术会取代大部分惯常性任务，但是不一定会取代人类所从事的所有工作；其次，技术使得基于非惯常性任务的职业更加宝贵；最后，技术降低了生产很多商品和服务的成本，这至少会提升一些行业中的雇工数量。欧盟不仅鼓励投资人工智能研发，而且在研究和发展涉及人工智能的规则和法律，其中包括人工智能与劳动就业问题。美国在人工智能研发领域处于世界领先地位，产业优势非常明显，但相关政府政策与法律处于相对缺失状态。这从一般意义上提出了科技进步对雇佣法律与政策的部分挑战。

关键词：人工智能　科学技术进步　劳动雇佣

一种新的"疾病"正在折磨着我们，某些读者也许还没有听说过它的名称，不过在今后几年内将听得不想再听——约翰·梅纳德·凯恩斯于

---

[*] 本文受国家社科基金年度项目（19BFX193）、浙江省哲学社会科学重点研究基地规划一般课题（16JDGH064）的资助，在此表示感谢！

[**] 吴锦宇，浙江定海人，法律学士、政治学士、经济学硕士、意大利摩德纳－雷焦·艾米利亚大学劳动关系专业（劳动市场法研究方向）博士、中国人民大学应用经济学（劳动经济学专业劳动法与劳动关系研究方向）博士后；浙江工商大学经济学院经济系讲师；研究方向：国际比较劳动法与产业关系、法经济学、世界经济学。

1930 年将这种病命名为"由技术进步而引致的失业"。① 2015 年《中国制造 2025》提出要实施制造强国战略，建设制造强国。基于《中国制造 2025》的战略要求和我国人口红利逐渐消失的现实要求，中国未来对智能型机器的需求将大幅度增加。因此，国务院又相继印发《"互联网＋"人工智能三年行动实施方案》《"十三五"国家战略性新兴产业发展规划》等，将人工智能的发展作为国家发展的未来要点。2017 年 7 月正式印发《新一代人工智能发展规划》，提出人工智能发展"三步走"的战略目标。2017 年 10 月，习近平总书记在十九大报告中进一步明确提出要"加快发展先进制造业，推动互联网、大数据、人工智能和实体经济深度融合"，其重要讲话再次申明了人工智能发展的重要性。2018 年中国政府工作报告中更明确提出"加强新一代人工智能研发应用"，2019 年 2 月国际劳工组织研究报告《世界就业和社会展望：2019 年趋势》提醒说，报告在列举当前全球就业的一些突出问题时说，如果政策制定者及其推出的政策不能应对相关挑战，那么一些通过新技术实现的新商业模式，可能会破坏现有劳动力市场在改善就业情况、就业社会保护和完善劳动标准等领域的成就。② 因此，如何处理智能化浪潮下"中国智造"和劳动力市场雇佣之间的关系成为新时代议题。

一　相关研究概述③

（一）人工智能的探讨

人工智能（Artificial Intelligence），其有关"机器人"的概念可以追溯

---

① 《我们后代在经济上的前景》，载〔英〕J. M. 凯恩斯《语言与劝说》，赵波、包晓闻译，江苏人民出版社，1997，第 356 页。

② 《改善工作条件是全球的主要挑战》，https：//www. ilo. org/beijing/information – resources/public – information/press – releases/WCMS_671146/lang – zh/index. htm，访问时间：2019 年 7 月 29 日。

③ 此部分中的许多专家观点来自 Estevadeordal, Antoni and Cabrol, Marcelo et al. , *Robotlution：the Future of Work in Latin American Integration* 4.0，Buenos Aires：Inter – American Development Bank Press，2017 一书。该书是第一本系统阐述世界各国人工智能对劳动就业影响及法律政策应对的正式出版的学术论文集，是由美洲开发银行邀请诺贝尔经济学奖得主、图灵奖得主、国际劳工组织等学者专家撰写报告的节选本，有英文版和西班牙文版。其英文版、西班牙文版的电子版下载地址：https：//publications. iadb. org/en/integration – and – trade – journal – volume – 21 – no – 42 – august – 2017 – robot – lucion – future – work – latin – american。

到古埃及时期的圣像。20世纪40年代，可编程数字计算机的出现使人们开始探讨构建电子大脑的可能性。现代意义上的"人工智能"概念则于1956年举办的达特茅斯会议上被首次明确提出。①

1. 人工智能的界定

由于人工智能的前沿性和学科交叉性，学术界对人工智能的界定众说纷纭。如国外学者温斯顿（Winston）②指出，人工智能就是研究如何能使机器来做以前只有人才能做的智能工作。国内学者王媛、方东菊、朱敏等认同人工智能是指研究、开发用于模拟、延伸和扩展人的智能的理论、方法、技术及应用系统的一门新的技术科学，该领域的研究包括机器人、语音识别、图像识别、自然语言处理和专家系统等。③这也是大多数人的观点。本文也采用这一定义。

2. 人工智能的发展及问题

人工智能存在下列三大类问题。（1）技术和形式化问题。胡扬、桂卫华、蔡自兴等从人工智能的算法收敛性、解法等价性、逆智能方面研究存在的问题，提出以人工科学反推自然科学的"逆智能"模型。④刘西瑞、王汉琦同样从计算机算法角度进行人工智能形式化研究，认为当前人工智能在逻辑算法上形式化，存在局限。⑤（2）法律问题。刘志坚指出人类在使用人工智能时对数据和算法过于依赖，而很多涉及用户隐私的数据缺少法律保护，由此引发围绕人工智能的隐私保护法律论战。⑥（3）安全和伦理问题。张一南从人权伦理问题、道德伦理问题、代际伦理问题等角度研究人工智能技术发展到足够高度后所能引起的伦理问题，提出人工智能是否应被赋予人权，是否会危害人类的"人权"，是否会降低道德对人类的约束力等疑问。⑦

---

① 李德毅主编《人工智能导论》，中国科学技术出版社，2018，第1~2页。

② Winston, P. H., *Artificial Intelligence*, Addison - Wesley Pub. Co., 1977.

③ 王媛：《人工智能在电气自动化控制中的应用》，《旅游纵览》2013年第3期；方东菊：《人工智能研究》，《信息与电脑》（理论版）2016年第7期；朱敏、纪雯雯、高春雷等：《人工智能与劳动力市场变革：机遇和挑战》，《教育经济评论》2018年第2期。

④ 胡扬、桂卫华、蔡自兴、叶华文：《关于人工智能几个问题的思考》，《计算机科学》2010年第10期。

⑤ 刘西瑞、王汉琦：《人工智能化中的形式化问题》，《自然辩证法研究》2002年第8期。

⑥ 刘志坚：《穿透AI：人工智能的法律风险及其应对》，《当代金融家》2017年第12期。

⑦ 张一南：《人工智能技术的伦理问题及其对策研究》，《吉林广播电视大学学报》2016年第11期。

3. 人工智能的未来

对于人工智能的未来，杨建刚、储庆中认为人工智能将在更多领域扩大应用，将比电子计算机有更广泛的应用领域。① 魏葆春认为在未来一段时间内人工智能仍然处于弱智能的状态，创造具有人机互动功能的高层次人工智能仍需时间。② 陈钟则持中庸态度，认为应对人工智能发展进行规制，促使其合规发展。③

（二）技术进步对就业影响的争论④

"技术进步对就业的负面影响"话题而引发的忧虑由来已久，技术进步总是带来工作岗位的毁灭和创造。⑤ 学者们一致的观点是，这次情况有所不同，这一进程现在和未来都会更快，因为所经历的不是一次技术革命，而是同时经历多次技术革命，哪怕变动速度不像很多人以为的那样具有爆炸性，至少也非常快。

关于"技术进步对就业的影响"，有以下两种截然不同的观点。悲观派提出，这些变化是非常迅速的，如果生产系统和政府机构不能适应，它们将落伍于这些变动。⑥ 研究显示，美国47%的工作，OECD 国家57%的工作，中国77%的工作，正在由于机器学习和自动机器人的最新进展而面临自动化的挑战。⑦ 乐观派认为，历史上有过其他的技术革命，它们摧毁

---

① 杨建刚、储庆中：《对人工智能未来发展的几点思考》，《甘肃科技纵横》2006 年第 12 期。
② 魏葆春：《人工智能的现状与未来的发展方向》，《边疆经济与文化》2012 年第 12 期。
③ 陈钟：《从人工智能本质看未来的发展》，《探索与争鸣》2017 年第 10 期。
④ 有关技术进步与就业的理论有"资本—技能互补"假说、亚当·斯密的补偿理论、熊彼特的周期理论等，详见吴锦宇、葛乙九《"机器换人"背景下对劳动力就业问题思考》，《温州大学学报》（哲学社会科学版）2018 年第 5 期，第 11 ~ 16 页。
⑤ Brynjolfsson, E., and McAfee, A., *The Second Machine Age：Work, Progress and Prosperity in a Time of Brilliant Technologies*, New York and London：W. W. Norton & Company, 2014；Ford, M., *Rise of the Robots：Technology and the Threat of a Jobless Future*, New York：Basic Books, 2015.
⑥ Brynjolfsson, E., and McAfee, A., *The Second Machine Age：Work, Progress and Prosperity in a Time of Brilliant Technologies*, New York and London：W. W. Norton & Company, 2014；Ford, M., *Rise of the Robots：Technology and the Threat of a Jobless Future*, New York：Basic Books, 2015.
⑦ Frey, C. B., and Osborne, M. A., "The Future of Employment：How Susceptible Are Jobs to Computerisation?" *Technological Forecasting and Social Change*, 114：254 – 280, 2017；World Bank, *World Development Report 2016：Digital Dividend*, Washington DC：World Bank, 2016.

了工作，但是也创造了新工作。托马斯·弗里德曼（Thomas Friedman）提出，新机器在很多领域会是人类的"智能助手"，这会提升生产效率，在很多情形中有助于就业。[①] 他指出，这些智能助手意味着几乎所有的工作都成了知识工作。这种互补性不会自动发生，而是需要公共政策方面的一致努力，公司和个人对于终生学习的态度，还有新的社会契约和机构带来变革和刺激所需要的投资。但是，这种争辩属于未来学的研究领域，这两派都未能提供证据来支持观点。

二 蓝领工作、白领工作与自动化

（一）20世纪及以前

劳动学界的传统观点是：蓝领工作有被自动化取代的风险，而白领工作则不可能。达龙·阿西莫格鲁（Daron Acemoglu）指出，尖端技术工作的开展会比40年前更为快速，蓝领职业会迅速萎缩。他说，1760年至1850年，得益于工会和高中教育的普及，当时的技术发展带来的益处才抵达低端蓝领阶层。

在20世纪的发达国家中，与只有高中文凭的工人相比，接受过大学教育的工人的相对工资有所增长，此类现象被称为"技能溢价"。当然，技能溢价增长幅度因时间和地点而有所不同。但是一般趋势是，熟练工人的"价格"相对于非熟练工人的"价格"在上升，这价格是靠与其相对的工资水平而衡量的。技术至关重要，它有"技术偏向"。它偏好那些有技能的人，或者说对那些非熟练工人有负面偏见。总之，因为技术，和非熟练工人的工作相比，熟练工人的工作更重要，更有价值。这种"技术进步偏向"理论被用于解释发达国家中的工资趋势。[②]

"互相联系起来"的高技能工人往往能从技术变革中获益，而"没有

---

① Friedman, T., *Thank You for Being Late: An Optimist's Guide to Thriving in the Age of Accelerations*, New York: Farrar, Straus, and Giroux, 2016.

② Berman, E., Bound, J., and Machin, S., "Implications of Skill – Biased Technological Change: International Evidence", *The Quarterly Journal of Economics*, 113 (4): 1245 – 1279, 1998; Acemoglu, D., "Technical Change, Inequality, and the Labor Market", *Journal of Economic Literature*, 40 (1): 7 – 72, 2002.

互相联系起来"的低技能工人则受损。中等技能岗位越来越难以获得高工资。常态是高技能和高工资。学界将这种影响称为掏空中产阶级[1]或者"平均化的终结"[2]，因为中等技能岗位的比例在缩小，而高等技能岗位的比例在提升，在发达国家更是如此。这是被称为"技术进步偏向的技术变革"效应的本质。

历史经验以及不断提高的技能溢价，似乎都支持"白领工作在技术变革面前受到保护"这种传统观点。在 20 世纪的大部分时间里，技术变革似乎使得白领工作和蓝领的工作相比更加重要，更加有价值。技术变革似乎帮助了高技能工人，损害了低技能工人。对于"技术变革使得熟练白领工人的工作和非熟练蓝领工人的工作相比更有价值"，最常见的解释是，与蓝领工作相比，白领工作更负责，更有难度。例如，律师经常宣称他或者她的工作需要判断力，建筑师经常说其工作需要创造力，或者医生宣称其工作需要同情心。因此这些任务不能被机器完成。

技术进步偏向理论不仅被用于解释世界各地的劳动力市场现象，还被用于作为对策的劳动政策。技术和教育之间存在竞争。[3] 技术变革使得熟练工作更有价值。因此，对劳动政策制定者的启示就是要设计一些干预措施，帮助提高劳动力大军的技能，让劳动者在这场竞争中保持不落伍。

（二）21 世纪：技术变革对白领工作的冲击

进入 21 世纪，并不能确保白领工作在未来也能在技术变革面前受到保护，因为现在机器的能力有很大提高。

促进现在机器的能力突飞猛进的有以下三个原因：计算能力、数据处理能力、程序设计的改进。第一，计算能力的飞速提高。在 2001 年，诺贝尔经济学奖得主迈克尔·斯宾塞指出，摩尔法则[4]在过去 50 年里处理能力

---

[1] Autor, D. H., and Dorn, D., "How Technology Wrecks the Middle Class", *The New York Times*, August 24, 2013.

[2] Cowen, T., *Average is Over: Powering American Beyond the Age of the Great Stagnation*, Dutton Adult, 2013.

[3] Goldin, C., and Katz, L., *The Race Between Education and Technology*, Cambridge: Harvard University Press, 2008.

[4] 戈登·摩尔，计算机科学家。1965 年他预言，在一个芯片里面能放入的中转器的数量每两年左右就会翻一番。1968 年，他与他人一起创立了英特尔公司。

的成本降低了"大约100亿倍"。在斯宾塞提及的这50年中，这个预言大多都已被证实，一些年份快一点，一些年份慢一些。这种机械成就驱动了计算处理能力在同期的迅猛增长。很多计算机科学家预言通过不同的计算方式，摩尔法则在未来仍会有效。第二，数据存储能力的这种改善。数据科学亦称大数据、预测性分析以及数据分析。这些术语大多指的是同一种现象。在《职业的未来》一书中，预计到2020年，同样的信息每几个小时就创造出来了。随着人类的活动变得数码化，所有活动和决策都留下了海量"数据残余"，现在能捕捉和储存这种残余。① 第三，程序设计的突飞猛进。近期程序设计方面，也就是这些系统和机器所遵循的规则方面有了突破性的智识进展。这意味着可以将这种处理能力和数据付诸使用。

传统观点认为，白领工作很难被自动化取代，因为人们从事的工作是一整块无法分割的"事情"的组合。但是，这种观点显然是错的。工作不是不可分割的事物的浑然整体。事实上，任何工作都是由很多任务组成的。职业工作人员在岗位上进行多种活动，这是"基于任务的就业市场模式"。② 基于工作的过程，当职业性工作被分解或者解构，变成各项任务时，工作的各个部分就变得非常简单。并不是白领工作的所有活动都需要创造力、判断力或者同情心，或者说很多情况下，都不太需要这三者。如果职业性工作被分解成各个分支任务，可以发现很多任务就是简单重复性的。这意味着我们发现，人们可以轻易解释他们执行这些任务时所遵循的特定规则。如果这些规则很容易阐述，也就很容易为机器设计出一套类似的规则，让机器基于解释来遵守。③

在经济学文献中，惯常性任务最容易被自动化取代，这被称为"惯常性假设"。④ 学者理查德·苏斯肯德和丹尼尔·苏斯肯德指出，非惯常性任

① Susskind, R., and Susskind, D., *The Future of the Professions: How Technology Will Transform the Work of Human Experts* (Updated Edition), Oxford: Oxford University Press, 2019.
② Autor, D., "The 'Task Approach' to Labor Markets: An Overview", *Journal for Labour Market Research*, 46 (3): 185–199, 2013.
③ Susskind, R., *The Future of Law: How Technology Will Transform the Work of Human Experts*, Oxford: Oxford University Press, 1996; Susskind, R., *Transforming the Law: Essays on Technology, Justice, and the Legal Marketplace*, Oxford: Oxford University Press, 2000; Susskind, R., *The End of Lawyers? Rethinking the Nature of Legal Services*, Oxford: Oxford University Press, 2008.
④ Autor, D. H., Levy, F., and Murnane, R. J., "The Skill Content of Recent Technological Change: An Empirical Explanation", *Quarterly Journal of Economics*, 118 (4): 1279–1333, 2003.

务不会被自动化取代，这个观点基于一个错误的想法——"要发展能从事专家层面的任务的系统，唯一的办法是重复人类专家的思考过程，这是一个错误想法"；而且这个想法是"人工智能错误"。① 实际上，机器通过分析数据，能够比人类取得更好的成果，而不需要进行人类所经过的过程。当白领工作被分解成活动时，它经常有一个惯常性任务的组成部分，很容易被自动化。因此，白领工作在自动化面前有风险，而且，非惯常性工作也越来越能被自动化。白领工作的自动化，很多是非惯常性任务，而不是惯常性任务。

在思考技术能力方面，人类的职业工作者被惊人的机器处理能力、大规模数据存储能力，还有复杂程序所击败。系统比律师更准确地预见法庭判决，机器依照过去的医疗数据比医生做出更好的医学诊断。高性能的机器并不依赖于人类的创造力、判断力或者同情心。在很多情况下，它们遵循的规则不是人类所遵循的。

人工智能谬误还在于这个惯常性假设的核心。这个假设指出，因为人类能够轻易说出他们在执行这些任务时遵循的法则，所以惯常性任务很容易被自动化。因此我们很容易基于这些阐述制定规则让机器人遵守。反而言之，非惯常性任务很难被自动化，因为人类遵循的规则并不清楚。但是这忽视了一个事实，那就是有其他方式来发展系统，来从事专家级的工作，而不需要试图复制人类专家的思考过程。也就是说，如果在执行同样的任务时，机器遵循的法则不同于人类所遵循的法则，那么人类能否解释他们在完成任务时所遵循的法则并不重要。

三 技术进步对就业水平和结构的影响

布林约尔松（Brynjolfsson）和迈克菲（McAfee）研究技术是否会终结工作以及和工作紧密相关的所有福利（例如养老金和健康保险），他们指出，人类正在经历前所未有的迅速变化的技术革命的阵痛。如果机器能够更好而且更经济地做工，那还要人类干什么？技术会让人类陷入失业和不

---

① Susskind, R., and Susskind, D., *The Future of the Professions: How Technology Will Transform the Work of Human Experts* (Updated Edition), Oxford: Oxford University Press, 2019.

公平的深渊吗?①

总的来说,技术改变就业水平和结构有以下三大特点。(1)技术会取代大部分惯常性任务,但是不一定会取代人类所从事的所有工作。工作由很多任务组成。"工作"和"任务"的区分很重要,因为技术能够取代一些任务,辅助补充其他任务。最容易被技术取代的任务是重复性的,很容易被自动化。② 但是,事实是很少有职业能被完全自动化(至少目前如此)。玛尼格(Manyika)等人指出,不到5%的现今工作可以被完全自动化,但是,在60%的工种中,几乎三分之一(30%)的任务可以被自动化。最新研究显示,在美国等发达经济体中,基于惯常任务的工作大幅下降。③ (2)技术使得基于非惯常性任务的职业更加宝贵,这导致劳动力市场的两极分化,对工资分布的两个极端的两种职业的需求大增。④ 基于非惯常认知任务的职业(计算机专家、工程师和技师,以及那些其工作随着技术而变得更加宝贵的工人)的岗位和工资增长,这些职业通常在工资分布的顶端。⑤ 同时,一些非惯常性体力工作(例如家政服务)不太容易被自动化,通常由教育水平不高的低收入人群承担,也面临需求增长。而对中等水平工资的职业的需求则下降,这些职业通常涉及惯常性的任务。按照布林约尔松和迈克菲的预测,这一趋势会加剧,因为它不仅影响到那些其工作由惯常任务组成的工人,也影响到很多其工作会在近期被自动化的工人,包括处于教育水平分布高端的一些职业人(翻译、数据分析师、管

---

① Brynjolfsson, E., and McAfee, A., *Race Against The Machine: How the Digital Revolution Is Accelerating Innovation, Driving Productivity, and Irreversibly Transforming Employment and the Economy*, Lexington, MA: Digital Frontier Press, 2011.

② Autor, D., "Why Are There Still So Many Jobs? The History and Future of Workplace Automation", *Journal of Economic Perspectives*, 29 (3): 3 - 30, 2015.

③ Manyika, J., Chui, M., Miremadi, M. et al., *A Future That Works: Automation, Employment and Productivity*, McKinsey Global Institute, 2017.

④ Autor, D., Katz, L., and Kearney, M., "The Polarization of the US Labor Market", *American Economic Review*, 96 (2): 189 - 194, 2006.

⑤ Autor, D., Katz, L., and Kearney, M., "The Polarization of the US Labor Market", *American Economic Review*, 96 (2): 189 - 194, 2006; Acemoglu, D., and Autor, D. H., "Skills, Tasks, and Technologies: Implications for Employment and Earnings", In: D. Card and O. Ashenfelter, editors, *Handbook of Labor Economics*, volume 4B, Amsterdam: Elsevier, 2011; Goos, M., Manning, A., and Salomons, A., "Explaining Job Polarization: Routine - Biased Technological Change and Offshoring", *American Economic Review*, 104 (8): 2509 - 2526, 2014.

理人员等白领工人）和处于低端的职业人（例如汽车和卡车司机等蓝领工人）。（3）技术降低了生产很多商品和服务的成本，这至少会增加一些行业中的雇工数量。例如，詹姆士·贝森研究表明，自动提款机的大规模使用并不意味着银行业雇员的末日。与此相反，银行业的工作岗位年均增长2%。自动提款机将雇员从最惯常性的任务中解放出来，将他们的工作从简单的柜台交易转换到处理客户的信贷申请和投资。但是，更重要的是，自动提款机的使用大规模降低了开设新的分支机构的成本。因此，尽管每间分支机构的员工人数降低，但分支机构的数目大幅增加，使得银行业的雇员人数增加。①

詹姆士·贝森的另一项研究表明，从 1980 年到 2013 年，大量使用信息和通信技术的部门雇用了更多工人。② 这确认了一个历史趋势，那就是在过去一个世纪技术并没有降低人口中的劳动人口比例。相反，这个比例在每个国家都有增加，和妇女大量进入劳动力市场同步。根据国际机器人联合会（IFR）的研究，制造类机器人直接或间接地增加了人类就业岗位。到 2020 年，机器人产业在全球范围内直接或间接创造的岗位总数将从 190 万个增长到 350 万个，每部署一个机器人，将创造出 3.6 个岗位。阿西莫格鲁和雷斯特雷波（Restrepo）的最新研究探索了在美国制造业中使用机器人的影响。他们认为，与信息技术不同，工业机器人对于劳工需求和工资都有负面影响。在这种情形中，工作损失这一负面影响大于产品和服务的低成本所带来的雇佣上的正面影响。目前这种工作岗位损失还比较小，因为尽管机器人的使用大大增长，使用比例仍然很低，但是，所有迹象似乎都表明，机器人在未来会非常普及。产品和服务的低成本，还有劳动力转移到非惯常性任务，这都带来雇佣上的正面影响。该研究表明，就业所受的冲击可能是非常大的。③

对于技术所创造的新工作机会是否能够惠及那些被这些变革取代的工人这个问题，在这方面的结论是不确定的。就美国而言，亚瑟（Autor）和

① Brynjolfsson, E., and McAfee, A., *Race Against the Machine: How the Digital Revolution Is Accelerating Innovation, Driving Productivity, and Irreversibly Transforming Employment and the Economy*, Lexington, MA: Digital Frontier Press, 2011.

② Bessen, J., *Learning by Doing: the Real Connection between Innovation, Wages, and Wealth*, New Haven and London: Yale University Press, 2015.

③ Acemoglu, D., and Restrepo, *Low - Skill and High - Skill Automation*, 2017.

多恩（Dorn）认为，很多因为信息和通信技术而下岗的工人被迫从事低技术含量（处于工资分布低端）的工作。只有少数人能够实现突破，获得同等的或者更加有技术含量或者收入更高的工作。[①]

自动化是否会导致就业人口比例下降或者只是导致职场的转型？许多研究都表明，很多（尤其是惯常性）工作会被摧毁，而一些全新的工作会被创造出来。但是，工作创造和工作摧毁的速度取决于变化的速度，还有经济体重新培训工人，将工人从式微的经济活动中转移到新生经济活动中。如果没有政策干预，这些变动会继续导致收入不平等。

世界正在进入第四次工业革命。第一次工业革命是在制造业中使用蒸汽机，第二次工业革命由电的发现而引发，第三次和第四次工业革命以信息通信技术的大规模发展应用为特点。[②] 最近的发展阶段则以信息通信技术与包括人工智能、大数据、云、3D 打印、物联网和数据区块链的各种新技术的混糅和交融为特征。[③] 与历次技术革命相比，"人工智能革命"对就业的冲击范围将更广，力度将更大，持续也将更久。[④] 机器人是指自动化控制，可以被重新编程的多功能机器。2015 年国际机器人联合会将工业机器人界定为"三维以上空间的自动控制、可重新编程和多重目的的机器，用于工业自动化，可能是固定的或者活动的"。在过去的 20 年中，机器人

---

① Autor, D. H., and Dorn, D., *Technology Anxiety: Past and Present*, ILO International Symposium on the Future of Work, Geneva, December 5 - 6, 2013.

② 2013 年麦肯锡（Manyika et al.）评估了 100 种可能的技术，选出了 12 种最有可能带来经济和社会冲击的技术。它们是：（1）互联网及其对信息和通信的影响；（2）知识技术的自动化；（3）物联网；（4）云技术；（5）先进机器人；（6）无人驾驶或者近乎无人驾驶的机动车；（7）新一代生物技术和基因组学；（8）能量存储；（9）3D 打印；（10）先进材料；（11）先进油气开采和恢复；（12）可再生能源。

③ Schwab, K., *The Fourth Industrial Revolution*, Geneva: World Economic Forum, 2016.

④ Ford, M., *Rise of the Robots: Technology and the Threat of a Jobless Future*, New York: Basic Books, 2015; Alaimo, V., Bosch, M., Kaplan, D., et al., "Empleos para Crecer", Washington, DC: Inter - American Development Bank, 2015; Brynjolfsson, E., and McAfee, A., *The Second Machine Age: Work, Progress and Prosperity in a Time of Brilliant Technologies*, New York and London: W. W. Norton & Company, 2014; Brynjolfsson, E. et al., "Artificial Intelligence and the Modern Productivity Paradox: A Clash of Expectations and Statistics", in Agrawal, A. K. et al., *Economics of Artifical Intelligence*, Chicago: University of Chicago Press, 2017; 陈永伟：《人工智能与经济学：关于近期文献的一个综述》，《东北财经大学学报》2018 年第 3 期。

在美国和欧洲的使用增长了 4～5 倍，在电气、电子、塑料、金属和机械业增长尤为迅速。[①] 到 2019 年底，全世界的可运营工业机器人将增至 260 万台，这意味着从 2016 年到 2019 年平均 12% 的年增长率。机器人和自动化的传统市场仍然保持最强劲的增长势头。人工智能取得了突破性进展。牛津大学的研究表明，47% 的工作在未来 20 年会被自动化完全取代。[②] 麦肯锡的一项研究表明，自动化活动在美国占到了经济总体的 51%，27 万亿美元的工资总值。在全球范围内，自动化可能会影响到全球经济的 49%，11 亿工人，还有 127 万亿美元的工资总值。据估算，因为自动化和人工智能，目前职业中的一半将会在 2055 年消失。[③]

自从 20 世纪 80 年代计算机开始广泛应用以来，工资中位数变化不大，劳动收入所占的比重下降，普通技术人群中的劳动力参与程度下降得尤为明显。部分原因是自动化导致了许多中等收入工作的消亡，其中包括机械操作员、行政秘书、律师助理、保险推销员等。因而，在发达经济体中的劳动力市场中，由自动化带来的中等收入工作消亡的趋势正在日益上升。最近，这一趋势在部分发展中国家也逐渐蔓延。从长远看，自动化进程似乎不会减速。

四 欧盟人工智能与劳动就业法律和政策的演进

2016 年 11 月对参与欧洲最大科技盛会——全球网络峰会（Web Summit）——的 224 名创业投资者的调查显示，53% 的受访者认为人工智能会夺取多达数百万的工作机会，并且 93% 的人认为政府还没准备好应对这一巨大的失业难题。著名英国剑桥大学物理学家霍金于 2016 年 12 月在《卫报》专栏中发出警告："工厂自动化已经让众多传统制造业工人失业，人工智能兴起很可能让失业潮波及中产阶层，最后留给人类的只有护理、创造和监督工作。"

随着人工智能技术、数字化制造技术与移动互联网之间创新融合步伐

---

① International Federation of Robotics (IFR), *World Robotics: Industrial Robots*, 2016.
② Frey, C. B., and Osborne, M. A., "The Future of Employment: How Susceptible Are Jobs to Computerisation?" *Technological Forecasting and Social Change*, 114: 254–280, 2017.
③ Manyika, J., Chui, M., Miremadi, M. et al., *A Future That Works: Automation, Employment and Productivity*, McKinsey Global Institute, 2017.

的不断加快,欧洲各国纷纷加紧制定机器人产业长期发展战略,欧盟也提出了促进机器人产业发展的政策措施和具体方案,以期抢占世界机器人产业发展的制高点。

欧盟自 2010 年以来就把实现智能增长作为其三大增长目标(智能型增长、可持续增长和包容性增长)之一。在 10 年期的经济社会发展战略规划《欧盟 2020 战略》(Europe 2020 Strategy)中,欧盟明确提出要尽快实现以科技创新为基础的智能增长,要加大科技创新投入,力争到 2020 年将研发投入占欧盟总体 GDP 的比重增加至 3%。2013 年欧盟经过充分酝酿提出"人类大脑计划",投入近 12 亿欧元经费,旨在通过计算机技术模拟大脑,将脑科学的研究数据与相关产业相结合,建立一套全新的分析、整合、模拟数据的信息通信技术平台,保持欧洲在人工智能研究的领先地位。同年欧盟又宣布正式实施"石墨烯计划"。欧盟确定从 2018 年起启动第 3 个未来新兴技术旗舰计划"量子技术",积极发展量子网络通信和量子计算机等,在数据传输、分析、处理能力上为人工智能发展奠定基础。

为了保持和扩大欧洲的领导地位并确保欧洲的经济和社会影响,欧盟委员会与欧洲机器人协会(EuRobotics)合作完成了《欧盟机器人研发计划》(SPARC)。2014 年 6 月欧盟启动了"'SPARC'计划",该研发计划提出,在工业和服务机器人制造领域提供超过 7.5 万个新工作岗位,在机器人组件和软件制造方面提供超过 3 万个新增高科技工作岗位,为欧洲服务行业提供超过 14 万个新工作岗位,以使用各种服务机器人,有效利用提高的生产力。欧盟委员会负责数字日程事务的副主席克勒斯女士评价该研发计划为:"机器人领域正在进行一场革命。欧盟不应追随这场革命,而是要领导这场革命。机器人可以促进经济增长、改善民众生活和创造就业机会,是美好未来的好伙伴。"①

欧洲议会法律事务委员会(JURI)于 2015 年 1 月成立了主要研究"机器人和人工智能"发展相关法律问题的工作小组。2016 年 5 月,法律事务委员会发布《就机器人民事法律规则向欧盟委员会提出立法建议的报告草案》(简称《报告草案》);2016 年 10 月发布研究成果《欧盟机器人

---

① 《欧盟发布机器人发展策略胜—筹欲攻占产业制高点》,https://zixun.ibicn.com/d1163469.html。访问日期:2019 - 07 - 29。

民事法律规则》。在这些报告和研究的基础上，2017 年 1 月欧洲议会法律事务委员会通过决议，提出具体立法建议，要求欧盟委员会就机器人和人工智能提出立法提案。2017 年 2 月欧洲议会以 396 票赞成、123 票反对、85 票弃权，通过这份决议。

立法提案内容包括下列十大要点。[①]（1）成立欧盟人工智能监管机构。成立一个专门负责机器人和人工智能的欧盟机构，负责就技术、伦理、监管等问题提出专业知识，对人工智能应用开展跨领域、跨学科的监测，确认行业最佳实践，并适时提出监管措施。（2）需要人工智能伦理准则。（3）重构责任规则：强制保险机制和赔偿基金。（4）考虑赋予复杂的自主机器人（电子人，electronic persons）法律地位之可能性，界定监管对象（即智能自主机器人）是机器人立法的起点。对于智能自主机器人，法律事务委员会提出了四大特征：第一，通过传感器和/或借助与其环境交换数据（互联性）获得自主性的能力，以及分析那些数据；第二，从经历和交互中学习的能力；第三，机器人的物质支撑形式；第四，因其环境而调整其行为和行动的能力。提出机器人分类标准，并建立高级机器人登记制度，目的在于实现可追溯性，并促进进一步推荐性规范的落实。在主体地位方面，机器人应当被界定为自然人、法人、动物还是物体？是否需要创造新的主体类型（电子人），以便复杂的高级机器人可以享有权利，承担义务，并对其造成的损害承担责任？未来，随着更复杂机器人的出现，需要就机器人的法律地位问题展开更多探讨。欧盟更多地主张人工智能具有"工人"身份，并赋予其劳动权等"特定权利与义务"。（5）知识产权方面，明确人工智能的"独立智力创造"。（6）注重隐私和数据保护。（7）推进标准化工作和机器人的安全可靠性。（8）针对具有特定用途的机器人和人工智能出台特定规则。（9）关注人工智能的社会影响。（10）加强国际合作。

2017 年 5 月欧盟委员会发布文件，宣布了一系列监管和政策举措，指出欧盟目前和未来对机器人技术的监管是复杂的，因为人们对机器人是什么没有共同的理解。它并没有试图就一个定义达成一致，而是审查了四个类别：无人驾驶汽车、机器人假肢（外骨骼）、外科手术机器人和机器人

---

① 曹建峰：《10 大建议！看欧盟如何预测 AI 立法新趋势》，《机器人产业》2017 年第 2 期。

伙伴。比较了这四个应用程序的差异和相似性，最后提出了五个主要特征——自治、人机交互、自然、环境和任务——来分类机器人。

欧盟委员会还将实施下列六大种类监管和政策举措。（1）民事法律责任。欧洲议会要求委员会在未来 10～15 年内考虑与机器人和人工智能的开发和使用有关的法律问题。对缺陷产品责任指令做出评价，这将评估该指令在多大程度上适用于新技术的发展，包括先进的机器人和自治系统。除此之外，委员会还将评估是否有可能设计以风险为基础的责任制度、基于风险的开放或风险管理方法。（2）产品安全。委员会目前正在根据更好的监管原则评价机械指令，以适应指令对自主机器人的完整和安全要求。（3）无人驾驶车和测试。委员会还推出了无人驾驶车的一些举措，包括合作策略、连接和自动迁移。为了制定适当的安全标准，委员会打算为这些系统建立跨境测试区域。（4）统一技术标准。委员会有一些正在进行的研究活动，目的是为合作和协作系统开发测试（例如，与人类共享工作空间的工业机器人）。这项研究还将促使建立这些机器人特有的安全认证标准。（5）卫生部门的安全标准。未来的医疗机器人必须面对严格的安全标准。虽然外科机器人和机器人假肢受欧盟法律的约束，但护理机器人（例如，照顾老人的机器人）并不总是被认为是医疗设备。例如，护理机器人的任务是在房子周围拿取物品，这将被排除在医疗器械法规之外。这种不确定性可能在某些情况下造成问题。随着机器人越来越普及，委员会计划在新医疗器械法规的指导下解决这些问题，并加强对医疗和护理机器人的监管。（6）一个机器人和人工智能咨询机构。虽然欧洲议会明确要求指定这样一个机构，以提供必要的技术、伦理和管理专门知识，以支持这一领域的监管者，但欧盟委员会不认为这是必要的。欧盟委员会建议设立一个高级别的机器人咨询机构，向欧盟委员会提供咨询意见。

2017 年 10 月，英国政府发布在英国发展人工智能产业报告，认为英国目前是人工智能的领导者之一，希望能继续保持该优势并将英国建成全球最适合人工智能企业发展的地方。至于人工智能引起的就业挑战，与其他政府一样，英国政府认为这是不可避免的一个问题，需要政府和市场合作，发展新工种和新就业方式，提供就业和再就业的培训。

2018 年 3 月，欧洲政治战略中心发布了《人工智能时代：确立以人为本的欧洲战略》的报告，指出人工智能应增强而非替代人类。虽然一些人会因为人工智能而失业，但是人工智能不会导致工作的终结，只是会转变人们对工作的期望。在未来的人工智能社会中，人类仍有一席之地，只是重点放在促进技能过渡，并为那些更可能承担风险的群体提供支持和保障上。国家的公共政策应该旨在建立人与机器的共生关系，并鼓励人工智能的发展。人工智能应该是对人类的补充，而不是替代，其发展应该让人们感受到赋能而不是威胁。该报告强烈建议，欧洲有潜力在物联网与人工智能领域取得领先地位，但是当下这些领域仍处于模拟运作中。再次错失数字化发展，不仅会使欧洲的公司在竞争中处于劣势，长期来看也会对经济增长、税收和就业产生重大影响。

欧盟委员会从 2018 年春季开始起草人工智能相关法案。[①] 2018 年 4 月 25 日欧盟委员会向欧洲议会、欧盟理事会、欧洲理事会、欧洲经济与社会委员会及地区委员会提交了题为"欧盟人工智能"的报告，描述了欧盟在国际人工智能竞争中的地位，并制订了欧盟 AI 行动计划，提出三大目标，其中第二个目标是："为迎接社会经济变革做好准备。"[②] 其中明确指出，欧盟在人工智能时代面临三项挑战：第一，帮助整个社会做好迎接人工智能时代的准备；第二，帮助因人工智能的发展而可能失业或者更换职业的人，与欧洲社会权利协会（European Pillar of Social Rights）一起为过渡期劳动者提供完善的社会保障；第三，需要培养人工智能专业人才，吸引国外相关人才。

针对上述三个挑战，该措施提出了以下两个建议。首先，消除数字鸿沟，为每个人提供所需的数字技能。数字化正在影响劳动力市场结构，中等技能工作正在被自动化。人工智能将对低技能工作产生更显著的影响。因此，为了避免区域、产业或人群之间的不平等继续扩大，欧盟需要尽早应对这些问题。为此，需要为受人工智能和自动化影响的劳动者提供获得新知识和新技能的机会，支持过渡期工人找到新岗位。到 2020 年，欧盟将投入 270 亿欧元支持技能培养，其中 23 亿欧元专门用于培养数字技能。这是可以与私营部门合作提供数字技能的培训项目。此外，欧盟委员会还将继续支持人类 - 人工智能互动和合作，也就是人机协作。其次，培养多元

---

① http://news.sina.com.cn/o/2018 - 01 - 23/doc - ifyqtycx2441926.shtml，访问时间：2019 年 7 月 29 日。

② http://m.elecfans.com/article/671406.html，访问时间：2019 年 7 月 29 日。

的、跨学科的人才。人工智能为欧盟带来了新的工作，总体而言，欧盟信息和通信技术专家数量自 2011 年以来每年增长 5%，创造了 180 万个就业机会，并在短短 5 年内迅速将其总就业份额从 3% 增加到 3.7%。但是在欧洲，人工智能相关专业人员至少有 35 万个职位空缺，表明存在技能鸿沟，高端人才严重供应不足。因此欧盟需要大力促进人工智能人才的培养并鼓励人才的多元化。此外，还应致力于培养跨学科的人工智能人才（比如鼓励人工智能领域的双学位教育）。

针对前述两个建议，欧盟在以后的就业和教育政策方面将推出下列具体举措：第一，推出专门的培训和再培训计划，为受自动化威胁的专业人员提供新技术培训项目；第二，监测劳动力市场变化及欧盟范围内的技能缺口，尤其是需要监测人工智能对劳动力市场的影响并提出建议；第三，为学生和毕业生提供高级数字技能培训项目；第四，鼓励校企合作，吸引更多人工智能人才；第五，邀请社会合作伙伴在其联合工作计划中关注人工智能及其对就业和经济的影响，以及人工智能工作岗位多元化和性别平衡的重要性。此外，欧盟创新和技术研究所将会把人工智能融入学校课程中。[1]

2018 年，为了跟上美国和中国快速发展的步伐，欧盟在"地平线2020 计划"中将人工智能领域的科研投入提升到 15 亿欧元，并希望借助此项行动带动大数据和机器人产业方面 25 亿欧元的社会资本投入。欧委会希望到 2020 年，欧洲投入到人工智能领域的社会资本和公共资金能够达到200 亿欧元。欧盟成员国也在积极推动人工智能。[2] 欧盟委员会希望通过实施其人工智能战略，促进人工智能在欧洲的开发和使用。欧盟确定优先考虑公共利益领域，其中在培养人才、技能和终身学习精神方面，欧盟委员会认为，欧洲的人才对于人工智能的开发和使用而言至关重要，但欧盟各国面临信息通信技术专业人才短缺的问题，并且缺少人工智能专业高等教育课程，所以，将通过专门的奖学金等方式支持人工智能领域高等教育。欧盟委员会还将继续支持整个社会学习数字技能及进行终身学习，特别是受人工智能最大影响的工人，如其人工智能战略中所提到的，要开发以人为本的人工智能。另外，人工智能存在于其他学科（例如法律）的教育课

---

① 吴锦宇：《欧洲发展 AI，如何兼顾公平与效率？》，《上海工运》2018 年第 11 期。

② 贾无志：《欧盟"地平线 2020 计划"大幅增加人工智能领域的科研投入》，https：//www.fmprc.gov.cn/ce/cebe/chn/kjhz/t1555901.htm，访问时间：2019 年 8 月 3 日。

程中这一点也很重要。蓝卡（Blue Card）系统也有助于留住和吸引欧洲的高技能人工智能专业人士。[①]

2018 年 12 月 18 日，欧盟人工智能高级专家小组（AI HLEG）[②] 正式向社会发布了一份人工智能道德准则草案（以下简称"草案"），并于2019 年 1 月开始公开征求建议。这份草案共 37 页，规定内容较宽泛，尚不具备约束力，仅是下一步制定相关法律法规的一个过渡步骤。这份草案提出，可信赖的人工智能应具备两大要素，以及人工智能不可为的基本原则。可信赖的人工智能有两个组成要素：第一，应尊重基本权利，适用法规、核心原则和价值观，以确保"道德目的"；第二，兼具技术稳定性和可靠性，因为即使有良好的意图，缺乏技术掌握也会造成无意的伤害。另外，人工智能技术必须足够稳健及强大，以对抗攻击，以及如果人工智能出现问题，应该要有"应急计划"，例如，当人工智能系统失败了，必须要求交还给人类接手。另外，可信赖人工智能的不可为，包括不应以任何方式伤害人类；人工智能不应限制人的自由，换句话说，人们不应该被人工智能驱动的机器征服或强迫；人工智能应该公平使用，不得歧视或诬蔑；人工智能应透明地运作，也就是说，人类需要知道人工智能正在开发的目的，以及如何使用它；人工智能应该只为个人和整个社会的福祉而发展。[③]

五　美国机器人和人工智能法律和政策的演进[④]

美国人工智能企业发端于 1991 年，于 1998 年进入发展期，2005 年后

---

① 《欧盟将投 200 亿元发展人工智能》，《人工智能快报》2019 年 1 月 9 日，https://blog.csdn.net/gs780j/article/details/86215618，访问时间：2019 年 7 月 29 日。

② 欧盟委员会在 2018 年 4 月发布了欧洲人工智能方法（European approach on AI）之后，成立了人工智能高级专家小组，由 52 名独立专家组成，他们是来自学术界、民间社会和工业界的代表，包括法国数字委员会前秘书长 Yann Bonnet，索邦大学机器人、人工智能和伦理学教授 Raja Chatila，诺基亚贝尔实验室深度学习研究组长 Leo Krkkinen，Google 人工智能研究员 Jakob Uszkoreit 等。该小组的主要职责是提出人工智能技术发展相关建议，并评估和制定下一代数字战略和法规。

③ 《欧盟正式发布人工智能道德准则草案：可信赖为 AI 讨论起点》，中国科学网网，2018 年 12 月 25 日，http://www.minimouse.com.cn/plan/2018/1225/48227.html，访问时间：2019 年 7 月 29 日。

④ 参见吴锦宇《良性发展 AI，美国怎么做？》，《上海工运》2018 年第 6 期。

开始高速成长，2013 年后发展趋于稳定。在人工智能研发领域，美国人工智能企业是世界的领导者。相对于企业，美国政府对人工智能的态度则不是很积极。尽管美国国防部高级研究计划局有不少研发项目与人工智能有关，但长期以来，美国政府对人工智能的态度都模糊不清。虽然美国企业在人工智能的研发领域处于世界领先地位，产业优势非常明显，相关政府政策与法律却处于相对缺失状态，奥巴马时期开始逐步提上议事日程，到了末期才开始真正高度重视起来。

美国政府一直高度重视高科技创新战略的设计。2009 年，作为国家高科技的总设计师，美国国家经济委员会和科技政策办公室首次发布《美国创新战略：推动可持续增长和高质量就业》。2011 年颁布《美国创新战略：确保我们的经济增长与繁荣》。2015 年又发布了最新版《美国国家创新战略》，从整个宏观层面上用国家战略来为美国持续引领全球创新经济、开发未来产业保驾护航。新版战略强调了九大战略领域：先进制造、精密医疗、大脑计划、先进汽车、智慧城市、清洁能源和节能技术、教育技术、太空探索和计算机新领域。其中，重点领域如自动驾驶、智慧城市、数字教育等内容都与人工智能密切相关。

"国家机器人计划"由美国前总统奥巴马 2011 年在卡内基梅隆大学启动。该计划支持的研究项目反映机器人技术的广阔应用前景，有助于实现重要国家目标，包括改进大规模灾难的搜救、提高美国制造业工人的生产率、提高行星探索能力、帮助脑瘫儿童学习走路和行动等。2012 年 9 月美国四家联邦机构——国家科学基金会、国家航空航天局、国家卫生研究院和农业部——联合宣布投资 4000 万美元资助大学研究人员开展机器人研究，以更好推进"国家机器人计划"。除上述四家机构外，美国国防部、美国海军自动系统研究前沿实验室等也支持机器人研究。美国之所以启动国家机器人计划，原因在于机器人技术可以满足国家在先进制造、物流、服务、交通、国土安全、国防、医药、卫生保健、空间探索、环境监测以及农业等领域的需求。美国自 2013 年开始发布了多项人工智能计划，2016 年 5 月美国白宫科技政策办公室，在其直属的美国国家科学与技术委员会之下，设立了机器学习与人工智能分委会。

正确引导美国公众关于人工智能和机器学习的对话，发现这一新兴技术内含的挑战和机遇。从 2016 年 5 月末开始，美国白宫在 2 个月内，在 5

个地方，联合 4 所高校以及部分非营利组织，开展了 5 场关于人工智能的免费公开讨论以及演讲。在第一场关于人工智能的法律与政策的讲座上，就有人提出人工智能浪潮给人类带来便利的同时，人工智能会夺走部分人类的工作，在美国机器取代人力所造成的失业问题已是现实。针对这一问题，在当天的演讲中，艾伦人工智能研究所负责人奥伦·奥尼（Oren Etzioni）表示，阿尔法围棋（AlphoGo）取得的胜利是深度学习的胜利，但目前人工智能还处在"黑暗阶段"，并没有外界所说的到了取代人类的阶段。人工智能不会终结人类，而是让人类拥有更多的能力。对于人类而言，可怕的不是人工智能的崛起，而是人类要为人工智能所做出的决定负责。以无人驾驶汽车为例，当无人驾驶汽车发生事故后，谁应该为事故负责任才是人类未来需要讨论的问题。

2016 年 10 月，美国政府发布《为人工智能的未来做好准备》白皮书，为某些特定领域和部门提供了 23 条发展人工智能的具体行动建议。该报告调查人工智能驱动的自动化对经济的预期影响，并提出发挥人工智能的优势并降低其成本的广泛战略。由于较难准确地预测这些经济影响，报告提出，决策者应该为五个主要的经济影响做好准备：第一是对总生产率增长的积极影响；第二是就业市场的需求技能发生变化，包括对更高层次技术技能的需求加大；第三是影响的分布不均衡，对不同部门、薪资水平、教育水平、工作类型和地区的影响不同；第四是由于一些工作职位消失，新的工作类型出现，劳动力市场将被搅乱；第五是一些工人将短期失业，失业时间可能更长，取决于政策的回应。

2016 年 10 月美国政府发布《国家人工智能研究与开发战略规划》，提出美国人工智能研究与开发的七大战略：通过长期投资推动关键技术研发，加强高效的人机协作方法研究，理解和应对人工智能带来的道德、法律和社会影响，确保人工智能系统的安全性与可控性，建立人工智能标准和测评基准，建设人工智能公共数据集和测试环境平台，开展人工智能研发人才需求研究。随后美国总统奥巴马和麻省理工学院媒体实验室主任伊藤穰一接受了《连线》杂志的采访。奥巴马认为刚颁布的战略规划将成为美国新的"阿波罗登月计划"，是全球首份国家层面的人工智能发展战略计划。其旨在运用联邦基金的资助不断深化对人工智能的认识和研究，从而使该技术为社会带来更加积极的影响，减少其消极影响。特定领域的人工智能是可以带来繁荣和机会的，但是它同时会引发一些社会问题，比如就业机会减少、不平等。对于大部分人担心的"我的工作是不是会被机器取代"这个问题，他举了一个"生产"与"分配"的例子：随着人工智能进一步深化，社会越来越富裕，生产和分配之间的联系，一个人工作量与他挣的钱之间的关系都会变得越来越弱，电脑做了很多工作（它却不拿一分钱）。最后就必须做出一些更艰难的决定，付给教师较低的工资，尽管那是一份艰巨的工作，计算机想要做好这份工作也不容易。

2016年12月，美国白宫发布《人工智能、自动化和经济》，阐述人工智能对经济社会发展的影响，提出加大对人工智能的投资，利用其推动生产率的提高；培养适应人工智能社会的人才，应对经济社会转型需求；帮助提升转型期工人的技能，确保全社会共享人工智能红利等应对策略。这份报告提出：应对人工智能驱动的自动化经济，是其后续政府将要面临的重大政策挑战。下一届政府应该制定政策，推动人工智能发展并释放企业和工人的创造潜力，确保美国在人工智能的创造和使用中的领导地位。

美国现任总统特朗普在2016年作为共和党候选人竞选时的一个重大议题就是给美国带来更多的就业岗位，尤其是对于美国制造业的"锈带"地区的工人，他当众承诺当选总统后将推翻民主党人奥巴马总统时代的一些政府做法。

特朗普总统上台后，对人工智能问题反应迟缓和冷淡，其政府在政策的制定和支持上明显不如其他国家。2017年3月，财政部长史蒂夫·姆努钦刚上任在接受采访时，甚至表示，在未来的50~100年的时间里人工智能不会取代人类的工作。

特朗普总统上台后一方面废除奥巴马政府时期的政策和法案，另一方面其在各地的言论几乎都集中在谴责外国劳工抢夺美国的就业岗位上，而在人工智能对美国就业造成的威胁方面却几乎只字未提。科技界以及人工智能企业对特朗普政府忽视人工智能的批评从特朗普一上台就连续不断。自特朗普上台以来，硅谷科技巨头与白宫的关系比奥巴马时期相对冷淡，特别是在对待移民等问题上科技公司与特朗普的分歧较大，特朗普总统把重点放在非科技行业的失业问题以及对亚马逊等科技公司的攻击上。2017年5月发布的2018财年科技预算案中，特朗普提议削减为人工智能研究提供支持的多个政府机构资金，这在一定程度上引发了美国科技界对人工智能技术研发的忧虑。

2017 年美国国会提出了 3 部涉及人工智能的法案，包括《2017 创新团法案》、《2017 全民计算机科学法案》及《2017 在科学技术工程及数学领域中的计算机科学法案》。这 3 部法案分别关注了人工智能技术对美国人生活质量的改善价值及可能对部分工作的替代作用，并要求商务、教育等部门加强有关职业培训或者中学生的计算机科学教育。

2017 年 6 月特朗普总统签署了一份行政命令，建立了行业认可的学徒制度，并建立了一个内阁级别的学徒培训专职工作组。2017 年 7 月美国政府发布《人工智能与国家安全》报告，认为未来随着技术的持续进步，人工智能将像核武器、飞机、计算机和生物技术一样，日益成为可影响国家安全的变革性技术。2017 年 12 月，美国提出"人工智能未来法案"，阐明了发展人工智能的必要性，并对人工智能相关概念进行了梳理，要求商务部设立联邦人工智能发展与应用咨询委员会，并明确咨询委员会的职责、权力、人员构成和经费等内容。该法案的核心在于促进人工智能应用和创新以保持美国在该领域的全球竞争力。

2018 年初，特朗普政府为了加速自动驾驶汽车发展而推动的立法遭到了美国国会抵制。该法案还引发了关于自动驾驶卡车前景的讨论，强大的美国司机工会对这一技术带来的影响表示担忧。2018 年 5 月 9 日美国白宫宣称，自 2015 年以来美国政府对人工智能和相关技术的非保密研发投资增长了 40%，2019 财年预算在美国历史上第一次把人工智能和自主无人系统列为政府研发的重点项目。

特朗普虽然和美国科技界关系不融洽，但他当选总统后一年半内已经召开过两次大规模的"科技大会"，主要对科技创新、税收改革、就业、完善基础设施建设、网络安全、移民问题和就业监管等议题进行讨论，提出要减少对新兴科技行业的监管束缚。2018 年 5 月 10 日美国政府在白宫举办第三次"全美科技大会"，这是特朗普政府首次召开以人工智能为主题的会议。白宫科技政策办公室当日发表声明说，人工智能在推动国家安全和促进经济方面表现出巨大价值，白宫将继续把"人工智能作为政府的研发重点"。100 多位高级政府官员出席，除了亚马逊、脸书（Facebook）、谷歌和英特尔的有关人员，出席的高管还来自微软、英伟达、甲骨文、福特汽车、蓝多湖、万事达卡、辉瑞制药和美国联合航空等。另外，顶级学术机构的技术专家、工业研究实验室负责人以及应用人工智能技术的美国商业领袖也参与了此次峰会。在这次峰会中，美国白宫科技政策办公室副主任而且是特朗普技术顾问的迈克尔·克拉特西奥斯承诺，为推进人工智能产业发展，美国政府将加大研究经费投入，并将出台其他支持措施。与会者讨论了人工智能研发、员工队伍发展、人工智能创新监管障碍以及人工智能部门特定应用等交叉问题，涵盖了食品和农业、能源和制造业、金融服务、医疗保健、运输和物流等行业。不少与会的企业高管和科技专家提出，人工智能将来在某种程度上可能让普通人"下岗"。克拉特西奥斯对此回应道，在一定程度上，工作岗位的更迭是不可避免的，但不能坐以待毙，寄希望于市场最终解决问题，而且必须做美国一直以来都在做的事情：适应。他又承诺说，特朗普总统永远不会忘记美国的工人们，并且美国政府也将努力为美国工人们创造更有效的科学教育机会。

会后，美国白宫发布了《2018美国白宫人工智能科技峰会总结报告》。该报告总结了关于人工智能发展的内容，包括支持国家人工智能研发生态系统，充分利用人工智能的优势发展美国劳动力，人工智能和相关技术正在创造新的就业机会和对各行业新技术的需求。许多现有的职业也将会发生重大变化，为了美国未来工作需要做的努力，重新关注儿童期及以后的STEM教育、技术学徒、再培训和终身学习计划，以更好地将技能与行业需求相匹配；消除美国人工智能创新的障碍；启用高影响力、特定部门的人工智能应用程序。与会者组织了特定行业的会议，分享了行业领导者运用人工智能技术提高雇员能力、发展业务并更好地为客户提供服务的新举措。会后美国白宫宣布在国家科学和技术委员会下设立人工智能专职委员会，该委员会成员由联邦政府最高级的研发官员组成。它将结合各部门的优势，来改善联邦政府在人工智能领域的投入。这一举动也被视为特朗普政府与硅谷科技巨头关系缓和、重视人工智能领域的一个信号。

受人工智能影响的职业中最明显的是司机和收银员。美国如今有350万名卡车司机，以及大约100万名出租车、优步、公交车司机。随着自动驾驶技术的不断提高和发展，这450万人将面临失业问题。另外，美国各大银行的340万名收银员也面临同样问题。电商巨头亚马逊在尝试开设实体店，用人工智能和机器学习技术替代收银员。顾客进入商店拿着商品可以直接离开，这听起来依然遥远，但如果其他零售商也采用该技术，美国大量的收银员将会失业。仅仅这两个领域，就有占美国总劳动力5%的近800万个职位会被自动化替代，人工智能和自动化未来对美国人造成失业威胁已成定局。

2018年9月，美国众议院监督和政府改革小组委员会信息技术组主席威尔·赫德（Will Hurd）和首席成员罗宾·凯利（Robin Kelly）联合签发了白皮书《机器崛起：人工智能及对美国政策不断增长的影响》。小组委员会分析了在人工智能应用方面面临的挑战，文中主要关注劳动力失业、隐私、偏见和恶意使用四个问题领域并提出了针对性建议。在谈到劳动力失业方面，重要的问题就是人工智能驱动的自动化可能会导致失业。除此之外，人工智能还有可能带来财富不平等的问题。但听证会和其他研究表明，人工智能也有改善和增加工作机会的空间。所有这些研究的共同点是在指定经济政策时必须考虑美国人在采纳人工智能技术的同时所面临的不确定的工作前景，以及需要增加对教育和工人再培训方面的投资。因此，应鼓励美国联邦、州政府与教育工作者、雇主、雇员、工会和其他利益相关者合作，制定有效战略以改善美国工人的教育、培训和再培训，使其在人工智能驱动的经济中更具竞争力。美国联邦政府也应该以身作则，在教育和培训上投入更多，使其现有和未来的劳动力获得必要的人工智能技能。[1]

2018年10月，美国交通部发布第3版自动驾驶指导政策——《准备迎接未来交通：自动驾驶汽车3.0》，安全法规的修订将为威摩（Waymo）[2]和通用等自动驾驶厂商扫清障碍，让数十万辆全自动驾驶汽车涌向公共道路。[3]

2019年2月11日美国总统特朗普签署行政令，启动"美国人工智能倡议"，以刺激美国在人工智能领域的投入和发展。"美国人工智能倡议"的基本框架是从研发、AI基础设施、AI管理、劳动力以及国际参与等方

---

① 《美国发布AI白皮书〈机器崛起：人工智能及对美国政策不断增长的影响〉》，http://www.sohu.com/a/258611160_468720，访问时间：2019年7月29日。
② Waymo是一家研发自动驾驶汽车的公司，为Alphabet公司（Google母公司）旗下的子公司。
③ 《美国的人工智能战略布局及启示》，http://www.pinlue.com/article/2019/04/1207/488630650148.html，访问时间：2019年7月29日。

面入手，推进人工智能产业发展。这份倡议提出了几个关键原则，其中之一是培育适应人工智能需求的劳动力，对当前和未来的美国工人再培训，使他们具备开发和应用人工智能技术的技能，为当下的经济和未来的工作做好准备。通过学徒培训这个方法来培训下一代美国人工智能研究人员和用户；建立人工智能培训体系，包括技能课程、科学、技术、工程和数学教育（STEM），重点是计算机科学，以确保包括联邦工作人员在内的美国工人能够充分利用人工智能。美国的各相关机构培养学徒、完善相关培训机制以及奖学金政策，让美国工人能够更好地应对新技术所带来的就业市场的变化。①

六　技术进步对劳动雇佣法律与政策提出的挑战

人工智能对于企业来说是一件很好的事情，单个成本和维护成本可能比雇用工人、经理、人力资源等的成本更低，他们都有权获得经常和最低水平的收入和福利，例如国家最低工资。由于明显的原因，机器人没有资格享受工资、养老金、节假日等。因此，更换人力资源的节约和收益既可以是财政，也可以是非财务。

没有人知道未来会怎样，但如果工作场所的人工智能确实增加了，这肯定会对劳动就业法带来一系列的挑战。一般意义上的劳动就业法面临下列六大挑战。

第一，失业的可能性，因为雇主希望减少员工人数，或者至少改变他们的工作职能，以支持电脑化工人。任何解雇都是公平的，雇主首先需要一个公平的解雇理由。如果员工对工作的需求减少了，通常是裁员，或者是工作重组。第二，雇主必须遵循公平的终止程序。这包括通知雇员继续工作的风险，并在做出决定前向他们咨询。雇员如果不满意，就有权对那个决定提出上诉。根据所涉及的人数，工会或雇员代表也可能参与集体协商。如果没有合理的理由和/或解雇程序，雇员将有权提出诉讼。第三，不满情绪。雇主是否会因机器人制造令人不愉快的工作环境而引起员工的

---

① 《特朗普签署"美国人工智能倡议"，加强美国在人工智能和相关领域研发》，https：//www.xianjichina.com/news/details_99688.html，访问时间：2019年7月29日。

不满？2016 年微软发布了一个名叫 Tay 的机器人。该机器人的欢迎者和反对者很快在网络上散布种族主义和性别歧视言论。第四，法律责任。雇主对他们的工作过程中员工的行为承担法律责任，但是，如果是他们的机器人进行的行为呢？机器人不被归类为人，因此雇主不负责。然而有学者提出，欧盟提出机器人已经被归类为"电子人"，那么其是否可以承担法律责任？第五，减少就业歧视。机器人还可以解决一些当前的就业问题，例如在招聘过程中的无意识偏差。机器人能够完全客观，它们的应用程序的筛选应该没有任何性别、年龄、种族或其他方面的歧视。算法通过简历找到最合格的候选人。但是，如果应用程序的筛选是针对特定的特征与年龄、种族偏见、性别或任何其他受保护的范畴，这将违反劳动就业法。现在一些用于招聘的 AI 评估候选人的面部表情和身体语言作为更广泛的数据集的一部分，以确定他们是否适合职位。例如雇主可能会使用第三方开发者的 AI 软件自动拒绝不合适的候选人，而不拥有软件本身。如果一个候选人声称排除他的决定是基于一个受保护的特征（如种族、性别或残疾），雇主可能对非法歧视负责任。第六，工时的调整要适当。随着人工智能的发展，创造财富的能力大幅提高，以前可能一天需要工作 8 小时甚至更长时间，将来可能就不需要工作 8 个小时。所以要未雨绸缪，要考虑调整一下工作时间，使人们有更多的时间去学习，更多时间去享受这种生活，或者干更有意义的事情。

最近，微软正在倡导修改劳动法，以恰当分类员工，并将医疗保健和退休计划等福利分配给诸如优步公司（Uber）的司机或美国同城快递公司（Postmates）中从事快递的员工。①

人工智能技术发展的基本面向，是对人机关系的改变。智能机器人的大规模应用，一方面推动了社会生产力发展，大大提高了生产效率；另一方面也带来社会结构变化，使人与机器人的关系成为社会生活的重要方面。鉴于创造者被其创造的技术产品所代替，传统劳动法的调整功能在逐步消减，这些都对现有劳动者权利带来冲击。大批劳动者离开传统岗位，其更多的是寻求社会保障法进行权益救济。"智能代工""机器换人"正在

---

① http://tech.163.com/18/0119/10/D8GOAIFI00098IEO.html，访问时间：2019 年 7 月 29 日。

成为一种潮流，人工智能"工人群体"正在形成。

那么，劳动雇佣法是否将直面消亡？

The Challenge of Technological Progress to Labor Employment Law and Policy in the Era of AI

Wu Jinyu

Abstract：There has been a long debate about the impact of technological progress on employment, and the development of technological progress has led to the disappearance and creation of jobs. The traditional view in the labor law is that blue – collar jobs are at risk of being replaced by automation, while white – collar jobs are impossible. Entering the 21st century, it can't ensure that white – collar jobs will be protected in the face of technological change in the future. The main reason is the rapid development of machine ability including three ones of computing ability, data processing ability, program design improvement. Technology changes the level and structure of employment in three ways. Firstly, technology replaces most conventional tasks, but not necessarily replace all the work that humans do. Secondly, technology makes careers based on non – conventional tasks more valuable. Finally, technology reduces the cost of producing many goods and services, which will increase the number of employees in at least some industries. The European Union and the United States are also gradually studying and developing the law of artificial intelligence, which also pays attention to the problems of artificial intelligence and employment. Finally, in the general sense, it puts forward some challenges to the employment law and policy caused by the progress of science and technology.

Keywords：Artificial Intelligence; Scientific and Technological Progress; Labor Employment

网约车服务中的平台与司机法律关系研究[*]

高煜宸^{**}

摘　要：共享经济时代，互联网创造了众多新型商业模式，"滴滴出行""神州专车"等众多网约车平台迅速发展。2016 年 11 月实施的《网络预约出租汽车经营服务管理暂行办法》将网约车纳入出租车行业，但是，未确认网约车司机与平台之间的关系，由此引发了司机与平台法律关系界定不明、平台运营权责不统一等问题。网约车司机与平台的法律关系，应按运营模式作不同划分。根据公平原则，构建符合网约车行业特点的新型劳动关系，将灵活用工形式纳入有效监管体系。在此基础上，亦当考虑司机对平台的从属性，在侵权责任认定上宜给予司机适当倾斜保护，以体现保障劳动者权益的立法宗旨。

关键词：网约车　运营模式　新型劳动关系　侵权责任

网约车，即网络预约出租车，又称"巡游出租车"①。网约车起源于出租车，但作为互联网时代的新生事物，其运营模式与传统出租车截然不同。网约车最主要的特征表现为，网络运营平台成为传统出租车行业中汽车租赁公司、出租车司机与客户外的第四类主体，作为服务信息中介或直接参与运输服务运营。与公共交通相比，网约车一对一的私人路线定制服务弥补了公共交通灵活性不足、舒适度低的缺点；与传统出租车相比，其通过客户发布实时用车需求的方式提高了"招车"效率。作为共享经济下的代表产业，网约车为客户提供了经济、便捷、高效的出行选择。作为互

---

　*　本文在作者于 2019 年获得的厦门大学硕士学位同名论文基础上修改而成。
　**　高煜宸，国家税务总局常熟市分局科员，厦门大学法律硕士。
　①　2016 年 11 月 1 日起施行的《交通运输部关于修改〈出租汽车经营服务管理规定〉的决定》将网约车定义为"巡游出租车"。

联网时代新型交通方式，网约车行业更是借着共享经济发展的蓬勃态势，在整合配置社会资源、扩大就业规模、开拓灵活用工形式等方面展现了其独特价值，愈来愈成为民众出行交通方式的首选。

一 网约车行业发展历程和规制现状

（一）发展历程

为规范网约车行业的发展，交通运输部、工信部等七部委于 2016 年 7 月颁布了《网络预约出租汽车经营服务管理暂行办法》（以下简称《暂行办法》）[1]，对网约车服务中的各个主体、网约车经营行为以及如何界定平台与司机二者的法律关系等作出了若干规范。此举一定程度上赋予了网约车合法地位，短期内确实起到了对网约车行业的规制与监管作用。然而，网约车服务的交通性质意味着事故一旦发生极有可能造成人员伤亡的严重后果，同时期的网约车乘客遇害事件暴露了该行业安全监管的缺失，更是将众平台推上了风口浪尖。首当其冲的"滴滴出行"在社会舆论压力下通过加强内部管理、完善审查机制、设置安全急救措施等手段力求自保。事实上，一个行业的良性发展不能仅依赖于平台"慎独"，更需要完善的法规制度约束和监管发力，而监管层在后网约车时代的沉默显然有些不合时宜。明确司机与平台二者间法律关系的规范性文件的缺失，不仅阻滞了整个行业的发展，更不利于我国劳动法律体系的健全。

2016 年 11 月，《暂行办法》生效，社会反响热烈。2016 年 10 月起，北京、上海、广州、深圳四大一线城市先后发布并落实了本地网约车监管细则，随后各地也陆续发布网约车细则。截至 2017 年 3 月，全国已有超过 70 个城市针对《暂行办法》发布了地方网约车实施细则。[2] 以四大一线城市为例，当地政府所颁布的细则对当地网约车运营提出了诸多合规要求。北京、上海网约车要求司机必须为本地户籍且所运营车辆牌照为本地牌

---

[1] 该办法由交通运输部、工信部等七部委联合于 2016 年 7 月 27 日发布，自 2016 年 11 月 1 日起施行。

[2] 《交通部：我国已有 73 个城市发布网约车管理实施细则》，搜狐新闻，http://www.sohu.com/a/129534985_526153，访问时间：2019 年 1 月 5 日。

照。深圳地区条件稍有宽松，网约车司机需有本市户籍或居住证。上述城市设立的严苛条件大大减少了当地网约车的有效供给。

2016 年 10 月 8 日，滴滴公司公开抗议京沪两地的网约车细则，称地方细则变相违背了交通运输部关于网约车"高品质经营、差异化服务"的规定。过严过紧的规范，不仅导致整个网约车现有格局破碎化，更严重制约了整个行业的良性发展。以"滴滴"公布的上海市数据为例，监管细则出台后，整个市场符合规定的车辆削减了 80%，司机数量由 41 万人骤降为 1 万人，降幅达 98%。大量私家车车主被拦在极高的准入门槛之外的现实使得网约车"准公共交通"的社会效用难以发挥。

（二）评价《暂行办法》

《暂行办法》规定了平台与司机自由确定法律关系的前提，某种程度上减少了实务中对二者关系界定的困难。《暂行办法》第 18 条规定，"网约车平台公司应当保证提供服务的驾驶员具有合法从业资格，按照有关法律法规规定，根据工作时长、服务频次等特点，与驾驶员签订多种形式的劳动合同或者协议，明确双方的权利和义务"。从规定本身来看，监管层鼓励平台与司机缔结多种形式的法律关系。但这其中存在一个疑问，平台与司机签订劳动合同是否以司机达到了一定工作时长与服务频率为标准；抑或即使该司机工作时间长，服务频率高，平台仍然有权选择与其订立其他形式的协议以排除二者的劳动关系？[①]

按照第一种理解，若以服务频次、工作时长等特征作为区分其他协议与劳动合同的实质标准，也即这些特点决定了劳动关系是否存在，那么平台就无法不考虑这些标准而单方面决定与司机签署各种协议；如这些特点仅作为双方自由签订协议时所考虑的因素，则平台与司机构成经济合作关系。

但无论是劳动合同关系还是经济合作关系，其总是由平台单方面作出意思表示与司机缔约的法律关系，换言之，司机在二者关系选择这一过程中是被动的。《暂行办法》并没有明确工作时长、服务频次是区分劳动合同或协议的实质依据，而是以灵活用工等术语笼统概括二者的关系，使得

---

① 邵慧菁、方华：《网约平台公司灵活用工的困惑与建议》，《政策研究》2017 年第 12 期。

平台在实务中多要求司机、汽车租赁公司与其签署三方挂靠合同以避免与司机形成实质劳动关系，这不仅不利于网约车司机合法权益的保障，更是违背了劳动立法的宗旨。

此外，《暂行办法》一方面虽由七部委共同发布，但其本质仍属于部门规章，效力层级较低；另一方面，该办法当初制定仅为起暂行之效，并未考虑到行业长远发展对司机与平台关系厘正的需求。况且，我国民法、合同法亦一直欠缺对出租车与司机之间的用工关系的明确，导致了各地司法实践的不一致。因而，从规制整个网约车行业发展方向的角度来看，法律必须对平台与司机的灵活用工究竟构成何种法律关系作出回应。

二　网约车平台与司机法律关系探析

（一）我国现行主流学说

关于网约车平台与司机构成何种法律关系，国内学术界看法不一。笔者通过对现有学术界及实务界中关于司机与网约车平台间法律关系的整理，总结了如下几种观点。

1. 劳动关系说

劳动关系是指劳动者与用人单位依法签订劳动合同而在劳动者与用人单位之间产生的法律关系，是《中华人民共和国劳动法》（以下简称《劳动法》）的主要调整对象。有学者认为，司机与平台之间构成劳动关系，因为我国目前的网约车平台大多以网络科技公司作为工商登记的身份，但其实际上超出了科技信息服务领域，对入驻司机管控的严密程度不亚于一般实体企业单位。具体表现为：（1）平台对司机的进驻与离职设立了条件，完全掌握了司机的职业状态；（2）平台根据自设立车费标准，为司机派单，并按照一定时限发放劳动报酬，这点在 B2C 模式下体现得最为明显；（3）司机提供的运输服务一般是网约车平台的业务核心，司机获得平台任务，平台按照一定比例抽取佣金，接受司机的劳动服务成果，如"滴滴出行"旗下的 C2C 快车模式；（4）作为信息中介渠道，网约车平台理应不直接参与运营，然而平台不仅为司机提供了软件，甚至对执行运输任务的路线作出规定，这些举措与其科技信息公司的定位明显不符。运输过程中，平台与司机间劳动合同的缺位并不影响双方已经构成劳动关系的事实。[1] 在此基础上，运输合同双方主体应为网约车平台与乘客，而司机的运输行为则是职务行为。基于以上原因，若非因网约车平台身份的特殊性，认定司机与平台构成劳动关系将毫无法律上的障碍。因此，有学者认为，滴滴平台和司机都具有我国劳动法规定的主体资格，二者之间形成劳动关系。[2] 该观点强调了对司机的法律保护。

2. 雇佣关系说

雇佣关系是指双方当事人约定，一方在一定期间内向他方提供劳务，他方给付报酬而形成的法律关系。[3] 雇佣关系属于狭义上的劳务关系。劳务关系是指两个或两个以上的平等主体之间就劳务事项进行等价交换过程中形成的一种经济关系。[4] 雇佣关系与劳务关系在表现形式上很接近，但仔细区分还是稍有差异。首先，雇佣关系的人身依附性明显大于劳务关系；其次，雇佣关系的持续时间一般较短，多以次数为计量标准，而劳务关系的持续时间较长。基于此，有学者认为，网约车平台与司机存在着派单与接单、监督执行与执行运输任务的关系，司机对平台有较强的人身依附性。司机在运输过程中，可以自由选择执行任务的时间、地点、时长，自主选择接单还是不接单，所获取的报酬仅与接单数量正相关。网约车平台在其中起到提供客户资料等基础效用，但具体过程中发生的违规或者人身损害、责任都必须由司机本人承担。该松散、自由的灵活用工方式尚未被纳入我国现行劳动法来加以调整，因此将其定性为雇佣关系纳入民法体系更为合理。

3. 居间关系说

居间人向委托人报告订立合同的机会或者提供订立合同的媒介服务，委托人支付报酬而形成的法律关系。居间关系说是发生纠纷时平台最主要的抗辩理由来源，因为该理论直接否定了网约车是承运人的身份界定，发生纠纷时给予了平台最大限度的免责。有学者认为，网约车平台仅在以司机和乘客为主体的运输合同中起居间作用。司机与乘客构成运输合同的主

---

① 徐妍：《事实劳动关系基本问题探析》，《当代法学》2003年第3期。
② 李峰：《分享经济背景下劳动关系探析——以网约车为例》，《中国劳动》2017年第5期。
③ 江平：《民法学》，中国政法大学出版社，2011，第664页。
④ 杨德敏：《劳动关系与劳务关系》，《河北法学》2005年第7期。

体，运输合同完成后，乘客给司机支付的报酬，平台按照一定的比例抽成以作为成功促成合同的中介费用，而并不直接参与运营。因而平台在网约车运营中扮演的是网络服务提供者角色，与司机之间形成居间关系。

4. 承揽关系说

承揽关系是承揽人按照定作人的要求完成工作，交付相应成果，定作人接受工作成果并给付报酬而形成的法律关系。从社会角度看，网约车作为分享经济的代表本身就具有较强的时代特征，在国家经济高速发展阶段，如若一刀切地将平台与司机的法律关系强行纳入劳动法加以调整，势必会影响互联网时代新经济形态的蓬勃发展。从法律角度，承揽关系的形式要件是指双方订立书面或口头合同，且工作成果与报酬符合市场交易的对价。承揽关系的实质要件是指：（1）义务方按照对方要求提供工作成果而非劳务本身，另一方按照约定支付费用；（2）义务方须得在对方的监督、指示下完成工作成果；（3）双方在订立合同时已经约定了劳动成果与相应报酬，且该报酬与成果本身无关，仅与执行任务行为有关。从形式要件来看，司机与乘客在运输任务开始前已经订立了以工作成果与报酬为主体的电子合同，平台对司机的补贴就属于此类报酬。从实质要件来看，网约车行业中很大一部分运输工具（车辆）为司机私人所有，司机按照与平台的协议以自身设备与驾驶技术进行工作，并在工作过程中享有充分的自由。平台本身并不关注司机的服务过程，而是通过设立评价体系来监督工作结果（乘客满意度）。平台根据工作成果的完成度，按照事先约定向司机提供报酬，而这并不是二者存在从属关系的表现，仅仅是软件平台在合同约定下行使定作人应有权利的行为。因而平台与司机的法律关系符合承揽关系的形式与实质要件，双方构成加工承揽关系。

（二）本文观点

1. 认定平台与司机构成劳动关系标准较严格

"劳动关系谓以劳动给付为目的之受雇人与雇佣人间之关系。"[①] 史尚宽先生认为劳动关系主要有两个方面：一是劳动者与用人单位间存在"特殊的从属关系"，劳动者的劳动须"在于高度服从雇方之情形下行之"；二

---

① 史尚宽：《劳动法原论》，台湾：正大印书馆，1978，第3页。

是劳动者系提供其职业上之劳动力。我国认定劳动关系的通行标准是原劳动和社会保障部 2005 年颁布的《关于确立劳动关系有关事项的通知》（下文简称《通知》）明确的，即劳动关系的形成必须满足"四性"，包括主体资格合法性、劳动者提供的劳动为用人单位组成部分的组成性、劳动者以劳动换取报酬的有偿性以及劳动者受用人单位管理的从属性。[①]

在该严格的标准下，虽然 C2C 平台司机提供的运输服务事实上构成了平台业务的主体，然而根据我国劳动立法规定，网约车平台显然不具备用人单位的资格。无论是 Uber（中国），还是"滴滴出行"，其工商登记表都记载了其为信息科技公司。再者，司机在完成运输服务后，并未从网约车平台处获得任何劳动报酬，乘车费用主要由乘客承担，而平台仅为双方提供一定的补贴，也就是说，司机与平台并不存在任何劳动报酬方面的关联，这也证明了网约车司机对平台并无财产从属性。最后，虽然平台设定了网约车司机准入门槛，也制定了一系列规章制度对司机行为进行监管，甚至对司机执行任务的路线、定价都作出了强制规定，看似与司机形式上构成一定管理与被管理的关系，但是网约车灵活用工的特点决定了司机可以在任何时间段上线提供服务，平台无法对不在线的司机进行持续性管控。同时，网约车平台的劳动规章制度仅适用于软件公司的从业人员，而并不覆盖司机。由此可见，司机对 C2C 平台的人身从属性体现得并不明显。

但 B2C 平台与其司机之间法律关系完全符合认定为劳动关系的严格标准。首先，司机需要严格遵守公司规章制度，包括着装要求、服务礼仪、运营时间等等；其次，司机报酬直接由平台定期发放；最后，双方一般还有签订的类似劳动协议书作为认定劳动关系的依据。尽管有时双方未签订劳动合同，但二者联系较为紧密，司机对此类平台兼具人身依附性与财产从属性，也应当认定构成事实上的劳动关系。

2. 平台与司机双方不宜认定为雇佣关系

作为英美法国家认定网约车司机与平台之间法律关系最为常见的种类，雇佣关系客观上起到了保障司机与乘客权益的作用。雇佣关系肯定了

[①] 白小平、张婕：《网约车平台与司机之法律关系认定及法律责任划分》，《中州学刊》2018年第 6 期。

平台承运人主体身份，其与劳动合同较为接近。但当司机侵害到乘客或第三人的绝对权利时，受害人得以请求损害赔偿的基础与劳动合同并不相同。根据《最高人民法院关于审理人身损害赔偿案件适用法律若干问题的解释》第9条规定，"雇员在从事雇佣活动中致人损害的，雇主应当承担赔偿责任；雇员因故意或重大过失致人损害的，应当与雇主承担连带赔偿责任。雇主承担连带赔偿责任的，可以向雇员追偿"。与劳动合同相比，雇佣合同能有效降低雇主风险，系因雇佣合同和劳动合同在性质、目的、主体及法律关系、调整的法律规范等方面存在差异。实务中认定网约车平台与司机间构成雇佣关系暂无先例，尽管已有的一些判决认定结果与雇佣合同说相似，但本质上仍然不同。

然而，国内网约车平台似乎大多不愿意与司机签订雇佣合同或者成立口头雇佣协议，平台与司机间合同对双方的法律关系的约定非常明确，以Uber（中国）为例，其在具体协议中明确指出Uber公司不提供汽车服务，也不是运营商。显然，平台与司机间并未达成雇佣关系合意，缺乏成立雇佣关系的形式要件。其次，如若双方构成雇佣关系，则平台需要为司机提供的服务支付一定的费用，然而服务的享受者与报酬的支付者都是乘客，平台只根据双方合同约定的标准给予司机适当补偿，因此，双方并不成立雇佣关系。

3. 居间关系仅适用于顺风车业务

居间关系虽然与网约车平台的自我定位相符合，且已有不少判决支持此种看法，但实际上，快车业务下平台与司机实际缔结的法律关系并不满足居间关系的形式要件与实质要件，且二者关系一旦被定性为居间关系亦不利于保障司机和乘客权益，只有顺风车业务下的平台与司机才符合居间关系定义。

在除顺风车业务模式下，网约车平台对司机执行的运输任务介入程度超过居间限度。居间人起介绍、协助之作用，"惟负有为订约之成立所必要的事实上行为之义务……既非当事人，亦非为代理人"。[①] 居间关系的成立以居间人接受委托为委托人与第三人创造订立合同的机会为前提，居间人为促使合同成立可以采取多种辅助行为但不可直接参与合同订立的过

---

① 史尚宽：《债法各论》，中国政法大学出版社，2000，第11页。

程。委托人与第三人订立合同的方式、时间、地点等要素居间人不得干预，否则就不构成居间关系。而在现实网约车运输流程中，平台不仅要对司机执行运输合同的过程进行监督管理，甚至有权对其违规行为做出类似于取消当月补贴等处罚，已经超越了居间者中介行为的权限，显然不构成居间关系。

平台行为不构成斡旋的媒介服务。居间人必须在委托人与第三人之间斡旋，这表明：（1）以主体划分，居间行为中存在多个法律关系，包含委托人与居间人达成合意，以及第三人同意接受斡旋而达成的居间合同关系；①（2）交易双方给付义务的履行存在不确定性，②即委托方对居间人提供的订立合同机会可以选择拒绝或接受；（3）第三人对居间行为促成的合同预订立状态有认可和拒绝的权利。但在网约车平台上，乘客发送订单需求时无法自主选择司机，而是由平台根据系统规则自动匹配；作为供方的司机一般也只能被动接受派单而无法对乘客主动做出选择，一旦接受订单则合同自动生成。可见，司机与乘客都不具有双向选择的权利。平台在交易达成的过程中对司机的某种程度的强制明显超过了斡旋行为的必要限度。此外，居间人应当就有关订立合同的事项向委托人如实报告。"居间人故意隐瞒与订立合同有关的重要事实或者提供虚假情况，损害委托人利益的，不得要求支付报酬并应当承担损害赔偿责任。"③如若以平台是信息中介为基础认定双方法律关系，那么其强制分配的做法显然违反了居间人应负的如实告知义务，逻辑上难以自洽。

报酬请求权的悖论。《合同法》第426条规定，"居间人促成合同成立后，委托人应当按照约定支付报酬"。可见，一旦合同达成，委托人就必须支付事先约定的费用，合同成立后的状态（因不可抗力不能履行、被撤销或解除）不影响支付履行。④同时，根据《合同法》第45条规定，当事人为自己的利益不正当地阻止条件成就的，视为条件已成就；不正当地促成条件成就的，视为条件不成就。由此可以推断，若委托人故意阻止在

① 隋彭生：《居间合同委托人的任意解除权及"跳单"——以最高人民法院〈指导案例1号〉为例》，《江淮论坛》2012年第4期。
② 崔建远：《合同法》，法律出版社，1999，第56页。
③ 参见《合同法》第425条。
④ 肖建华、肖建国：《委托、行纪、居间合同》，人民法院出版社，2000，第44页。

居间人斡旋下本可以成立的合同,导致合同不能成立的,视为合同已经成立,委托人必须向居间人支付相应报酬。现实中,常有司机为躲避因直接在网约车 App 结单的"佣金",而要求乘客通过其他支付方式支付乘车费用;司机违反平台规定虚假接单、乘客无理由直接取消订单等情况更是数见不鲜。如将网约车平台与司机之间按照居间关系处理,则上述情形都应视作运输合同已经成立,平台就需要扣除相应的中介费。然而,针对这类情形,平台的处理方式却迥然不同。"滴滴出行"就通过将成单率纳入司机月度考核、建立乘客评价投诉渠道、完善信用评价机制等方式来减少司机"跳单"等恶意违规行为。平台之所以没有对上述情况不加区分地收取居间报酬,主要是考虑到分享经济的本质与自身的发展需求,如若一刀切地收取居间报酬,不仅不利于巩固前期通过大量资本所积累的用户口碑,更不利于网约车这一新兴行业的发展。

从社会层面,网约车的良性发展要求平台承担比居间人义务更重的社会责任。平台的管理缺失不仅造成了监管层压力过大,更会导致过分加重司机责任、专车市场混乱、发生纠纷时责任主体不清、乘客权益缺乏保障等情况。其他业务模式下,司机与平台一旦成立居间关系,则不能对抗乘客这一第三人主体。现实中,乘客基于对平台的信赖选择网约车,约车信息发布后,乘客无从得知具体由哪台网约车承揽运输任务,因而其选择权十分有限。在此情形下,平台一方面利用信息不对等形成的优势地位,另一方面拒绝与乘客产生直接关联,从根本上否定了受害者得以向平台请求损害赔偿的基础。平台因此免责的同时不合理地加重了司机的负担,这显然违背了公平原则。

4. C2C 平台与司机双方不构成承揽关系

承揽合同是承揽人按照定作人的要求完成工作,交付工作成果,定作人给付报酬的合同。[①] 首先,承揽合同区别于其他合同最典型的特征在于承揽人在完成工作任务时可以自行采取多种方式,根据定作人的要求以自由意志形成工作成果。定作人并不提供相应的工具亦不要求完成工作的方式,仅以承揽人的资质、能力水平作为选择标准。

---

① 《合同法》第 251 条。

在 C2C 网约车服务中，首先，虽然车辆这一工具是由司机个人提供的，但是司机在路线选择、运行时间等方面受到平台的严格限制。其次，以"滴滴出行"为例，司机还必须在每个月完成一定的强制派单任务，强制任务一般在司机上线后某一段时间内派出。也就是说，司机所提供的服务是持续的而非短暂、一次性的。最后，认定为承揽关系不利于发生纠纷时乘客权益的保障。承揽合同中，承揽人具有独立性，发生事故时需要独立对外承担损害赔偿责任。现实中，一旦认定为承揽合同，发生纠纷后，乘客只能选择司机作为责任人要求赔偿，而网约车兼职为主反映了大多数司机的生活并不宽裕的情况。因此，一旦司机无力赔偿，乘客很可能面临执行不能等状况，其合法权益就无法得到保障。因此，C2C 平台与司机间不宜认定为承揽关系。

三 网约车平台与司机法律关系之司法案件研究

为了解《暂行办法》的实施效果，以及我国在司法实践中对网约车司机与平台之间法律关系的认定倾向，笔者特意选取了涉及"判定网约车司机与平台法律关系"因素的人民法院判决书，以相关事项或栏目的统计数为基础进行分析，比较不同网约车业务模式下司机与平台法律关系的认定差异。以探究双方法律关系标准、明确侵权责任主体、保障司机合法权益为目的，力求在立法和司法层面提出几点建议。2018 年 11 月 5 日，笔者在"北大法宝 V6 版"，以"网约车"为关键字，经搜索，获得民事判决书共计 1631 份。在此基础上，以"劳动纠纷""侵权纠纷"为案由，筛选出 403 份，排除与本文研究方向无关的"保险责任"等案例 318 份，总剩余 85 份，其中劳动纠纷案件 37 件，侵权纠纷 48 件。[①] 由于网约车行业发展刚刚起步，且《暂行办法》颁布实施未久，笔者搜集的样本不能满足一个实证研究对案例的数量要求，故从法院判决角度，以洞窥其在实务操作过程中的判断趋势和标准，希求能够提出有社会价值和司法实践价值的建议，为理论的提出与完善提供相应的依据。

---

① 北大法宝，http://www.pkulaw.com/case，访问时间：2018 年 11 月 5 日。本文后续表格中的相关数据，均自此统计而得，不再另做出处说明。

（一）涉平台与司机法律关系的诉讼案件基本情况

1. 诉讼案件分布情况

样本统计结果显示，2017 年（50.59%）、2018 年（40%）两年，网约车相关案件数量较 2016 年（9.41%）激增，时间上与《暂行办法》出台时间相吻合，如表 1 所示。

表 1　涉平台与司机法律关系案件发生年份分布

单位：件，%

时　间	案件数	占　比
2018	34	40.00
2017	43	50.59
2016	8	9.41
总　计	85	100

地区分布上，分散于全国各地区，但华东（36.47%）、华北（24.71%）等地案件数量明显高于其他地区，如表 2 所示，客观上反映了共享经济于经济较发达的地区发展较快的现状。笔者在对案件发生"年份""地区"两数据进行统计时，并未做"劳动"与"侵权"案由的区分，主要是考虑到全体案件才能客观反映某地区或时间段该行业的发展状况。

表 2　涉平台与司机法律关系案件发生地区分布

单位：件，%

	华东	华南	华中	华北	东北	西南	西北	总计
案件数	31	9	10	21	1	11	2	85
占　比	36.47	10.59	11.76	24.71	1.18	12.94	2.35	100

2. 发生诉讼案件的事实

统计数据显示，发生诉讼的案件类型较单一，仅劳动纠纷与侵权纠纷两种。在 85 个案例中，侵权案件占 56.47%，劳动纠纷案件占 43.53%，侵权纠纷案件占比略高（见表 3）。这一方面，反映了网约车作为新生事物，其非全日制用工模式下新型劳动关系并未对传统劳动关系形成太大冲击，再加上《暂行办法》的有效指导，因而从整体来看，行业内劳动争议为数尚少；另一方面，则反映了多数司机只有在面临赔偿责任时才有意识地要求确立与平台成立劳动关系。

表 3　案件类型统计

单位：件，%

案件类型	数量	占比
劳动纠纷	37	43.53
侵权纠纷	48	56.47
总　　计	85	100

（二）不同业务模式下法律关系确定

根据搜集的案件涉及的网约车业务模式，对案例中司机与平台关系认定分别以快车、专车和顺风车为单位进行统计（见表 4、表 5、表 6）和研究。

1. 快车模式下平台与司机关系定性不统一

通过整合劳动纠纷和侵权纠纷案件，共筛选出符合快车模式的案件 19 件，其中劳动争议案件 4 件，侵权争议案件 15 件。尽管《暂行办法》的出台为法院审理相关案件提供了一定依据，但从统计结果看，在快车业务模式下，各地法院对司机与平台法律关系的定性不一，各有侧重，体现了《暂行办法》鼓励平台与司机"签署多种形式的劳动合同或协议"的立法精神。

从判决结果看，认定平台与司机构成劳务关系和居间关系的案件最多，分别占 26.32% 和 21.05%。在 19 件快车案件中，仅有 1 例案件认定二者构成劳动关系，也就是说认定平台与司机不构成劳动关系这一点是得到大多数法院判决支持的。从具体案例来看，（2016）浙 02 民终 2242 号民事判决认定，"网络平台提供的是媒介服务平台，网约车司机与平台之间一般不认为存在劳动关系"，而认定二者不构成劳动关系的案例大多采用了类似解释。同时，有一案件［（2016）京 0112 民初 7560 号］，法院的判断与目前主流的看法不同，认为二者构成经济合作关系，以类似于合伙关系的方式作出了判决。

值得反思的是，在 42.11% 的案件中，法院没有或者回避对二者法律关系作出界定，客观上反映了相关理论发展不成熟、法律法规尚不完善的现状，这不仅不利于司机权益保护，亦使得侵权案件中责任主体的确定缺乏法律依据。

表 4　法院判定涉及快车案件的平台与司机法律关系情况统计

单位：件，%

	劳动	劳务	居间	经合	其他	总计
案件数	1	5	4	1	8	19
占　比	5.26	26.32	21.05	5.26	42.11	100

2. 专车模式下平台与司机关系以劳动合同为主

专车类型业务模式下，法院对二者法律关系的判定分类明显。在 52 个涉及专车模式的案件中，案由是劳动纠纷的有 33 件、侵权纠纷的有 19 件，有 63.46% 的案件认为二者构成劳动关系，因为在专车运营模式下，网约车平台如"神州专车"非常重视其购置的车辆资产，因而入驻该平台的司机都作为平台的正式员工与之签订了劳动合同，在形式与实质方面二者都构成劳动关系，故发生纠纷时直接适用劳动法律调整即可。即使双方没有签署劳动合同，也大多由网约车平台、司机、劳务派遣单位、汽车租赁公司等主体签订"三方"或"四方"协议作为替代。从数据来看，约有 19.23% 的平台采取了此种做法。双方构成劳务派遣关系后，平台即以用人单位身份安排司机工作，发生纠纷时，以《劳动法》中关于劳务派遣的规定处理二者关系即可。

表 5　法院判定涉专车案件的平台与司机法律关系情况统计

单位：件，%

	劳动	劳务	其他或未认定	总计
案件数	33	10	9	52
占　比	63.46	19.23	17.31	100

3. 顺风车模式下平台与司机关系多为居间关系

在 14 个顺风车模式的案例中，超过 70% 的案件判决认定平台与司机构成居间关系。这点在理论界也少有异议，且案件判决书中亦有类似"顺风车平台提供的并不是出租用车、驾驶或运输服务，如果用户的合乘需求信息被其他用户接受确认，顺风车平台即在双方之间生成顺风订单……而小桔公司作为滴滴出行公司软件的运营商，原告与李某某之间提供的居间服务"的表述。① 法院对顺风车模式下二者法律关系认定的倾向不仅与网

---

① 参见（2017）川 0114 民 2360 号民事判决书。

约车平台的理念相匹配，更是契合了共享经济发展的内在要求。

尽管《暂行办法》已经对网约车与顺风车作出区分，明确规定顺风车不属于网约车，但从广义角度而言，顺风车利用了互联网与乘客达成的运输合意，符合网约车的基础特征，这客观上给法院判断造成了一定影响。统计结果显示，有3件未对双方关系做出准确定性判断或进行了其他判断。

表6　法院判定涉顺风车案件的平台与司机法律关系情况统计

单位：件，%

	居间	其他或未认定	总计
案件数	11	3	14
占　比	78.57	21.43	100

4. 各主体主张依据及法院判决理由统计与研究

统计中笔者发现，无论是劳动纠纷还是侵权纠纷，司机都无一例外地提出了要求法院认定平台与自己构成劳动关系的主张，以最大限度地维护自身利益。此举从法律上而言无疑是司机的最优选，因为一旦双方构成劳动关系，司机不仅能获得更多的经济赔偿，在发生侵权纠纷时亦可以职务行为避免承担赔偿责任。在整理案件中，一些侵权案件的司机与平台作为共同被告，因此整个诉讼过程并未直接涉及二者法律关系的争议，下文仅对司机与平台分别作为原被告的案件进行统计分析（见表7、表8、表9）。

如表7所示，司机方面提交的支持其诉求的依据主要有双方自主协议，介绍信、工作证等证明，两者合并比重超过80%。双方自主协议涵盖范围较广，包括薪酬协议、劳动服务协议等，与《暂行办法》鼓励的签订多种协议的精神相符合。平台在制定此类协议时掌握主动权，故司机方只能被动接受。工作证、介绍信、打卡记录等司机可以直接接触的证据比例为22.86%，在所有证据种类中排第二。以上两种证据多被司机用于证明双方构成劳动关系或雇佣关系。值得注意的是，只有8.57%的司机以《暂行办法》等规范性文件作为自己权利主张的依据，客观反映了该群体对行业法律动向关注不足的情形，这也与其劳动权利得不到完备保障有一定的关联。

表 7 司机主张依据

单位：件，%

司机主张依据	数量	占比
双方自主协议	21	60
规范性文件	3	8.57
介绍信、工作证等证明	8	22.86
其他及未提交	3	8.57
总　计	35	100

注：双方自主协议包括劳动合同、劳务服务协议、司机薪酬管理规定、劳动手册、驾驶员管理规定等双方认可的协议或文件，下同。规范性文件包括《关于确立劳动关系有关事项的通知》《网络预约出租汽车经营服务管理暂行办法》等，下同。

平台在提供证据时种类显得更为单一，和司机一样，其"双方自主协议"类证据比重也最高，达到 48.57%，如表 8 所示。在所有平台主张依据种类中，服务范围陈述占比为 31.43%，平台通过工商登记的经营范围对实际经营状况进行否定，不认可其承运人身份，避免被认定为运输合同一方当事人，从而要求承担最小责任。

表 8 平台主张依据

单位：件，%

平台主张依据	数量	占比
双方自主协议	17	48.57
服务范围陈述	11	31.43
规范性文件	2	5.71
其他及未提交	5	14.29
总　计	35	100

法院作出判决的依据种类最多，且比例相差不大，如表 9 所示。《劳动合同法》（27.5%）、《民法通则》（7.5%）等效力较高的法律被广泛运用于确定平台与司机权利义务关系，包括确定或不认定双方构成劳动关系，依据民法原则认定双方构成其他法律关系，如经济合作关系等。《侵权责任法》则被用于法律关系确定后双方侵权责任的分配。另外，双方自主协议的比重为 12.5%，充分体现了法院在作出判决时对双方原意思表示的尊重。另外，规范性法律文件的运用不广，仅占 7.5%，该现象与《暂

行办法》等文件较新、法院尚未能普遍适用有关，抑或是此类依据效力层级不高所导致。

表 9 法院判决依据

单位：件，%

法院判决依据	数量	占比
劳动合同法	11	27.5
民法通则	3	7.5
侵权责任法	5	12.5
平台自主制定文件	13	32.5
双方自主协议	5	12.5
规范性法律文件	3	7.5
总　计	40	100

（三）法律关系对确定侵权责任主体的影响

1. 快车模式下侵权纠纷频出

在统计的 48 件侵权案件中，滴滴出行占据了 58.33% 的案件数量（见表10）。数据显示，"滴滴出行"几乎囊括了所有的专车（30.61%）与顺风车（25.87%）（见表 11）案件，且"神州专车"与"易到用车"几乎全为专车业务。因此，在快车与顺风车领域，"滴滴出行"目前一家独大。从案件类型可以推测，作为行业的龙头老大，快车纠纷产生与责任主体不明确不无关系，而责任主体的不明确主要是法律关系不确定导致的。

表 10 侵权纠纷所涉平台统计

单位：件，%

平台名称	涉该平台案件数量	占比
滴滴出行	28	58.33
神州专车	7	14.58
优步（Uber）	1	2.08
易到	4	8.33
其他或未提及	8	16.67
总　计	48	99.99

从整体看，涉专车的案件数量占总侵权案件数的 39.58%（见表 11），但专车巨头"神州专车"仅占其中 14.58% 的案件。这说明了专车市场趋于规范，平台、司机、乘客的法律关系界定明确，故而发生纠纷的可能性大大降低，从一个侧面反映了亟须对网约车其他业务类型中平台与司机的法律关系作出界定。

表 11　侵权案件中网约车类型

单位：件，%

网约车类型	数量	占比
快车	15	31.25
专车	19	39.58
顺风车	14	29.17
总　计	48	100

2. 网约车侵权类型较单一

网约车的侵权责任一般可以分为交通事故、重大人身伤害、个人信息非法泄露三种类型。网约车交通事故的责任认定应当遵循：鼓励网约车行业发展原则、乘客利益保障原则、利益平衡合理取舍原则。[①] 在部分案件中，由于侵权行为侵犯了多个客体，故涉及的总侵权责任类型大于样本案件数。

重大人身伤害指的是网约车司机故意对乘客造成了人身伤害，包括抢劫、强奸等犯罪，例如"滴滴顺风车空姐遇害案"就属此类。这类侵权案件主要是由平台对驾驶员门槛设置过低，司机准入后对其缺乏有效监管引起的。

个人信息非法泄露指的是运输服务过程中平台或司机操作不当，导致乘客信息泄露，从而造成对乘客人身、财产等方面的严重损害的侵权行为。该类型的侵权行为与网约车的互联网特征息息相关。

表 12 则反映了侵权责任类型单一的情况，所有统计案件的侵权责任类型都是交通事故侵权的，司机故意犯罪和个人信息泄露侵权笔者尚未找到相关案例。

---

① 梁分：《网约私家车交通事故责任之认定与承担》，《法律适用》2017 年第 17 期。

表 12　侵权责任类型

单位：件，%

侵权责任类型	案件数	占　比
交通事故致乘客损害（人身、财产）	32	64
交通事故致第三人损害（人身、财产）	15	30
交通事故致司机损害	3	6
合　计	50	100

3. 法律关系界定与侵权责任分配

不同案件所判定的法律关系不同，决定了侵权案件发生时责任承担主体不同。总的来说，平台责任大于司机责任，包括33.33%的平台被判定承担全部责任、20.38%的平台连带责任和6.25%的平台补充责任（见表13），判决结果与劳动关系中对劳动者权益保护的倾向性相吻合。

表 13　法律关系类型与责任主体

单位：件，%

责任主体＼法律关系类型	劳动合同关系	劳务合同关系	居间合同关系	经济合作关系	未认定	总计	占　比
平台责任	7	3			6	16	33.33
司机责任		1	12	1	5	19	39.58
平台连带责任	2	4			4	10	20.83
平台补充责任		1			2	3	6.25
总　计	9	9	12	1	17	48	99.99

对于劳动关系和居间关系导致的侵权责任的划分，法院的判决显示出了一致性。在认定双方构成劳动关系的前提下，运输合同双方主体为网约车平台与乘客，此时司机的运输行为是职务行为。当司机行为使第三方的权利受到侵害时，第三人可以依据《侵权责任法》第34条，对用人单位提起损害赔偿请求；当乘客的权益因司机的职务行为受到损害时，乘客权利此时涉及竞合，其既可以依据《侵权责任法》向网约车平台要求损害赔偿，亦可以客运合同，依据《合同法》向平台主张违约责任。

在认定为居间关系的案件中，由于网约车平台扮演居间人角色，未实施侵权行为，且侵权结果的产生与居间行为无关，故法院一致认定应由司机承担侵权损害赔偿责任。

但是，判定为劳务关系的不同案件，以及未对二者进行法律关系定性的案件中，法院对侵权责任的分配却各不相同。原因在于，有些案件虽然对平台与司机法律关系作出了界定，裁判结果却体现了另一种法律关系对责任的划分标准。同时，因为现行立法对于劳务关系缺乏明确界定，故广义的劳务关系包含了大量类型，且多以雇佣合同、承揽合同等有名合同呈现，这一现状亦使得法院可能根据不同的劳务关系归责要求来进行责任分配，最严格的判罚是按照《暂行办法》认定平台为承运人，承担50%的责任，而车主不承担责任，[①] 有依据认定的挂靠关系判决承担连带责任的，其他的有承担保险理赔范围外10%责任的。[②] 不过，在认定为劳务关系的案件中，判定平台责任、平台连带责任的占据主流，司机全责的仅有1例，客观上仍能够显示出实务中对司机的保护倾向。

在未认定二者法律关系的案件中，法院一般采取过错责任归责，但也有一些判决显示出了任意性，（2017）云0114民初2893号就以"平台为'大众所信赖'，应当承担'社会责任'"为由，判决平台承担20%的责任。

四　构建平台与司机之间的新型劳动关系

（一）新型劳动关系：利益平衡下的普遍性标准和特殊性标准

劳动法律体系的构建必须以维护劳动者权益为导向，以社会经济发展水平为基础，与社会存在的普遍用工方式相匹配。互联网时代催生了共享经济，更灵活、自由的用工模式对传统行业造成了深刻影响，网约车等新兴行业的崛起更是对原有工业时代劳动关系认定标准造成了巨大冲击。毫无疑问，现行的劳动法律体系已经不能满足社会发展需求，构建与互联网时代相匹配的新型劳动关系迫在眉睫。网约车行业新型劳动关系与传统劳动关系相比，涉及的主体增多，法律关系更为复杂，因而把控各主体之间的法律关系，平衡各方利益就显得尤为重要。

---

① 参见（2017）豫0103民初5379号民事判决书。
② 参见（2018）吉0191民初199号民事判决书。

一方面，法律关系可以存在多元化。根据《暂行办法》，劳动关系并非平台与司机的法律关系的唯一选择，司机可以通过加盟商的形式介入平台授权的特许运输经营，或与平台组成新型经济合作关系、合伙法律关系等，以适应共享经济的发展需求。另一方面，鼓励订立多种形式合同。尽管监管层旨在鼓励双方订立劳动合同，但实际上，平台与司机把握了构建何种法律关系的主动权。故双方可以根据用工时长和服务特点，签订劳动合同或签订委托合同、雇佣合同等多形式劳务合同。

《暂行办法》实施后，平台成为法律意义上的承运人，司机的法律主体资格也一并被赋予，二者身份关系暂时符合了上文提及的传统劳动关系"四性"要件。因此，在肯定新型劳动关系具有传统意义的"从属性"的基础上，以互联网时代的共享经济视角对判断标准进行革新，以"普遍性结合特殊性"的标准体系对网约车平台与司机之间法律关系作出准确界定。

1. 普遍性标准

普遍性标准是原则性标准中的重要一环，主要用于判定司机对平台是否存在从属性，并侧重于对人身从属性的考察。在此基础上，结合网约车行业的运营特点、用工模式等要素作证明。

司机依附于平台开展业务，对平台具有人身从属性是认定二者构成新型劳动关系的关键。有两个条件可以作为判断依据。一方面，司机的运输业务是否为所连接平台的核心业务组成部分。根据《暂行办法》，线上信息交换服务和线下预约出租车的客运服务构成网约车运营的主体，司机运输业务就属于其线下服务的重要构成部分。另一方面，网约车平台对司机有制度上的约束，对于其运营行为有实际的控制优势。在具体业务中体现为，网约车平台依托了平台聚集信息的优势，不可避免地会单方面对司机运输业务的交易成本、交易方式、运营规则、报酬比例、补贴发放等方面作出规定，甚至对客运路线提出强制要求。司机在服务中只能被动地接受平台指挥，一旦违反规定或遭遇乘客投诉，还会受到报酬被扣、补贴减少等来自平台的惩罚。综上所述，平台对入驻司机的管理程度较高，不能因为司机工作时间、地点较为灵活，就否定其在身份上从属于该平台。此外，尽管《通知》列出了工资支付凭证或记录、雇主招聘登记表、员工出勤记录等要素作为确定双方法律关系的依据，然而考虑到网约车行业的特殊性，故此标准在确定网约车与司机法律关系上并不适用。法官在判决过程中不可全盘照搬《通知》的有关规定，而应当结合非典型劳动关系的用工形式来确定符合网约车行业特点的认定标准。

网约车行业中，证明司机与平台存在劳动关系的凭证大致有如下分类。从平台角度，首先，平台作为运营主体，必须获得网约车经营许可证和用工资格，以区别普通信息科技公司。其次，登记的工商信息显示的经营范围可以起到参照作用，在判决过程中多以实际业务范围为准。最后，平台制定的相关章程和规则、设置的准入门槛、对司机的考核标准、处罚措施等都可以作为其管理的凭证与依据。从司机角度，其与平台签订的多种形式的合同或协议，包括要求加入运营的申请、具体运输过程中数据信息等亦可作为认定新型劳动关系的凭证。

2. 特殊性标准

特殊性标准作为普遍性标准的重要补充，在一般判定方法难有成效时发挥作用。按照适用顺序，可以将特殊性标准分为以下三项。

第一，以双方达成合意而签订的协议为依据。这不仅符合民法中的意思自治原则，更体现了《暂行办法》对双方签订灵活就业协议这一做法的鼓励和认可。一旦双方发生纠纷，法院应当首先对双方签订的有名、实体合同进行审查。审查内容包括双方缔约时意思表示是否真实。在这一层面，网约车作为法律关系的主动选择方应当提供相应的数据、合同文本或协议，否则应当承担不利后果。若审查中发现平台恶意不履行对司机的职业风险告知义务，而导致司机权益受损的，应当从保护劳动者权益角度出发，认定二者构成劳动关系或雇佣关系，让平台承担更多责任。

第二，认定经济从属性的附加标准。除了人身从属性，经济从属性也是认定双方构成何种法律关系所必须关注的点。若司机长期以专职形式参与网约车运营，并将网约车业务收入作为劳动收入主体，那么则可以认定司机对平台的经济依赖性较高。此情形下，可以结合普遍性标准和特殊性标准的第一项，认定双方构成劳动或劳务关系，让平台对司机承担更多责任，保障司机权益。相反，如若司机本身有其他全日制劳动合同在身，不以网约车收入作为劳动收入的主体，而短暂地进行运输服务赚取"外快"，此时司机已经自行或者有用人单位缴纳了社会保险，那么从避免平台责任无限扩大角度出发，就不宜认定平台与司机之间构成雇佣或劳动关系。

第三，非全日制用工与入驻多平台的例外原则。在使用普遍性标准和特殊性标准前两项规则时，对网约车司机的非全日制兼职行为，或入驻多个网约车平台，接受各平台派单进行运营的行为，法院应当区别处理。若双方符合合伙关系的特征，法院就可以按照经济合作协议来处理；构成非全日制用工关系的，可以用《劳动合同法》来调整二者关系，认定存在雇佣关系的，平台应当承担相应的缴纳社会保险等责任。

（二）实务操作：网约车不同业务模式下法律关系确定

网约车的业务模式类型多样，在结合普遍性标准和特殊性标准的顺序适用后，可以按照平衡利益的原则，指引平台与不同类型网约车司机签署多种劳动协议，以确认双方的法律关系。

1. 快车业务

对于快车业务下网约车司机与平台的劳动关系认定，应当结合具体情况具体分析。如快车车主以全职形式参与网约车运营，就应当要求平台与之签订劳动合同或雇佣合同，否则可以认定为经济合作关系或者合伙关系。认定是否构成全职，快车司机要形式上满足仅加入一家快车平台，且该平台的收入是其劳动收入的主要来源。同时超过一定标准的工作时间也是双方构成劳动关系或者雇佣关系的必要条件，具体操作层面上，可以以一周 24 小时作为标准。法院在处理纠纷时，从个案平衡原则出发，亦应当按照此标准肯定双方的劳动关系，以保障司机的合法权益。

2. 专车业务

专车业务集中为 B2C 网约车平台运营与"私家车＋平台"联合运营两种模式。第一种，车辆为平台购置的资产，司机员工应聘上岗，司机运输行为乃职务行为，双方法律关系符合传统劳动关系的构成要件。即使双方尚未签订劳动合同，也不影响法院认定双方构成事实上的劳动关系，而已有判决也体现了这一观点。在第二种模式下，应当认定司机与劳务公司构成劳动关系，而与平台构成劳务派遣关系。

3. 顺风车业务

顺风车业务一般以路线的非规划性、兼职性与非营利性为特征。网约车平台以出行者需求为基础，结合车主既定路线及其接单意愿，迅速匹配满足双方的供需关系，以合乘里程数作为计算拼合费用的依据，从而实现乘客乘车需求与车主短期服务需求的平衡。网约车平台的"拼车"特色服务，借助其服务标准和价格优势打入整个轿车出行市场，极大满足了处于饥渴状态的租车出行市场需求。[①] 顺风车是网约车所有业务模式中兼职性最为明显的一类，该业务司机群体多数白天从事其他的全日制劳动，仅在上下班途中或节假日通过网约车平台赚取油费，其"顺带"行为体现了更强的个人意愿，与平台的联结较之前两种业务更为松散，因此不可认定双方构成劳动关系。法院判决时可以参照适用无合同情形下法律关系的认定标准，或援引居间合同的有关规定作调整。

（三）相关保险制度的完善

网约车的共享性解决了乘客出行的难题，但平台与司机更多元化的关系造成了侵权责任分配不明的问题。从最大限度保护劳动者的权益角度出发，调整现行保险制度成为当务之急。

1. 现行保险法律规则存在的问题

（1）运营保险责任不明。已经出台的监管细则对网约车服务中保险责任的划分区别较大，例如北京就规定了平台需承担营业交强险、第三者责任险等保险的缴纳义务；而天津地区细则规定了类似投保责任由司机个人承担，平台则履行先赔付义务与保证义务；还有些地区细则对保险责任的划分并未作出规定。对保险责任差异化分配导致各地法院处理相似案件时做出的判决不统一。即便上海、天津等地细则已经规定的平台先行赔付义务，也存在着赔付范围过于狭窄的问题。上海网约车细则规定，"网约车运营服务中发生安全事故，网约车平台公司应当对乘客的损失承担先行赔付责任"。[②] 可见，先行赔付仅覆盖了乘客损失，而未将对第三人造成的损害纳入赔付范围。因此，一旦发生网约车服务致第三人损害纠纷，平台将会以"缺乏法律依据"为由拒绝履行先赔付义务，此时保险公司若再以营业性交强险的赔付例外原则拒赔，那么相关赔偿义务将由驾驶员个人承

---

① 马竞遥：《共享经济模式下网约车管理立法研究》，《山东社会科学》2018 年第 9 期。
② 《上海市网络预约出租汽车经营服务管理若干规定》第 14 条。

担。而网约车司机大多经济条件一般，相关判决很可能面临执行不能的困境，不利于保护侵权纠纷中第三人的合法权益。

（2）强制性赔付制度引发司机道德风险。网约车司机，尤其是入驻 C2C 平台的司机大多以自有家用车辆作为提供运输服务的工具。事实上，家用汽车强制险费用仅为同座数量运营车辆强制险的一半，但发生事故后两种强制险下保险人所需赔偿的金额相同，因此从兼职行为的主要目的出发，尽管将私家车做运营之用，但大多数司机并不会主动购买运营车辆强制险，"低保费，高赔偿金"的现实极易引发司机的道德风险。然而，车辆在运营时发生事故的概率远超家庭自用的情形，一旦发生侵权纠纷，保险公司就会以《保险法》第 52 条 "在合同有效期内，保险标的的危险程度显著增加的，被保险人应当按照合同约定及时通知保险人，……保险人不承担赔偿保险金的责任" 进行抗辩，不利于保障受害者权益。

2. 解决建议

（1）明确运营保险责任。首先，各地细则应当对保险责任作出规定，在平台承担投保责任与个人承担投保责任间，笔者认为后者更符合现实需求。出于扩张与运营目的，C2C 平台一般接纳了大量的私家车，该类车辆兼具运营性与自用性特征，平台仅对司机运营提出一些例如运输路线等具体要求。如若要求平台为司机投保会不合理地加重平台负担，因此，宜由司机承担保险责任。司机承担保险责任后平台的监督同样不可缺位。一方面，平台在司机入驻前应当主动对司机是否履行了保险缴纳义务进行审查，将 "已保险责任" 作为准入条件，切实履行自己的监督与保证义务；另一方面，从维护消费者知情权角度出发，也需要通过对网约车平台的全面信息披露实现激励相容。[①] 平台应持续披露司机车辆的保险缴纳情况，如在 App 车辆信息页面设置专门类别等，以保障消费者权益。为进一步解决侵权纠纷发生后受害者难以得到赔偿的问题，通过法律规定平台的先履行义务就显得尤为重要，并且在此基础上，还应当对该义务赔付范围作适当扩大处理。先赔付义务不仅要覆盖乘客，还要覆盖交通事故中受损的其他人，这样才能实现对受害者权益的全面保护。

（2）确定保险公司的追偿权。从社会期待角度出发，要求保险公司先

---

① 潘静：《"网约车" 类共享经济的保险规制途径》，《武汉金融》2017 年第 8 期。

行赔付有利于保障受害者的权利，也符合交强险的救济性，但法律同时也应当确定保险公司的追偿权以实现权利义务的对等。根据司法解释规定，保险公司对未依法投保而致人损害的交通事故，在履行先赔付义务后可向投保义务人追偿。① 网约车服务中的私家车完全符合运营车辆的定义，司机未缴纳运营性强制险显然属于未依法投保。因此，应当参照该条司法解释，在具体网约车细则中明确规定保险公司的代为求偿权。但考虑到司机已经缴纳了家用车辆强制险费用，因此，在司机履行赔偿义务后，保险公司应返还该险种金额以达到民事权责统一的状态。

（四）新型劳动关系下侵权责任机制的构建

网约车平台与司机间的法律关系认定虽然多样，但实质上，不可否认二者之间存在一定从属关系。在侵权责任分配时，应当以认定二者构成的法律关系为前提，避免出现认定关系的法律归责要求与实际运用之间的脱节，更不能不合理地加重某一方的负担。因此，宜结合网约车"灵活""自由"的新型劳动特征，细致区分侵权责任承担主体。

1. 专车业务的侵权责任承担

专车业务主要有 C2C 模式和网约车平台与司机、劳务派遣公司、出租车公司签订"四方协议"的劳务派遣模式。C2C 模式下，如前文所述，应确定平台与乘客成立运输合同关系，司机是平台员工，与平台构成劳动关系。劳动合同下，司机执行运输任务属于职务行为，对乘客或第三人人身财产造成损害的，网约车平台作为用人单位应承担替代责任；驾驶员主观无论系故意或过失，对外均不承担责任。② 平台承担责任后，可依据《侵权责任法》《合同法》等有关规定，对司机进行内部追偿。而在由四方主体构成的劳务派遣模式下，司机与劳务派遣公司签订劳动合同，故劳务派遣单位为用人单位；网约车平台对司机执行任务进行管控，为实际用工单位。根据《侵权责任法》规定，"劳务派遣期间，被派遣的工作人员因执行工作任务造成他人损害的，由接受劳务派遣的用工单位承担侵权责任；劳务派遣单位有过错的，承担相应的补充责任"。③ 因此，该

---

① 《最高人民法院关于审理道路交通事故损害赔偿案件适用法律若干问题的解释》第 19 条。
② 郭成华：《网约车侵权责任实务分析》，黑龙江大学硕士学位论文，2018，第 27 页。
③ 《侵权责任法》第 34 条。

情形中应当由网约车平台承担主体责任，而司机派遣单位根据过错程度承担补充责任。

2. 快车业务的侵权责任承担

在快车的兼职模式被认定为合伙关系的前提下，根据2018年8月31日全国人大常委会第五次会议表决通过的《电子商务法》第38条第2款的规定，"对关系消费者生命健康的商品或者服务，电子商务平台经营者对平台内经营者的资质资格未尽到审核义务，或者对消费者未尽到安全保障义务，造成消费者损害的，依法承担相应的责任"，平台作为商务平台经营者应当在过错范围内承担有限责任。全职快车业务中司机行为致乘客、他人人身财产受到损害的，应当由网约车平台承担替代责任；司机在此时受到伤害的，属于职务行为，应按《劳动合同法》以工伤处理。

3. 顺风车业务的侵权责任承担

顺风车业务中，大多数司机以"自有车"加盟网约车平台，主要是兼职行为，想赚取油费、过路费、维修费，且该类司机群体普遍具有工作时间较短、有其他全日制劳动合同在身等特征。司机的主动性、机动性较强，平台更接近于传统意义上的信息中介地位，若判定平台在此模式下与司机承担连带责任则显失公平，不合理加重了平台责任。因此，应当由司机独立承担责任而平台不承担责任，相关判决亦支持了这一观点。在此之上，可以考虑引入"组织过错理论"[①]，为网约车平台设定尽职免责条款，意求完善理论构建以指导司法实践。

结　论

共享经济发展潮流浩浩荡荡，势不可挡，网约车服务作为新型经济在人们的日常出行中扮演着愈加重要的角色。法律政策的滞后性、行业发展的高速度使得传统的劳动关系在"互联网＋"时代对网约车平台与司机关系的调整已显得力有不逮。网约车平台与司机非标准劳动关系及其法律关

---

① 郑晓剑：《揭开雇主"替代责任"的面纱——兼论〈侵权责任法〉第34条之解释论基础》，《比较法研究》2014年第2期。

系下侵权责任的认定在学术界向来争议不小。存在即合理，网约车行业乱象杂芜，宜疏不宜堵，理应以不断更新的劳动关系来适应这一新兴行业的快速发展。

如何界定双方的法律关系。首先，从宏观上以新型劳动关系的构建作为传统劳动关系的补充对二者关系加以调整；其次，新型劳动关系的认定标准必须以普遍性标准与特殊性标准同时构成才能可；最后，在实务操作中，应以网约车不同业务模式的特征作为主要确定依据而不能一刀切，如此方能更好保障双方权益。法律关系确定后，侵权责任的划分则显得顺理成章。侵权责任的划分方法与法律关系的认定方法相匹配，也宜以不同服务模式为确定依据，同时考虑劳动法的一贯原则对司机予以一定的倾斜保护。

本文以实证数据为基础，分析实务中针对网约车司机与平台法律关系区分的倾向，探索双方构成的新型劳动关系；也探讨了双方构成何种法律关系以及侵权纠纷中的责任承担问题。但是，网约车作为新生事物发展年限短，相关案件数量少，导致本文统计样本较小。如若以更大数据样本作为支撑，本文的论证将会更具说服力。如何对前述两个问题实行良性规制，将影响到整个行业健康发展，还需要继续讨论。

Research on the Legal Relationship Between Platforms and Drivers in Ride – Hailing Services

Gao Yuchen

Abstract: In the era of shared economy, the Internet has created many new business models, and many online ride – hailing platforms, such as "Di-Di" and "Shenzhou Premier Taxi", have developed rapidly. In November 2016, the Interim Measures for the Administration of Online Taxi Booking Services began to be implemented, formally bringing online taxi hailing into the taxi industry. However, the bill does not identify the relationship between the ride – hailing drivers and the platforms, which leads to a series of problems, such as the unclear definition of the legal relationship between the drivers and the platforms, the disunity of power and responsibility of the platform operation and so on. The legal relationship between the ride – hailing drivers and the platforms should be divided according to the operation mode. At the same time, according to the principle of fairness, build a new type of labor relations in line with the characteristics of the ride – hailing industry, and adopt flexible forms of employment into the effective supervision system. On this basis, the subordinate attribute of the drivers to the platforms should also be considered, and in order to reflect the legislative purpose of protecting the rights and interests of workers, the drivers should be given preferential protection in the determination of tort liability.

Keywords: Online Car Appointment; Business Mode; New Type of Labor Relationship; Tort Liability

论我国团结权主体范围之限缩

柯宇航*

摘 要： 我国《工会法》第3条所确立的团结权主体范围过于简单与宽泛，这在实践中也影响了我国工会纯粹性与独立性的实现。依据集体劳动法理上关于团结权主体的限制理论：一方面，我国事业单位行政负责人团结权主体资格应予排除，但在排除其团结权主体资格的同时，应当保障其自行组织其利益团体的权利；另一方面，企业管理人员的团结权主体资格应受限制，该限制应当以避免企业管理人员控制工会为限，且需以企业管理人员职位等级之细化为其配套措施。

关键词： 团结权　主体　工会　限缩

一　我国团结权主体范围之立法现状

团结权又称劳工结社权或劳工组织权，一般是指劳动者为实现维持或改善劳动条件的基本目的而结成暂时或永久的团体，并使其运作的权利。具体是指劳动者组织工会并参加其活动的权利，又称为工会组织权。[①] 团结权的主体范围是指能够组织和参加工会活动的劳动者之范围，也即具备工会会员资格的劳动者范围。

我国集体劳动法律立法中对于团结权主体范围之规定仅限于《工会法》第3条："在中国境内的企业、事业单位、机关中以工资收入为主要生活来源的体力劳动者和脑力劳动者，不分民族、种族、性别、职业、宗

---

* 柯宇航，男，温州大学法政学院讲师，主要研究方向为劳动法与社会保障法。
① 〔日〕竹内昭夫等：《新法律学辞典》，有斐阁（日文版），1989，第950页，转引自常凯《劳权论——当代中国劳动关系的法律调整研究》，中国劳动社会保障出版社，2004，第220页。

教信仰、教育程度，都有依法参加和组织工会的权利。任何组织和个人不得阻挠和限制。"另外，《中国工会章程》作为我国所有工会组织的总章程，其规定对于劳动者团结权之行使亦有规范约束力，《中国工会章程》对于团结权主体范围的规定也仅限于第 1 条："凡在中国境内的企业、事业单位、机关和其他社会组织中，以工资收入为主要生活来源或者与用人单位建立劳动关系的体力劳动者和脑力劳动者，不分民族、种族、性别、职业、宗教信仰、教育程度，承认工会章程，都可以加入工会为会员。"比较《工会法》第 3 条与《中国工会章程》第 1 条的规定可发现，《中国工会章程》所特别强调的"与用人单位建立劳动关系"的劳动者其实可以包含在《工会法》所规定的"以工资收入为主要生活来源"的劳动者范围之内，因此我国集体劳动法律体系中，对于团结权主体范围之立法界定仅体现为"在中国境内的企业、事业单位、机关中以工资收入为主要生活来源的体力劳动者和脑力劳动者"，除此之外再无其他规定。据此规定，我国团结权主体之范围包括与用人单位建立劳动合同的劳动者以及公务员、事业单位在编人员等。

我国团结权主体范围之规定过于笼统与简单，这在实际上会形成较弱势劳动者与较强势劳动者（一般指企业管理人员）这两类能力大小不同、利益需求有别的主体均加入同一基层工会之可能，工会组建之目的应为联合弱势劳动者之力量，对抗强势雇主之利益，而较强势之劳动者在劳资关系中的利益诉求往往并非与弱势劳动者完全一致，甚至完全相反，这导致我国基层工会组织的力量分散，代表性不强，有些基层工会组织甚至被劳动者视为雇主利益的"代言人"。因此，为强化基层工会组织之力量，优化劳动者团结之效果，在团结权主体范围上对不同劳动者群体做出一定的区别对待，对特定主体的团结权主体资格予以限制就显得尤为必要。

二 集体劳动法理上团结权主体之限制

团结权为劳动者集体劳动权利的基础，因此团结权之主体也一般被认为是劳动者。然而集体劳动法上所谓的劳动者与个别劳动法上的劳动者概念与范围并不相同，根据我国《劳动法》以及《劳动合同法》的相关规定，建立劳动关系必须订立劳动合同，因此个别劳动法中的劳动者必须是劳动合同的一方当事人，而根据《工会法》之规定，享有团结权的劳动者范围显然包括并超出个别劳动法上的劳动者范围。其他国家亦存在类似的情况。如德国劳动法上的劳动者，指的是"基于私法上的劳动合同为获取工资而有义务处于从属地位为他人（雇主）提供劳动给付的人"①，然而公务员、教会人员等并非基于劳动合同而工作的人却可以组建工会，比如德国存在基督教工会联盟（CGB）和公务员联盟（DBB）；② 英国工会法上的"劳动者"（worker）也不以私法契约为限，其范围比劳动合同法上的"雇员"（employee）更广，除个别劳动关系中的"雇员"之外，"劳动者"还包括诸如自由合同的就业者、个人事业主及家内劳动者等群体，③ 而且公营领域雇员（public employees）大多亦可享有"集体权利的保护"；④ 日本《劳动基准法》与《劳动组合法》对"劳动者"也有着不同的界定，根据《劳动基准法》的规定，劳动者是受雇于企业领取工资的人，⑤ 而根据《劳动组合法》第3条，劳动者为依靠工资、薪金和其他相关福利待遇而生活的人，⑥ 这比个别劳动法上的劳动者概念范围要广泛得多。

作为团结权主体的劳动者的范围虽然比个别劳动法上的劳动者范围更广，然而，基于工会构成要件或社会公共利益要求，集体劳动法又对团结权主体范围做出了一定限制。

（一）雇主之排除

雇主不能成为团结权之主体，这是工会的纯粹性与独立性的基本要求。⑦

---

① 〔德〕杜茨：《劳动法》，张国文译，法律出版社，2005，第16页。
② 〔德〕杜茨：《劳动法》，张国文译，法律出版社，2005，第16页。
③ 劳使关系法研究会（荒木尚志、有田谦司、竹内寿、桥本阳子、原昌登、水町勇一郎、山川隆一）：《劳使関係法研究会報告書（労働组合法上の労働者性の判断基準について）》，http://www.mhlw.go.jp/stf/houdou/2r9852000001juuf.html，访问时间：2017年8月17日。
④ 〔英〕哈迪：《英国劳动法与劳资关系》，陈融译，商务印书馆，2012，第97页。
⑤ 《労働基準法》，http://www.houko.com/00/01/S22/049.HTM，访问时间：2017年8月19日。
⑥ 《労働组合法》，http://law.e-gov.go.jp/htmldata/S24/S24HO174.html，访问时间：2017年8月20日。
⑦ 也有观点因对团结权的概念界定与本文不同而认为雇主是团结权的主体，如史尚宽对团结权的定义："团结权，一般为雇用人或受雇人各为拥护或扩张其劳动关系上之利益，而组织团体之社会法上之权利。"参见史尚宽《劳动法原论》，台湾：正大印书馆，1978，第153页。但根据此种定义，受雇人团结之工会亦应排除雇用人之参加。

工会的纯粹性意味着工会的组成人员应当是劳动者，具有雇主身份者不得加入，以免破坏工会的凝聚力与战斗力。工会的独立性意味着工会必须是劳动者自主的组织，必须在组织上和财政上保持独立性，工会必须不受其他主体的控制，在实际中，可能对工会之独立施加控制或干预的最主要主体即是雇主，雇主不加入工会即有种种不正当之手段控制或干预工会之活动，可以想象雇主若有资格加入工会，其控制或干预工会活动的手段将会更为正当与便宜，工会的独立性将被严重破坏。因此雇主不得加入工会是各个国家与地区工会法上之一般共识。

（二）职位之限制

相对于雇主，管理人员当然也属于劳动者，但相对于一般劳动者，管理人员又处于管理和控制一般劳动者的地位，因此在很大程度上，管理人员其实是雇主的代理人，其行为很多情况下代表的是雇主的利益。为保证用人单位劳动者团结的纯粹性，许多国家和地区对管理人员的工会会员资格加以限制，具体限制模式上，主要存在"排除论"、"非掌控论"和"工会自决论"。

1. "排除论"

"排除"顾名思义即否定管理人员的团结权主体地位，这是目前世界各国有关管理人员工会会员资格的最主流规制模式，美国、日本、韩国、印度等国都采用此种模式，不过在排除的原因方面，各国之间又有所差异。

（1）"双重身份冲突说"。"双重身份冲突说"认为，管理人员相对于雇主具有劳动者的身份，但另一方面，相对于一般劳动者，管理人员又具有雇主代理人之身份，因为管理人员之职责要求其必须代表雇主之利益行事。管理人员的这种双重身份，与劳动者与雇主之间的利益对立相冲突，因此他们不应当成为工会会员。所谓管理人员一般是在用人单位中有直接的录用、奖惩、调岗、解雇等权限，其工作内容主要是代表雇主监督或管理劳动者工作的职员。美国和日本是这一模式的主要代表。美国 1947 年的《塔夫脱－哈特莱法》首次"将主管从雇员这一概念范围内剔除"。[1] 日本《工会法》亦把用人单位的管理人员排除在工会之外。[2]

---

① 〔美〕哈珀等：《美国劳动法：案例、材料和问题》，李坤刚等译，商务印书馆，2015，第117页。
② 张杨：《论企业管理人员之工会会员资格》，《工会理论研究》2015 年第 1 期。

（2）"职工身份否定说"。"双重身份冲突说"是基于管理人员的双重身份而排除其工会会员资格的，而"职工身份否定说"则是基于管理人员"劳动者"身份之排除进而排除其团结权主体资格。"职工身份否定说"以韩国、印度等国为主要代表。如韩国《工会法》明文规定，企业管理人员并而非雇员，而是雇主；印度《劳动合同法》则规定，具备一定级别的管理人员并非本法所称的劳动者。[①]

2. "非掌控论"

"非掌控论"的主要代表国家是德国。在德国法上，工会必须由雇员一方之成员构成，组织的独立性是判断其是否属于工会的重要标准之一。然而，德国劳动立法对于单位内部管理人员的劳动者身份定位并无明确规定，因此关于管理人员的团结权主体资格问题一直存在争议，然而在德国联邦劳动法院的司法实践中，逐渐形成了对于管理人员的团结权主体资格较为成熟的认识，即："这类协会（指工会或雇主协会）只能由属于雇员一方的成员或者属于雇主一方的成员组成。这种明显的一刀切要求导致了诸如协会中的高级职员在多大程度上能够被认为是雇员的联合组织的问题，因为他们中的许多人承担着管理职能。根据联邦劳动法院的观点，只要高级执行人员没有掌控协会，就符合这一要求。"[②] 也即是说，只要管理人员不控制工会，管理人员就具有参加工会的权利。

3. "工会自决论"

"工会自决论"是指管理人员的工会会员资格由工会章程具体决定。中国台湾地区采用此种模式。根据台湾地区"工会法"第 14 条之规定，企业管理人员原则上不得加入企业工会，但企业工会章程另有规定者除外。[③] 虽该条前半部分之禁止性规定所呈现的立法精神与"排除论"一致，但根据后半部分之规定，管理人员之工会会员资格实际由工会章程所决定。"工会自决论"之模式无疑给予了工会意思自治之能力，工会可根据自身情况所需决定是否接纳管理人员入会。然而这一立法模式遭到了不少

---

① 劳动人事部劳动科学研究所编《外国劳动法选》（第 3 辑），劳动人事出版社，1987，第 163～164 页。

② 〔德〕魏斯、施米特：《德国劳动法与劳资关系》，倪斐译，商务印书馆，2012，第 189 页。

③ 参见台湾地区"工会法"，http://www.tpfl.org.tw/law.php，访问时间：2017 年 8 月 24 日。

台湾地区学者的激烈反对：首先，根据该规定，即使是企业经理人等管理者都可以加入工会，这与集体劳动法之法理相冲突；其次，该条款虽只提及企业工会，然而法律解释中将产业工会和职业工会包含在内，存在漏洞。[①]

我国台湾地区的"工会自决论"虽然对管理人员的团结权主体资格形成一定限制，但由于在实际上，该模式容易造成包括企业经理人在内的高级管理人员均成为工会之成员，虽承认与保护了工会之意思自治，但与工会的纯粹性要求南辕北辙，因而该模式并不可取。从保证工会的纯粹性方面来说，"排除论"应当是各种模式中效果最为明显彻底的，但此种模式下，立法与司法的重点与难点皆为认定管理人员的范围。立法语言的抽象性要求一方面往往给司法实践带来较多的解释法律的任务，另一方面，关于管理人员的范围若认定过于宽泛，则会有打击面过大之嫌，如前文所述印度之立法几乎将所有管理人员排除在团结权主体范围之外，这在实际上剥夺了较低等级的管理人员的团结权，这些较低等级管理或行政人员实际上并不具备"雇主代理人"的身份，其工作本质与利益立场其实与一般劳动者无异。德国的"非掌控论"也承认管理人员的双重身份冲突是存在的，但同时认为通过剥夺其团结权即工会会员资格亦是不合理的，因此"非掌控论"通过限制管理人员的会员权利（不得掌控工会）而非入会资格来维护工会的纯粹性与独立性。比较来看，"排除论"的出发点为优先保障工会的纯粹性，而"非掌控论"则更多地着眼于对劳动者的团结权这一宪法上基本权利的广泛保障，两种模式由于出发点不同造成的结果亦不同："排除论"实际上否定了在其所认定范围内的用人单位管理人员之团结权主体地位，而"非掌控轮"并未否定用人单位管理人员之团结权主体地位，只是限制了管理人员的具体会员权利（不得掌控工会）。

（三）职业之限制

团结权上劳动者职业之限制主要体现于对公务员（政府雇员）之限制。考察世界主要国家和地区的立法实践，相对于一般劳动者，公务员团结权的承认与保护均相对比较晚近，而公务员中的一些职业者（典型如警

---

① 杨通轩：《集体劳工法——理论与实务》，五南图书出版公司，2012，第90页。

察与军人）在许多国家和地区至今未取得团结权的主体地位。如德国法上
对于一般劳动者团结权的认可最早确立于 1919 年的《魏玛宪法》，而对于
公务员的团结权则在 1952 年的《联邦公务员法》中才给予认可；法国公务
员的团结权于 1946 年《宪法》中得以确认；美国各州对于公务员团结
权历来规定不一，从 1958 年威斯康星州政府立法保障该州公务员团结权与
集体谈判权以后，陆续有 40 个州及哥伦比亚特区通过各种保障公务员团结
权与集体谈判的立法，但是公务员的集体争议权被各州普遍禁止；日本通
过 1947 年的《国家公务员法》及 1950 年的《地方公务员法》确认了除军
队、警察、监狱职员外的公务员享有团结权，在集体谈判权方面则只允许
公务员行使交涉权，而无法缔结团体协约（集体合同），而集体争议权则
全面禁止。而国际劳工组织第 87 号公约，对于团结权主体的职业并未规定
任何限制，仅仅在第 9 条承认了各国对于"军队和警察"的保留，[①] 从国
际劳工组织第 87 号公约所体现出来的国际潮流来看，公务员的团结权应当
得到广泛之承认与保障，不应与一般劳动者区别对待，然而对于军队和警
察此类特殊职业而言，各个国家和地区在团结权立法上对其进行程度不一
之限制，则被认为是合理的。

公务员的团结权在历史上受到普遍限制主要是因为公务员的"雇主"
是政府，政府施行政策必须谋求全体社会的公共利益，其管理权也不容许
与其他组织分享与妥协，是以公务员的团结权应受限制。但随着时代的发
展，"主权在民"之观念逐渐深入人心，主权在民的基本宗旨在于使人民
拥有主权以限制政府权力，保障人民的权利，如果施行宪制的政府能够增
进其对人民的福祉，那么作为人民之一员的公务员，则不应当被排除在宪
法所保障的基本权利之外。至于警察和军人这两类职业，由于其占有一定
的武装力量，其工作为国家与社会安全的重要环节，给予其团结权、集体
谈判权、集体争议权，恐对国家安全与社会公益产生较大程度的威胁与损
害，故在世界范围内许多国家对警察与军人的团结权都进行了一定程度的
限制，国际劳工组织第 87 号公约亦体现了这一精神。

---

① 参见 ILO, Freedom of Association and Protection of the Right to Organise Convention, 1948
(No. 87), http://www.ilo.org/dyn/normlex/en/f? p = NORMLEXPUB：12100：0：：NO：：
P12100_ILO_CODE：C087，访问时间：2017 年 8 月 24 日。

三 限缩我国团结权主体范围之立法建议

根据集体劳动关系之法理，对团结权主体范围之必要限制主要体现为雇主之排除、职位之限制以及职业之限制三个方面。如前所述，团结权主体的职业限制主要体现在对于公务员与军人的团结权主体资格限制上，现代集体劳动法一般认为，公务员的团结权不应被剥夺，而对公务员中的警察这一职业，以及军人职业者的团结权进行限制或排除则是具备正当性的。我国《工会法》规定了"事业单位、机关"中的"劳动者"均有"参加和组织工会的权利"，因此我国公务员普遍享有团结权与集体谈判权，而集体争议权由于我国《宪法》未予认可而被广泛限制，至于公务员中的特殊职业——警察与军队，根据我国立法实践，人民警察属于政府公务员，与一般公务员并无差别，而军队人员并不被认为是《工会法》上的"劳动者"或"职工"，因此军人并无团结权，可见我国团结权主体在职业限制方面的现行立法是较为合理的。而在雇主资格之排除以及职位之限制两个方面，我国现行立法中的团结权主体范围还较为宽泛，存在限缩的必要，以下分别详述之。

（一）事业单位行政负责人团结权主体资格之排除

我国《民法总则》第三章将法人分为营利法人、非营利法人和特别法人。事业单位属于非营利法人，主要包括教育事业单位、科技事业单位、文化事业单位、卫生事业单位、社会福利事业单位等类型。根据我国《工会法》第3条的规定，事业单位行政负责人也属于"事业单位"中"以工资收入为主要生活来源的脑力劳动者"，因此事业单位行政负责人在我国工会法上是具有工会会员资格的。在实践中，我国事业单位行政负责人（如公立学校的校长、公立医院的院长等）也几乎都是事业单位工会的会员。事业单位工会是代表该事业单位全体职工利益的组织，应当是所有"从属于"事业单位的所有雇员的联合体，而相对于一般职工，事业单位行政负责人的地位无疑具有明显的特殊性，因此，事业单位行政负责人还是否与一般职工一样，有着共同的利益，以及事业单位行政负责人是否应当具备事业单位工会的会员资格，都是十分值得探讨的问题。

1. 我国事业单位行政负责人的雇主属性

事业单位行政负责人首先是事业单位的法定代表人。根据我国《事业单位登记管理暂行条例实施细则》第31条规定，事业单位法定代表人应当具备下列条件：一是具有完全民事行为能力的自然人；二是该事业单位的主要行政负责人。具体可以公立大学校长为例，如根据我国《高等教育法》第30条的规定："高等学校的校长为高等学校的法定代表人。"[①] 在我国民法上，"法定代表人"这一概念的基本含义是法人的负责人，是代表法人行使职权的人。[②] 法定代表人在单位内部组织和领导单位的活动，对外则代表单位，法定代表人是法人意志和利益的代表。行政负责人作为事业单位的法定代表人，其代表的是事业单位，因此很难说行政负责人与一般职工归属于相同的利益群体，拥有共同的利益诉求，而行政负责人却实际上具备事业单位工会的会员资格，这是值得质疑的。在我国工会法上，只有私营企业的法定代表人即私营企业主被明确界定为资方（雇主），[③] 这一点在工会理论界也是较被认可的，私营企业主"在现实劳动关系中与一般工人、管理者和技术人员相对立，不属于劳动经济学意义上的劳动者"。[④] 而对于私营企业之外的用人单位（国有企业、事业单位、国家机关等），其法定代表人的工会会员资格问题，则少有人论及，法律也是默许的。但是笔者认为，其他用人单位的法定代表人往往亦是该单位之绝对领导者，其他劳动者与其都存在从属关系，如公立大学校长是学校的行政负责人，对本校的各项工作全面管理并负责，可见大学其他教职工均是校长的"下属"。工会之存在意义在于雇员（劳动者）与其雇主（用人单位）之对抗，若事业单位之法定代表人及行政负责人也能够加入工会，则工会将无法形成纯粹的雇员之共同利益，工会应有的意义与价值也将难以展现。

---

① 该规定亦有司法实践中的案例作为印证，如"田永诉北京科技大学拒绝颁发毕业证案"中，被告北京科技大学的法定代表人即为该校时任校长，参见沈月娣《和谐校园的法律保障——高校法律制度研究》，人民出版社，2008，第53页。

② 柳经纬：《论法定代表人》，《贵州大学学报》（社会科学版）2002年第2期。

③ 参见《中华全国总工会关于劳资关系暂行处理办法》第3条之规定，以及中华全国总工会组织部1994年1月12日的《关于私营企业主能否加入工会组织问题的复函》。

④ 邸敏学：《私营企业组建工会需要解决的若干问题》，《当代世界与社会主义》2006年第2期。

事业单位行政负责人还是其他一般职工的雇主。根据我国《劳动法》第2条，事业单位和"与其建立劳动合同关系"的劳动者，才适用劳动法，而在我国实践中，事业单位的劳动者往往并未与学校签订劳动合同，因此双方往往并不是劳动关系。但工会法上的劳动者，其判定标准并不受限于劳动合同，因此，在并未建立劳动关系的用人方式中，也存在着工会法意义上的劳动者，相应的，当然也存在着类似于劳动法意义上的"雇主"，而在事业单位之中，最满足"雇主"条件的，无疑是事业单位的行政负责人。根据我国《事业单位人事管理条例》的规定，事业单位与其职员应当订立聘用合同，聘用合同之双方当事人则是事业单位以及职工本人，而作为事业单位的法定代表人，事业单位行政负责人明显具备"雇主"的属性和地位。以公立大学为例，根据我国《高等教育法》第41条第4项之规定，大学校长的职权包括"聘任与解聘教师以及内部其他工作人员"。此条款亦可理解为大学校长的职权包括聘任和解聘本校所有教职工（除校长本人外），校长的"雇主"地位可见一斑。学校教职工包括三种类型：教师、管理人员、教学辅助人员及其他专业技术人员。对于这三种类型的教职工，校长的"雇主"地位分别表现如下。高等学校的教师实行聘任制，即高校教师应当与校长遵循平等自愿之原则，签订聘任合同。[1]教师聘任制度具有契约属性，与劳动法中的劳动合同高度类似，甚至有许多学者认为聘任制下学校与教师之间的关系就是劳动关系，聘任合同即是劳动合同。[2] 与劳动合同类似，聘任合同中的双方当事人也分别为雇主与雇员，校长作为聘任制合同的一方当事人，代表学校，应当认定为教师的雇主。高等学校的管理人员，实行教育职员制度。而根据教育部《高等学校职员制度暂行规定》第17条、第18条之规定，高等学校职员实行聘任制，对于职员聘任工作，应当成立职员聘任委员会，由校长担任聘任委员会主任，学校或者学校授权院（系、所）、处（部门）与受聘人员签订聘任合同，明确双方的权利、义务和聘期。该规定出台后，一些大学也据此

---

[1] 刘献军：《高校教师聘任制中的若干关系》，《高等教育研究》2008年第3期。

[2] 参见杨颖秀《〈劳动合同法〉视域下教师聘任制的劳动关系审视》，《高等教育研究》2008年第4期；周礼光、彭静雯《从身份授予到契约管理——我国公立高校教师劳动制度变迁的法律透视》，《高等教育研究》2007年第10期；陈鹏《高校教师聘任制的法律透视》，《中国高教研究》2005年第1期。

做出了相应的规定。① 由此可见，大学管理人员与学校之间也是聘任合同关系，与管理人员签订聘任合同的主体或者是学校或者经学校授权，而校长是学校的代表，因此，校长亦是高校管理人员的雇主。高等学校的教学辅助人员及其他专业技术人员实行专业技术职务聘任制度。根据国务院《关于实行专业技术职务聘任制度的规定》第 6 条第 1 款之规定，事业单位的专业技术职务一般实行聘任制，由事业单位行政领导负责聘任，行政领导向被聘任人员颁发聘书，双方签订聘约。据此规定，对于学校教学辅助人员及其他专业技术人员，亦由校长负责，并代表学校与其签约，因此，对于教学辅助人员及其他专业技术人员，校长也是雇主。综上所述，大学校长在其所在单位（大学）之内，并不"从属"于任何人或者机构，而且"全面负责本学校的教学、科学研究和其他行政管理工作"，可见校长并不符合雇员之从属性特征，实为学校用人关系之中的雇主。

工会应当为雇员之联合，作为雇主的行政负责人加入事业单位工会，无疑将会违背工会的纯粹性，破坏事业单位工会的独立性，从而使工会在实践中容易被校方利益所影响，无法纯粹地代表和维护职工的利益。因此，笔者认为，我国团结权主体范围应当排除事业单位行政负责人这一主体。

2. 事业单位行政负责人团结权主体资格立法建议

首先，《工会法》应对工会会员资格做出限制性规定。工会会员是工会存在的前提，也应当是工会法的立足点，② 清晰界定工会会员资格归属应当是工会法首先要解决的问题之一。我国《工会法》对于工会入会条件的设置过于宽松，对于工会会员资格基本未做出任何限制，笼统规定为所有"脑力和体力劳动者"导致了包括公立大学校长、公立医院院长等在内的事业单位的主要负责人具备工会会员资格，使得事业单位工会成为雇员和雇主共同的组织（某种意义上来说，工会实际成为事业单位领导部门的下属机构），这违背了工会之根本性质与宗旨。我国《工会法》应当对工会会员资格做出限制性的规定，以公立大学校长、公立医院院长等为代表的事业单位行政负责人，加入其所在单位之工会的资格，应当通过立法形

---

① 参见厦门大学人事处《关于印发〈厦门大学职员制度实施方案（试行）〉的通知》，http：//rsc. xmu. edu. cn/s/137/t/445/a/111432/info. jspy，访问时间：2015 年 9 月 15 日。

② 孙德强：《中国现代工会法律制度构建》，中国法制出版社，2007，第 216 页。

式予以排除。

其次，行政负责人群体应得自行组织其利益团体。为保证事业单位工会之纯粹性与独立性，排除行政负责人之工会会员资格，无疑会客观上形成一般职工之"团体"与事业单位行政负责人之"个体"的对抗，校长、院长之群体利益无法得以伸张和维护，从此意义上来说，这反而会导致这些行政负责人的弱势。为确保事业单位行政负责人与普通教职工之间的平等对话，在排除其工会会员资格的同时，也应当允许其自由组织形成代表其群体利益之团体。另一方面，根据工会会员资格专属于雇员之要求，校长、院长等主体于事业单位之内，为最高行政负责人，虽非雇员，但于事业单位之外，校长、院长等亦"从属"于其上级行政领导，亦为雇员。因此不论其为事业单位内部之雇主，抑或是事业单位外部之雇员，其都应当享有相应的自由结合形成其专有的利益团体的权利。因此，在排除事业单位行政负责人团结权主体资格的同时，应当明确保障其自由结社之权利，允许组建其职业团体保障其集体利益。

（二）企业管理人员团结权主体资格之限制

1. 我国立法现状

我国立法对于企业管理人员的工会会员资格并无明确的规定，然而根据《工会法》第 3 条之规定，企业管理人员当然属于企业中以工资收入为主要生活来源的劳动者，其与雇主之间的劳动关系与一般劳动者与雇主之劳动关系并无二致，因此企业管理人员当然具有工会会员资格，而工会法立法者似乎试图通过《工会法》第 9 条第 2 款之规定来解决代表雇主利益之劳动者加入工会之问题，但该条文仅限制"企业主要负责人的近亲属"，然而企业主要负责人的近亲属与企业管理人员并非同一概念，企业基层工会委员会与企业基层工会组织亦非同一概念，从立法目的上来看，《工会法》第 9 条第 2 款之规定似乎是以家族企业为规制对象，试图杜绝家族企业通过雇主的近亲属担任企业主要管理人员的方式加入甚至控制企业工会，然而实际上并非所有企业都是家族企业，而且企业主要负责人的近亲属与企业管理人员也并不重合，因此本规定其实无法限制企业管理人员的工会会员资格。由此可见，我国立法对于企业管理人员的工会会员资格基本持肯定之态度，这与集体劳动关系的一般原理以及国际主流观念都是相冲突的，如前文所述的劳动者团结权主体地位中的劳动者职位限制，不论是以美日等国为代表的"排除论"，以德国为代表的"非掌控论"，还是以我国台湾地区为代表的"工会自决论"，均对企业管理人员的工会会员资格做出一定之限制，这是对市场经济中劳资双方利益差别和对立的客观事实的承认，也是对工会目的之实现的立法保障。

我国立法对于企业管理人员工会会员资格的肯定，在实践中必然导致劳动者对工会的认同度降低、工会的凝聚力下降等后果。如在 2003 年"杨树鄂和西航公司劳动纠纷一案"中，杨树鄂是因单位没有支付其伤残补助金和落实工伤复发治疗期间的工伤待遇而将企业诉至法院的，而她所在工会的工会主席居然作为西航公司的委托代理人出庭参与诉讼，由于该公司的工会主席同时又"身为西航公司职工医院党总支书记、行政副院长、分工会主席"，因此法院认可了工会主席作为用人单位委托代理人的身份，工会主席本应是劳动者的代言人，然而在诉讼中同时又能够作为用人单位的代表，这使得杨树鄂不禁悲愤而问："当职工和企业发生劳动纠纷时，工会主席究竟应当维护职工的利益还是企业的利益？"① 由于我国立法对于企业管理人员的工会会员资格问题并无限制，因而在实践中，用人单位行政副职或部门领导担任工会主席的情形比较常见，因此在实践中类似的案例与"尴尬之问"并不少见。为了保证工会之纯粹性与独立性，维护劳动者之合法权益，我国立法应当对企业管理人员的工会会员资格做出一定限制。

2. 企业管理人员团结权主体资格立法建议

首先，应当以"非掌控论"为理论参考。在当下较为主流的企业管理人员工会会员资格限制理论中，"工会自决论"虽然对管理人员的团结权主体资格形成一定限制，但由于该模式实际上容易造成包括企业经理人在内的高级管理人员均成为工会之成员，虽承认与保护了工会之意思自治，但与工会的纯粹性要求南辕北辙，因而该模式并不可取。若从保证工会的纯粹性方面来说，"排除论"的效果是最为明显彻底的，但在此种模式下，立法和司法的重点与难点皆为认定管理人员之范围。立法语言之抽象性要

① 参见《工会主席代表企业与职工对簿公堂》，http://zqb.cyol.com/content/2003-03/31/content_638039.htm，访问时间：2017 年 10 月 10 日。

求一方面往往给司法实践带来较多的解释法律之任务；另一方面，关于管理人员之范围若认定过于宽泛，则会有打击面过大之嫌，这在实际上会剥夺较低等级的管理人员的团结权。"非掌控论"也承认管理人员的双重身份冲突是存在的，但同时认为通过剥夺其团结权即工会会员资格亦是不合理的，因此"非掌控论"通过限制管理人员之会员权利（不得掌控工会）而非入会资格来维护工会之纯粹性与独立性。比较而言，"非掌控论"较好地平衡了劳动者广泛享有之团结权与工会之纯粹性，是一种较为合理的模式。而且，从我国《工会法》第9条第2款之立法目的来看，立法者意在杜绝企业主要负责人之近亲属成为企业基层工会组织的实际控制者，而非禁止其成为企业基层工会组织之会员，因此"非掌控论"与我国当前的立法实际精神也是相对吻合的。"非掌控论"的核心在于杜绝企业管理人员控制工会，根据我国《工会法》以及《中国工会章程》的相关规定，企业基层工会组织的权力机关一般是指工会会员大会与基层工会委员会，而行使工会权力的工会职务一般是工会主席或副主席，因此从"非掌控论"的要求出发，我国立法应当首先限制企业管理人员成为工会会员大会或基层工会委员会民主表决制中的多数，也即控制企业管理人员在工会中的人数比例使其不存在成为多数决之可能性，另一方面，应当禁止企业管理人员担任工会主席或者副主席等领导职务。"非掌控论"的意图在于通过以上诸项措施杜绝企业管理人员实际控制工会，而对于企业管理人员加入工会的资格，则并不予以限制。

其次，应当细化企业管理人员的职位等级。由于我国立法中并无对企业管理人员的明确概念与范围界定，这会导致"非掌控论"模式在我国的实施中依然会面对与"排除论"类似的问题，如果管理人员的范围界定过宽，则打击面过大，如果界定过窄，则无法实质上维护工会之纯粹性与独立性。因此我国立法应当对企业管理人员进行明确的等级划分，可以根据职务高低对企业管理人员进行等级上的划分，对于中高等级的管理人员可将其纳入工会会员相关权利的限制范围之内，而对于较低等级的管理人员则可不予限制。另外，由于企业形式与管理模式多样，不同企业权力分配的模式也会不同，因此除职位等级之外，还可引入职务因素作为参考，对于企业掌控劳资关系的重要部门（如人事部门）的管理人员，可不论其职位高低，根据其职务的重要相关性，将其列为限制的对象。

结　语

无论是排除事业单位行政负责人团结权主体资格，还是限制企业管理人员的团结权主体资格，均是对我国《工会法》第 3 条关于团结权主体范围之规定的修正。以《工会法》第 3 条为核心判断标准的团结权主体范围过于宽泛，也过于简单，无法满足作为工会构成要件的纯粹性与独立性之要求，这也造成了在实践中工会往往给人以"软弱"之形象，难以真正代表和维护劳动者的正当利益。当然，除限缩团结权主体范围之必要外，我国团结权法律制度尚待完善之处还有不少，这需要国内的劳动法学者对集体劳动法律理论与实践给予更多的关注。

The Restriction of the Scope of the Subject of the Right to Organize in China

Ke Yuhang

Abstract：On the basis of Article 3 in Trade Union Law of the People's Republic of China, the scope of the subject of the right to organize is over simple and broad. As a result, the purity and independence of the trade unions are hard to be realized. According to the theories about the restriction of the subject of the right to organize in collective labor law, it's necessary to make some restriction of the scope of the subject of the right to organize. On the one hand, administrators of public institutions should be excluded from the scope of the subject of the right to organize, but their freedom of association should be protected at the same time. On the other hand, enterprise managers'qualification of subject of the right to organize should be limited, and the limitation should be made in the purpose of keeping the enterprise managers from commanding the unions. As the corresponding measure, the legislation should detailing the competence levels of enterprise managers.

Keywords：The Right to Organize；Subject；Trade Unions；Restriction

劳动法研究

改革开放 40 年劳动法学研究的
回顾与展望 （1978～2018）

蒋　月[*]　郭纯玥^{**}

摘　要： 从劳动法的指导思想、立法原则、劳动合同等诸多方面回顾评析我国改革开放以来的劳动法学发展，认为 40 年来劳动法学研究取得的进展，不仅推动劳动法学成为一个独立的学科门类，而且为建立健全与社会主义市场经济相适应的劳动关系及其法律调整提供了理论支撑和制度框架，但是，劳动法学基本理论研究仍不全面、不透彻。在新时代，劳动法学应当围绕社会主要矛盾是人民日益增长的美好生活需要和不平衡不充分的发展之间的矛盾这一重大变化和坚持以人民为中心的发展思想，基于不断促进经济社会发展和人自身全面发展的要求，跟踪劳动关系的变化和变革，深入研究劳动基准、劳动权、劳动保护等立法问题，促进劳动法律体系完善；应当关注劳动司法，完善劳动争议解决机制；研究学科发展中的重要问题和规律，推动劳动法学的繁荣与发达。

关键词： 改革开放后　劳动法学　研究综述

　　1978 年 12 月，中共十一届三中全会召开，决定我国实行改革开放政策，中国迈入了一个新的历史时期。我国劳动法学研究快速成长，日益繁荣。40 年来，劳动法学研究可谓百家争鸣，取得了丰硕成果；有力地推进了劳动立法、劳动仲裁和劳动司法进步，劳动法制顺应时代需要，迅速发展。我国制定和施行了《中华人民共和国劳动法》（以下简称《劳动法》）、《中华人民共和国工会法》（以下简称《工会法》）、《中华人民共和国劳动合同法》（以

---

　　* 蒋月，厦门大学法学院教授、博士生导师，主要研究方向：婚姻家庭与继承法、劳动法与社会保障法。
　** 郭纯玥，厦门大学法学院 2018 级硕士研究生。

下简称《劳动合同法》）、《中华人民共和国就业促进法》（以下简称《就业促进法》）等一系列劳动法律法规，我国劳动法律体系基本成形。

从现有文献数量看，笔者于 2018 年 11 月 13 日登录中国知网，输入关键词"劳动法"，获知"劳动法"的研究论文数量已达 13000 余篇，包括期刊论文 11000 余篇，硕士论文 1300 余篇，博士论文 60 余篇以及报刊和国内学术会议等文献。① 该领域研究成果发表数量，以全国人大常委会于 1994 年 7 月 5 日通过并于同日颁布的《劳动法》和全国人大常委会于 2007 年 6 月 29 日通过的《劳动合同法》并于同日颁布为节点，呈现两个高峰值，1994 年文献发表数量达到 485 篇，之后呈现不断上升态势，2008 年超过 1200 篇。最近 10 年来，公开发表的劳动法论文数量略有下降，但呈现平稳态势。在劳动法学术专著上，通过图书资源搜索门户、图书销售网站和搜索引擎等渠道，不完全统计出版物百余本。学者们笔耕不辍，不断提出观点，更新观点，并深化理论研究，劳动法学界 40 年来的发展可谓硕果累累。本文通过梳理相关文献，分析归纳我国既有劳动法学 40 年研究取得的进展，试图揭示可能存在的问题和不足，探讨新时代我国劳动法研究发展的对策建议。

一 既有劳动法学研究综述

（一）劳动立法的指导思想及立法原则

关于我国劳动立法的指导思想。改革开放以来，理论和立法实践中都较为一致地认为我国劳动立法应当以马克思列宁主义、毛泽东思想为指针，以宪法为基础，并应当从我国实际出发，立足于我国的生产力发展水平，保护劳动者基本权益，促进生产力的发展。② 有学者指出，"劳动法乃人权保障之法"，将劳动法与人权紧密联系，持相同观点的学者也认为，应突出保护劳动者的利益，并应将此内化为劳动法的一项神圣使命。③

---

① 中国知网，http://kns.cnki.net/kns/brief/default_result.aspx，访问时间：2018 年 11 月 13 日。
② 例如陈文渊《我国劳动立法的指导思想》，《北京政法学院学报》1979 年第 2 期；张再平《试论劳动立法》，《法学杂志》1988 年第 4 卷。
③ 凌相权、李群星：《论我国劳动法对人权的保护》，《法学评论》1992 年第 2 期；冯彦君：《论劳动法是保障人权之法》，《中央检察官管理学院学报》1995 年第 1 期；林嘉：《劳动法与现代人权观念》，《法学家》1999 年第 6 期。

1994 年《劳动法》颁行后，不仅劳动法作为人权保障法的观念有所深入，并且提出了劳动法应当进一步向劳动者权益保护倾斜的观点。王全兴认为，劳动法既是劳动关系协调法，又是劳动标准法。① 李拥军认为，现代意义上的劳动法从根本上说就是劳动者权益保护法，只有注入权利的思维来实现劳动法研究的观念更新，才能真正实现其理论的发展和法制的创新。②

关于劳动法的立法原则。谢良敏等人提出，劳动立法应坚持制定统一劳动法的原则、制定劳动基准法的原则、坚持虚实结合的原则以及坚持维护职工合法权益的原则。③ 就劳动立法与道德之间的关系，董保华认为，劳动法虽然应当遵循倾斜保护的社会法原则，但倾斜保护绝不应当是通过道德片面谴责颠覆现有法律秩序的方式实现的，应当坚持我国现有的道德介入劳动法的层次性。④

（二）劳动法的地位作用及与其他部门法之间的关系

关于劳动法的地位作用，在改革开放之初，龚建礼等人主张劳动法是实现职工群众参加民主管理的重要保证，是保证按照客观经济规律办事，合理组织社会劳动的重要依据，是劳动人民物质文化生活水平不断提高的法律保障。⑤ 近年来，学术认识发生明显变化。林嘉认为劳动法存在的意义是为了协调劳资关系，保障劳动者的劳动权利，提升劳动者在社会中的地位。⑥

关于劳动法与其他部门法之间的关系，学者的认识不一致，可以说法学界尚未达成共识。

1. 劳动法与民法

学者们主要考察了劳动法与民法之间的联系和区别。王全兴认为劳动法与民法之关系表现为调整对象的交叉、遵循某些共同原则以及调整方法

---

① 王全兴：《劳动法》，法律出版社，1997，第 63 页。
② 李拥军：《权利问题研究与中国当代劳动法观念的更新》，《当代法学》2005 年第 5 期。
③ 谢良敏、吕静：《论劳动法的立法原则》，《现代法学》1990 年第 3 期。
④ 董保华：《劳动立法中道德介入的思辨》，《政治与法律》2011 年第 7 期。
⑤ 龚建礼、李景森：《劳动法在实现四个现代化中的重要作用》，《法学杂志》1981 年第 2 期。
⑥ 林嘉：《劳动法的基本理论及其立法完善》，《中国工运》2006 年第 7 期。

上可以有条件地通用，区别主要体现在调整对象和基本原则上，同时指出对二者之关系的研究在现阶段显得尤为急迫。① 剧宇宏提出，劳动法与民法有共同的经济基础，但在立法目的、法律关系的主体以及调整方法和原则等方面存在不同。②

2. 劳动法与社会保障法

在 20 世纪 80 年代，有观点提出劳动关系包含社会保障的内容。在 1995 年《劳动法》实施之初，有人主张劳动法附属于社会保障法。③ 随着劳动法学研究的深入以及法律体系的不断健全发展，学者们普遍认为劳动法与社会保障法是两个独立的法律领域，有联系但不对立，不存在包含或者附属关系，二者都是保护弱势群体的法律。相关表述如黄越钦认为二者共通之处在于都是关注社会弱势群体的法律，并且后者是在前者的基础上发展起来的。④ 蒋月认为，二者是相互联系最密切的两个法律领域，并且两者均以保护弱势群体利益、实现社会公平和安定为目标，同属于社会法之组成部分。⑤

3. 劳动法与经济法

学界比较一致地认为劳动法与经济法是各自独立的两个法律部门，二者的区别显而易见，主要包括调整对象、任务以及基本原则等方面的不同。也有意见认为二者存在共性，例如，周长征指出，劳动法与经济法都是国家干预经济的产物。⑥

4. 劳动法与行政法的关系

巢健茜等人认为，劳动法与行政法的区别表现在调整对象、法律关系的主体以及关系产生的根据不同。⑦

5. 劳动法与刑法的关系

周长征等人讨论了刑法与劳动法的关系，认为二者不仅没有冲突，而且刑法还对劳动法具有重要的补充与维护作用。⑧ 龚义年等人探讨了与刑

---

① 王全兴：《劳动法》，法律出版社，2017，第 46~48 页。
② 剧宇宏：《劳动与社会保障法实务》，中国法制出版社，2012，第 6~8 页。
③ 谢培栋：《市场经济与法制建设》，中国法制出版社，1994，第 227 页。
④ 黄越钦：《劳动法新论》，中国政法大学出版社，2003，第 86 页。
⑤ 蒋月主编《劳动法与社会保障法》，浙江大学出版社，2010，第 12~13 页。
⑥ 周长征：《劳动法原理》，科学出版社，2004，第 14 页。
⑦ 巢健茜主编《劳动法与社会保障法》，科学出版社，2007，第 30 页。
⑧ 周长征：《劳动法原理》，科学出版社，2004，第 17 页。

法的交叉问题，指出强迫职工劳动罪中的用人单位的界定，认为所有的用人单位均可以成为强迫职工劳动罪的主体。① 姜涛提出了"劳动刑法制度"概念，建立起对劳动者权益"倾斜保护"的刑法立场，形成以"附属刑法"为主导的劳动刑法体系，并把以"轻轻、重重"的罪责模式为表现形式的相对强制性规范作为劳动刑法规范的细胞形态，使劳动刑法成为劳动者的"最大福利"。②

此外，劳动法学界还研究了劳动法与相关学科的交叉问题。在《劳动法》施行的初、中期，学界在此方面的研究较少，随着我国社会主义法律体系的完善，对该问题的研究也逐渐丰富起来。在与公司法的交叉上，邢蓓华探讨了公司法人人格否认制度在劳动争议中的适用，由于劳动者处于弱势地位，利用公司法人人格否认制度，揭开公司面纱，使隐藏于公司背后的股东凸现，直接对其进行追索，使其承担的责任由有限向无限复归。③ 在与民事诉讼法学的交叉上，周湖勇等人提出要建立独立的劳动诉讼制度体系，但现阶段我国应采用"相对独立"的机构和程序，保持和普通民事诉讼的衔接关系。④

（三）劳动法基本原则

40 年来，对劳动法基本原则的探讨，学者们或是从宪法的原则规定中归纳出劳动法基本原则，或是从社会主义市场经济角度出发提炼原则，或者借鉴域外立法经验而提出我国劳动法基本原则。大家的认识分歧是明显的，主要有下列几种观点。

比较一致的观点，是根据宪法的原则性规定阐释劳动法基本原则。然而，具体意见阐述各异，有二原则论、三原则论、四原则论、五原则论等，其中每一类观点的诠释又呈现种种不同，可谓众说纷纭。范进学、董保华等人提出二原则论。在《劳动法》颁行伊始，范进学提出，在社会主义市场经济条件下，保护劳动者合法权益原则、劳动法治原则是我国劳动

① 龚义年：《"用人单位"的刑法意义探讨——以强迫职工劳动罪为视角》，《西南政法大学学报》2009 年第 11 卷第 6 期。
② 姜涛：《劳动法治视域下劳动刑法制度创生的法理求证》，《北方法学》2011 年第 2 期。
③ 邢蓓华：《公司法人人格否认制度在劳动争议案件中的运用》，《法律适用》2009 年第 1 期。
④ 周湖勇、毛勇：《论劳动诉讼相对独立于民事诉讼的理论基础——基于实体法的视角》，《法学杂志》2013 年第 5 期。

法的基本原则。① 董保华认为，实行各尽所能按劳分配、保护劳动者是劳动法的两项基本原则。② 王全兴、林嘉、金英杰、冯彦君等人都主张三原则论，可是，他们各自解释三原则的内容并不相同。王全兴的劳动法三原则，包括劳动既是公民权利又是公民义务原则、保护劳动者合法权益原则、劳动力资源合理配置原则。③ 林嘉的三原则包括劳动权平等原则、劳动自由原则、倾斜保护原则。④ 周长征也主张三原则，即社会正义原则、劳动自由原则、三方合作原则；⑤ 其观点明显不同于前两位同行。金英杰认为，劳动法基本原则为保障劳动权原则、保护劳动者合法权益原则、三方协调劳动关系原则。⑥ 冯彦君提出，我国劳动法应该确立劳动自由原则、劳动协调原则、劳动保障原则。⑦ 郭捷、蒋月等人提出四原则论。郭捷的四原则分别是：维护劳动者合法权益与兼顾用人单位利益相结合原则、贯彻按劳分配为主的多种分配方式与公平救助相结合原则、坚持劳动者平等竞争与特殊劳动保护相结合原则、实行劳动行为自主与劳动标准制约相结合原则。⑧ 蒋月提出，劳动法基本原则包括突出保护劳动者权益原则、劳动合同自由与政府适度干预相结合原则、平等保护与特殊照顾相结合原则、各尽所能并按劳所得原则。⑨ 而在 20 世纪 80 年代，王乃荣阐述的劳动法基本原则多达 11 项，包括劳动是一切有劳动能力的公民的光荣职责原则、公民享有劳动的权利和义务原则、劳动者有按劳动的数量和质量获得劳动报酬权利原则、劳动者享有休息和获得劳动保护权利原则、劳动者有获得劳动保险权利原则、劳动者有接受职业技术培训教育的权利和义务原则、劳动者有民主管理本单位的权利原则、男女劳动者享有平等劳动权利原则、妇女劳动者和未成年劳动者享有某些特殊保护权利原则、各民族劳动者在劳动方面享有平等权利原则、劳动者有遵守劳动纪律的义务原则。⑩

---

① 范进学：《市场经济条件下劳动法基本原则新论》，《山东法学》1995 年第 4 期。
② 董保华：《劳动法论》，世界图书出版公司，1999，第 95 页。
③ 王全兴：《劳动法》（第 2 版），法律出版社，2004，第 50～53 页。
④ 林嘉：《劳动法的原理、体系与问题》，法律出版社，2016，第 48～53 页。
⑤ 周长征：《劳动法原理》，科学出版社，2004，第 27～44 页。
⑥ 金英杰：《劳动法基本原则新探》，《政法论坛》1998 年第 2 期。
⑦ 冯彦君：《论劳动法的基本原则》，《法制与社会发展》2000 年第 1 期。
⑧ 郭捷主编《劳动与社会保障法》，中国政法大学出版社，2004，第 22～26 页。
⑨ 蒋月主编《劳动法与社会保障法》，浙江大学出版社，2010，第 36 页。
⑩ 王乃荣：《试论我国劳动法的基本原则》，《法律学习与研究》1986 年第 8 期。

关于劳动法基本原则的研究中，保护劳动者权益的理论研究最丰富，当然学术观点并不一致。有部分学者认为应倾斜立法而利于劳动者保护，确立"扶持弱者，倾斜立法"的基本原则。[①] 许建宇提出了"有利原则"，其基于弱者保护理论表述为劳动法对作为弱者一方的劳动者群体给予优先保护、倾斜保护和全面保护，认为"有利原则"在劳动合同的订立、解除、终止、法律责任、争议处理等各项具体制度中有着极为广阔的适用空间。[②] 杨云霞指出确立"信任合作原则"，在劳资双方相互信任的基础上，确立双方合作机制，以达到劳资关系和谐目标的原则。在我国劳动法中引进该原则，需要相应地建立信任与合作机制，并形成信任与合作的权利体系。[③]

围绕劳动法基本原则的争鸣，既说明劳动法学界在此议题上的研究不充分，对劳动及劳动关系的认识深度不足（例如，将宪法某个条文的规定直接引申为劳动法基本原则之一），理论概括力不强，又呈现该领域学术讨论的开放性和包容性。

（四）劳动关系的界定

1. 劳动关系的概念

劳动关系是劳动法的基本概念和基本法律关系，学术研究关注多，研究成果丰。我国《劳动法》和《劳动合同法》等相关法律法规均未就该法律关系的含义作出明确的规定，造成实务中对此法律关系进行认定以及适用的困难。2008 年公布的《劳动合同法实施条例（草案）》，第 3 条将其界定为"用人单位招用劳动者为其成员，劳动者在用人单位的管理下，提供由用人单位支付报酬的劳动而产生的权利义务关系"，但正式公布的《劳动合同法实施条例》中却无该规定。

法学界较为一致地认为，劳动关系首先是一种社会关系。不过，具体表述上，学者们的意见明显存在不同。黎建飞等人认为劳动是劳动者在运用劳动能力，实现劳动过程中与用人单位之间产生的社会关系。[④] 王全兴等人则指出，劳动关系是劳动者与用人单位之间，为实现劳动过程

---

① 陈悦：《现代劳动法的法域地位》，《福建政法管理干部学院学报》2001 年第 3 期。
② 许建宇：《"有利原则"的提出及其在劳动合同法中的适用》，《法学》2006 年第 5 期。
③ 杨云霞：《劳动关系中的信任合作原则》，《法学杂志》2009 年第 9 期。
④ 黎建飞：《劳动法的理论与实践》，中国人民公安大学出版社，2004，第 68 页。

而发生的一方有偿提供劳动力，由另一方用于同其生产资料相结合的社会关系。① 杨晓玲认为，劳动关系本质上是一种社会经济利益关系、平等协商关系。②

2. 劳动关系的特征

关于劳动关系的特征，认识比较一致。较多学者主张，劳动关系最本质的特征就是从属性。周长征指出，从属关系理论是劳动法与民法的分水岭，也是区分劳动关系和民事关系的主要理论工具。③ 但是，冯淑英等人指出，一些劳动者的自主性、独立性可能会大大强于传统的劳动者，比如现代社会的一些教授、医生、律师等，导致劳动关系中的从属性在远程工作，还有服务性等工作中很难界定。④

解释"从属性"时，理论界和实务界又有多种不同意见。（1）"三要素说"。根据原劳动和社会保障部2005年施行的《关于确立劳动关系有关事项的通知》第1项规定，主体适格、劳动者受用人单位合法规章制度的管理、劳动者的劳动是单位业务的组成部分，符合此三项的，即使用人单位招用劳动者未签订书面合同，劳动关系也成立。（2）"两兼有说"。即认为劳动关系是兼有平等关系和隶属关系、人身关系和财产关系的社会关系。⑤（3）"六从属说"。汪云等人认为，前述两种意见都不能很好地解释这一概念，劳动关系为应受制度约束之从属，为契约性从属，为用人单位应负社会责任之从属，为以社会保障作为补偿之从属，为有强弱张力之从属，为社会法领域之从属。⑥

3. 事实劳动关系

事实劳动关系是我国独创的一个概念，最早出现于劳动部《关于贯彻执行〈中华人民共和国劳动法〉若干问题的意见》（简称《执行劳动法的意见》）第82条，其规定用人单位与劳动者发生劳动争议不论是否订立劳

① 王全兴：《劳动法》，法律出版社，2004，第31～32页。
② 杨晓玲：《工会在构建和谐劳动关系中的作用——以新〈劳动合同法〉的制定为契机》，《法学杂志》2006年第4期。
③ 周长征：《劳动法中的人——兼论"劳动者"原型的选择对劳动立法实施的影响》，《现代法学》2012年第1期。
④ 冯淑英：《劳动关系认定中的若干实务问题》，《山东法官培训学院学报》（山东审判）2011年第3期。
⑤ 董保华：《劳动制度改革的法学探索》，《中国法学》1992年第5期。
⑥ 汪云、唐建球：《劳动法律关系从属性探究》，《湖北警官学院学报》2013年第11期。

动合同，只要存在事实劳动关系，并符合劳动法的适用范围和《中华人民共和国企业劳动争议处理条例》的受案范围，劳动争议仲裁委员会均应受理。

现行立法对事实劳动关系无定义，故而学术观点分歧较大。董保华等人认为，事实劳动关系是用人单位与劳动者之间既无劳动合同又存在劳动关系的一种状态。[1] 在事实劳动关系的效力上，王全兴认为，事实劳动关系完全或部分不符合法定模式，尤其是缺乏劳动法律关系赖以确立的法律事实的有效要件。[2] 谢德成认为，事实劳动关系是效力待定劳动关系，双方补签劳动合同即为有效劳动关系。[3] 王学芳指出事实劳动关系仅是形式上有瑕疵的劳动关系，具有合法性，书面劳动合同不应当是否定其效力的根本原因。[4] 王飞等人提出观点，对事实劳动关系的性质不能简单地作出"无效"或"等同于有效"、"视为有效"的结论，而应对事实劳动关系的不同情况，"自始未签劳动合同""劳动合同期满未续订，但双方继续履行""劳动关系未解除，劳动者在其他用人单位实际就业"三种情形具体分析，然后再作评判。[5] 此外，在订立书面劳动合同的问题上，如黎建飞、杨德敏等学者以劳动者弱势地位提出了论断，即由于劳动者处于弱势地位，立法者应当努力淡化通过签订书面劳动合同产生的劳动关系与事实劳动关系在实际后果上的区别，而不是强化这种差别，以扩大劳动法的适用面。[6] 对于事实劳动关系的判断，应当考虑劳动者处于弱势地位，应当遵循劳动关系与劳务关系所反映的法律关系的本质不同，作出判断，决定适用的法律。[7]

（五）劳动法主体

1. 劳动者

各国认定劳动者的标准基本一致，即依据劳动关系的本质属性认定劳

① 董保华：《劳动关系调整的法律机制》，上海交通大学出版社，2001，第200页；黎建飞主编《劳动法案例分析》，中国人民大学出版社，2007，第35页。
② 王全兴主编《劳动法学》，高等教育出版社，2004，第82页。
③ 谢德成：《论事实劳动关系的效力》，《宁夏社会科学》2004年第6期。
④ 王学芳：《劳动和社会保障法》，法律出版社，2010，第41页。
⑤ 王飞：《事实劳动关系之探究》，《法律适用》1999年第2期。
⑥ 董保华：《劳动合同的再认识》，《法学》2000年第5期。
⑦ 杨德敏：《论劳动关系与劳务关系》，《河北法学》2005年第7期。

动者的身份。我国通说认为，劳动法中的"劳动者"是指达到法定年龄、具有劳动能力，以从事某种社会劳动获取收入为主要生活来源的公民。①王全兴提出劳动者有广义、狭义的分别，广义的劳动者是指具有劳动权利能力和劳动行为能力的公民；狭义仅指职工。②

当前，对劳动者身份认定的争议主要涉及兼职大学生、公司高管、家政工等几类劳动者。分析文献可以发现，在我国劳动法初兴时，这方面的讨论甚少；进入 21 世纪后，社会分工精细化以及劳动关系发展，劳动主体呈现多样化态势，在此方面的争鸣和纠纷逐渐增多。

（1）兼职大学生。当前，我国大量的在校生在单位实习或者工作，实习生是否属于劳动者？1995 年劳动部《关于贯彻执行〈中华人民共和国劳动法〉若干问题的意见》（简称《执行劳动法的意见》）第 12 条规定："在校生利用业余时间勤工助学，不视为就业，未建立劳动关系，可以不签订劳动合同。"这是目前我国关于实习生劳动用工关系的唯一政策规定。

赞成从事兼职的在校大学生为劳动者的观点。孙奎认为在校实习生可以与实习单位建立劳动关系，其根据为《宪法》第 42 条、《关于贯彻执行〈中华人民共和国劳动法〉若干问题的意见》第 4 条③及现行劳动法、劳动合同法并未将在校实习生列为不适用劳动法的调整范围，并针对《执行劳动法的意见》第 12 条认为"勤工俭学"与"在校实习"是两种完全不同的概念，两者侧重点也各不相同；认为在校实习生完全具备了进行专职劳动的时间条件及法定年龄条件，与一般劳动者并无实质区别。④ 陈红梅则从劳动关系的特征角度提出了看法，认为他们符合劳动者的从属性特征，学生身份并不能阻碍兼职大学生劳动者资格的认定，应将他们作为"特殊劳动者"，切实维护他们的劳动权益。⑤ 而谢增毅认为我国不应一律否定在

---

① 郭捷、刘俊、杨森：《劳动法学》，中国政法大学出版社，1997，第 57 页。

② 王全兴：《劳动法》，法律出版社，2004，第 79 页。

③ 《关于贯彻执行〈中华人民共和国劳动法〉若干问题的意见》第 4 条规定："公务员和比照实行公务员制度的事业组织和社会团体的工作人员，以及农村劳动者（乡镇企业职工和进城务工、经商的农民除外）、现役军人和家庭保姆等不适用劳动法。"

④ 孙奎：《在校实习生也可以与实习单位建立劳动关系》，找法网，http://china. findlaw. cn/lawyers/article/d25499. html，访问时间：2018 年 11 月 9 日。

⑤ 陈红梅：《兼职大学生劳动关系的法律论证》，《甘肃政法学院学报》2012 年第 1 期。

校生的"劳动者"身份，而应根据培训和工作的内容、报酬等实际情况，区分实习生和非实习生，认定劳动者身份的存在与否。[①] 同时，有部分人认为，可以认定在校大学生打工的性质属于非全日制工。[②]

否定在校学生为劳动法上的劳动者的观点，主要有下列理由。其一，学生的学习任务。王全兴等人认为，学生主要的任务是学习，应当服从学校的教学安排和管理，大学生的行为自由受到限制，因此不具有劳动行为能力。[③] 其二，关于学生的劳动动机。董保华指出，在校大学生没有生存压力，不以谋生为目的。在校大学生兼职行为不是择业行为也不是就业行为，而我国劳动法只调整因就业而形成的劳动关系。[④] 其三，学生学习阶段，如冯淑英认为应区分大四学生和处于其他学习阶段的学生的就业实习，即将毕业的大四学生具备与用工单位建立劳动关系的行为能力和责任能力，与处于学习阶段的学生不同。若用人单位与大四学生签订劳动合同不违反法律法规，应认定双方之间形成劳动关系，对在劳动中遭受人身损害的实习生，更有必要。[⑤]

（2）公司高级管理人员。各国法律通常未将公司高级管理人员排除出雇员概念。从我国《劳动法》和《劳动合同法》相关规定看，劳动法上的劳动者亦包括公司高管。

赞同公司高管属于劳动者的观点。金丽等人认为，目前我国高级管理人员仍旧属于劳动者范畴，不该将其排除在劳动法之外。[⑥] 持相反意见的学者如李凌云和王璇等人认为，高级管理人员已不具有劳动者内涵中的从属性而应排除在劳动者范围外。[⑦] 黎建飞则指出高级管理人员实则是资方

---

① 谢增毅：《劳动关系的内涵及雇员和雇主身份之认定》，《比较法研究》2009 年第6期。

② 郑爱青主编《劳动合同法十大热点评析》，中国劳动社会保障出版社，2008，第218页；周媛：《论在校大学生兼职的劳动关系认定及其权益保护》，《中国商界》（下半月）2010 年第12期；郭红、冉银河、贾小潋：《大学生兼职的问题及对策分析》，《法制博览》2017 年第16期；金秘嘉：《关于大学生兼职的劳动法上的思考》，《法制博览》2018 年第24期。

③ 工全兴、管斌：《劳动法学》，高等教育出版社，2008，第100页，转引自陈红梅《兼职大学生劳动关系的法律论证》，《甘肃政法学院学报》2012 年第1期。

④ 董保华：《十大热点事件透视劳动合同法》，法律出版社，2007，第534~543页。

⑤ 冯淑英：《劳动关系认定中的若干实条问题》，《山东法官培训学院学报》（山东审判）2011 年第3期。

⑥ 金丽：《高级管理人员的劳动法适用实证研究》，西南政法大学硕士学位论文，2017，第8页。

⑦ 李凌云：《委任关系与劳动关系的三种状态》，《劳动合同研究》，中国劳动社会保障出版社，2005，第91页；王璇：《论高级管理人员的劳动法律定位》，《齐齐哈尔师范高等专科学校学报》2016 年第5期。

代表，不应适用劳动法调整。①

学界对于高级管理人员适用法律的问题，其内在逻辑是对高级管理人员与劳动者有区别地适用相关规定，但在表述上存在不同。李家成认为对高级管理人员要区分适用劳动法，从立法、司法、政府行政三方面进行重构。② 谢增毅则认为公司高级管理人员与一般雇员在职责与分工上有明显不同，所以劳动法应在工作时间、最低工资、加班补偿、解雇保护以及合同订立形式等方面对高级管理人员豁免适用一般规则或提供相应的特殊规则。③ 除上述群体外，有学者对家政服务人员、有偿志愿者等的劳动者身份进行了探讨。④

2. 用人单位

目前，我国理论界对于用人单位的界定观点不一。劳动法学界专门系统地对劳动法上"用人单位"这一概念进行研究的学者较少。

有关研究者从不同角度定义用人单位。2008年前后，王全兴等人指出，用人单位又称用工单位，是指具有用人权利能力和用人行为能力，使用一名以上职工并且向职工支付工资的单位。⑤ 近年来，王全兴等人主张对用人单位进行区分辨识，包括劳动力市场上的用人单位和劳动关系中的用人单位。在后者中延续了对用人单位的定义，并且是在劳动关系中与劳动者相对的当事人。⑥ 秦国荣指出"用人单位"属于与民商法交叉的"商事主体"范畴，因而应由民商法学而不是劳动法学加以研究。⑦

3. 工会

我国现行《工会法》于1992年颁布，其后历经2001年、2009年两次修正，沿用至今。《工会法》明确规定了工会的性质及职责，工会是"职工自愿结合的工人阶级的群众组织"，"维护职工合法权益是工会的基本职责"。因工会在我国劳动关系中所发挥的实际作用以及在实务中缺乏保障

---

① 黎建飞：《论我国〈劳动法〉的立法目的》，《河南省政法管理干部学院学报》2003年第5期。

② 李家成：《公司高级管理人员适用劳动法问题研究》，《法治与社会》2016年第7期。

③ 谢增毅：《公司高管的劳动者身份判定及其法律规则》，《法学》2016年第7期。

④ 田思路：《有偿志愿者的劳动者性》，《法学杂志》2007年第5期。

⑤ 王全兴：《劳动法》，法律出版社，1997，第113页；王全兴：《劳动法》，法律出版社，2008，第105~106页。

⑥ 王全兴：《劳动法》（第4版），法律出版社，2017，第108页。

⑦ 秦国荣：《劳动法上用人单位：内涵厘定与立法考察》，《当代法学》2015年第4期。

等等方面的诸多问题及困境，工会一直是学界争议的话题之一。杨晓玲认为，工会存在的问题主要体现为法律赋予工会的强制性约束力尚显微弱、工会自身价值目标不明确、工人加入工会受到限制、工会主席的权益无法得到充分的保障。① 薛宁认为，工会的签约权受到一些不必要的限制，产业工会发展缓慢，工会有"行政化"趋势，工会的监督权和起诉权没有得到明确的落实。② 钱叶芳认为，工会发挥作用的内在动力不在于有无独立的组织体系或是否独立自主地开展工作，而在于其有无独立的利益去追求以及所追求利益的来源。工会的法定权利和义务处于严重的形式化和边缘化状态，实体权利没有强劲的诉权保障，工会独立承担的法律责任过于微弱。③ 杨君等人指出，工会组织的法理设计错位、工会法实施的体制性掣肘、工会组织的法治功能缺失、工会法条文表述模糊，缺乏可操作性。④

（六）劳动权、劳动者权利与义务

1. 劳动权

对于劳动权的属性，较为一致的观点，如常凯等人认为劳动权乃是涉及人权所有层次的权利。⑤ 除此性质之外，部分学者如扈春海等人认为劳动权就其性质来说是典型的社会权。⑥ 与此相关联，冯彦君认为劳动权是一种兼容社会权属性与自由权属性的权利类型。⑦ 叶静漪等人认为劳动权属于劳动法特有的经济权利。⑧

2. 劳动者权利

关于劳动者权利，比较一致的观点认为劳动者拥有宪法上规定的几项

---

① 杨晓玲：《工会在构建和谐劳动关系中的作用——以新〈劳动合同法〉的制定为契机》，《法学杂志》2006 年第 4 期。

② 薛宁：《〈劳动合同法〉中工会的职权分析》，《西南政法大学学报》2007 年第 6 期。

③ 钱叶芳：《论工会法主体间的利益关系》，《甘肃政法学院学报》2008 年第 4 期。

④ 杨君、李源：《对工会组织法治作用缺位的理性思考——以现实中因工伤维权不畅引发的恶性案件为线索》，《学术交流》2010 年第 9 期。

⑤ 包括常凯、冯彦君、李炳安、周长征等学者均持类似的观点。

⑥ 扈春海、郑尚元：《公司社会责任与劳动权保障》，林嘉主编《劳动法评论》（第 1 卷），中国人民大学出版社，2005，第 141 页；许建宇：《社会法视野中的劳动权——作为社会权的劳动权之基本范畴解析》，林嘉主编《劳动法评论》（第 1 卷），中国人民大学出版社，2005，第 68 页。

⑦ 冯彦君：《劳动权的多重意蕴》，《当代法学》2004 年第 2 期。

⑧ 叶静漪、魏倩：《〈经济、社会和文化权利国际公约〉与劳动权的保护》，《北京大学学报》（哲学社会科学版）2004 年第 2 期。

权利，学者们对劳动者的休息权①、工作权②、知情权③、个人信息受保护权④等问题进行了详细的探讨。但较有争议的话题便是劳动者的罢工权与辞职权。

（1）罢工权。我国现行法律没有规定罢工权，也无禁止罢工的规定。我国在批准《经济、社会和文化权利国际公约》的决定中声明，有关罢工权的规定将依据我国法律行使。从立法上看，我国《宪法》对罢工权的规制，经历了无—有—无的变迁过程。1954年《宪法》没有规定罢工权。1975年《宪法》第28条和1978年《宪法》第45条都规定了罢工权。1979年和1980年两次修改宪法，罢工权均有保留。但是，从1982年开始的现行《宪法》中，罢工自由的明文规定消失。

在20世纪末，史探径认为，对"罢工自由"的立法仅是在特殊历史条件下适应了特殊斗争的需要，并无保护劳动者权益的实际意义。⑤ 但是，孙国平则指出，罢工是劳动者维护自身劳动权、对抗雇主方的最有效的途径，但罢工也有合法和非合法之分，将其限定在合法性之内一般不会有什么大的危害。⑥

（2）辞职权。对于辞职权问题，根据《劳动合同法》第37条的规定，⑦ 劳动者辞职不需要理由，除了提前通知外，别无限制。王怀章等人认为，应当采取区别原则，对于不同条件下劳动者的辞职权应该区别对待，不宜盲目地不加区别地采取同样的处理方式。⑧ 田野认为不同的劳动者辞职对用人单位造成的冲击存在差别，总经理、高级软件工程师、飞行员辞职，与替代性较强的普通劳动者辞职，造成的影响不同是显而易见的。对强弱不同、特点不同的劳动者辞职应当分别设置个性化的辞职规则。⑨

---

① 金哲：《休息权及其法律保障机制研究》，吉林大学博士学位论文，2010，第1~132页。

② 王天玉：《工作权研究》，吉林大学博士学位论文，2010，第1~176页。

③ 杜宁宁：《权利冲突视野下的劳动者知情权问题研究》，《当代法学》2014年第5期。

④ 李伶俐：《用人单位对劳动者个人信息义务性保护缺失的分析》，《学术交流》2014年第4期。

⑤ 史探径：《中国劳动争议情况分析和罢工立法问题探讨》，《法学研究》1999年第6期。

⑥ 孙国平：《中国劳动权保护的现状与未来》，《河北法学》2010年第8期。

⑦ 《劳动合同法》第37条规定："劳动者提前三十日以书面形式通知用人单位，可以解除劳动合同。劳动者在试用期内提前三日通知用人单位，可以解除劳动合同。"

⑧ 王怀章：《论劳动者的辞职权》，《山东大学学报》（哲学社会科学版）2003年第3期。

⑨ 田野：《劳动者辞职权的合理边界——以制度制衡为中心》，《中南大学学报》（社会科学版）2018年第1期。

3. 劳动者义务

有学者认为，劳动者的基本劳动义务是劳动者对用人单位必须履行的基本行为，是保证劳动过程顺利实现所必需的。[①] 从劳动者基本义务所引申出来的便是劳动者附随义务。饶志静指出劳动者附随义务主要包括勤勉义务、注意义务、在职竞业禁止、保密义务、不当言论禁止义务。[②]

在附随义务中，讨论的焦点在于劳动者的忠实义务。而与忠实义务相关的，便是竞业禁止问题。目前，比较一致的观点是，对在劳动关系中处于弱势，以劳动维持本人甚至家庭生计的劳动者，如果对劳动权的限制超过了一定限度，将使劳动者处于更加不利境地。从各国司法实践看，原则上允许签订竞业禁止协议，但该协议须受到一定制约。

（1）忠实义务。学界对此问题的研究主要是早期对此概念的界定进行的细化和拓展，在改革开放年代，史尚宽便提出了忠实义务可分为服从义务、秘密义务及增进之义务。[③] 随着劳动法学研究的不断深入，对此概念也有了细化，王全兴认为职工的忠实义务即作为用人单位的劳动组织成员而必须在劳动过程中忠实于用人单位，维护和增进而不是损害用人单位利益。[④] 潘峰指出忠诚义务可定义为劳动者在行使劳动合同权利和义务时，应依照诚实信用原则合理考虑其自身在企业的地位、维护雇主利益。[⑤] 同时，我国台湾地区学者郭玲惠认为，劳工之忠诚义务可再区分为作为义务及不作为义务，作为义务系指劳工应尽可能避免造成雇主之利益伤害；不作为义务则指不可从事有害于雇主利益的行为，如保密义务及竞业禁止义务。[⑥] 还有学者从忠实义务的属性方面进行了探讨，许建宇提出应肯定劳动者忠实义务属于附随义务，同时如下两点应引起充分重视：劳动者忠实义务的道德属性、社会法属性。[⑦]

（2）竞业禁止。在我国，竞业禁止的立法起步晚，首次规范竞业禁止

---

① 郑爱青：《和谐社会视野下劳动关系调整的法律思考——从用人单位和劳动者的基本劳动权利和劳动义务角度》，《法学家》2007 年第 2 期。

② 饶志静：《诚实信用原则在劳动法适用的类型化》，《北方法学》2016 年第 3 期。

③ 史尚宽：《劳动法原论》，台湾：正大印书馆，1978，第 24～26 页。

④ 王全兴主编《劳动法学》，高等教育出版社，2008，第 102 页。

⑤ 潘峰：《劳动合同附随义务研究》，中国法制出版社，2010，第 94 页。

⑥ 郭玲惠：《劳动契约法论》，台湾：三民书局股份有限公司，2011，第 83 页。

⑦ 许建宇：《劳动者忠实义务论》，《清华法学》2014 年第 6 期。

的是 1996 年的《劳动部关于企业职工流动若干问题的通知》（劳部发〔1996〕355 号）。1994 年《劳动法》赋予了劳动者择业自由权、用人单位自主用人权等等，其他单位高级管理人员、掌握企业商业秘密的人员成为"挖墙脚"的对象。

学界对于竞业禁止问题的研究主要在于对其"合理性"的考察，即竞业禁止需要有一定的限制范围。围绕这一论点，方龙华提出了"合理竞业禁止约定"的观点，指出广泛推行合同自由的国家如果认为竞业禁止约定仅是为了限制雇员合法竞争或不合理地限制雇员的就业自由，甚至因这种约定严重损害了社会利益，就会宣布约定无效。[①] 刘春茂认为无条件竞业禁止显然偏袒了企业和企业主的利益，违反宪法、劳动法确立的择业自由原则，违背了以劳动权、生存权为基础的基本人权，无疑为我国法律所不取。[②]

（七）《劳动合同法》的性质及立法原则

《劳动合同法》是属于私法还是社会法，其定性问题劳动法学界一直存在争论，现阶段较为一致地认为其具有社会法属性。[③]

关于《劳动合同法》的立法原则，樊成玮提出《劳动合同法》给自己确定的原则与其自身的法条内容之间既没有表现出立法逻辑上的联系，也没有体现出原则精神上的贯彻，甚至与自身的法律原则相悖。[④] 在这一点上，存在争议的问题在于对劳动者的倾斜保护是否会造成对用人单位利益保护的不均衡。

"关于劳动合同法的立法宗旨，始终存在'单保护'即保护劳动者与'双保护'即同时保护劳动者和用人单位双方之争议。"[⑤] 在公开的《劳动合同法（草案）》中，其第 1 条规定立法宗旨，即为了规范用人单位与劳动者订立和履行劳动合同的行为，保护劳动者的合法权益，促进劳动关系的和谐稳定，根据《劳动法》，制定本法。部分学者对这一条持有异议，

---

① 方龙华：《商业秘密竞业禁止若干问题研讨》，《法商研究》（中南政法学院学报）1996 年第 6 期。
② 刘春茂：《建立合理竞业禁止的法律保护体系》，《知识产权》1998 年第 1 期。
③ 太月：《劳动合同法的社会法属性之证成》，《学术交流》2015 年第 8 期。
④ 樊成玮：《也谈〈劳动合同法〉——基于立法原则之检视》，《法学评论》2009 年第 5 期。
⑤ 关怀：《〈劳动合同法〉与劳动者合法权益的保护》，《法学杂志》2006 年第 5 期；《构建和谐劳动关系与〈劳动合同法〉的制订》，《中国法律》2007 年第 1 期。

认为用人单位和劳动者是平等的民事主体，劳动合同是双方协商签订的，理应保护双方合法权益，建议把"保护劳动者的合法权益"改为"保护劳动者和用人单位的合法权益"。"王涛、郑功成等部分全国人大常委会委员和全国人大代表认为，劳动合同法不是劳动法，毕竟是关系到合同双方，主张明确保护劳动合同双方当事人的合法权益；草案第1条的表述，给人印象好像这部法律偏袒劳动者，但事实并非如此，法律没有赋予劳动者特殊的权利。如果立法宗旨不考虑到这是一个合同双方的合法权益，在逻辑上是说不通的。曾宪梓委员表示，他不赞成把劳动合同法搞成'倾斜法'，不应制定一部侧重保护劳动者权益的法律。法律应该是平等的，不能偏重一方，而应就某个领域的问题做统一规定。劳动合同法就是要对劳动合同作出规定，劳动合同是由劳资双方签订的，既应该保护劳动者的利益，也应该保护雇佣劳动者的人的利益。"①

关怀等持反对意见者指出，由于劳动者在劳动关系中的弱势地位，以保护劳动者合法权益为立法宗旨并不存在侵犯用人单位合法权益的问题。②其在随后的文章中再次表明这一立场，即劳动者在面对财大气粗的用人单位时，始终是弱者，《劳动法》提出保护劳动者合法权益为其立法宗旨，作为劳动法律体系重要成部分的《劳动合同法》当然应义无反顾地以保护劳动者合法权益作为立法宗旨。③还有学者认为劳动关系中的强资本弱劳动现象决定了具有社会法属性的《劳动合同法》必须通过倾斜保护劳动者的合法权益来促进劳动关系趋向平衡。④

持赞同意见的学者如冯彦君认为，劳动权的机能不仅在于倾斜性保护，同时也在于对利益共同体的各方利益进行平衡协调。通过形式的不平等促进实质的平等，这是劳动法的作用机理，也是劳动权的权利机能之一。⑤袁立指出，对劳动权倾斜性法律保护不是出路，只有诉诸一元化法律保护才能实现真正的平等和正义，平衡资方的经营管理权和劳动者的劳

① 《关于立法宗旨——分组审议劳动合同法草案发言摘登（二）》，中国人大网，http://www.npc.gov.cn/npc/c1621/200704/9b12fc64a94347cb863bb760e9a9a23a.shtml，访问时间：2019年4月5日。
② 关怀：《〈劳动合同法〉与劳动者合法权益的保护》，《法学杂志》2006年第5期。
③ 关怀：《构建和谐劳动关系与〈劳动合同法〉的制订》，《中国法律》2007年第1期。
④ 郑爱青主编《劳动合同法十大热点评析》，中国劳动社会保障出版社，2008，第21页。
⑤ 冯彦君：《劳动权的多重意蕴》，《当代法学》2004年第2期。

动权以及农民工、妇女等弱势群体同其他人群的劳动权益。① 秦国荣认为主张限制用人单位权利、扩大用人单位义务与责任范围的观点大多带有道德情绪以及偏离法学思维的特点。②

（八）劳动合同的订立与效力

我国《劳动合同法》第 10 条第 1 款规定建立劳动关系，应当以书面形式订立。针对该条，学者范围认为，"订立书面劳动合同"应包含两个层次的含义：第一，是否订立书面劳动合同；第二，订立怎样的劳动合同。③ 徐道稳通过分析上海等 9 城市的调查数据发现，劳动合同法实施后，劳动合同签订率明显上升。④

由于我国法律规定劳动合同的订立与其效力相挂钩，安玉萍认为应以法定形式作为合同的证明，当事人虽未采取法定形式订立合同，只要有其他证据证明合同存在，就不得以未采取法定形式为由认定合同无效，法定形式即书面形式是证明劳动合同存在的证据而非其成立或生效要件。⑤ 王全兴等人认为，书面劳动合同生效与口头（推定）劳动合同生效是相对分离的，既是基于劳动关系"外壳"与内容的可分性和劳动合同功能的可分性所提供的可能，也是基于劳动合同书面形式与口头（推定）形式并重的制度安排所提供的必然。⑥

对于无效劳动合同的认定，大多数学者采取了非常严格的认定标准，把一些合同的形式要件如书面形式等作为合同生效的硬性条件，从而把大量的口头合同视为无效合同。⑦ 徐向暹认为合同条款必须完全具备，缺少任一必备条款，劳动合同均应视为未成立而无效。⑧ 在这些观点之外，有

---

① 袁立：《"倾斜"抑或"一元"：劳动权法律保护机制之理性选择》，《环球法律评论》2011 年第 6 期。
② 秦国荣：《用人单位义务：责任范围与立法逻辑》，《法治研究》2018 年第 3 期。
③ 范围：《如何适用未订立书面劳动合同双倍给付工资规则》，《法律适用》2010 年第 6 期。
④ 徐道稳：《劳动合同签订及其权益保护效应研究——基于上海等九城市调查》，《河北法学》2011 年第 7 期。
⑤ 安玉萍：《论劳动合同书面形式的法律效力》，《山东大学学报》（哲学社会科学版）2003 年第 2 期。
⑥ 王全兴、黄昆：《劳动合同效力制度的突破和疑点解析》，《法学论坛》2008 年第 2 期。
⑦ 潘伟梁：《常见的几种无效劳动合同》，《法学杂志》1996 年第 2 期；武俊山：《略论无效劳动合同》，《忻州师范学院学报》2002 年第 1 期。
⑧ 徐向暹：《试论无效劳动合同的认定》，《甘肃农业》2003 年第 6 期。

学者认为可借鉴合同解除的有关规定，如王硕认为应当在立法上排除劳动合同无效解除制度，《劳动合同法》所确立的劳动合同无效解除制度，有悖合同无效与合同解除的一般原理，应当打破有效－无效的二元劳动合同效力结构，引入可撤销劳动合同制度，构建多元化的劳动合同效力体系。[①]金玄武认为，劳动合同中的劳务价值已转移到无法复原的使用者其他财产之中，因而民法中的无效或可撤销的规定应有限制地适用于瑕疵劳动合同。[②]

（九）劳动合同的期限

从1995年《劳动法》实施至2008年《劳动合同法》施行前，我国实行劳动合同制度的情况堪忧。《劳动合同法》实施之后，根据劳动合同期限不同，我国劳动合同划分为下列三种，即固定期限的劳动合同、无固定期限的劳动合同和以完成一定生产任务为期限的劳动合同。2007年岁末，华为公司为规避与员工签订无固定期限劳动合同而导演了员工"集体辞职再竞聘上岗事件"，直接引发珠三角乃至全国众多企业与老员工终止劳动合同或裁减老员工事件。对无固定期限劳动合同的争议愈发强烈。

赞成无固定期限劳动合同存续的学者，主要是从劳动关系和劳动者的稳定性角度出发。如李东等人认为，无固定期限劳动合同制度有利于解决劳动合同短期化问题，实现劳动者的职业稳定。[③]谢增毅指出如果没有不定期合同制度，任由雇员和雇主订立定期合同，由于定期合同到期自然终止，雇主就会频繁使用签订定期合同的办法，享有充分的自由选择权，从而规避解雇保护规则，劳动者将缺乏稳定预期，并处于十分不利的地位。[④]郑爱青等人认为，无固定期限劳动合同是劳动者的福音，也是企业长远发展的好消息，长期稳定的劳动关系有利于劳动者把企业当成家，共同把企业搞好，形成劳资共赢的局面。[⑤]

---

① 王硕：《劳动合同无效解除制度的理论反思》，《北方法学》2015年第2期。
② 金玄武：《论瑕疵劳动合同的效力》，《法学》2001年第10期。
③ 李东、孙瑞：《无固定期限劳动合同浅析》，《学术交流》2010年第1期。
④ 谢增毅：《无固定期限劳动合同的价值及其规制路径——以〈劳动合同法〉第14条为中心》，《比较法研究》2018年第4期。
⑤ 郑爱青主编《劳动合同法十大热点评析》，中国劳动社会保障出版社，2008，第79~84页。

但是，随着社会经济的发展带来的劳动力市场供求关系等的一系列波动，在实践中适用无固定期限劳动合同的情形愈发减少，用人单位为更好地获取劳动力资源及其更新换代，一般不会与劳动者订立无固定期限劳动合同。因而，劳动法学界多数观点似乎赞同修改《劳动合同法》第 14 条，尤其是主张废除第 2 款第 3 项关于用人单位订立两次固定期限合同后订立无固定期限合同义务的规定。

质疑和反对者如著名经济学家张五常教授曾在其博客中犀利地指出《劳动合同法》规定的无固定期限劳动合同将维护懒人，导致"铁饭碗"，"把经济搞垮"。① 这一论断也在国内劳动法学界和经济学界引起了热议，法学学者在《劳动合同法》二审稿出台时就认为，二审稿中签订无固定期限劳动合同的规定是二审稿中最大的败笔，并以劳务派遣为例认为，其是对计划经济时代的端"铁饭碗"的回归，是一种倒退。② 有学者反驳道，无固定期限劳动合同不是洪水猛兽，更不能与"铁饭碗"画等号，它只是对资方在没有法定理由的情况下解雇职工的行为进行了约束。③ 钱叶芳旗帜鲜明地表示，在我国劳动关系整体临时化的现实面前，弱化用人单位无固定期限劳动合同的签订义务不符合现代人权的要求和以长期雇佣为主流的国际通例，调整的方向应是强化。④ 强化用人单位无固定期限劳动合同的签订义务，旗帜鲜明地推行无固定期限劳动合同，促使无固定期限合同主流化。⑤

沈同仙则持批评观点，强制用人单位在连续两次签订固定期限劳动合同后缔结无固定期限劳动合同的规定不符合合同法基本理论及企业生产管理的内生性需求，《劳动合同法》第 14 条第 2 款第 3 项的规定缺乏足够的理论和现实支撑。⑥ 也有部分学者持观望态度，认为从短期来看，《劳动合

---

① 张五常：《新劳动法的困扰》，新浪博客，http://blog.sina.com.cn/s/blog_47841af701007ti9.html，访问时间：2018 年 11 月 13 日。

② 许浩：《〈劳动合同法〉草案二审 常凯、董保华再争锋》，《中国经济周刊》2007 年第 3 期。类似的观点见王一江、左祥琦等《劳动合同法下的劳资关系与经济发展》，http://view.news.qq.com/zt/2008/Laborslaw/index.htm，访问时间：2018 年 11 月 13 日。

③ 郁君瑞：《无固定期限劳动合同不是"铁饭碗"》，新浪博客，http://blog.sina.com.cn/s/blog_5d3e9e180101eujp.html，访问时间：2018 年 11 月 13 日。

④ 钱叶芳：《〈劳动合同法〉修改之争及修法建议》，《法学》2016 年第 5 期。

⑤ 钱叶芳：《论我国无固定期限劳动合同研究的教义学偏离和制度调整》，《浙江学刊》2016 年第 6 期。

⑥ 沈同仙：《我国无固定期限劳动合同制度实施困境的成因与出路》，《学术界》2017 年第 1 期。

同法》将给企业带来巨大的挑战，但如果企业能改变传统的人力资源理念，调整人力资源管理策略，建立和完善对无固定期限劳动合同的管理机制，从长远看，则有利于增强企业的凝聚力，增强劳动者对用人单位的认同感，从而有利于构建和谐稳定的劳动关系，促进企业的长远发展。①

对于该项制度的完善和建议，董保华认为，应当取消劳动者对无固定期限劳动合同的单方强制缔约权，不再将用人单位与劳动者连续签订两次劳动合同、续签劳动合同作为应当签订无固定期限劳动合同的法定情形。② 也有类似观点如钱叶芳指出，"鉴于雇主有权选择是否续签合同是国际惯例，不如放开"，主张将劳动合同法规定的劳动者单方面请求签订无固定期限合同的权利改为必须经双方协商才可以续订。③ 王学华指出，用人单位可以建立起事前防范和事后应对两道防火墙，减轻《劳动合同法》第14条的负面影响。事前防范如采用专门的合同续签评估，事后应对主要包括劳动者因主客观原因不能胜任工作的情况，用人单位应依法积极应对，保护自己的合法权益。④

（十）劳动合同的解除

劳动合同的解除包括双方解除、用人单位解除劳动合同和劳动者解除劳动合同。

对于用人单位解除劳动合同，我国《劳动法》和《劳动合同法》中分别规定了用人单位单方解除劳动合同的三种情形：过错性解除、非过错性解除和经济性裁员。我国比较充分地保护了劳动者的单方面解除劳动合同的权利，采取了向劳动者倾斜的方式，只要提前 30 日书面通知用人单位，就可以使履行期未满的合同效力归于解除，而不须附加任何条件。

在《劳动合同法》出台之前，对于《劳动法》第 31 条的规定，⑤ 理

---

① 董福荣、吴子春：《企业排斥无固定期限劳动合同的成因及对策》，《广东商学院学报》2008 年第 6 期。
② 董保华：《〈劳动合同法〉的十大失衡问题》，《探索与争鸣》2016 年第 4 期。
③ 钱叶芳：《论我国无固定期限劳动合同研究的教义学偏离和制度调整》，《浙江学刊》2016年第 6 期。
④ 王学华：《无固定期限劳动合同与华为事件》，《中国人力资源开发》2007 年第 12 期。
⑤ 《劳动法》第 31 条规定："劳动者解除劳动合同，应当提前三十日以书面形式通知用人单位。"

论和实践上如何理解和适用存在较大分歧。胡占国认为，根据有关规定，该条既是解除合同的程序又是条件，若由于劳动者违反劳动合同有关约定而给用人单位造成经济损失的，应根据相关法律规定或约定，由劳动者承担赔偿责任。① 还有学者认为，第31条的规定赋予了劳动者解除劳动合同的权利，劳动者行使该项权利无须承担违约责任，不必向用人单位支付违约金。②

1. 经济补偿金

在劳动合同的解除上，经济补偿金的性质问题一直是争议焦点之一，杜波等人指出经济补偿金不应包括对劳动者的亲属的补偿。③ 而对于经济补偿金的法律性质，理论分歧较大，学者们观点不一。

在《劳动合同法》出台之前，主要有以下几种观点。有学者认为，经济补偿金是国家为保障劳动者的合法权益而强行干涉用人单位与劳动者之间合同的结果，是企业未能履行劳动合同规定的义务所应承担的责任。林旭霞认为，经济补偿金既不是违约金也不是对过去的成果的补偿，而是一种社会保障金，其内容包括劳动贡献积累补偿金、失业补偿金和其他特殊补偿金。④ 贾占荣认为，经济补偿金是对劳动者在劳动关系存续期间为用人单位所作贡献给予的补偿，是对过去劳动成果的肯定与补偿。⑤

在《劳动合同法》制定过程中，又有新的代表性观点。林嘉等人认为，经济补偿金应被视为劳动法上特有的和独立的解约经济补偿形式，是对因用人单位解除劳动合同而遭受损失的劳动者进行的补偿，基于用人单位的一种特定补偿义务。⑥ 冯彦君认为，用人单位依法行使解除权的过程中将经营风险转嫁为劳动者的就业风险，经济补偿金可以看作用人单位对先前转嫁给劳动者经营风险的公平责任分摊。⑦ 杨景宇等人认为，经济补

---

① 胡占国主编《最新解决劳资纠纷必读》，蓝天出版社，2002，第60页。
② 于永龙：《论劳动者单方解除劳动合同权》，《当代法学》2002年第12期。
③ 杜波、方仲炳：《略论劳动法中经济补偿》，《当代法学》2005年第2期。
④ 林旭霞：《关于完善劳动合同立法的若干问题思考》，《福建论坛》2000年第12期。
⑤ 贾占荣：《经济补偿金：无固定期限劳动合同的法律问题》，《广西青年干部学院学报》2001年第6期。
⑥ 林嘉、杨飞：《劳动合同解除中的经济补偿金、违约金和赔偿金问题研究》，林嘉主编《劳动法评论》，中国人民大学出版社，2005，第18页。
⑦ 冯彦君：《劳动合同解除中的"三金"适用——兼论我国劳动合同法的立法态度》，《当代法学》2006年第5期。

偿是企业承担社会责任的主要方式之一，可以有效缓减失业者的焦虑情绪和生活实际困难，维护社会稳定，形成社会互助的良好氛围，经济补偿不同于经济赔偿，不是一种惩罚手段。① 董保华主张经济补偿金是国家分配给用人单位的法定义务，是用人单位帮助的义务化或法定化。②

对于如何完善经济补偿金制度，董保华等人指出，经济补偿金可以本人工资来进行计算，但超过社会保障封顶线的按封顶线执行，不足社会保障保底线的按保底线执行，概括为"上封下保"。③ 张在范认为，应建立三位一体的损害赔偿规则体系，包括"限额赔偿规则"、"加额赔偿规则"以及"等额赔偿规则"，限额赔偿是法律对处于双重赔偿主体情形下之劳动者采取的特别保护措施；加额赔偿是严重侵害劳动者权益的用人单位应当承担的惩罚性赔偿责任；而等额赔偿虽然从形式上看可以平等地及于劳资关系的双方，但两者在归责原则的适用上又有明显不同，如此规定的用意仍在于着力维护作为弱者一方的劳动者的生存利益，践行社会法应有的公平与正义精神。④

在《劳动合同法》颁行至今十余年的实践中，逐渐出现了修改或取消经济补偿金制度的呼声及建议。比较一致的观点认为，应当从中长期规划和短期规划两个层面进行制度设计。作为中长期规划，应该在重构失业保险制度的基础上取消经济补偿金制度。⑤ 王倩指出，从短期规划来看，应暂保留现行经济补偿金制度的框架，将"公司高管"排除在适用范围之外，同时对小微企业和困难企业进行适度补贴。⑥ 董保华认为，我国不仅实行的是经济补偿、失业保险双轨制度，而且实行世界上非常少有的以经济补偿为主、失业保险为辅的模式，用人单位在行使解雇权时，成本很高，使劳动关系失去了应有的灵活性。⑦

---

① 杨景宇、信春鹰：《中华人民共和国劳动合同法解读》，中国法制出版社，2007，第154页。
② 董保华：《劳动合同法中经济补偿金的定性及其制度建构》，《河北法学》2008年第5期。
③ 董保华、于海红：《劳动合同经济补偿金研究》，载董保华主编《劳动合同研究》，中国劳动社会保障出版社，2005，第279页。
④ 张在范：《限额赔偿·加额赔偿·等额赔偿——劳动合同法赔偿规则体系之构建》，《法学论坛》2008年第4期。
⑤ 谢增毅：《劳动法上经济补偿的适用范围及其性质》，《中国法学》2011年第4期。
⑥ 王倩：《经济补偿金制度修改的制度替代及方案设计》，《法学》2017年第3期。
⑦ 董保华：《我国劳动关系解雇制度的自治与管制之辨》，《政治与法律》2017年第4期。

2. 解雇及其保护问题

我国《劳动合同法》规定了解雇条件，要求解雇必须具有正当事由。而不当解雇是我国现行劳动法中的一个重要问题，我国目前尚没有制定单行的解雇保护法，首次对不当解雇救济措施作出规定的是《劳动合同法》第48条和第87条。①

黎建飞认为我国《劳动合同法》第48条的规定赋予了劳动者单方选择权，体现出了劳动立法的根本目的在于保障劳动者的劳动权，也有效杜绝了用人单位只要花钱即可解雇的弊端。该条加重了对用人单位违法解雇的处罚力度，增加了用人单位违法解雇的经济成本，能够更加有效地遏止用人单位违法解雇的行为。② 但更多地认为该规定有众多不足之处，学界对此问题从多个角度提出了观点。如朱林清认为，我国解雇预告期的程序设置不合理、解雇过程中工会发挥的作用不能落到实处、反社会性非法解雇规定缺失、经济补偿金的功能设置不合理、复职救济方式存在问题等等都造成了解雇得不到保护。③ 谢增毅认为，《劳动合同法》规定的不当解雇赔偿责任的计算方法，虽简便易行却无法反映雇员在被不当解雇后的实际损失或者大体的损失，容易使雇主承担过低或过高的不合理的赔偿责任。④ 沈同仙认为，我国《劳动合同法》只是针对用人单位非过错性解雇禁止条件作了规定，旨在要求用人单位在劳动者老、弱、病、残等丧失劳动能力或者劳动能力转弱时承担雇佣责任，现有的《就业促进法》、《中华人民共和国妇女权益保障法》（以下简称《妇女权益保障法》）和《工会法》等涉及劳动者权益保障的法律，未对歧视性、报复性等违法解雇的禁止及其救济方式作出明确的规定。⑤ 叶姗主张确立轻度伤残雇员的解雇保护权，强调的是将雇员尽可能置于原有劳动关系中实现其劳动权的思路。⑥ 郑晓

---

① 《劳动合同法》第48条："用人单位违反本法规定解除或者终止劳动合同，劳动者要求继续履行劳动合同的，用人单位应当继续履行；劳动者不要求继续履行劳动合同或者劳动合同已经不能继续履行的，用人单位应当依照本法第八十七条规定支付赔偿金。"《劳动合同法》第87条："用人单位违反本法规定解除或者终止劳动合同的，应当依照本法第四十七条规定的经济补偿标准的二倍向劳动者支付赔偿金。"
② 黎建飞：《解雇保护：我国大陆与台湾地区之比较研究》，《清华法学》2010年第5期。
③ 朱林清：《我国非法解雇救济制度研究》，上海师范大学硕士学位论文，2017，第17~24页。
④ 谢增毅：《雇主不当解雇雇员的赔偿责任》，《法律科学》2010年第3期。
⑤ 沈同仙：《论完善我国不当解雇的法律救济措施》，《中国法学》2012年第6期。
⑥ 叶姗：《论雇员不能胜任工作的解雇规则》，《现代法学》2017年第6期。

珊探讨了以不能胜任为由而引发的解雇纠纷，除须符合明定的胜任标准外，还必须要证明自己已经妥善履行过"解雇回避"之责，并且需要对作为挽救手段的调职与培训这两大措施进行有效实施。① 对上述两大措施，李海明认为我国并没有将调岗的学理制度化，用人单位调岗行为的单方化非常明显。在整个调岗制度都缺乏规范的背景下，不能胜任工作解雇中的调整工作岗位更难获得制度保障。没有制度保障上的调岗权利化、单方化，就没有有意义的解雇前调岗补救。②

（十一）劳动基准相关问题

劳动基准是劳动法中必须解决的核心问题，其包含的工资、工作时间、休息休假、劳动安全和健康等劳动基准，与劳动者的权利义务、生命健康等息息相关。我国劳动基准实施的状况愈发成为社会各界关注的焦点之一，也成为劳动法学界近年来争议激烈的重要问题。部分学者在探讨其中的缘由时将其原因完全归结为政府职能缺位或公权力干预不力。沈同仙进而指出，目前我国劳动基准的实施之所以出现困境不能全部归咎于政府职能的缺位。良性的市场利益博弈机制的缺失、政府职能的缺位和行政执法的不力、劳动基准法律规定存在的某些不合理弊病等是导致我国劳动基准出现困境的原因。③

1. 劳动标准的高低之争

认为我国劳动标准之"高"的学者如董保华等人认为，我国的某些劳动标准虚高，如工时、加班费、补偿金、医疗期等等，常常是一种纸面上的规定，并未得到真正的落实。要使劳动法对现实中各种形式的劳动关系进行覆盖，使劳动者中最普通的劳动者得到保护，必须摆脱对"高标准"的追求。④ "低方"如徐笛等人认为，判断一个国家的劳动标准是高是低，不能仅仅看一个单项指标而应将劳动标准看成一个系统。综合而言，我国的劳动标准不仅在国际比较中属于低水平，在我国的经济关系中和社会权

① 郑晓珊：《从"末位淘汰"看解雇语境下的"不能胜任"——以"指导案例18号"为背景》，《法学》2014年第11期。
② 李海明：《培训调岗在不能胜任解雇中的性质》，《河南财经政法大学学报》2018年第1期。
③ 沈同仙：《我国劳动基准的实施现状及对策》，《当代法学》2007年第4期。
④ 董保华：《中国劳动基准法的目标选择》，《法学》2007年第1期。

利体系中也是比较低的。[①]

2. 工资

作为劳动法的基本概念之一，工资乃是全部劳动关系核心之核心。[②]延伸出的问题是工资与劳动报酬的相关讨论。在我国理论研究中，有以下几种认定工资和劳动报酬的观点。郑尚元等人认为，劳动报酬一般在雇佣契约中使用，而工资则在劳动合同中使用，即劳动报酬和工资的界别体现了雇佣契约和劳动合同的差异。[③] 关怀等人指出工资是劳动者劳动报酬的重要组成部分，即工资的概念内涵比劳动报酬的概念内涵小。[④] 持相同观点的学者如胡玉浪也指出，劳动报酬概念的适用范围比工资概念广泛，含义比工资概念丰富，其取代工资概念是一种发展趋势。[⑤] 王全兴认为劳动报酬是指职工因履行劳动义务而获得的，由用人单位以法定方式支付的各种形式的物质补偿。[⑥] 与工资制度相关的工资集体谈判制度，由于我国集体谈判制度还没有发挥应有的作用，故工资集体谈判机制还没有真正形成。我国劳动法学界对工资集体谈判的研究多从公司法等视角切入，与我国劳动立法层面进行结合分析的研究成果目前在国内尚不多见。如章群提出了"潜规则化"观点，认为我国工资集体谈判制度没有充分发挥其应有作用，并被一些潜在的未被制度承认的社会规范所替代，即工资集体谈判制度被"潜规则化"。[⑦]

3. 工作时间

工作时间与工资一样，都是劳动关系的核心内容、基本组成部分之一，是各国劳动法制调整的重点。我国现行工时基准法制成型于1995年前后，至今已运行20多年，未曾经过系统修订完善。我国学界尚未形成对工作时间基准制度的系统研究，工时制度的研究在以劳动基准为论题的研究或是劳动基准立法问题中有所体现。已有涉及工

---

① 徐笛：《中国的劳动标准是高了还是低了》，《北京青年报》2006 年 4 月 4 日。
② 黄越钦：《劳动法新论》，中国政法大学出版社，2003，第 209 页。
③ 郑尚元：《雇佣关系调整的法律分界》，《中国法学》2005 年第 3 期。
④ 关怀、林嘉主编《劳动法》，中国人民大学出版社，2006，第 212 页。
⑤ 胡玉浪：《劳动报酬权研究》，厦门大学博士学位论文，2007，第 12 页。
⑥ 王全兴：《劳动法》，法律出版社，2004，第 231 页。
⑦ 章群：《论工资集体谈判的潜规则与制度的应对——以"民工荒"为视角所作的分析》，《政治与法律》2008 年第 3 期。

时基准的文献可分为三类：第一类是以劳动基准为论题涉及工时制度，例如在著名的"劳动基准高低之争"中，王全兴、董保华、常凯三位教授均在讨论中以工作时间作为论证要点之一，用以评判劳动基准之高低与取舍。[①] 王全兴指出，工作时间是指劳动者为履行劳动义务，在法定限度内应当从事劳动或工作的时间。[②] 黎建飞将其定义为职工根据法律的规定，在用人单位中用于完成本职工作的时间。[③] 沈同仙却指出有关定义都是从文义上对工作时间做诠释，停留在法律规定的表象上。[④]

4. 退休年龄

达到法定退休年龄就业人员的法律适用问题一直是学界争论的热点问题，也是实务的难题。我国目前的立法将达到退休年龄就业人员排除在劳动法的适用范围之外。

根据我国《劳动合同法》第44条的规定，劳动者开始依法享受基本养老保险待遇的，劳动合同终止。谢增毅指出，这一立法和相应的司法实践，在理论和实务上都存在缺陷，也是对"退休"法律意义的误读。[⑤] 在相关的研究中，如滕威等人归纳出，各地人民法院对退休人员劳动争议的处理模式并不统一，概括起来有三种：第一种是按劳务关系处理，认为只要达到法定退休年龄，其与用人单位之间便不可能存在劳动关系，只能存在劳务合同关系；第二种是按照特殊劳动关系处理，即按照民事合同关系处理；第三种按照劳动关系处理。[⑥]

有学者认为，已到退休年龄人员的用工关系符合劳动关系的特征，劳动关系的认定标准是客观的，并没有直接与年龄相联系。若将退休人员排除在劳动法之外，有年龄、性别等歧视之嫌。但是，吴超英认为，已经退休并领取基本养老金的人员，他们不需要劳动法的特别保护，由于他们有养老金，这意味着他们及其家庭成员的基本生活是有保障的，无须劳动法

---

① 工全兴：《劳动合同立法争论中需要澄清的几个基本问题》，《法学》2006年第9期；常凯、董保华：《WTO给我们的劳动者带来什么》，《新华文摘》2002年第1期；董保华：《中国劳动基准法的目标选择》，《法学》2007年第1期。
② 王全兴：《劳动法》，法律出版社，2008，第269页。
③ 黎建飞：《劳动法和社会保障法》，中国人民大学出版社，2007，第153页。
④ 沈同仙：《工作时间认定标准探析》，《法学》2011年第5期。
⑤ 谢增毅：《退休年龄与劳动法的适用——兼论"退休"的法律意义》，《比较法研究》2013年第3期。
⑥ 滕威、陈艾健：《已达法定退休年龄继续工作之性质》，《人民司法》2010年第5期。

再提供生存权保障。①

（十二）关于劳务派遣

劳务派遣，由于涉及劳动者、用人单位以及用工单位三方利益，极易对劳动者的权益产生损害，在实务中又产生诸多问题，因而其一直都是我国劳动法学理论和实践中的热点话题。学界普遍认为，我国劳务派遣实施存在的主要瓶颈，一是受派遣员工的权益保障；二是"同工同酬"没有落到实处；三是法律法规的规定不清，例如对"三性"的规定认识不清。此外，还有学者认为工会保障、经营不规范等都是导致我国劳务派遣实施不容乐观的原因。

首先，劳务派遣的法律性质。有学者支持"一重劳动关系说"，认为劳动者、派遣单位以及用工单位三者间只存在一种劳动关系，即劳动者与劳务派遣单位间存在劳动关系，而用工单位与劳动者只存在劳务关系，用工单位与劳务派遣单位是民事合同关系。持相同意见的学者如李炳安等人，他们提出"权利义务等同说"，该学说也认同一重劳动关系，即劳务派遣中所体现的劳动关系与一般的劳动关系在权利义务的总量上相当。②王全兴等人提出一重劳动关系的双重运行观点。③董保华等人提出"双重特殊劳动关系说"，认为在派遣单位和被派遣劳动者间，以及用工单位和被派遣劳动者之间形成的都是特殊的劳动关系。④持相同观点的学者如立花聪认为，双重特殊劳动关系说能够解释用工单位与派遣单位共同承担责任的情形，为三者合法权益的维护尤其是劳动者权益的维护创造了一个均衡点。⑤

其次，用工单位与被派遣劳动者之间的法律关系。《劳动合同法》中将被派遣劳动者与派遣单位之间的关系定性为"劳动合同关系"，而对用

---

① 吴超英：《超过退休年龄工作受伤能否享受工伤保险待遇》，《中国社会保障》2010 年第 4 期。
② 李炳安、周婷：《论我国劳务派遣法制的完善》，《福建政法管理干部学院学报》2008 年第 3 期。
③ 王全兴、侯玲玲：《劳动关系双层运行的法律思考——以我国的劳动派遣实践为例》，《中国劳动》2004 年第 4 期。
④ 董保华：《劳动关系非标准趋势下的劳动力派遣》，《中国劳动》2006 年第 3 期。
⑤ 立花聪：《浅析劳动者在劳务派遣中的法律地位及其保护》，《河北法学》2012 年第 4 期。

工单位与被派遣劳动者之间的法律关系并没有给予明确的规定。林嘉认为，可以称之为"准劳动关系"，用工单位与被派遣劳动者之间的关系既不同于严格意义上的劳动关系，更不能简单等同于民法上的一般劳务关系，而是一种劳动法上的与劳动关系相似的法律关系。① 潘峰认为，由于只出现劳动力与生产资料的一重结合，因而只有一重劳动关系，即只有劳务派遣单位和被派遣劳动者之间形成的一个劳动关系，② 并赞同王全兴教授先前研究中提出的观点，存在的是一重劳动关系的双层运行，而不是双重劳动关系。

最后，关于劳务派遣中出现的侵权问题。2007 年我国《劳动合同法》颁布以后，劳动用工领域出现了劳务派遣单位数量大幅增加、劳务派遣用工规模迅速扩大的情况，司法实务中劳务派遣工作人员侵权责任纠纷案件的数量也明显增多。针对这一情况，我国《侵权责任法》第 34 条第 2 款对劳务派遣工作人员侵权责任作出了专门规定，③ 相应的，最高人民法院于 2011 年修订的《民事案件案由规定》将"劳务派遣工作人员侵权责任纠纷"作为与"用人单位责任纠纷"并列的三级案由。

支持承担连带责任的学者如郑志峰认为，用人单位与用工单位承担无过错连带责任有利于充分救济受害人，符合现代侵权法中雇主替代责任的归责理念。④ 谢增毅提出了应将用工单位和用人单位二者看成派遣工人的"联合雇主"，通过二者之间的劳务派遣协议，双方对派遣工人的用工行为已达成某种"概括合意"，因此二者承担连带责任既有法理基础也有现实意义，特别是在当前派遣机构极易利用派遣行为逃避责任的情况下，连带责任不仅可行而且必要。⑤

不支持该观点的学者如张荣芳指出，劳务派遣单位侵害了劳动者权利，用工单位既未参与实施侵权行为，也不存在侵权的意思联络，无法要

---

① 林嘉主编《劳动合同法热点问题讲座》，中国法制出版社，2007，第 224 页。

② 潘峰：《劳务派遣中的三方关系——姜某与南华公司劳动争议纠纷案》，载蒋月主编《劳动法：案例评析与问题研究》，中国法制出版社，2009，第 244 页。

③ 《中华人民共和国侵权责任法》第 34 条第 2 款规定："劳务派遣期间，被派遣的工作人员因执行工作任务造成他人损害的，由接受劳务派遣的用工单位承担侵权责任；劳务派遣单位有过错的，承担相应的补充责任。"

④ 郑志峰：《劳务派遣中雇主替代责任之检讨——兼评"不真正补充责任"》，《法学》2015 年第 9 期。

⑤ 谢增毅：《劳务派遣规制失灵的原因与出路》，《环球法律评论》2015 年第 1 期。

求用工单位承担连带责任。① 余明勤认为，用工单位给被派遣劳动者造成损害的，劳务派遣单位与用工单位承担连带赔偿责任的规定事实上已经将大部分责任加诸劳务派遣单位身上，弱化了用工单位承担的责任。②

有学者也辩证地看待了这一规定，认为这样的制度安排在一定程度上反映出劳务派遣制度的进步，劳动者在权益受到侵害时，可以向作为用人单位的劳务派遣单位主张权利。但是，这种制度设计可能会使用工单位逃避其应当承担的赔偿责任、侵害劳务派遣单位的合法权益、不能真正平衡劳务派遣单位和用工单位的利益。李海明认为，派遣单位与要派单位之连带责任应当肯定，但也应当有合理的限制。③

（十三）劳动规章制度

计划经济时代，劳动规章制度更多地体现为行政特权，自 20 世纪 90 年代推行集体合同制度以来，越来越多与劳动者密切相关的事项通过集体协商订立集体合同来确定。我国《劳动法》将制定规章作为用人单位的法定义务之一，在立法中对其制定程序并无完整规定，如根据我国《劳动合同法》第 4 条第 2、3 款对指定劳动规章的职工参与进行了规定，④ 而对于劳动规章的报送审查或备案没有相应规定。伍奕认为应制定统一的"企业内部规章制度制定条例"，对规章制度的制定程序作出统一规定。⑤

劳动规章的性质问题也是劳动法学界存在争议的问题，有学者称之为劳动法上"永远的难题"。⑥ 我国实践中劳动规章制度是规范劳动条件的最重要依据，但立法和劳动法理论均未给劳动规章制度的法律性质下一定论。⑦

---

① 张荣芳：《论我国劳务派遣法律规制模式》，《法学评论》2009 年第 6 期。
② 余明勤：《规范劳务派遣用工有关法律问题分析》，《中国法律》2014 年第 1 期。
③ 李海明：《劳动派遣法原论》，清华大学出版社，2011，第 462 页。
④ 《劳动合同法》第 4 条第 2 款规定："用人单位在制定、修改或者决定有关劳动报酬、工作时间、休息休假、劳动安全卫生、保险福利、职工培训、劳动纪律以及劳动定额管理等直接涉及劳动者切身利益的规章制度或者重大事项时，应当经职工代表大会或者全体职工讨论，提出方案和意见，与工会或者职工代表平等协商确定。"第 3 款规定："在规章制度和重大事项决定实施过程中，工会或者职工认为不适当的，有权向用人单位提出，通过协商予以修改完善。"
⑤ 伍奕：《用人单位对经济补偿金的不当规避及其防范》，《河北法学》2003 年第 3 期。
⑥ 黄越钦：《劳动法新论》，台北翰芦图书出版有限公司，2012，第 183 页。
⑦ 高圣平：《用人单位劳动规章制度的性质辨析——兼评〈劳动合同法（草案）〉的相关条款》，《法学》2006 年第 10 期。

高圣平等人提出"格式条款说"，认为规章制度是用人单位预先单方拟定的格式条款。民主程序非民主表决或集体协商，而仅是听取意见建议的程序，效力基础是规章制度经当事人合意被纳入劳动合同。① 覃甫政认为，劳动规章制度是一种具有软法性质的合作治理规范，基于用人单位与劳动者的共同合意而建立，旨在协调维护用人单位经营自主权和保护劳动者权利的二元目标，实现效率与公平价值的平衡。② 郑尚元等人指出，在我国对用人单位劳动规章制度形成之合理性进行控制时，宜以交易习惯与行规为标准，这也有助于法院进行理性判断，不应以"集体意思"为控制劳动规章制度效力的准心，否则可能造成"自治"不成反而助长"他治"，极易令用人单位单方片面制定劳动规章制度损害劳动者。③ 此外，董保华提出"劳动力支配权转移说"，认为规章制度的效力渊源于劳动者通过劳动契约实现对劳动力支配权让渡的承诺，归纳起来包括具体性承诺与概括性承诺。前者指劳动者对遵守具体的规章制度做出明确承诺，后者即在劳动契约中以概括的方式承诺遵守用人单位未明确列出的规章制度。④

对劳动规章制度的合理性审查问题。郑尚元等人认为应当借鉴台湾地区对劳动规章制度进行合理性控制的经验，使劳动规章制度的改良从形式正义转变为实质正义，注重对劳动规章制度形成、变更的合理性控制，并主张引入交易习惯和行规作为合理判断标准。⑤ 而其他学者则对劳动争议仲裁委员会和法院究竟应否对劳动规章制度进行合理性审查尚有争论。反对方如陈伟忠认为，虽然对企业规章制度合理性审查的出发点是为了维护职工利益，但其搞乱了企业正常的民主管理秩序，是不合法的。⑥ 支持方如朱忠虎等人则认为，劳动者在劳动规章制度制定中仅有协商权而无讨论通

---

① 高圣平：《用人单位劳动规章制度的性质辨析——兼评〈劳动合同法（草案）〉的相关条款》，《法学》2006 年第 10 期；胡立峰：《劳动规章制度与劳动合同之效力冲突》，《法学》2008 年第 11 期。

② 覃甫政：《劳动规章制度法律性质"软法解释论"之提出及证成》，《东方法学》2016 年第 2 期。

③ 郑尚元、王艺非：《用人单位劳动规章制度形成理性及法制重构》，《现代法学》2013 年第 6 期。

④ 董保华：《劳动合同立法的争鸣与思考》，上海人民出版社，2011，第 410 页。

⑤ 郑尚元、王艺非：《用人单位劳动规章制度形成理性及法制重构》，《现代法学》2013 年第 6 期。

⑥ 陈伟忠：《法院对用人单位规章制度合理性审查合法吗》，《中国劳动》2012 年第 8 期。

过权，合理性审查是为了保护谈判中处于弱势地位的劳动者，是合法的。①

（十四）关于集体合同

对集体合同的研究主要关注了集体合同争议、集体谈判权以及集体合同对用人单位的约束力等问题。

1. 集体合同争议

董保华认为，我国劳动法将集体合同确定为规范性合同，集体合同的当事人就应当是工会组织，劳动者只能是集体合同的关系人。② 持类似观点的如王全兴指出，集体合同中工会和用人单位团体只是形式上的当事人，而实质上的当事人分别是工会所代表的全体或部分职工和用人单位团体所代表的全体用人单位，通常被称为"关系人"。③ 有学者认为，集体合同争议不应纳入劳动争议的范畴，而是应当作为一类特殊的案件来处理。④ 还有学者认为，我国劳动法将集体合同确定为规范性合同，集体合同的当事人就应当是工会组织，劳动者只能是集体合同的关系人。⑤

2. 集体谈判

从集体合同所延伸出来的问题就是集体谈判。集体谈判可作为集体合同签订的前提。目前我国对于集体谈判本身的研究并不多见，学界大多把研究重点放在对集体谈判制度的理论概述和与集体谈判权相关的工会制度改革及罢工权立法等问题上，并都是将其作为劳动法中的一种现象考察。

学者对集体谈判定义的着眼点不相同，有的将其作为一种行为方式；有的将其作为一项应有权利；有的将其作为劳动者实现应有权利的方法和手段。⑥ 冯彦君认为，集体谈判，在我国又称集体协商，是职工方面与企业方面就劳动标准和劳动条件进行交涉，旨在订立集体合同的行为。⑦ 王全兴等人认为，集体谈判是借助谈判，让资方代表与雇员代表缔结集体协

---

① 朱忠虎、严非：《法院可以而且应当审查用人单位规章制度的合理性——与陈伟忠同志商榷》，《中国劳动》2013 年第 1 期。

② 董保华：《论我国工会的职业化、社会化和行业化》，《工会理论与实践》2002 年第 1 期。

③ 王全兴：《劳动法》，法律出版社，2017，第 251 页。

④ 杨云芳、杨云霞：《集体合同权利争议的分析与研究》，《法学杂志》2010 年第 2 期。

⑤ 董保华：《论我国工会的职业化、社会化和行业化》，《工会理论与实践》2002 年第 1 期。

⑥ 艾琳：《集体谈判权研究》，吉林大学博士学位论文，2014，第 14 页。

⑦ 冯彦君：《劳动法学》，吉林大学出版社，1999，第 292 页。

议来决定劳动条件的一种方法，是一种劳资双方的利益冲突可以在集体协商基础上得到解决的正式途径，一种劳资双方的矛盾得以平衡的机制，是现代民主社会中每一位劳动者都拥有或应当拥有的劳动基本权。① 也有学者直接引用国际劳工组织《关于促进集体谈判的公约》第 2 条的概念，将集体谈判定义为，集体谈判是适用于一名雇主、一些雇主或一个或数个雇主组织为一方，一个或数个工人组织为另一方，双方就以下目的所进行的所有谈判：（1）确定工作条件和就业条件；（2）调整雇主与工人之间的关系；（3）调整雇主组织与工人组织之间的关系。② 从我国集体谈判制度的构建上看，有学者指出，我国集体谈判制度构建的障碍主要有法律法规方面的障碍、平等谈判协商机制形成的主体障碍和实践障碍、政府监督协调作用的缺失。

3. 对用人单位是否具有约束力

有学者对集体合同对工会和用人单位是否具有约束力展开了探讨。③包括较早期学者张喜亮等人均以现行法为依据的观点认为，集体合同是工会代表劳动者签订的合同，集体合同的当事人是全体劳动者和用人单位，工会不是集体合同的当事人，集体合同当然也不应对其约定权利和义务，产生约束力。④ 而王全兴等认为，工会组织和用人单位或其团体，也即订立集体合同并且受集体合同约束的主体为集体合同订立人，受集体合同约束。⑤

（十五）职工民主管理

在我国改革开放初期，陈文渊等人较为一致地认为应当将职工民主管理与依法治厂、实行厂长负责制结合起来，并认为要增强职工的主人翁地位。⑥对于职工民主管理，一方面，有学者提出实行民主管理，保障职工在企业中的

---

① 王全兴：《劳动法学》，人民法院出版社，2005，第 232 页。
② 程延园：《劳动关系》，中国人民大学出版社，2011，第 231 页。
③ 沈建峰：《论履行集体合同争议的处理——兼论集体劳动法中个体利益与集体利益的平衡》，《比较法研究》2018 年第 4 期。
④ 张喜亮：《论工会在集体合同制度中的角色》，《工会理论与实践》1997 年第 2 期；范重光：《违反集体合同法律责任探究》，《中国劳动关系学院学报》2012 年第 4 期。
⑤ 王全兴：《劳动法》，法律出版社，2017，第 266 页。
⑥ 陈文渊：《厂长负责制与职工民主管理制度》，《河北法学》1987 年第 4 期；徐铁生：《论依法治厂和职工民主管理》，《法学评论》1989 年第 4 期；阎向东：《推进企业民主管理的法律依据》，《法学评论》1986 年第 1 期。

主人翁地位，以充分发挥职工的积极性、智慧和创造力。职工群众的民主管理权主要是参加企业的决策、管理和监督干部。① 另一方面，徐铁生认为，尊重职工主人翁地位，不能片面理解，就是一切"听工人的"。职工只能参与企业或通过自己的代表来间接理解，不可能完全由职工说了算，更不可能每个职工都说了算。② 阎向东指出同时也要增强企业民主管理方面的法制观念。③

具体到职工参与权，建立和完善职工参与是我国法学界的主流观点，但是对于什么是职工参与制，职工参与制应该包含哪些内容，我国学者的研究较少。目前有关规定主要体现在《宪法》、《中华人民共和国全民所有制工业企业法》、《全民所有制工业企业职工代表大会条例》、《中华人民共和国公司法》、《劳动法》及《工会法》中。

（十六）反就业歧视

我国目前无禁止就业歧视的专门法案，但相关立法规定中涉及平等就业和禁止就业歧视的条款或内容。主要有以下几方面。（1）《宪法》第33条对平等权的规定与第42条对劳动权的规定，可视为对就业平等权的宣示性规定。（2）《劳动法》对就业平等权和禁止就业歧视的一般性原则规定。（3）《就业促进法》第25、26条从义务主体角度规定了政府、用人单位和劳动服务机构有禁止就业歧视的义务，④ 第27条至第31条对就业歧视的常见类型进行了禁止性规定，包括对妇女的性别歧视，对农村劳动者的户籍歧视，对乙肝、艾滋病病毒携带者的健康歧视，残疾歧视等。第62条首次对就业歧视提供了救济途径，赋予劳动者向人民法院提起诉讼的权利。（4）《妇女权益保障法》及其配套法规规章对妇女就业平等权的细化。⑤

---

① 陈文渊：《厂长负责制与职工民主管理制度》，《河北法学》1987年第4期。

② 徐铁生：《论依法治厂和职工民主管理》，《法学评论》1989年第4期。

③ 阎向东：《推进企业民主管理的法律依据》，《法学评论》1986年第1期。

④ 《就业促进法》第25条规定："各级人民政府创造公平就业的环境，消除就业歧视，制定政策并采取措施对就业困难人员给予扶持和援助。"第26条规定："用人单位招用人员、职业中介机构从事职业中介活动，应当向劳动者提供平等的就业机会和公平的就业条件，不得实施就业歧视。"

⑤ 2005年修订的《妇女权益保障法》以基本法的形式确立了妇女的劳动平等权。以"促进男女平等"的立法目标，明确规定了妇女的就业平等权是禁止就业中任何形式的性别歧视的权利依据。男女同工同酬，妇女在职业晋升中享有与男性平等的权利，对女职工实行"四期"保护等以切实保障妇女的就业平等权。

（5）《残疾人保障法》及其配套法规规章对残疾人就业平等权的规定。[1]
（6）地方性法规确立禁止健康歧视的规定，主要针对乙肝、艾滋病病毒携带者的就业歧视。目前，随着人们对乙肝和艾滋病有了更为全面的认识，对乙肝、艾滋病病毒携带者的就业限制也正在逐步解除。2004年的《公务员录用体检通用标准（试行）》允许小三阳乙肝病毒携带者、艾滋病病毒携带者成为公务员，许多地方的公务员体检标准也取消了这一限制，这是消除就业健康歧视的一个重大进步。[2]（7）《劳动保障监察条例》规定对用人单位执行禁止就业歧视的情况进行监督。

劳动法学界较一致地认为就业歧视主要包括户籍歧视、性别歧视、年龄歧视、学历和经验歧视以及经历歧视等等。评价我国现行法律法规对于就业歧视问题的规定，学者们普遍认为我国的反就业歧视立法存在诸多不足，认为我国立法就业歧视范围过窄、法律规定过于原则而缺乏可操作性，导致《就业促进法》的作用有限。

关于就业歧视的法律救济，喻术红提出举证责任倒置或合理分配举证责任的观点，并认为成立权威、高效、专门的"公平就业委员会"是更理想的选择。[3]周湖勇在举证责任倒置的基础上增加了前提条件，即实行有利于劳动者的举证责任倒置。[4] 当然，也有学者提出了相反意见，认为若实行举证责任倒置，可能使用人单位的自主权受到过分限制而面临过高的法律风险甚至诉讼爆炸，因此就业歧视救济应在当事人之间进行举证责任的合理分配。同时，部分学者提出我国应建立就业歧视公益诉讼制度。林嘉等人认为只允许劳动者提起私益诉讼的现行法律制度，实际上无法遏制

[1] 2008年修订的《残疾人保障法》第3条规定："残疾人在政治、经济、文化、社会和家庭生活等方面享有同其他公民平等的权利。残疾人的公民权利和人格尊严受法律保护。禁止基于残疾的歧视。"第38条第2款规定："在职工的招用、转正、晋级、职称评定、劳动报酬、生活福利、休息休假、社会保险等方面，不得歧视残疾人。"为了具体落实《残疾人保障法》的规定，国家相关部委也出台了专门的规章，地方政府也纷纷制定相关地方性法规和规章，如《上海市残疾人分散安排就业办法》和《北京市残疾人保护条例》等等。各级政府保障残疾人劳动就业权实现的主要形式包括配额制、优先雇用、优惠政策、支持项目、加强培训和加强劳动安全保障。
[2] 庞铁力：《劳动权的平等保护及禁止就业歧视的法律思考》，《法学杂志》2012年第3期。
[3] 喻术红：《反就业歧视法律问题之比较研究》，《中国法学》2005年第1期。
[4] 周湖勇：《就业歧视诉讼救济体系的构建——〈就业促进法〉第三章"公平就业"的展开》，《北京市工会干部学院学报》2008年第1期。

用人单位的就业歧视行为。^① 李雄等学者也指出，逐步建立公益诉讼制度，拓展反就业歧视的投诉渠道。^② 在我国《就业促进法》出台前，有学者建议制定"就业公平保障法"，^③ 提议我国制定单行的反就业歧视法的呼声一直比较高。^④

（十七）特殊群体的劳动权益保护

对劳动者权益进行保护，是我国劳动法的一大基本原则和指导思想。但由于在生理、地域以及身体等方面的差别，形成了对女职工、农民工、残疾劳动者等等群体的特殊保护，而学界对此也展开了诸多方面的讨论。

1. 女职工

对于女职工的权益保护，改革开放初，陈文渊等人总结了新中国成立以来国家制定的女职工特殊保护法规，包括妇女劳动就业、贯彻男女同工同酬的原则、禁止女职工从事繁重体力劳动和有毒有害健康的工种、对女职工的四期保护、女职工工作时间的特殊规定以及女职工保健。^⑤ 由于传统观念以及女职工的特殊生理特点及需求，形成了在就业环境中的两性歧视，学界的眼光不断向女职工保护细化和深入。敖双红指出，由于女职工在生理等方面的差异，需要对女职工进行特殊的保护，有学者指出，经、孕、产、乳四期是女性特有的生理规律，不仅涉及女性自身的健康安全，还关系下一代的健康出生和成长。保护女性是保护人类的母亲，保护胎儿就是保护祖国的未来。^⑥ 持相同理念的学者蒋月对东南某省企业女职工实施特殊劳动保护的情况进行了走访调查，绝大多数企业履行女职工特殊劳动保护义务存在不足，如未按规定建立女职工专用卫生设施、定期组织接受妇科疾病检查、"四期"保护不到位等等。^⑦ 游晓瑜指出，女职工在劳

---

① 林嘉、杨飞：《论劳动者受到就业歧视的司法救济》，《政治与法律》2013年第4期。
② 李雄：《民生诉求与权利回归：论就业机会公平分享的推进机制》，《中国法律》2008年第5期；游晓瑜：《性别歧视的劳动法规制研究》，上海师范大学硕士学位论文，2018，第35页。
③ 刘勇：《就业公平保障法律制度研究》，重庆大学博士学位论文，2006，第96页。
④ 李雄、吴晓静：《我国反就业歧视法律规控研究》，《河北法学》2010年第12期；张艳：《反就业歧视及其法律建构》，《西南政法大学学报》2006年第1期。
⑤ 陈文渊：《试论对女工的特殊保护》，《政法论坛》1988年第1期。
⑥ 敖双红：《平等保护还是隐形歧视——以劳动法为例》，《法学评论》2008年第3期。
⑦ 蒋月：《企业女职工特殊劳动保护实施效果研究——以东南某省为例》，《法治研究》2013年第12期。

动过程中遭遇的性别歧视问题违反我国《劳动法》和《妇女权益保障法》中平等就业机会的规定，需要建立、完善与保障女职工劳动权益保障制度。①

2. 农民工

由于我国人口基数大、城乡差距仍然存在，实践中，农民工在就业、社会保险、工资保障、争议处理等方面并没有完全享受到《劳动法》的保护，以至于有学者指出，农民工实际上只享有"准劳动者"的待遇。② 安徽省法学会农民工维权研究课题组对农民工失权问题进行了调研。通过对企业等数据的研究，认为我国在违法责任、地方利益和农民工权益保护以及农民工自力维权上存在问题。③ 对于农民工的权益保障问题，丁大晴指出，我国《就业促进法》没有实现对农民工权益的保护，其促进就业的规定没有涵盖农村劳动者、反就业歧视的规定缺漏较多、可操作性差等等。④ 在具体制度上，黎建飞指出，我国法律对于拖欠农民工工资的制裁仍有进一步强化的必要。一方面是对工资拖欠的追偿仅限于对拖欠额度的补发上，此外还可以通过严厉的惩罚来制裁这一具有严重社会危害性的行为。⑤ 另一方面，学者喜佳认为不能过多强调农民工的身份特殊性而提出要特殊保护，因为这些设计非但不是长效解决机制，而且在制度设计上进一步强化了农民工与城市工的身份划分，加深了这两大群体之间的矛盾和对立，认为应当取消农民工概念，这一概念使得歧视性的身份制度在城市空间中得以延伸、再生。⑥

3. 家政工

家政服务业具有灵活多样的特点，二胎政策的放开以及现代人生活节奏的加快，家政服务在未来有着广阔的发展前景，也为许多人提供了就业机会。但是，这些从业人员却并不是我们通常所说的劳动法上的劳动者，

---

① 游晓瑜：《性别歧视的劳动法规制研究》，上海师范大学硕士学位论文，2018，第38~39页。
② 岳经纶：《农民工的社会保护：劳动政策的视角》，《中国人民大学学报》2006年第6期。
③ 安徽省法学会农民工维权研究课题组：《农民工失权原因及维权若干建议》，《法学杂志》2005年第3期。
④ 丁大晴：《农民平等就业权在〈就业促进法〉中的缺陷与完善》，《北方法学》2010年第3期。
⑤ 黎建飞：《拖欠民工工资中的法律问题》，《法学杂志》2004年第2期。
⑥ 喜佳：《二元结构下"农民工"劳动权之一元法律保护：从身份到契约》，《中国法学》2010年第2期。

学界对于家政工的界定主要有两种观点：第一，认为二者构成雇佣关系；[①]
第二，认为家政工和雇主之间是一种劳务关系。[②] 此外，刘小莉等人认为，
家政服务的法律关系可以分为"员工"式的劳动关系、"中介"式和"散
工"式的雇佣关系，属于当然劳动关系的"员工"式家政服务关系，毋庸
置疑应用劳动法来调整。[③] 在家政工的权益保护上，有学者组成课题组对
深圳市家政工人权益保护情况进行了调研，发现家政服务员的整体工资收
入低、侵害家政服务员权益的违法行为广泛存在、住家型家政工人受伤害
的可能性更大。[④] 学者们较为普遍地认为对家政工应当进行劳动立法保护，
可以考虑在《劳动法》中专门增加一章，针对从事家政服务的人员作出特
殊规定，达到保障家政服务人员权益的目的。[⑤] 胡大武对保护模式进行了
分类讨论，认为民事法律保护模式最不利于家政工人；劳动法律保护模式
降低保护水平；只有专门立法能够最有效地保护家政工人，即制定家政工
人专门保护法以更好地解决家政工人同其他工人之间的共性和个性在立法
上的冲突。[⑥]

　　徐纯先等人认为，家政行业有区别于其他行业之内在的固有特殊性，
应在现行《劳动法》逻辑规范层面针对其特殊性做出积极的回应，对于家
政工人的保护，部分学者还提出应当完善家政工人劳动权益保护监察制度
与劳动监察制度的接轨。[⑦] 谢增毅学者提出，应针对家政工的特殊性，建
立超越一般雇佣合同和劳动合同规则的制度安排，即制定单独的家政工保
护条例，条例没有规定的，可以适用民法中的相关规则。[⑧]

---

① 陆燕：《雇佣合同与劳动合同的比较及法律适用》，山东大学硕士学位论文，2007，第39页。
② 王波：《家庭劳务关系的法律探析》，《中共青岛市委党校青岛行政学院学报》2008年第6
　期。
③ 刘小莉：《论我国家政工劳动权益保护的立法选择》，华侨大学硕士学位论文，2013，第5页。
④ 胡大武：《我国发达地区家政服务员劳动权益保障的法律思考——基于深圳市的实证分
　析》，《河南省政法管理干部学院学报》2011年第Z1期。
⑤ 张伟：《社会性别主流化视角下的家政工社会与法律保护分析》，《河北法学》2010年第8
　期。
⑥ 胡大武：《理念与选择：劳动法如何照耀家政工人》，《法律科学》（西北政法大学学报）
　2011年第5期。
⑦ 徐纯先、张先贵：《家政工人劳动权益保护之监察》，《西南政法大学学报》2011年第2
　期；赵越：《论家政工人权益的劳动法保护》，辽宁大学硕士学位论文，2015，第26页。
⑧ 谢增毅：《超越雇佣合同与劳动合同规则——家政工保护的立法理念与制度建构》，《清华
　法学》2012年第6期。

4. 残疾劳动者

目前，我国关于残疾人就业平等权的规定体现在《宪法》《劳动法》《工会法》《就业促进法》《残疾人权益保障法》《残疾人就业条例》和各地方残疾人权益保障实施办法中。针对当前的有关立法，如杨旭等人指出，对于残疾劳动者的劳动保护，我国目前的法律规定只是原则性口号，相应的法律责任模糊，实施效果不尽理想。[1] 马琳认为，我国只是以残障人士本身为出发点进行考虑，却没有考虑到社会对于残障人士态度的变化及社会大环境对残障法律界定的影响。[2]

5. 未决羁押者

劳动法学界对于未决羁押者以及有前科劳动者的劳动保护问题研究较少。周长军等人指出，未决羁押者被强迫劳动、超强度超时间劳动以及被克扣劳动报酬等现象较为普遍，有些地方还相当严重。进而指出，应当尽快完善我国未决羁押者的劳动权保护制度。[3] 对于有前科劳动者，石慧认为，对其进行平等就业权的立法保护，应当遵循"平等及不歧视""特殊保护""合理限制"这三方面要求，进而指出应当废除前科报告义务，建立前科消灭制度。[4]

（十八）非全日制用工

随着改革开放的深入，经济建设快速发展，产业结构不断升级，劳动用工关系趋于多元化，同时就业形势日益严峻，劳动用工形式愈加灵活多样，其中非全日制用工是灵活就业的一种重要形式。在我国，非全日制劳动用工呈现迅速发展的趋势，特别是在餐饮、社区服务、家政、超市、环卫等领域，非全日制用工形式越来越多。

1994 年《劳动法》没有规定非全日制用工形式。2005 年国务院提交全国人大常委会审议的《劳动合同法（草案）》也没有关于非全日制用工

---

① 杨旭：《反残疾人就业歧视的法律保障研究》，《西南政法大学学报》2015 年第 3 期。

② 马琳：《反残障就业歧视法律制度完善研究》，首都经济贸易大学硕士学位论文，2018，第 15 页。

③ 周长军、赵飞：《未决羁押者的劳动权保护：一个宪政维度的分析》，《法律科学》（西北政法大学学报）2013 年第 1 期。

④ 石慧：《我国有前科劳动者平等就业权的立法保护》，《山东大学学报》（哲学社会科学版）2018 年第 1 期。

的规定。在全国人大常委会初审后，根据审议及社会各方面的意见，从《劳动合同法（二审稿）》开始，法案设专节规定了非全日制用工。最终颁行的《劳动合同法》中，仅有五条对非全日制用工进行了一般原则性规定。在用工实践中，非全日制用工以其"低成本、责任少"的特点，成了大量用人单位利用法律漏洞、投机取巧的途径，侵害劳动者合法权益的现象时有发生，非全日制用工也引发了诸多的争议问题，主要体现在以下几个方面。

1. 非全日制用工超工时的性质

我国《劳动合同法》第 68 条规定，"非全日制用工，是指以小时计酬为主，劳动者在同一用人单位一般平均每日工作时间不超过四小时，每周工作时间累计不超过二十四小时的用工形式"。尚春霞认为，该条规定中的 4 小时与 24 小时的限度是一个严格界限还是可以有所变通，就成为确认非全日制用工的关键所在，对非全日制用工超工时给予正确的界定成为当务之急。[1] 由于《劳动合同法》只规定了非全日制用工的工作时间上限，而没有对可能出现的加班加点等其他情况给予规定，理论和实务界对非全日制用工超工时的性质界定存在分歧。

第一种观点，超工时即认定为全日制用工关系。2007 年 7 月，由全国人大常委会法制工作委员会行政法室编著的《中华人民共和国劳动合同法解读》中认为，在同一单位中，如果劳动者每日工作时间不超过 4 小时，但每周累计工作时间超过 24 小时的，将构成一般的劳动关系，而不是非全日制用工关系；如果劳动者每天平均工作时间超过了 4 小时，即使每周累计不超过 24 小时，也将构成一般的劳动关系，而不是非全日制用工关系。[2] 超工时即视为全日制用工，这似乎比较契合立法者的初衷。杨景宇等人也指出，从立法严格的程度来看，也是为防止非全日制用工对全日制用工造成冲击。[3] 持相同观点的学者如祝晓曦提出，在保持现行法认定标准不变的基础上，立法应明确规定劳动者实际工时超过该标准的即属于全日制劳动关系。[4]

---

[1] 尚春霞：《非全日制用工超工时问题探讨》，《法制与社会》2016 年第 29 期。

[2] 参见杨景宇、信春鹰主编《中华人民共和国劳动合同法解读》，中国法制出版社，2007，第 207 页。

[3] 参见杨景宇、信春鹰主编《中华人民共和国劳动合同法解读》，中国法制出版社，2007，第 208 页。

[4] 祝晓曦：《浅析非全日制用工制度的缺陷及完善》，《中国司法》2011 年第 12 期。

针对该条规定，也有学者表示担忧。郑尚元认为部分用人单位将利用法律漏洞滥用非全日制用工，《劳动合同法》第 68 条关于非全日制用工工作时间之最高限制，以及非全日制用工之风险弱化，如缔约简约、解约方便、解约未有补偿责任等多种"利好"因素，将诱惑相当多的用人单位比照企业派遣用工，刻意使用"非全日制"劳动者，将全日制工作转换成非全日制工作。① 尚春霞认为这种担忧不无道理，非全日制用工无论是在劳动合同的订立、解除还是保险费的缴纳上都比全日制用工规定得宽松，用人单位拥有很大的自由权利，承担的责任则相对较少。若允许非全日制超工时，是否会对劳动者权益造成更大损害是无法预测的。在法律未做出明确规定之前，严格执行工作时间上限规定或许是最好的选择方案。②

第二种观点，在一定条件下将超工时视作超时加班。持这一观点的学者如金维刚、黎建飞，他们指出非全日制就业人员每月超过双方约定工时总和的工作时间属于超时加班，应规定非全日制员工在同一工作单位每月加班时间一般不超过双方约定工时总和与法定全日制标准工时总和之间的差额。③ 林嘉也赞同此观点，并认为当非全日制劳动者工作时间超过法定时间时应确定为超时加班，同时应对加班时间有比例限制。④ 赵玥等人认为以上两种观点均有可行性，并提出对非全日制用工加班应当设定一个界限，《劳动法》对全日制用工加班时间进行了一定的限制，其根本目的在于保障劳动者的休息权，以便实现劳动力资源的可持续利用，对非全日制用工加班进行一定的限制也应考虑这一因素。⑤

第三种观点，主张借鉴国际经验，采用弹性化的认定标准，即规定只要劳动者的工作时间较可比的全时劳动者工作时间短，即可认定为非全日制用工。⑥

第四种观点，有学者提出了比较折中的看法，如田野认为，比较切实

---

① 郑尚元：《劳动合同法的制度与理念》，中国政法大学出版社，2008，第438~439页。
② 尚春霞：《非全日制用工超工时问题探讨》，《法制与社会》2016年第29期。
③ 金维刚：《我国非全日制就业问题研究》，《经济研究参考》2003年第4期；黎建飞：《劳动合同法及实施条例热点·难点·疑点问题全解》，中国法制出版社，2008，第240页。
④ 林嘉：《劳动合同法热点问题讲座》，中国法制出版社，2007，第264页。
⑤ 赵玥、张照东：《非全日制用工超时劳动问题研究》，《中国劳动》2017年第3期。
⑥ 浦纯钰、朱竟艳：《非全日制用工制度的缺陷及其完善》，《辽宁行政学院学报》2009年第12期。

可行的方案是以立法明确规定超过非全日制用工工时标准的情形为全日制用工——尽管有些僵化。一种增加弹性的调和手段是，可将非全日制用工超时与加班制度协调配合起来适用，劳动者工作时间超过了非全日制用工所定工时标准的，在一定范围内可认定为加班而应由用人单位支付加班费，超过允许的加班标准的才视为全日制用工。[①]

2. 社会保险问题

许多学者都提出了在我国非全日制用工制度中的社会保险问题，如张明认为，非全日制用工中的社会保险问题包括其承担主体不明确、用人单位负担社会保险费用的性质不明确、小时最低工资标准构成不明确、用人单位互相推诿现象严重。[②] 目前我国《劳动法》《劳动合同法》对全日制工作人员的社会保险作出了明确规定，但是对非全日制用工的社会保险问题暂时都没有明确规定，从 2003 年劳动和社会保障部《关于非全日制用工若干问题的意见》和一些地方性法规来看，用人单位应当按照国家有关规定为建立劳动关系的非全日制劳动者缴纳工伤保险费，而并无用人单位承担劳动者养老、医疗、生育和失业等保险的义务规定。辜云建议，在非全日制用工模式下，建立强制劳动者申报社会保险制度。我国要制定出一套行之有效的社会保险申报制度，提高劳动者的风险防范意识，强制申报社会保险。[③] 徐小祥也认为，目前我国法律尚未规定非全日制劳动者必须强制参加养老保险和基本医疗保险，用人单位出于降低用工成本的考虑不会为非全日制劳动者缴纳养老保险和基本医疗保险，非全日制劳动者是弱势群体，收入水平较低，素质较差，他们更需要参加社会保险来保护自己的合法权益，各地在制定非全日制用工最低小时工资标准时，应当纳入劳动者个人应缴纳的社会保险费，同时相应地提高小时最低工资额。[④]

此外，还有学者认为如带薪年休假、非全日制用工无固定期限劳动合同等也是非全日制用工中存在的问题。除了上述存在的问题外，许多学者都针对非全日制用工形式的完善提出了建议。虽然有学者认为，非全日制用工与

---

① 田野：《非全日制用工法律规制的几点思考》，《西北工业大学学报》（社会科学版）2013年第 2 期。
② 张明：《我国非全日制用工制度的缺陷及其完善》，中央民族大学硕士学位论文，2011，第 13~15 页。
③ 辜云：《浅谈我国非全日制用工制度》，《法制与社会》2013 年第 31 期。
④ 徐小祥：《我国非全日制用工制度完善研究》，《法制与社会》2015 年第 28 期。

全日制用工的加班费支付标准相同的话，可能会加重用人单位的负担，建议适当降低加班费标准，但赵玥等人认为，非全日制用工加班费的支付标准适用《劳动法》关于全日制用工的加班费支付标准，才能更好地保护非全日制劳动者的合法权益。① 田野认为应当明确非全日制用工在何种情形下被采用，即适用范围如何，对非全日制用工的适用完全不设防是不妥当的，极易导致其被滥用，故劳动立法上应当重新加以考量并作出完善之举。② 曹媛认为，应当建立全日制工与非全日制工转化机制。③ 赵肖楠等认为可以借鉴国际上的通行做法，制定关于非全日制用工的单性立法并减少对非全日制就业的制度障碍和身份歧视，避免"农民"与"外地人"因户口等身份受到限制。④

（十九）新型用工关系：网约工

随着我国平台经济、共享经济等的不断发展，在"互联网＋"不断蓬勃的今天，网约工应运而生。这种新型关系的出现，也伴随着对其群体以及个人的劳动权益保护问题。在有关法律法规或是司法实践中，我国现阶段更多着眼于对乘客或除网约车司机之外的第三人利益的保护。劳动法学界在这方面的研究较少，网约工仍属于一个新生事物。

穆随心等人认为，对此种新型用工关系是劳动关系还是劳务关系认识不清，导致立法和司法无法作出全面合理的制度安排。进而指出在劳动关系的定位上，应区分全职司机和兼职司机，即全职司机对网约车平台公司具有经济从属性和组织从属性，且网约车平台公司可以对其进行一定的指挥管理，因此对全职司机具有社会保护必要性，应当将全职司机与网约车平台公司之间的关系定位为劳动关系。对于兼职司机，网约车平台对其控制力较弱，也不以网约车运营收入作为其生活来源，因此劳动法无须将兼职司机纳入其保护范围。⑤ 对于网约工的权益保护，王全兴等人认为，应

① 赵玥、张照东：《非全日制用工超时劳动问题研究》，《中国劳动》2017 年第 3 期。
② 田野：《非全日制用工法律规制的几点思考》，《西北工业大学学报》（社会科学版）2013 年第 2 期。
③ 曹媛：《非全日制用工制度形式及实质公平之反思与突破》，《铜陵职业技术学院学报》2018 年第 2 期。
④ 赵肖楠、程方：《论非全日制用工中政府责任的构建》，《求索》2012 年第 8 期。
⑤ 穆随心、王昭：《共享经济背景下网约车司机劳动关系认定探析》，《河南财经政法大学学报》2018 年第 1 期。

当适度从宽认定劳动关系，即在典型劳动关系认定标准之外，探索非典型劳动关系的认定标准，将符合此标准的"网约工"认定为非典型劳动关系；强化平台企业的责任、创新工会组织形式和工作机制等。①

（二十）劳动争议及其处理

劳动争议贯穿于劳动法的始终，在劳动关系的任何一个环节都有可能产生争议，因此劳动争议立法就是学者们讨论的热点话题之一。

学者们从多角度对劳动争议进行了探讨。改革开放初期，林予指出我国应实行仲裁与司法审判双轨制的劳动争议处理体制，即由专门的劳动争议仲裁机构和人民法院依照不同的程序共同负责劳动争议的处理，某些特殊的劳动争议案件应由特殊程序解决。② 此后，对于劳动争议的处理依据，王全兴认为劳动争议处理应当以企业劳动规则为依据，同时必须具备主体、内容和制定程序合法的有效要件。③ 江伟等人指出，劳动争议仲裁虽然主要解决事实上的争议，但不可能不涉及法律问题，《劳动法》排除法官对劳动争议仲裁的参与是不恰当的。④

劳动争议中的举证责任也是学者们讨论的焦点之一。劳动法学界较为一致的观点是实行举证责任倒置。⑤ 有学者认为，劳动者平时只是在被动地接受管理的情况下进行工作，对企业的情况缺乏了解，人员素质较低，经济力量薄弱，缺乏必要的掌握和收集证据的条件和手段，往往举证困难或难以提供充分的证据，从而使自己处于十分不利的诉讼地位。还有学者指出，劳动争议的立法中应确立质证规则。⑥ 还有学者讨论了我国劳动争议处理的调解环节，早在 20 世纪 90 年代末，如刘贯学等人便指出，中国对劳动争议的解决以调解为主，有利于维护劳动关系的稳定，也鲜明地反映了中国社会主义劳动关系的实质和劳动争议处理制度的中国特色。⑦ 但

---

① 王全兴、王茜：《我国"网约工"的劳动关系认定及权益保护》，《法学》2018 年第 4 期。
② 林予：《建立健全我国劳动争议处理法律制度》，《法学评论》1987 年第 2 期。
③ 王全兴：《劳动争议处理的若干实体依据析》，《政治与法律》1994 年第 6 期。
④ 江伟、肖建国：《劳动争议仲裁制度的比较研究——兼论我国劳动争议仲裁立法之完善》，《法律科学》1995 年第 2 期。
⑤ 崔洪栋、潘红军、周庆涛：《审理乡镇建筑企业中劳动争议案件的若干问题》，《法学论坛》1997 年第 5 期；王昌硕：《劳动人事仲裁立法若干问题探讨》，《政法论坛》2000 年第 3 期。
⑥ 余成斌、杨云蛟：《完善劳动争议仲裁证据制度之思考》，《法学》1997 年第 8 期。
⑦ 刘贯学、黎建飞：《论健全我国劳动争议仲裁制度》，《法律科学》1992 年第 6 期。

随着劳动法实践的日益深入，如王全兴指出劳动争议案件只能实行有限调解原则。① 此外，企业调解成为一项较为新型的争端解决方式，认为其存在弊端的学者如关怀等人认为，企业调解的随意性很大、不能严格按照法定程序、强迫劳动者接受调解、未能坚持三方原则等等，使企业调解不能够发挥应有的作用。② 李凌云指出，应当摆脱企业化，实现调解方式的行政化、区域化，发挥政府在劳动关系协调中的调控作用。③ 此后，卢剑峰提出可以设立"联合调解"，即国家力量、资本力量和劳动者的力量三方力量的联合。④

劳动争议案件的"先裁后审"模式是我国解决劳动争议的一大特点，许多学者都认为仲裁前置程序应当进行改革，将劳动争议程序中的"一裁两审"改为"或裁或审"。⑤ 对于如何重构我国的劳动争议解决机制，目前有三种主要观点。⑥ 一是主张实行"两裁终局"，取消劳动争议处理的诉讼程序。二是主张在我国建立独立于现有法院系统的劳动司法机构即劳动法院，以该法院取代现有的劳动争议处理机构。⑦ 三是主张实行"或裁或审，仲裁优先，各自终局"模式，即发生劳动争议时，劳动者或用人单位可以向劳动争议仲裁机构申请仲裁，也可以直接向人民法院提起诉讼；一方申请仲裁另一方提起诉讼的，由劳动争议仲裁机构受理；劳动争议仲裁机构作出的裁决具有法律效力，一方不执行的，另外一方可以申请法院强制执行。⑧

但也有人持保守态度。孙晓东等认为，总体上我国目前的"一调一裁

① 王全兴：《劳动法》，法律出版社，2017，第492页。
② 关怀、曹艳春：《略论我国劳动争议的企业调解》，《法学杂志》2000年第4期。
③ 李凌云：《论我国劳动关系调整机制的重构》，http://www.doc88.com/p-7018333833062.html，访问时间：2018年11月9日。
④ 卢剑峰：《劳动争议调解机制的构建：北仑经验与启示》，《政治与法律》2012年第3期。
⑤ 王昌硕：《劳动人事仲裁立法若干问题探讨》，《政法论坛》2000年第3期；徐智华：《劳动争议仲裁制度的缺陷与完善》，《法学评论》2003年第6期；张照东：《我国劳动争议解决机制批判与重构》，《河北法学》2006年第11期；王蓓：《以"或审或裁"模式重构个别劳动争议处理机制》，《法学》2013年第4期。
⑥ 张照东：《我国劳动争议解决机制批判与重构》，《河北法学》2006年第11期。
⑦ 韩波：《法院体制改革研究》，人民法院出版社，2003，第19~41页；王斐民、李慈强：《劳动争议"裁审机制"的问题检讨与协调之道——兼评〈关于审理劳动争议案件适用法律若干问题的解释（四）〉》，《政治与法律》2013年第4期。
⑧ 刘诚：《劳动争议处理法核心问题研究》，《甘肃政法学院学报》2008年第5期。

两审"劳动争议解决机制能够较好地发挥作用，改革和完善宜在现有的制度框架中进行，应当加强调解组织在劳动争议解决中的作用，促进调解机制、仲裁机制和诉讼机制的协调。① 此外，孙作川认为应将劳动争议从我国劳动法中分离出去，认为仲裁机构的裁决过程很大程度上难以做到依法公正仲裁，且世界上许多国家有专门的劳动仲裁法、劳动仲裁庭和劳动法院，需要建立一个独立于政府的专业化的自成体系的仲裁机构。②

（二十一）比较劳动法

我国学者完成了较丰富的比较劳动法研究，许多学者不仅从域外劳动法的内容及其相应的司法实践方面进行了分析，并且为我国劳动法的完善提出了相关的借鉴启示以促进我国劳动法与国际接轨。

1. 域外劳动立法

在域外劳动立法比较研究上，按照发表文献看，在 20 世纪 80 年代末 90 年代初学界主要集中于对苏联、法国以及巴西等国的比较劳动法研究，进入 21 世纪后，研究的视域不断扩大，延伸到德国、波兰以及对我国不同区域的比较劳动法研究。

田端博邦等人对法国的团结权进行了研究，指出法国的团结权同时具有个人和集体、自由和权利这样双重的性质，并正在向尊重劳动者个人团结的自由和加强工会在企业内部活动权利的方向发展；法国劳动法上还有争议权、劳动协约和团体交涉等方面的内容，值得借鉴。③ 同样对法国进行劳动立法比较研究的，还有郑爱青等人，他们对法国的劳动立法进行了比较研究，指出诸如法国关于定期劳动合同试用期视合同期限不同而有所不同的做法；劳动合同解除规范的完备是有效适用无固定期限劳动合同的必需条件；对职工违纪行为的过错进行司法分类和监督等的做法，认为这些对我国现行的劳动司法不无启发意义。④

史文兰将 1986 年《苏联个体劳动法》与 1987 年我国《城乡个体工商

① 孙晓东：《劳动争议解决机制评估：基于指标体系的实证分析》，《广东社会科学》2015 年第 2 期。
② 孙作川：《劳动法修改应引起重视的几个原则》，《法律适用》2006 年第 7 期。
③ 田端博邦、青锋：《现代法国劳动法》，《国外法学》1981 年第 4 期。
④ 郑爱青：《法国劳动合同立法的启示》，《法学杂志》2002 年第 5 期。

户管理暂行条例》从个体劳动的地位和作用、从业者、从业范围、是否允许雇工以及是否允许非劳动收入方面进行了比较研究。① 还有学者从列宁思想的理论来源、发展历程、主要内容、主要特征以及对我国构建和谐劳动关系的启示等方面对列宁劳动法思想进行了深入的研究。②

黎建飞比较了我国与巴西的劳动法，认为巴西劳动立法的历史比我国更长，我国的劳动法体现人民是主人、社会主义优越性，与巴西不同。中、巴两国的劳动部门与工厂、工会、工人的关系也不同。此外，巴西在工作时间和工资的规定上显得比较灵活，而我国制定中的劳动法关于劳动者使用工资自由的规定就有些欠妥；巴西领取养老金的年龄比我国现行退休年龄高。我国有必要对此加以调整，作出灵活的规定。③

胡川宁比较研究了德国劳动立法，指出德国通说是将劳动法作为特别私法对待。德国的劳动法规范体系是以《德国民法典》雇佣合同一节为普通法，以终止权行使保护法、劳动时间法、联邦休假法、工资续付法、劳动保护法以及非全日制与定期法等为特别法的体系。④

在"一国两制"的背景以及港澳台与内地（大陆）交往不断深入的背景下，叶再兴对澳门的劳动立法进行了比较研究，指出内地《劳动合同法》和澳门《劳动关系法》均对劳动合同进行了规制，两部法律的生效时间前后仅差一年，调整的对象和理念完全一致。并从试用期制度和保守企业秘密、竞业禁止制度、培训费返还，以及合理缺勤下的薪酬续付制度等等方面，审查了"一国两制"下两部劳动合同法制度之异同。⑤

陈成将我国劳动法与波兰劳动立法进行了比较研究，指出波兰是世界上为数不多的有劳动法典立法传统的国家，阐述了波兰劳动法学界关于波兰劳动法法典化倾向、劳动法的基本规则、个人劳动关系与集体劳动关系等重要命题的争论与成果，主要指出了区分个人劳动法和集体劳动法并将其归并于统一的劳动法典之中，不但保证了劳动关系法律秩序以及其规则的完整性，也有利于统一的法律解释和合理的法律适用。比较了波兰在个

---

① 史文兰：《中苏个体劳动理论、政策和法律的比较》，《比较法研究》1988年第2期。
② 林沈丹：《列宁劳动法思想及其当代价值研究》，华中师范大学硕士学位论文，2017，第1~54页。
③ 黎建飞：《巴西劳动法概况与我国相关问题的比较》，《法学杂志》1993年第1期。
④ 胡川宁：《德国家政服务法律制度研究》，《现代法学》2011年第2期。
⑤ 叶再兴：《内地〈劳动合同法〉和澳门〈劳动关系法〉若干制度对比研究》，《澳门法学》2012年第1期。

人劳动合同的订立与解除、小企业保护制度、个人劳动争议机制、劳动者就业保障等方面的法律规范与运行制度，认为其有利于细化、完善我国劳动法立法制度。①

2. 域外的劳动关系

在域外劳动关系认定的比较法研究上，我国学者大多集中于对德国法上的劳动关系认定与我国进行比较分析。

沈建峰指出，德国司法机关认定从属性的实践涵盖了从单一标准到类型化的思路变迁，从劳动者服从用人单位的指挥判断、加入用人单位的劳动组织、当事人的约定等等方面进行从属性的个别因素分析及确定，进而发现中国司法机关和德国司法机关认定劳动关系的实践在许多问题上存在共识，但德国法也给予我们应采纳类型化、综合考虑多种因素的方式的启示。②

还有如王倩等学者研究发现，德国学界和司法界的主流观点认为劳动合同作为特殊的雇佣合同，区分一般的雇佣合同和劳动合同的关键在于劳务提供方是否对劳务受领者有"人格从属性"。相比之下，我国在劳动关系的认定上对双方主体资质要求过高，而且存在着重形式、轻实质等问题，又由于缺乏缓冲地带，不能认定劳动关系就不存在劳动法的适用，所以劳动关系认定引起的矛盾纠纷尤为尖锐。在劳动关系认定的核心标准上，虽然两国都认可人格从属性的标准，但是相比之下，我国的司法实践更加粗放而僵化，普遍存在着重形式、轻实质的现象，具体标准较为单一。③

3. 域外法上的解雇及其保护制度

胡立峰研究了美国的解雇制度，自 20 世纪 30 年代起，美国开始通过制定法和司法判例引入对不当解雇的规制。但这种规制是不彻底的，既缺乏系统和完备的立法，司法过程中的态度也不统一。其还介绍了美国劳动法关于不当解雇行为规制的规则构造，诸如联邦和州的反歧视法律、联邦和州保护检举人的条例以及包括诚实信用、公平交易和允诺禁反言原则等

---

① 陈成：《论波兰劳动法的历史沿革与发展》，《河北法学》2017 年第 3 期。
② 沈建峰：《论劳动关系的实践界定——以中德司法机关的判决为考察重点》，《法律适用》2012 年第 12 期。
③ 王倩：《德国法中劳动关系的认定》，《暨南学报》（哲学社会科学版）2017 年第 6 期。

在内的各州的普通法原则。①

黎建飞将我国大陆地区与台湾地区进行了比较分析，从二者劳动法对解雇条件的限定与立法形式、解雇条件的共性与差异、解雇事由法定类别的比较、解雇权行使的禁止与限制、解雇预告期、解雇保护补偿金的变化以及非法解雇法律责任等方面进行对比，指出我国台湾地区对因劳动者过错而解雇设立除斥期是很有必要的。我国大陆没有相应的规定，经常出现对劳动者过错行为处罚的随意性，有的过错行为已经过了相当长时间用人单位却以此为由解雇劳动者，有的行为甚至可以重复性地给予处罚。②

张平研究了法国劳动法对解雇权的规制，指出其经历了从私法思维到社会法思维的转变。同时，法国劳动法还设置了独立的劳动司法机构，为规制解雇权提供了司法保障。该学者还指出，规制解雇权，需要在解雇权和就业权之间寻找平衡，这给予了完善我国劳动法的启示，法国劳动立法以及最高司法法院极大地规制了解雇理由并且较为完整地保护了雇员的程序性权利。③

卫学莉等人介绍了德国解雇保护制度，指出我国劳动合同法中与劳动者利益有关的解雇保护制度还不够完善。德国法拥有一套完善的解雇保护制度体系，解雇的类型分为正常解雇和非正常解雇，正常解雇保护又包括事前保护与事后保护。我国借鉴的方面在于立法者应当制定关于解雇保护制度的单行法律，并且不断完善解雇保护的具体程序，同时更加积极地发挥工会在解雇保护制度中的作用。④

4. 域外法上的劳动者权利

随着国人权利意识的提高，对自身权利的关注也日渐高涨。其中一个表现就是在工作中，劳动者越来越注重自己的隐私权，我国国内学者对此也有关注和研究。

在比较劳动法上，柯振兴比较了美国对劳动者隐私权的保护，其分为对劳动者雇佣前的隐私权保护以及在雇佣阶段的隐私权保护。在雇佣新员

---

① 胡立峰：《美国劳动法对雇主不当解雇行为的规制：源流、发展与反思》，《环球法律评论》2009 年第 1 期。

② 黎建飞：《海峡两岸解雇制度比较研究》，《海峡法学》2010 年第 4 期。

③ 张平：《法国劳动法中解雇权的变迁及其启示》，《清华法学》2012 年第 2 期。

④ 卫学莉、杨帆、刘辉：《德国劳动法解雇保护制度及对我国的启示》，《河北法学》2016 年第 10 期。

工阶段，对面试的范围进行限制，通过反歧视法保护隐私，但是美国也规定有些行业雇主必须了解员工的刑事记录和信用记录等等。①

谭金可等人分析了域外劳动者心理安全健康法律保护，从这个角度进行研究是较为新颖的，其指出欧盟国家、美国、加拿大、日本与韩国，皆已有将劳动者因工作引起的心理疾病纳入职业伤病补偿范围的先例，这种保护体现了鲜明的社会保护和雇主责任替代原则。把因工作压力引起的心理疾病纳入工伤保险的范围，首要作用是保护了劳动者取得工伤补偿待遇的合法权益，弥补了民事侵权法对心理伤害补偿的不足。②

5. 域外反歧视与就业促进

就业反歧视问题一直是国际劳动法关注的热点问题之一。在比较劳动法研究上，刘勇比较分析了欧洲的劳动反歧视问题，指出青年就业问题历来是欧洲最为重视解决的问题之一，欧洲国家将青年视为弱势劳动者群体，采取了包括青年教育和培训、平等就业、激励创业以及加强青年的社会保障等在内的一系列措施以促进青年就业。具体到欧洲国家，德国青年职业教育和培训最重要的制度即在于其公私结合的双轨制，这种双轨制是高度组织化、标准化和规范化的职业教育和培训制度，长期以来实施效果明显；也指出了意大利的青年就业水平属于欧洲经济体当中较差的代表，此外，还对英国青年的职业教育和培训进行了比较分析。③

郭延军对美国的反性别歧视规定进行了比较分析，指出美国司法实践中形成的"差别影响歧视"理论及其在控制就业领域间接性别歧视方面的实践经验值得我国借鉴。控制间接歧视是反就业歧视法的应有内容，在美国，对女性产生不利影响的雇佣实践主要是身高体重要求和体能测试，美国联邦法院根据业务必要性标准对这些雇佣实践进行了严格审查。④ 李海明等人根据英国的案例比较研究了年龄歧视。2012 年英国"霍默案"对于高龄劳动者间接年龄歧视的胜诉判决形成了较为准确的判定规则，其不仅仅表现为对劳动者年龄平等的校正，也成为高龄劳动者权利保护的论证基

---

① 柯振兴：《劳动者的隐私权初探——美国为例》，《黑龙江省政法管理干部学院学报》2014 年第 5 期。

② 谭金可、王全兴：《劳动者职场心理安全健康法律保护的域外新动态及其启示》，《当代法学》2013 年第 6 期。

③ 刘勇：《欧洲青年就业促进法律与政策研究》，《政治与法律》2012 年第 6 期。

④ 郭延军：《美国就业领域间接性别歧视的法律控制》，《政治与法律》2013 年第 4 期。

石，更是软化、牵制强制退休政策的突破口，我国可引入更为合理的约定强制退休制度。①

6. 域外劳动争议

有学者将我国的劳动争议立法与西班牙的劳动争议立法进行了比较研究，除了两国劳动立法内容和风格迥异外，具体分析了两国审判劳动争议机构的组成人员、劳动争议的基本特点、分类及其制度等方面的差异。② 黄旭东比较研究了美国的劳动争议仲裁，指出其作为替代性纠纷解决方式之一，通过仲裁来倡导"合作性地解决问题"，提倡"原则性交涉"，尤其着重分析了美国的诉怨仲裁优先原则，进而对比指出我国《劳动争议调解仲裁法》实施以来，学界对于劳动仲裁仍有较多批驳，仍有许多可完善之处。③ 同样是与美国的劳动争议仲裁制度进行比较研究，朱海龙等人指出了美国劳动关系管理三方协调法律机制，指出其三方主体在地位上具有独立性，角色功能上相互制衡，权利平等，分别代表不同的利益主体，各方都拥有发言权和表决权，而不受他方的约束。政府、雇主组织和劳工组织都担任着不同角色，也就形成了相互制衡。我国要借鉴美国的合法、公正、及时原则，做到协调过程中真正公平，不祖护任何一方，而且协商要在一定时限内完成，不能久议不决，以免造成结果不公正。④

7. 其他方面的比较研究

除了上述比较劳动法研究的方面，还有学者从较少研究或者题材新颖的角度进行了比较研究，诸如英国法上的忠实义务与竞业禁止问题⑤、俄罗斯劳动立法中所规定的劳动赔偿制度⑥、美国法上的工会集体谈判权限制的问题，⑦ 以及《意大利民法典》劳动编较之法国和德国民法典的创新

① 李海明、张韵：《英国间接年龄歧视案及其启示》，《西部法学评论》2015 年第 2 期。

② 于占华：《关于我国的劳动争议处理与西班牙的劳资诉讼》，《政法论坛》1997 年第 3 期。

③ 黄旭东：《美国劳动争议仲裁体制及其启示》，《人大法律评论》2013 年第 1 期。

④ 朱海龙：《论美国劳动关系三方协调法律机制及其对中国的启示》，《政治与法律》2014 年第 2 期。

⑤ 黎建飞、丁广宇：《竞业禁止义务规范研究——以英国法为比较视角》，《法学杂志》2006 年第 4 期。

⑥ 张在范：《俄罗斯劳动赔偿制度的构建及其对中国的借鉴》，《法学杂志》2011 年第 6 期。

⑦ 杨鹏飞：《美国限制公共部门工会集体谈判权立法的争议及启示——以威斯康辛州集体谈判权立法为视角》，《政治与法律》2012 年第 9 期。

和有益启示，① 等等。

二 对既有研究的评价

我国学界对劳动法的研究分析类别多，涉及了劳动法的方方面面。这些研究，对我国劳动立法 40 年来的发展，做出了巨大贡献，有力地推动了我国劳动立法的进步和完善，与其他先进国家的先进制度相接轨，从而巩固了劳动法在我国法律体系中的地位，为完善我国劳动关系以及促进劳动关系的和谐发展，起到了推动作用。

（一）既往研究成就

（1）40 年来我国劳动法学出版和发表了一批有深度的教材、专著、译著、论文。大致可分为以下几类。第一，劳动法教科书。例如，王全兴教授的《劳动法》，常凯等人合著的《劳动法》，等等。第二，劳动法与社会保障法教科书，郑尚元、林嘉、郭捷、徐智华等教授著有多版劳动与社会保障法。第三，有关劳动与社会保障法学的法学理论基础著作，如董保华等人著的《社会法原论》《劳动关系调整的社会化与国际化》，常凯著的《劳动权——当代中国劳动关系的法律调整研究》，等等。第四，劳动法专题研究，例如，程延园著的《集体谈判制度研究》，蒋月等著的《中国农民工劳动权利保护研究》，胡玉浪著的《劳动报酬权研究》，等等。第五，译著及比较法研究，例如，王倩的《德国劳动法》，朱军等的《德国联邦劳动法院典型判例研究》等，付欣、马庆林和黄文军译的《欧洲劳动法》，刘艺工和刘吉明的《意大利劳动法与劳资关系》。此外还有学者对俄罗斯联邦劳动法典、荷兰劳动法、美国劳动法、日本劳动法等等的译著，成果颇丰。第六，核心学术期刊收录的劳动法研究文章以及各大高校的本、硕、博论文等等文献，数量庞大，内容丰富。本文中所进行的综述只是劳动法 40 年来理论研究的一角，还有诸多学者的心血之作，都为推动劳动法理论体系的构建和整合做出了不懈努力。

（2）劳动法理论研究拓展了劳动法研究视野，并对建立健全与社会主

---

① 粟瑜、王全兴：《〈意大利民法典〉劳动编及其启示》，《法学》2015 年第 10 期。

义市场经济相适应的劳动关系、劳动合同订立、职业安全卫生制度、社会保障体系协调机制，促进经济社会全面发展起了重要的理论导向作用。

（3）我国劳动法体系已初具规模。《劳动合同法》《中华人民共和国安全生产法》《中华人民共和国职业病防治法》《就业促进法》《中华人民共和国社会保险法》《劳动争议调解仲裁法》及一系列行政法规和部门规章初步形成，工资、工时和休息休假等劳动标准制度以及《中华人民共和国劳动保障监察条例》等一系列配套法规、规章和国家标准等等出台，我国劳动法已有了自己的体系，并且在朝着不断完备的方向前进。

（4）为劳动者维权提供了相应的理论依据和方案对策，劳动者的维权意识明显提高。劳动者的集体意识和行动意识不断提高，用人单位也逐渐完善了相应的劳动设施，并且更加重视对劳动者的工作的安全保护，在实践中用人单位履行劳动基准方面的现状也有了较大改善，劳资关系趋于缓和。

（5）劳动法学作为一个专业学科门类获得了普遍认同。在学科建设上，推动了劳动法学的进步和成长。2003年，经教育部批准，[①] 中国工运学院更名为中国劳动关系学院法学院，开始招收法学专业（劳动法方向）普通本科生；2008年，劳动关系学院法学院的法学专业（劳动法与社会保障法方向）先后被确立为国家级和北京市级特色专业建设点。北京大学法学院、中国人民大学法学院、厦门大学法学院[②]、华东政法大学等高等院校在民商法、经济法等专业博士点中，设立了"劳动法与社会保障法"专业方向，招收和培养劳动法学、社会保障法学专业方向的博士研究生。1983年7月成立了中国劳动法学研究会；2008年3月，劳动与社会保障法

---

① 中国劳动关系学院的前身是1946年4月从华北联合大学分离建校的晋察冀边区行政干部学校。1949年初，学校迁至天津，更名为华北职工干部学校。1949年9月，根据刘少奇同志的指示，华北职工干部学校更名为中华全国总工会干部学校，全国总工会副主席李立三同志兼任第一任校长。经党中央批准并由刘少奇同志亲自审定学校校址，1954年8月，学校从天津迁至北京。1984年9月，中华全国总工会干部学校正式改建为中国工运学院，开始面向全国工会系统和社会开展成人学历教育。2003年，该学院改制升格为普通本科院校。参见中国劳动关系学院网站，http：//www. culr. eduvcn/xxgk/xxjj/index. htm，访问时间：2018年11月13日。

② 厦门大学法学院于2003年获准设立民商法学专业博士点；于2004年在该专业之下增设"劳动法与社会保障法"专业方向，博士生导师蒋月教授招录了该方向的首届博士生2名。三年后，该2名学生顺利毕业获得法学博士学位。

被列为教育部核定的 16 门法学核心课程之一；2012 年 7 月成立了中国社会法学研究会；2016 年 7 月，中国社会法学研究会劳动法学分会获批成立。① 这些组织或机构的成立和设立说明了劳动法学研究在教学、科研和学术组织上的深入和推动，其成果有目共睹。

（二）既往研究的不足与问题

（1）劳动法基本理论研究有待加强。在过往 40 年的劳动法研究中，学者们对劳动法基本理论进行了大量的探讨，但有些方面的研究仍然较薄弱甚至是稀缺的。对劳动关系、劳动合同、劳务派遣、集体合同、劳动争议处理等问题和制度，仍应大力开展基础理论研究。围绕劳动合同法的争议，在一定程度上是源于劳动合同法基本理论问题研究不充分、不透彻，不仅法学界各专业领域的人士，而且经济学界、政府部门或机构以及有关各方的认识明显不同，立场取舍存在显著差异。

（2）有关概念和制度研究有待细化。诸如劳动法基本原则、劳动合同立法、劳务派遣以及劳动争议等热门讨论话题，还可以继续深入或是进行两种概念的交叉研究等等。

（3）跨学科研究和交叉研究不足。劳动法不是一个封闭和孤立的法律部门，不可能自给自足地发展，也不可能脱离社会科学乃至自然科学，其与其他的部门法都存在交叉的可能性，将劳动法放入一个更加纵横的视野中，放入其他社会科学、自然科学的背景下的结合研究，是很有必要的。

（4）研究方法有待丰富。劳动法是人权保障之法，与现实社会有着强烈的关联性和应用性，应利用社会调研式、案例式等研究方法，在大数据时代对当下的企业及劳动者，通过司法个案的研究，进行数据模型分析、比较分析、类型化的整理，得出结论。当然，已有部分学者通过成立课题组等方式对区域性的企业进行了走访调研以更好地从理论深入实践，从实践回归理论。

（5）比较劳动法研究有待深化。我国关于比较劳动法的研究成果还是较为丰富的，劳动法的概念庞多，为理论界比较劳动法研究角度的展开提

---

① 参见中国法学会《关于中国社会法学研究会设立"劳动法学分会"的批复》（会党字〔2016〕23 号）。

供了论题，以德国、法国、意大利等国的劳动立法为借鉴，以期更好地完善我国的劳动立法。

（6）强化定位劳动法的社会法属性，逐步提出现实生活热点话题，从学理、我国立法以及比较法领域综合分析论证，以期提出更具有可适性的对策和方案。

三　新时代我国劳动法学研究的展望

（一）　全面深入研究新时代劳动法的基本理论和基本法律关系

习近平新时代中国特色社会主义思想指出，我国社会主要矛盾是人民日益增长的美好生活需要和不平衡不充分的发展的矛盾。由此，在劳动领域，基本理论框架和解释应当遵循我国新时代社会主义的指引，进一步发展。当然，劳动法学界的新发展需要立足于既有的大量研究，一些固有的、本质的理论应作为基石，继续从中归纳提炼，夯实劳动法的基本理论和基本法律关系，进而取得更大的创新。

对劳动法学40年来发展中呈现的热点、难点、焦点以及争议问题，百家争鸣，应给予肯定，但是，这也从一个侧面说明了法学理论研究的不足。各种相关学说与劳动法的匹配性以及圆恰性，还存在进一步修正的空间。例如劳动关系的判断标准，理论界没有达成比较统一的意见，尤其是对劳动关系、劳务关系和雇佣关系等概念仍然存在分歧；在劳务派遣环节，对劳务派遣单位、劳动者以及用工单位之间的关系的认定模糊；在对涉及我国集体行动关系的罢工权的研究中，有些学者持回避态度或是反对态度，需要正视该问题，并对其进行全面研究；以及在离退休人员劳动者身份的认定、退休返聘者的保护上存在分歧；等等。在劳动法创新点上，例如我国平台经济发展中网约工新型劳动关系的认定和调整；常凯等人所指出的以团结权、集体谈判权和集体争议权"劳动三权"为核心内容的集体劳动法；[1] 如对劳动赔偿制度的构建，协调好劳动者和用人单位之间的关系；在劳动争议处理等环节上提高地方政府参与的积极性是否可行；等

---

① 常凯主编《劳动法》，高等教育出版社，2011，第48页。

等，都可以作为劳动法学研究新的话题和切入点参考。

（二）推动立法，补齐短板

1. 在坚持民主立法、科学立法的基础上完善劳动法律体系

《劳动法》作为劳动法体系中的基本法，从1994年至今，已经走过了20多年的风雨历程，其制定年限已久，结构不清晰在所难免。目前我国有关劳动的法律主要有《劳动法》《劳动合同法》《工会法》《劳动争议调解仲裁法》《就业促进法》《中华人民共和国矿山安全法》《中华人民共和国职业病防治法》等，这些法律的具体内容对劳动关系的调整和保护存在交叉，也有诸多缺漏，需要对相关内容进行整合构建，建立较为明晰的劳动法律体系。

对于相关劳动基准立法，自《劳动法》颁布以来取得了非常显著的成效，形成了相对较完整的劳动法律体系，但是在全面综合立法方面还较为欠缺。同时，对劳动违约责任制度的条文规定过于简单笼统，例如没有对违约金数额的约定设置适用条件。对于劳动监察立法，劳动保障监察已经成为劳动者维权和推进劳动保障事业的主要手段之一，然而由于缺乏必要的行政强制手段，对监察处理决定的执行缺乏有效的保障措施，对法律责任的规定总体过轻，规定的罚款的幅度过大等问题，修改完善须提上议程，更好地确保与《劳动合同法》《就业促进法》《社会保险法》等劳动保障法律法规的实施效果相衔接，并加强对劳动执法的监督检查。此外，我国作为国际劳工组织的成员国，与现行国际劳工标准还存在差距，应在劳动立法上适时适当地将劳工公约引入国内法，提高我国的劳动立法水平。

2. 完善工会法规，集体协商、罢工权等制度

新的社会发展阶段中，我国劳动关系发生了深刻变化，劳资纠纷多样化，冲突也日益明显，正确认识和处理好新形势下的劳动关系是构建和谐劳动关系的关键，必须充分发挥工会在劳动合同、集体合同中的作用，更好地维护劳动者权益。确保工会的独立地位，促进工会的民主化、职业化、社会化以及行业化，① 树立工会组织为工人服务维权的意识，设定必要的监督机构，完善工会的话语权并提升其作用，在法律法规中规定工会

---

① 董保华：《十大热点事件透视劳动合同法》，法律出版社，2007，第81~86页。

支持劳动者起诉的权利以及工会代表职工利益的诉讼权利，设定工会的义务以及履行义务的激励措施和法律责任，进而保障工人的结社、选举和罢工等权利。进一步完善集体协商制度，尤其要关注与劳动者利益切实相关的劳动报酬、休息休假、劳动安全卫生以及对女职工和未成年工的特殊保护。针对罢工权问题，现有的劳动立法对于劳动者合理的罢工行为虽在一定范围和程度上给予了保护，但是与国际公约以及域外立法相比仍然不够，应正视、尊重并对罢工权给予保护，使劳动者的权益得到全方位的落实。

3. 完善我国反就业歧视立法，建立完善的就业促进的政策支持体系

消除用人单位和社会对女性职工、农民工、高校毕业生等弱势群体的就业歧视，可以通过采取措施制定反就业歧视的单行法，全面系统地定义就业歧视，明确用人单位歧视弱势劳动者的法律责任，规定对受害者的救济措施等。建立专门的反就业歧视机构来执行和保障劳动者的合法权益。当发生就业歧视案件时，该机构可协助劳动者收集证据，并可作为劳动者代表与用人单位谈判；或者可以代表劳动者向劳动监督部门提出申诉或者向法院提起诉讼。建立有利于促进就业的产业、财政、金融等多方面的就业促进机制，维护公平就业。

4. 强化用人单位的社会责任意识以及法律责任

用人单位以及有关组织对劳动者进行必要的择业指导、就业培训，并对劳动者进行必要的劳动维权培训，提高劳动者的就业意识、服务意识以及争上游意识，并强化其维权意识，使其敢于维权，敢于向劳动行政部门、工会组织等团体进行求助以维护自己的合法权益，并且以强制性规范的形式明确用人单位未履行该义务的法律责任，同时，完善劳动者的社会保险等保障制度，使劳动者在更加公平和安全、安心的环境下工作。

（三）推动劳动司法更加公平公正

1. 建立健全劳动行政部门以及劳动争议仲裁、劳动诉讼等联动机制

在国际上许多国家建立了专属的劳动法院，其内在原则依据"三方原则"构建。我国已批准了第 144 号《三方协商促进履行国际劳工标准公约》，2002 年原劳动和社会保障部、中华全国总工会、中国企业联合会等发布了《关于建立健全劳动关系三方协调机制的指导意见》，明确了劳动关系三方协调机制的职责。但是从三方协调机制的实际运作来看，如何进一步完善落实是一大难题和关键。同样的，我国是社会主义国家，有特殊的国情，因此可以在三方原则的基础上与劳动行政部门、地方工会组织以及司法机构等部门建立联动机制，多方协同保护劳动者合法权益，使劳动争议最大限度地得到公正的解决。

2. 在仲裁、诉讼环节上完善立法，完善举证责任分配

现行的立法对于劳动仲裁、劳动诉讼的证据制度规定得过于简单，给劳动案件的处理增加了难度，与仲裁所追求的效率和质量相悖。应明确劳动争议案件中用人单位所掌管证据、工伤和职业病认定的举证责任以及拖欠工资的举证责任，并进一步明确质证规则，从而使劳动争议案件尽可能得到完满的解决。

（四）积极回应科技革命带给人类社会的变化而使劳动法与其调整保护劳动关系的职责匹配

近年来，以"人工智能"、"互联网＋"以及"云服务"等为代表的新科技蓬勃发展；美团、饿了么、滴滴等 App 平台经济方兴未艾，以前所未有的速度和方式改变着我们的生活。科技革命不仅带来各国和地区的经济新一轮爆发式增长和发展，还催生了用工模式变革，对解释劳动关系的理论学说提出了挑战，劳动法面临"适应战"。2018 世界人工智能大会上，[①] 无人物流、无人零售等机器人作业替代了一些服务领域的人工岗位，例如客服、分拣、车间员工开始被机器人劳动者悄然替代，[②] "无人机""无人车""无人超市"等新科技逐渐试点并普及；2018 年于天津开设的中国首家集点餐、烹饪、传菜、结账于一体的全智能的未来餐厅，[③] 一名工作人员可管理四台机器，大大节约了人力资源、提高效率，并与传统的

---

① 2018 世界人工智能大会，由国家发展改革委、科技部、工业和信息化部、国家网信办、中国科学院、中国工程院和上海市人民政府共同主办。2018 世界人工智能大会于 2018 年 9 月 17 日至 19 日在上海举办。《人工智能"换人"就业更焦虑？——人机不会对立》，新华网，http://www.xinhuanet.com/tech/2018 - 09/25/c_1123477201.htm，访问时间：2018 年 11 月 15 日。

② 《再谈，人工智能与就业》，搜狐网，http://www.sohu.com/a/242729919_100113794，访问时间：2018 年 11 月 15 日。

③ 《中国首家"未来餐厅"在天津开业 全自助点餐机器人炒菜上菜》，新浪网，https://news.sina.com.cn/o/2018 - 11 - 10/doc - ihmutuea8973233.shtml，访问时间：2018 年 11 月 15 日。

人工服务相比为消费者带来更多乐趣。在这样的发展趋势下，市场对劳动力的硬性需求将会明显减少，同时在新科技的冲击下产生了新型劳动关系，难以通过传统的从属性标准来认定劳动关系，而劳动关系与就业促进、工会制度、社会保险制度紧密联系，这将对劳动者的各方面保护带来风险和挑战。

在永不止步的科技发展面前，各种要素市场必然进行自我调整以适应社会变迁，劳动法理论研究、立法与司法都应当进行积极回应。利用新科技革命成果，通过法学研究、仲裁、司法等，使劳动者的劳动更有效率、更轻松愉快，从而有利于人的全面发展，让劳动成果分配更接近公平。

（1）在劳动法理论研究上，应当充分利用大数据带来的巨量资讯、研究便利。利用人工智能进行劳动法文献的整理收集、数据检索和分析，开展劳动法学界线上的学术交流等活动，对国外的劳动法规及文献进行智能翻译搜索等，同时进行更多的实地走访调研和考察，与大数据时代接轨，更新研究思路、研究路径、研究材料和数据，扩展研究视野，挖掘研究深度，丰富研究内容，开展多方讨论，提高研究成果服务行业和社会的能力和效果。加强对新型用工模式法律关系的认定和研究，准确界定新型劳动关系的本质、内涵和与传统劳动关系间的承继，有关劳动者隐私权、团结权等权利的落实与保护应作为重点，客观分析共享经济对我国劳动就业的影响，并适时提出调整劳动保障政策的建议。

（2）在劳动立法上，宜扩大调整对象和范围的覆盖面。针对新经济业态，适度放宽对劳动用工的标准性和完整性要求，明确我国平台经济等劳动关系内涵和构成要件以及适用范围和企业责任，将共享经济劳动关系等基准立法列入规划，切实强化企业守法经营和社会责任意识。将家政工等非典型劳动状态中的劳动者纳入调整对象，提供劳动保护。

（3）在劳动司法上，发挥仲裁、司法指引功能，利用新科技带来的便利条件。使用全机器人作业进行案件咨询和受理、案卷检索和分类、证据的归纳汇总以及数据分析，以提高劳动争议的解决质量和效率。

（4）加强工会、政府、用人单位等的作用。工会组织以及地方政府等多方力量都应加强对劳动者的促进和保护。发挥工会组织的指导、协调、促进等作用；发挥政府作用，加强劳动用工监管，通过调整科研方向、倡导科技创新来推动新兴产业的建立，以创造更多新的就业机会。用人单位应当提高社会责任意识，承担社会责任，加强就业培训并完善生产设施，在提高经济效益与保护劳动者之间寻求平衡。

（5）提高从业人员自我提升、自我保护意识。新科技革命与每一位劳动者的生存和利益都有紧密联系，劳动者面对就业挑战，应当积极提高自身素质，向高精尖人才队伍迈进，并在劳动过程中保护自身合法权益，以适应新时代新发展新挑战。

科学技术是第一生产力，新科技革命下我国劳动用工实践日益增多，我国的劳动者基数大，产生的争议和纠纷也会愈发增多。总之，面对新挑战，劳动法的各个方面都应做好准备和回应，正如阿里巴巴集团董事局原主席马云所说"人类拥有的智慧是机器永远无法获得的。机器只有芯，而人类有心"。[①] 人工智能带来了新的改变，我们需要充满信心、积极面对，进行更加精细化的理论和实务研究，形成具有中国特色的科技用工劳动立法与经验。

（五）推动劳动法学学科发展和学术繁荣

1. 继续深化研究劳动法相关问题，丰富完善劳动法教学体系

经历了40年的发展，劳动法学界对于劳动法的研究成果颇丰，但是在诸多问题上尚存争议，还需要不断深入研究。除此之外，对于劳动法学教育，以高等院校教学为例，在开设法学专业的高等院校将劳动法与社会保障法列入必修课程；在其他相关专业领域，如经济学、人力资源管理等相关专业中适当开设劳动法课程。

2. 深入扩展劳动法国际视野，借鉴域外有益经验

如德、法等国在劳动法立法上已经成熟乃至完备，其在民事法领域也有诸多可供我国参考借鉴的地方，在全球化背景以及贸易竞争日趋激烈的背景下，国家劳工标准对我国的劳动立法的方方面面都存在影响，我国还面临诸多发展问题、经济问题等，对于劳动法学界而言，更需要不断关注国际劳动法领域的新发展新动向，著出更多有价值、有分量的文章、书籍等等，为将域外劳动立法优势与我国相接轨、相匹配，与社会主义市场经

---

① 《人工智能"换人"就业更焦虑？——人机不会对立》，新华网，http://www.xinhuanet.com/tech/2018-09/25/c_1123477201.htm，访问时间：2018年11月15日。

济条件相对接做出更有益的贡献。

3. 创新劳动理论建构，推动劳动法研究大发展

在劳动法已有的基础概念和框架下，将具有可关联性和融合性的概念进行综合，劳动法上新的理论和新的热点会不断产生，在学术上对劳动法研究的深化无疑是有利的。

回顾过去，展望未来，在改革开放和新时代中国特色社会主义的正确路线指导下，我国的劳动法体系定会更加完善，和谐劳动关系定会早日实现，劳动法学界的研究会更加充实，为实现法治中国做出更多的贡献。

Review and Prospect of the Study of Labor Law in the Past 40 Years of Chinese Economic Reform (1978 – 2018)

Jiang Yue, Guo Chunyue

Abstract：From the guiding ideology, legislative principles, labor contracts and many other aspects of labor law, this paper reviews and comments on the development of labor law in the past 40 years of Chinese Economic Reform, and thinks that the progress made in the study of labor law in the past 40 years not only promotes labor law to become an independent discipline, but also provides theoretical support and institutional framework for establishing and perfecting labor relations and legal adjustment which match the socialist market economy. At the same time, the study of the basic theory of labor law is still not comprehensive and thorough. In the new era, labor law should focus on the major change of the principal social contradiction, the contradiction between the growing needs of the people for a better life and the unbalanced and inadequate development, and adhere to the idea of people – centered development. Continuously promote the requirements of economic and social development and people's own all – round development, track the changes of labor relations, lucubrate labor standards, labor rights, labor protection and other legislative issues, to promote the improvement of the labor legal system. We should pay attention to labor justice and improve the mechanism of labor dispute resolution; we should study the important issues and regularity in the development of disciplines so as to promote the prosperity and development of labor law in the future.

Keywords: Since the Reform and Openning; Labor Law; Research Summary

"二倍工资"的法律性质与责任构成

——兼论《劳动合同法》第82条之修订

孔令明 *

摘　要： 未订立书面劳动合同的"二倍工资"的法律性质是什么？现有的法定工资说、损害赔偿说、惩罚性赔偿说均不能恰当说明。"二倍工资"是具有民事罚款性质的"惩罚性奖励"，具有惩罚、遏制与奖励三大功能，不具赔偿功能。"二倍工资"的责任构成中应当包括用人单位的过错，不属于无过错责任。《劳动合同法》第82条的修订建议包括：统一责任标准，降低责任金额，规定主观要件和免责情形。

关键词： 二倍工资　劳动合同　法律性质　责任构成　惩罚性赔偿

一　问题的提出

2015年9月9日上午，十堰市中级人民法院两名法官在给已审结的一件劳动争议案件上诉人胡庆刚送达法律文书并答疑时，胡庆刚突然持刀刺伤该两名法官及另两名前来制止的法官，四名法官均受重伤。该恶性事件缘于一件劳动争议。在该劳动争议中，胡庆刚称其于2013年8月14日入职十堰方鼎汽车车身有限公司（下称"十堰方鼎"），同年10月17日被十堰方鼎安排到武汉方鼎、东风模冲等公司工作，后于2014年2月23日离职。胡庆刚后向十堰劳动监察部门投诉十堰方鼎拖欠工资，劳动监察部门帮胡庆刚追回了2014年1月和2月的工资2157元。后胡庆刚申请劳动仲裁，要求十堰方鼎支付在职期间未签订劳动合同的二倍工资43200元，以及解除合同的经济补偿等共66363元。劳动仲裁机构及两级法院均以胡庆

---

　　* 孔令明，华东政法大学社会法学专业博士研究生。

刚提交的证据为复印件，无法证明胡庆刚与十堰方鼎之间的劳动关系为由驳回了胡庆刚的诉求。① 胡庆刚工作时间仅半年，向劳动监察部门追讨欠薪仅 2000 多元，申请仲裁和起诉的总额却有 6 万多元，其中最主要的诉求是"二倍工资"，约占诉求总额的三分之二。在某种程度上可以说，"二倍工资"是酿成十堰法官被刺事件的原因之一。

在《中华人民共和国劳动合同法》（以下简称《劳动合同法》）实施之初，"二倍工资"即引发了诸多劳资群体性事件，劳动者以"二倍工资"为谈判筹码而罢工，要求企业买断工龄后再签劳动合同。以某省 D 市为例，该市 2008 年因劳动合同签订问题而引发的劳资群体性事件 33 宗，参与人数 13502 人。② 近几年，"二倍工资"的高额利益及其制度漏洞还频频诱发劳动者的"道德风险"，各地频频涌现"碰瓷"案件、"作弊"案件和"代签"案件。③ 北京市一个区一年发生的"碰瓷"案件与"作弊"案件就有 7 件。④

十堰法官被刺事件和"二倍工资"引发的社会乱象促使我们思考：《劳动合同法》第 82 条所创立的"二倍工资"制度，其法律性质到底为何？其责任构成包括什么？该条应否删除或如何修订？本文顺着这一脉络，尝试回答这些问题。

二 "二倍工资"的法律性质

涉及"二倍工资"的法律规范包括《劳动合同法》第 10 条、第 82 条以及《中华人民共和国劳动合同法实施条例》（以下简称《实施条例》）第 5～

---

① 法官被刺事件及劳动争议见法治周末《血案，因何而起 还原 4 法官被伤案背后的那起讨薪官司》，和讯网，http://news.hexun.com/2015 - 09 - 16/179130804.html，访问时间：2016 年 2 月 18 日。
② 笔者在某省 D 市调研统计得该数据。
③ "碰瓷"案件是指一些劳动者利用用人单位管理漏洞，故意不与用人单位订立劳动合同，等到工作超过一个月不满一年时，对用人单位提出二倍工资的诉求。"作弊"案件是指用人单位人力资源部门的劳动者，利用职权便利，将其劳动合同从用人单位的人事档案中抽出，或藏匿或撕毁，然后以用人单位没有与之订立劳动合同为由，要求用人单位支付二倍工资。"代签"案件是指劳动者利用不在用人单位办公场所签署劳动合同的机会，另找他人代替自己签名，后要求用人单位支付未签订劳动合同的二倍工资，当用人单位举证该劳动者的劳动合同时，劳动者否认签订过劳动合同，并申请笔迹鉴定。
④ 王兵、王忠、张江洲：《劳动争议二倍工资案件适用法律问题研究》，《人民司法》2013 年第 11 期。

7条。理论界和实务界对"二倍工资"法律性质有不同看法，使得对"二倍工资"的责任构成与时效起算等一系列问题也都存在分歧。从理论上深入分析和正确认识"二倍工资"的法律性质，无疑是我们思考的起点和解决相关问题的前提。

（一）现有的学说

关于"二倍工资"的法律性质，学界主要形成了"法定工资说"、"损害赔偿说"和"惩罚性赔偿说"三种学说。其一，"法定工资说"。该说认为，即使双倍工资具有惩罚性，但因为同样具有惩罚性的加班工资被认为属于工资和劳动报酬，所以双倍工资也应当属于工资和劳动报酬；从文义解释、系统解释、目的解释的角度看，双倍工资在性质上是法定工资。[①] 其二，"损害赔偿说"。该说认为，对"二倍工资"需要作"第一倍工资"与"第二倍工资"之分解，"第一倍工资"是劳动者履行劳动义务的对价，属于劳动报酬，对用人单位不具制裁性，不属法律责任；"第二倍工资"则是与用人单位违法不订立书面劳动合同对应的损害赔偿，对用人单位具有制裁性，属于法定责任。[②] 其三，"惩罚性赔偿说"。该说认为，劳动立法中的惩罚性赔偿责任是用人单位在法定情形下需要向劳动者赔付高于一般损害赔偿数额的金钱，"二倍工资"这一惩罚性赔偿责任将"损害可能"或"损害之虞"纳入对劳动者损害的界定，不以实际损害后果作为构成要件，而是直接对用人单位侵害行为的一种惩罚。[③] 全国人大及其常委会的人员也持此说。[④]

除关于"二倍工资"的上述三种学说外，针对《消费者权益保护法》多倍赔偿制度的相关学说还包括"激励性报偿说"[⑤] 和"奖励性赔偿

① 陈玉江：《论双倍工资的法定工资性质》，《吉林省教育学院学报》2011年第11期。
② 王全兴、粟瑜：《用人单位违法不订立书面劳动合同的"二倍工资"条款分析》，《法学》2012年第2期。
③ 王兵、王忠、张江洲：《劳动争议二倍工资案件适用法律问题研究》，《人民司法》2013年第11期；另参见刘焱白《用人单位惩罚性赔偿金的适用研究》，《法商研究》2013年第6期。
④ 杨景宇、信春鹰主编《中华人民共和国劳动合同法解读》，中国法制出版社，2007，第249页。
⑤ 刘水林：《论民法的惩罚性赔偿与经济法的激励性报偿》，《上海财经大学学报》2009年第4期。

说"①，这两种学说从激励和奖励角度对认识"二倍工资"的性质有启发意义。

（二）对现有学说的评析

"法定工资说"以具有惩罚性的加班工资属于工资以及《劳动合同法》使用"二倍工资"的文义，而推论"二倍工资"的性质属于法定工资，其错误在于：加班工资是对劳动者在休息时间加班而付出额外劳动的休息权的补偿，本质上仍然是劳动的对价，但"二倍工资"与加班工资不具有可比性，"二倍工资"的第二倍工资并非劳动者劳动的对价，只是以第一倍工资作为计算依据而已。文义解释仅为法律解释的一种，仅凭《劳动合同法》"二倍工资"的文义而认定其为法定工资，其论证太过简单，难以令人信服。

"损害赔偿说"将"二倍工资"分解为"第一倍工资"与"第二倍工资"，对二者性质作不同解释是该学说的合理内核，其认为"第二倍工资"对用人单位具有制裁性且属于法定责任也是恰当的。但是，未订立书面劳动合同仅具有导致劳动者损害的可能性，而"损害是受害人一方的财产或人身权益状况在受害前后所发生的客观真实的不利性改变，损害是已经发生的事实，而非尚未发生的事实"②。而且，"损害赔偿之最高指导原则在于赔偿被害人所受之损害，俾于赔偿之结果，有如损害事故未曾发生者然"。③ 既然未订立书面劳动合同并非必然导致劳动者实际损害后果的发生，不具有现实性，仅具有未来可能性，那么，将"二倍工资"中的"第二倍工资"解释为损害赔偿亦难以令人信服。

"惩罚性赔偿说"关于"二倍工资"系对用人单位违法行为的一种惩罚的观点是正确的，其关于惩罚性赔偿不以损害后果为构成要件的观点却是值得商榷的。王利明教授指出，惩罚性赔偿是以补偿性赔偿的存在为前提的，只有符合补偿性赔偿的构成要件，才能请求惩罚性赔偿，惩罚性赔偿"也要以实际损害的发生为适用的前提"。④ 朱广新研究员也认为，惩罚

---

① 李友根：《惩罚性赔偿制度的中国模式研究》，《法制与社会发展》2015年第6期。
② 张新宝：《侵权责任构成要件研究》，法律出版社，2007，第121～128页。
③ 曾世雄：《损害赔偿法原理》，中国政法大学出版社，2001，第16页。
④ 王利明：《惩罚性赔偿研究》，《中国社会科学》2000年第4期。

性赔偿制度的必备要素之一就是"赔偿金应以受害人所受损失为基础进行确定"。[①] 从比较法上看，美国承认惩罚性赔偿制度的州将原告的补偿性赔偿请求与惩罚性赔偿请求区分为两个诉讼程序，先审理补偿性赔偿诉讼，再单独审理惩罚性赔偿诉讼，并要求惩罚性赔偿诉讼必须以补偿性或名义性损害赔偿判决为条件。"每个允许惩罚性赔偿金的州实际上都坚持认为，实际损害，纵使仅仅是象征性的，也必须表现出值得惩罚性赔偿金的授予。"[②]

不过，惩罚性赔偿金的数额与实际损害（或补偿性赔偿金）之间并不具有一一对应关系，仅须维持一定比例关系。由于"二倍工资"中的"第一倍工资"系劳动者劳动的对价，并非补偿性损害赔偿金，且未订立书面劳动合同并非必然造成劳动者的实际损害，将损害概念贸然扩大至"损害可能"只会破坏法律概念的严谨性，因此，将"二倍工资"定性为惩罚性赔偿也存在不妥之处。

（三）本文观点

本文认为，未订立书面劳动合同的"二倍工资"制度的渊源是惩罚性赔偿，但"二倍工资"一方面旨在惩罚用人单位的违法行为，另一方面旨在奖励劳动者诉讼，"二倍工资"是具有民事罚款性质的"惩罚性奖励"。

1. 未订立书面劳动合同行为的性质

从法律规范的结构分析，《劳动合同法》第 10 条关于"建立劳动关系，应当订立书面劳动合同"的规定是法律规范的行为模式，《劳动合同法》第 82 条关于"二倍工资"的规定则是法律规范的法律效果，认识"二倍工资"性质的前提是准确把握未订立书面劳动合同行为的性质。劳动合同系双务有偿合同，我国劳动合同的成立要件为书面要式行为的特别成立要件，未订立书面劳动合同的行为即未满足法律行为的特别成立要件，行为方式是不作为。《劳动合同法》并未对欠缺书面形式特别成立要件的法律行为的效力进行规定，仅规定劳动关系自用工之日起建立，可以

---

① 朱广新：《惩罚性赔偿制度的演进与适用》，《中国社会科学》2014 年第 3 期；另参见关淑芳《惩罚性赔偿制度研究》，中国人民公安大学出版社，2008，第 57 页。

② 〔奥〕赫尔穆特·考茨欧、瓦尔特·威尔科克斯主编《惩罚性赔偿金：普通法与大陆法的视角》，窦海阳译，中国法制出版社，2012，第 213 页。

推论，欠缺书面形式劳动合同的效力可因实际履行（用工）而补正。

2. "二倍工资"：违约责任、侵权责任、违法责任

违约责任和侵权责任是自罗马法以来就形成的两种不同责任。违约责任是合同当事人违反了合同义务而产生的责任，侵权责任是侵权人侵犯了他人的人身或财产权益而依法承担的责任。由于用人单位未订立书面劳动合同的行为只是未满足法律行为的特别成立要件，用人单位并未违反当事人约定的义务，故"二倍工资"责任不是违约责任。《侵权责任法》第2条规定的作为侵权责任侵害对象的民事权益不包括未满足特定形式的特别成立要件。用人单位未与劳动者订立书面劳动合同的不作为并非必然侵害劳动者的人身或财产权益，故"二倍工资"责任不应属于侵权责任。"二倍工资"责任应当属于用人单位违反与劳动者订立劳动合同义务的一种违法责任，虽非违约责任，却是属于合同领域的一种违法责任。

3. "二倍工资"的制度功能

全国人大及其常委会人员将"二倍工资"的制度功能明确表述为："用于惩罚用人单位的违法行为，同时也是督促用人单位尽快依法与劳动者签订劳动合同。"① 显然，在立法官员看来，"二倍工资"的制度功能包括惩罚与遏制两项：一方面，惩罚用人单位既有的未订立书面劳动合同的违法行为，另一方面，遏制用人单位未来可能的不与劳动者订立书面劳动合同的违法行为。但是，立法官员提到的"二倍工资"制度功能却不包括赔偿（补偿），这表明立法者也认识到未订立书面劳动合同并非必然给劳动者造成损害，故未赋予"二倍工资"以赔偿功能。比较而言，一般认为惩罚性赔偿具有惩罚、遏制与赔偿三方面功能。②

4. "二倍工资"是具有民事罚款性质的"惩罚性奖励"

"二倍工资"具有与惩罚性赔偿相似的惩罚与遏制功能，其制度来源是惩罚性赔偿，可以说是一种准惩罚性赔偿。但"二倍工资"与惩罚性赔偿又存在重大区别，即"二倍工资"并不具备惩罚性赔偿的赔偿功能，将"二倍工资"定性为惩罚性赔偿并不准确。不过，"作为一种利用私法机制

---

① 杨景宇、信春鹰主编《中华人民共和国劳动合同法解读》，中国法制出版社，2007，第250页。
② 参见 Andrew M. Kenefick, Note, "The Constitutionality of Punitive Damages under the Excessive Fines Clause of The Eighth Amendment", 85 *Mich. L. Rev.* 1699, 1721–22 (1987).

实现本应由公法担当的惩罚与威慑目的的特殊惩罚制度",① "二倍工资"采用利益机制对劳动者却具有很强的奖励功能,即奖励劳动者监督用人单位订立书面劳动合同,奖励劳动者通过诉讼方式要求用人单位支付"二倍工资",将"二倍工资"的法律性质表述为"惩罚性奖励"应该更为恰当。

还需考虑的另一个问题是,劳动者获得"二倍工资"的正当性基础是什么。用人单位未与劳动者订立书面劳动合同的行为本系一种行政违法行为,劳动行政部门可对该违法行为处以罚款等处罚。由于执法资源有限,以及违法信息掌握的不对称,劳动部门不可能查处所有的未订立书面劳动合同的违法行为,于是国家在特定领域放弃对惩罚权的垄断,授予私人劳动者发现并"查处"违法行为的权利。为充分激励劳动者发现并"查处"违法行为,国家还将用人单位本应交付给国家的罚款以"第二倍工资"的名义支付给胜诉劳动者,使得"二倍工资"具有了民事罚款的性质。从比较法上看,"在特定情况下,法国法规定可以责令被告支付被称为'民事罚金'的东西,民事罚金是一种由民事法律规定的并且可以由民事法院判决的罚金"。②

综上,《劳动合同法》规定的"二倍工资"是具有民事罚款性质的"惩罚性奖励",是法律规定的对用人单位未满足劳动合同的书面成立要件的违法责任,具有惩罚、遏制与奖励三大功能。

三 "二倍工资"的责任构成

鉴于"二倍工资"制度的渊源是惩罚性赔偿,立法官员也误以为"二倍工资"是一种惩罚性赔偿,那么,从比较法上考察外国立法例中的惩罚性赔偿制度,对于准确认识"二倍工资"的责任构成应有重要价值。

17~18世纪,英美法中的惩罚性赔偿主要适用于诽谤、诱奸、恶意攻击、诬告、不法侵占住宅、占有私人文件、非法拘禁等使受害人遭受名誉损失及精神痛苦的侵权类案件。20世纪以来,由于制造企业生产的不合格商品对消费者造成了严重损害,于是惩罚性赔偿逐渐适用于产品责任,同

---

① 朱广新:《惩罚性赔偿制度的演进与适用》,《中国社会科学》2014年第3期。
② 〔奥〕赫尔穆特·考茨欧、瓦尔萨·威尔科克斯主编《惩罚性赔偿金:普通法与大陆法的视角》,窦海阳译,中国法制出版社,2012,第70页。

时赔偿数额不断提高。① 惩罚性赔偿能否应用于合同领域呢？普通法最初认为不应将惩罚性赔偿应用于合同领域，仅存在两类例外，一类是违背结婚允诺的案件，另一类则是违背公共性服务合同的案件。在美国，现代法院通常会在下列合同案件中判决惩罚性赔偿：（1）存在欺诈的违约行为；（2）存在可以被归类为独立的侵权行为的违约行为；（3）违背信托义务的行为；（4）违背默示诚信与公平交易义务的行为。② 目前，美国法院承认的同时构成独立的侵权行为的违约行为有下列类型：强占、伪造、违反忠实义务、侵权性地干预商业关系、伴随有故意的暴力、恶意的或强制的行为的故意违约、欺诈、违背契约中的诚信原则、欺诈性的不实陈述。③ 在英国，惩罚性赔偿金的适用范围比美国小，仅限于三种情况：一是由政府雇员所实施的压迫的、恣意的或违宪的行为；二是由被告所设计的行为，这种行为使得他自己可以获得超出赔偿给原告的利益，主要是诽谤案和非法驱逐；三是法律的明确规定。④

在美国，惩罚性赔偿责任的构成要件一般包括：（1）主观要件为行为人的主观过错较为严重，具体包括故意，被告具有恶意（malice）或者具有恶劣的动机，毫不关心和不尊重他人的权利和重大过失；（2）行为具有不法性和道德上的应受谴责性，一般不适用于那些轻微的违反注意义务的行为；（3）造成损害后果，且这种损害是被告的行为造成的。⑤ 美国惩罚性赔偿示范法规定，惩罚性赔偿金的要件有五个，第二个要件即"被告必须恶意"。⑥ 另有学者认为，在合同案件中判定惩罚性赔偿的核心即是违约行为人的主观状态为故意。当事人对过失违约行为缺乏足够控制能力，难以在事前防范，即使对其课以惩罚性赔偿，亦无法实现惩罚性赔偿的威慑功能。⑦

---

① 王利明：《美国惩罚性赔偿制度研究》，《比较法研究》2003 年第 5 期。
② 袁碧华、宋鲲鹏、金兰：《惩罚性赔偿在合同领域的排除与扩张——兼论建立我国合同领域惩罚性赔偿适用规则》，《政治与法律》2008 年第 6 期。
③ 关淑芳：《惩罚性赔偿制度研究》，中国人民公安大学出版社，2008，第 115 页。
④ 〔奥〕赫尔穆特·考茨欧、瓦尔萨·威尔科克斯主编《惩罚性赔偿金：普通法与大陆法的视角》，窦海阳译，中国法制出版社，2012，第 5~15 页。
⑤ 王利明：《美国惩罚性赔偿制度研究》，《比较法研究》2003 年第 5 期。
⑥ 关淑芳：《惩罚性赔偿制度研究》，中国人民公安大学出版社，2008，第 14~15 页。
⑦ 袁碧华、宋鲲鹏、金兰：《惩罚性赔偿在合同领域的排除与扩张——兼论建立我国合同领域惩罚性赔偿适用规则》，《政治与法律》2008 年第 6 期。

由上可知，惩罚性赔偿在合同领域主要适用于欺诈、违约与侵权竞合的严重违约行为，当事人主观状态须为故意。有学者对我国惩罚性赔偿制度的演进进行考察后得出结论：从《侵权责任法》第 47 条和《消费者权益保护法》第 55 条第 2 款新增惩罚性赔偿看，我国立法已明确限制惩罚性赔偿的适用范围，将其"严格限定为造成死亡或健康严重受损的严重侵权行为，即使对值得特殊保护的消费者也无例外"。[①] 由于"二倍工资"源于惩罚性赔偿，且我国立法者对惩罚性赔偿的适用范围已开始持限制态度，故"二倍工资"的适用范围也应当限于用人单位不与劳动者订立劳动合同行为中比较严重的一类。然而，学界对"二倍工资"的责任构成有较大争议，最大的争议点在于主观要件。王全兴教授主张"二倍工资"责任属于无过错责任，只要用人单位自用工之日起超过 1 个月未与劳动者订立劳动合同，不管其出于故意或过失，均要承担"二倍工资"责任。[②] 另有学者认为，"二倍工资"责任不以实际损害后果为构成要件，仅仅针对用人单位的违法行为就可以课以惩罚性赔偿责任，是一般情形的例外，必须慎重把握，应限于用人单位的恶意侵权行为。[③] 还有学者认为，劳动合同系双方法律行为，用人单位和劳动者对订立劳动合同均负有义务和责任，将不订立书面劳动合同责任一味归咎于用人单位，与双方法律行为的"双方相互性"的法律特征相违背，对用人单位过于苛刻，也难免有失公正，"二倍工资"的归责原则应为过错推定责任。[④]

笔者认为，"二倍工资"的责任构成中应当包括主观要件（用人单位的过错），"二倍工资"责任不属于无过错责任，其理由有三。第一，如上所述，无论是侵权案件还是合同案件，惩罚性赔偿责任的构成要件均包括行为人的主观过错。我国的立法官员将"二倍工资"定位为惩罚性赔偿，尽管笔者认为"二倍工资"的性质是具有民事罚款性质的"惩罚性奖励"，但是，"二倍工资"源于惩罚性赔偿，惩罚性赔偿尚且须具备主观要件，根据"举重以明轻"的法理，"二倍工资"也应具备主观要件。"二倍工

① 朱广新：《惩罚性赔偿制度的演进与适用》，《中国社会科学》2014 年第 3 期。
② 王全兴、栗瑜：《用人单位违法不订立书面劳动合同的"二倍工资"条款分析》，《法学》2012 年第 2 期。
③ 刘焱白：《用人单位惩罚性赔偿金的适用研究》，《法商研究》2013 年第 6 期。
④ 张沛儒：《论二倍工资的若干法律问题》，《中国劳动》2011 年第 4 期。

资"不要求实际损害已经是对法理的重大突破了，如果还不要求用人单位具有主观过错，那么"二倍工资"将丧失其法理基础，其正当性依据将严重不足。第二，无过错责任的发展历史和理论基础均表明，无过错责任不应适用于未订立书面劳动合同的"二倍工资"。除了动物致害等少数几种无过错责任外，绝大多数无过错责任都是随着现代科技的发展而出现的。现代科技的发展产生了诸如飞机、高铁等高度危险的物品与活动，这些高度危险的物品与活动对公众的人身和财产安全造成了很大的威胁与损害。正因如此，法律才对高度危险物品的保有人和高度危险活动的运营者施加比过错责任更严格的责任，即无过错责任。无过错责任的理论基础是危险开启理论和危险控制理论。依据危险开启理论，现代社会中从事危险活动或占有、使用危险物品的人开启了对他人人身、财产权益造成损害的危险，在法律允许危险活动存在以及危险物品持有的同时，这些开启危险状态的人应当承担无过错责任。依据危险控制理论，从事危险活动或者占有、使用危险物品的人最有能力控制危险，无过错责任有助于促使危险活动从事者和危险物品持有人加强对危险的控制与对损害的预防。① 未订立书面劳动合同的不作为仅系未遵守劳动合同的法定书面要件，既非从事一种危险活动，也不是占有、使用一种危险物品，不会开启对劳动者人身、财产权益造成损害的危险，对未订立书面劳动合同的不作为适用无过错责任缺乏理论基础，也不符合其历史发展规律。第三，要求用人单位对因劳动者过错未订立书面劳动合同而支付"二倍工资"违背了劳动合同订立的诚信原则。《劳动合同法》在总则的第 3 条中规定"订立劳动合同，应当遵循合法、公平、平等自愿、协商一致、诚实信用的原则"。劳动合同为双务有偿合同，用人单位与劳动者双方均负有依据诚信原则签订书面劳动合同的义务。根据"责任自负原则"，用人单位与劳动者还应各自承担未签订书面劳动合同的责任。虽然《劳动合同法》第 82 条未明文规定因劳动者原因未签订书面劳动合同的责任，但规定在总则第 3 条的诚信原则，对《劳动合同法》第 10 条、第 82 条及《实施条例》第 5~7 条具有涵摄作用，从体系解释的角度看，《劳动合同法》隐含着劳动者对由于自己原因未订立书面劳动合同而负责的精神。要求用人单位对因劳动者过错未订

---

① 程啸：《过失相抵与无过错责任》，《法律科学》（西北政法大学学报）2014 年第 1 期。

立书面劳动合同而承担"二倍工资"责任，违背了诚信原则和责任自负原则，对用人单位过于苛责且不公平。

四 对《劳动合同法》第82条之修订建议

《劳动合同法》创立的"二倍工资"制度确实提高了企业的劳动合同签订率，[①] 但是，由于对其法律性质和责任构成均认识不清，"按下葫芦起了瓢"，试图以"二倍工资"解决一个问题却引起了其他问题。除劳动者"道德风险"外，最主要的问题是对劳动者奖励过度，对用人单位惩罚过度，违背"过罚相当原则"。

作为一种利用私法机制实现公法功能的特殊惩罚制度，"二倍工资"也应以公法上惩罚制度的原则为基础，应像公法上的行政罚款与刑事罚金那样遵循"过罚相当原则"。现行的"二倍工资"则违背了"过罚相当原则"，表现在两方面。第一，同过异罚。同样的不订立书面劳动合同的违法行为，仅因为劳动者工资的不同及持续时间差异，却将承担数额相差极大的惩罚，这是实践中"碰瓷"与"作弊"案件多发的重要原因。第二，轻过重罚。在用人单位违反劳动法的行为中，未订立书面劳动合同是较轻微的违法行为，但用人单位承担的违法责任却很重。若用工时间为一年，用人单位可能承担多达11个月的"二倍工资"，数额可高达数万元、数十万元。与拖欠工资等严重违法行为相比，"二倍工资"责任表现出轻过重罚的特点（见表1）。

表1 用人单位劳动法上违法行为法律责任简述

	违法行为	违法轻重	诉讼上法律责任	责任轻重
1	未订立书面劳动合同	较轻	"二倍工资"责任：第1年工龄需多支付11个月工资	较重
2	未及时足额支付劳动报酬	严重	被迫辞职，要求经济补偿，1年工龄补偿1个月工资	较轻
3	未依法缴纳社会保险费	严重	被迫辞职，要求经济补偿，1年工龄补偿1个月工资	较轻

---

① 《切实维护劳资双方合法权益——访全国人大常委会委员、财经委副主任委员乌日图》，《人民日报》2011年8月10日。

当前，国家开始了《劳动合同法》修改调研论证工作。鉴于《劳动合同法》第82条创立的"二倍工资"的法律性质不明，责任构成不清，《劳动合同法》第82条亟须修订。修订思路有两种：一是删除该条，理由是，未订立书面劳动合同并未造成劳动者损害，不符合惩罚性赔偿的法理；二是修改该条，规定主观要件和免责情形，统一责任标准，降低责任金额。笔者认为第一种思路为上策，修法中若不能采第一种思路，则第二种思路为中策。

1. 统一责任标准，降低责任金额

为克服现行"二倍工资"责任同过异罚、轻过重罚的缺陷，《劳动合同法》可不再以每个劳动者的本人工资作为计算标准，而以用人单位住所地的最低工资标准作为计算标准，不管未订立书面劳动合同的状态持续的长短，计算期间都固定为一个月，可表述为"用人单位自用工之日起超过一个月未与劳动者订立书面劳动合同的，应当向劳动者额外支付一个月工资，该工资按用人单位住所地的最低工资标准计算"。统一标准且降低金额后，不仅能继续保持对用人单位一定程度的威慑力，倒逼用人单位遵守法律，而且能减弱对劳动者的激励作用，降低诱发劳动者"道德风险"的可能性。

2. 规定主观要件和免责情形

为平衡用人单位和劳动者在劳动合同签订中的权利、义务和责任，《劳动合同法》还应规定未订立书面劳动合同责任的主观要件和免责情形，即"但用人单位举证证明未订立书面劳动合同系劳动者原因或不可抗力引起的除外"。如此规定，能从实体和程序上较好平衡劳资双方的权利和义务。一方面赋予用人单位一定程度的免责空间，从制度上堵住诱发劳动者"道德风险"的漏洞；另一方面将举证责任分配给用人单位，使得用人单位必须主动履行与劳动者签订劳动合同的义务，劳动者的举证负担较轻。

结　语

人性有多复杂，劳动关系就有多复杂。劳动者是人，企业老板也是人，趋利避害乃人之天性。法律之重要功能便在于抑制人性之恶，引导人性之善。《劳动合同法》创立的"二倍工资"由于其理论准备不足以及制

度设计缺陷，一方面抑制了企业老板人性之恶，另一方面也勾引出个别劳动者人性之恶，诱发劳动者的"道德风险"。《劳动合同法》立法者在创立"二倍工资"时无疑想将惩罚性赔偿制度移植到劳动合同订立之中，但未订立书面劳动合同的"二倍工资"却不是真正的惩罚性赔偿，而是具有民事罚款性质的"惩罚性奖励"，具备惩罚、遏制与奖励三大功能，却不具备损害赔偿功能。

《劳动合同法》修改已纳入国家有关部门的议事日程，《劳动合同法》第 82 条将有调整的机会。若能删除该条当然最好，若不能删除，我们也应看到，其利用私法机制实施公法的集惩罚与威慑于一体的倒逼机制有可取之处。当然，在修改《劳动合同法》时，可将未订立书面劳动合同责任的标准统一为一个月的用人单位住所地的最低工资，并规定用人单位未订立书面劳动合同责任的主观要件和免责情形。

The Legal Nature and Responsibility Composition of Double Wages：Revision of Article 82 of Labor Contract Law

Kong Lingming

Abstract：What is the legal nature of double wages without written labor contracts? Existing theories like legal wage theory, theory of damages, and theory of punitive damages cannot properly explain it. Double wages is a punitive award which has civil penalty nature, which has three functions：punishment, containment and reward, without compensation function. The responsibility constitution of double wages should include employer's fault, which is not belong to strict liability. The amendment proposal of article 82 of Labor Contract Law includes unifying liability standard, reducing liability amount and stipulating subjective elements and exemption situations.

Keywords：Double Wage；Labor Contract；Legal Nature；Liability Constitution；Punitive Damages

劳动法中的情势变更问题

张本钟[*]

摘　要： 劳动合同必须全面履行是基本原则，情势变更同样也是我国劳动立法中确立的一项补充性原则，更是最高人民法院在民商事合同审判中确立情势变更原则所援引的一个重要立法依据。民商事合同中的情势变更与劳动法中的情势变更既有联系又有区别，劳动争议案件实行仲裁前置后导入审判程序适用情势变更原则审理的案件是否执行最高人民法院确定的层报审核程序等衔接问题鲜有研究。从当前司法实践的情况来看，情势变更原则在劳动法领域运用过于频繁，同案不同判现象客观存在，种种迹象表明，今后一段时间内用人单位以情势变更为由单方解除劳动合同或进行经济性裁员可能进入高发期，因此，研究劳动法当中的情势变更问题显得十分必要！

关键词： 劳动合同　情势变更　裁判适用

劳动合同订立时所依据的情势即客观情况发生重大变化，致使劳动合同陷入无法履行的障碍，经用人单位与劳动者协商，未能就变更劳动合同内容达成一致协议的，允许用人单位提前30日以书面形式通知劳动者本人或者选择额外向劳动者支付一个月工资后解除劳动合同的实质就是情势变更。情势变更不仅是我国劳动立法中确立的一项补充性原则，更是最高人民法院在民商事合同审判中确立情势变更原则所援引的一个重要立法依据。情势变更原则胚植于罗马法，是相对于"严法契约"这一基本原则而提出的"宽法契约"理论所引申出的一个补充性原则。

民商事合同中适用的情势变更与劳动合同中适用的情势变更既有联系

---

* 张本钟，福建国富律师事务所，律师。

又有区别，劳动争议案件实行仲裁前置后导入审判程序适用情势变更原则审理的案件是否执行最高人民法院确定的层报审核程序等衔接问题鲜有研究，审核程序是否属于一个相对独立的审判程序也屡遭各界争议。从当前司法实践的情况来看，情势变更原则在劳动法领域运用过于频繁，有被滥用之趋势。究竟何为情势变更，哪些客观情况的发生变化属于情势变更，客观情况发生何种程度的变化属重大变化，立法及司法实践中对诸如此类问题没有具体量化的指引或裁判标准，裁判机构对相同案例所掌握的裁判标准不统一甚至截然相反，同案不同判现象客观存在。

在社会主义新时代新发展理念主导下，随着移动互联网技术的普及、推广和人工智能研究领域取得重大突破，国家产业结构调整即将全面深入，企业淘汰落后产能势在必行，加之劳动力成本剧增导致的劳动力密集型企业外迁，世界贸易保护主义抬头使得进出口型企业生产经营发生严重困难，今后一段时间内用人单位以情势变更原则解除劳动合同或进行经济性裁员可能进入高发期，因此，研究劳动法当中的情势变更问题显得十分必要！

一　情势变更原则的演变

"契约严守"是罗马法奉行的一般性原则。"契约严守"理论主张契约属于立约人之间设定的法律，无论立约后客观情况发生何种变化，立约人均应严守契约；与此同时，罗马法并没有完全排斥作为补充性原则的"宽法契约"，而"宽法契约"所倡导的诚实信用、公平合理原则实质上已经蕴含了"情势变更原则"。特别是十二三世纪注释法学派所提出的"情势不变条款说"促使情势变更原则初具雏形，认为"缔约时作为合同基础的客观情况应继续存在，一旦这种情况不再存在，准予变更或解除合同"。情势变更理论延至十六七世纪自然法思想居于主导地位时已被广泛适用，尤其是18世纪普通法发展后期，滥用情势变更原则变更或解除合同的司法干预直接损害了法律的严肃性及交易秩序的稳定性，19世纪随之而来的资本主义自由经济时期所强调的"契约神圣"理论一度让情势变更原则遭遇各界猛烈抨击，几近摒弃。

第一、二次世界大战以及1929～1933年的经济危机等事件使多数国家深受其害，客观情况发生重大变化，其影响空前绝后，由此导致的大量合同因情势变更无法依约履行的现实困惑，是促使"情势变更"原则得以恢复的重要原因。这其中，1921年欧特曼提出的"法律行为基础说"和二战后拉伦茨进一步完善的"修正法律行为基础说"是大陆法系情势变更原则的重要理论依据。反观英美法系国家，尽管多数国家初期坚守"绝对合同责任理论"而拒绝承认情势变更原则，但在大陆法系国家放弃固守契约原则并随之提出"宽法契约"学说之前，英美法系中的部分国家开始审视传统观念，保守派在现实面前已然发生动摇！英国率先从衡平角度出发，于1903年首先确立了类似情势变更原则的"合同落空学说"来解决合同基础动摇问题。美国随后也在《统一商法典》中确立"履行不能实现学说"，用以解决客观情况发生重大变化造成的合同不能履行及合同继续履行显失公平的法律适用问题。此后，世界各国有关情势变更的理论研究成果颇为丰硕，具有重大影响的包括英美法中的"合同落空理论"，德国法中的"法律行为基础丧失理论"，法国法中的"不可预见理论"，瑞士法中的"无过失履行不能"，等等，发展至今强调将"实质合同"的公平作为理论依据，从而使情势变更原则愈加具有重要意义。①

我国情势变更原则在立法和司法层面运行的轨迹与大陆法系如出一辙，新中国成立初期因战争引起的情势变更问题基本采取行政化手段进行处理。改革开放初期的立法中，特别是1981年版《经济合同法》第27条第1款就隐含着情势变更原则，但1993年修订《经济合同法》时又予以取消。1995年提交的《合同法（草案）》之前的4个审议稿中均规定了情势变更条款，但最终颁布实施的1995年版《合同法》仍旧没有规定情势变更原则。当然，我国"情势变更原则"在立法层面的徘徊并没有阻却司法实践中自觉或者不自觉地对其加以运用，最高人民法院曾先后以各种意见、答复、会议纪要等形式指导依"情势变更原则"审理案件的裁判尺度。尤其是2003年"非典事件"所导致的大量对医疗机构进行索赔类的案件，法院苦于没有裁判依据不得已采取暂不立案处理的措施，以及2009年的"金融风暴"影响涉外合同履行等事件严厉拷问着司法实践，这一系列客观情况引发的重大变化及其导致的履约阻碍，有力地推动了2009年2

① 李永军：《合同法》，中国法制出版社，2009。

月 9 日最高人民法院审判委员会第 1462 次会议通过《最高人民法院关于适用〈中华人民共和国合同法〉若干问题的解释（二）》，该解释在第 26 条中终于确立了情势变更原则，其成为我国司法实践中援引情势变更审理民商事合同纠纷的唯一参考依据。情势变更原则指合同有效成立后，因不可归责于双方当事人的事由发生情势变更而使合同的基础动摇或者丧失，若继续履行合同会导致显失公平的后果，因此允许当事人通过协商或者司法程序变更合同内容或解除合同的原则。①

二　劳动法中的情势变更原则

（一）情势变更原则在劳动立法中的比较分析

1. 情势变更原则在《劳动法》中的法律规范分析

1995 年 1 月 1 日施行的《劳动法》第 26 条规定②，劳动合同订立时所依据的客观情况在合同履行过程中发生了重大变化，致使原劳动合同陷入无法履行的阻碍，经双方当事人协商不能就变更劳动合同达成一致协议的，用人单位可以行使解除权，但应当提前 30 日以书面形式通知劳动者本人。《劳动法》颁布之后实施之前，1994 年 9 月 5 日《劳动部关于〈中华人民共和国劳动法〉若干条文的说明》第 26 条③采取正面列举和反面排除的方法，明确将发生重大变化的"客观情况"界定为不可抗力及等同于不可抗力的其他致使劳动合同全部或部分条款无法履行的客观情况，包括企业迁移、被兼并、企业资产转移等情势变更的事由，并将《劳动法》第 27 条④所规定的"用人单位濒临破产进行法定整顿期间"和"生产经营状况

---

① 王家福主编《中国民法学·民法债权》，法律出版社，1991，第 393 页。
② 《劳动法》第 26 条：有下列情形之一的，用人单位可以解除劳动合同，但是应当提前 30 日以书面形式通知劳动者本人：……（三）劳动合同订立时所依据的客观情况发生重大变化，致使原劳动合同无法履行，经当事人协商不能就变更劳动合同达成协议的。
③ 《劳动部关于〈中华人民共和国劳动法〉若干条文的说明》第 26 条：本条中的"客观情况"指：发生不可抗力或出现致使劳动合同全部或部分条款无法履行的其他情况，如企业迁移、被兼并、企业资产转移等，并且排除本法第 27 条所列的客观情况。
④ 《劳动法》第 27 条：用人单位濒临破产进行法定整顿期间，或者生产经营状况发生严重困难，确需裁减人员的，应当提前 30 日向工会或者全体职工说明情况，听取工会或者职工的意见，经向劳动行政部门报告后可以裁减人员。

发生严重困难"排除在法定的"客观情况"之外。从我国《劳动法》制定的时代背景，结合我国建立市场经济需要引导作为用人单位的国有企业、集体企业向公司化方向改制的历史趋势进行研判，不难发现我国《劳动法》第 26 条、第 27 条所要解决的问题和担负的历史使命有所不同，《劳动法》第 26 条所指的"客观情况"应当是属于不可预见、不可避免、不可归责的不可抗力事件，或者相当于不可抗力等级的由法律变化或者政策变动所引起的企业迁移、被兼并、企业资产转移等其他客观情况；而《劳动法》第 27 条所规定的"用人单位濒临破产进行法定整顿"和"生产经营状况发生严重困难"明显不属于不可抗力之范畴，应当归属于企业经营管理不善所导致的资不抵债或者经营性困难，并非具有不可归责性，显然不能适用《劳动法》第 26 条规定的用人单位仅须提前 30 日以书面形式通知劳动者本人即可解除劳动合同的简易解聘程序，而应适用解聘程序相对复杂得多的《劳动法》第 27 条所规定的，用人单位不仅应当提前 30 日向工会或者全体职工说明情况，听取工会或者职工的意见，还要将裁员方案向劳动行政部门报告后，方可依法进入经济性裁员的复杂程序。

2. 情势变更原则在《劳动合同法》中的法律规范分析

情势变更原则在劳动立法中具有延续性，该原则不仅在我国 1995 年版《劳动法》中得以确立，在 2008 年 1 月 1 日起施行的《劳动合同法》第 40 条①、第 41 条②以及 2008 年 9 月 18 日起施行的《劳动合同法实施条例》第 19 条③中再次得到确认，并从语言逻辑上进一步规范完善。虽然我国

---

① 《劳动合同法》第 40 条：有下列情形之一的，用人单位提前 30 日以书面形式通知劳动者本人或者额外支付劳动者一个月工资后，可以解除劳动合同：……（三）劳动合同订立时所依据的客观情况发生重大变化，致使劳动合同无法履行，经用人单位与劳动者协商，未能就变更劳动合同内容达成协议的。

② 《劳动合同法》第 41 条：有下列情形之一，需要裁减人员 20 人以上或者裁减不足 20 人但占企业职工总数 10% 以上的，用人单位提前 30 日向工会或者全体职工说明情况，听取工会或者职工的意见后，裁减人员方案经向劳动行政部门报告，可以裁减人员：……（四）其他因劳动合同订立时所依据的客观经济情况发生重大变化，致使劳动合同无法履行的。

③ 《劳动合同法实施条例》第 19 条：有下列情形之一的，依照劳动合同法规定的条件、程序，用人单位可以与劳动者解除固定期限劳动合同、无固定期限劳动合同或者以完成一定工作任务为期限的劳动合同：……（十）劳动合同订立时所依据的客观情况发生重大变化，致使劳动合同无法履行，经用人单位与劳动者协商，未能就变更劳动合同内容达成协议的；……（十四）其他因劳动合同订立时所依据的客观经济情况发生重大变化，致使劳动合同无法履行的。

《劳动合同法》第 41 条将"依照企业破产法规定进行重整的；生产经营发生严重困难的；企业转产、重大技术革新或者经营方式调整"三种情形与"其他因劳动合同订立时所依据的客观经济情况发生重大变化，致使劳动合同无法履行的"并列，但因前述三种情形属于企业经营不善导致的资不抵债或者经营困难，抑或是企业经营顺应科技发展主动转产、调整经营方式，是可归责于任何一方当事人的，均不属于不可抗力事件之范畴，亦不应视为情势变更事由。从实质意义上判断，我国《劳动合同法》第 40 条、第 41 条以及《劳动合同法实施条例》第 19 条第 1 款第 10 项、第 14 项之间的区别，主要还是体现在裁员数量和解聘程序上，当发生情势变更需要裁减人员达到 20 人以上，或者裁减虽不足 20 人但占企业职工总数 10% 以上时，也应适用《劳动合同法》第 41 条规定的经济性裁员程序，反之，需要裁减人数低于前述标准的，则可适用《劳动合同法》第 40 条规定的简易解聘程序。需要特别指出的是，相较于《劳动法》第 26 条规定的提前 30 日通知程序，《劳动合同法》第 40 条特别赋予了用人单位既可选择提前 30 日书面通知劳动者，亦可选择额外向劳动者支付一个月工资的方式来代替提前 30 日书面通知程序，也就是说发生情势变更后，用人单位向劳动者额外支付一个月工资的代通知金即可立即解除劳动合同，由此也导致有些用人单位以化整为零的方式规避《劳动合同法》第 41 条规定的经济性裁员程序，对此司法及劳动执法等部门应当引起足够重视，并组织执法检查监督。

（二）适用情势变更原则解除劳动合同的条件

劳动法中的情势变更原则，实际上是借助裁判机构变更劳动合同内容，或者解除劳动合同，从而解决客观情况发生重大变化所引起的用人单位与劳动者之间的利益失衡问题，实质上就是在双方对此没有约定的情形下根据情势变更原则来分担不可归责的风险，追求法的实质性平衡与公平价值，以求达到法律实施的效果与社会效应有机统一。当然，哪些客观情况发生变化属于情势变更，客观情况发生何种程度的变化方属于重大变化，这种变化对原劳动合同的成立和履行有何种程度的阻碍可称为重大影响，司法实践中，裁决机构如何判断客观情况发生变化构成情势变更，如何衡量情势变更是否导致劳动合同履行的基础丧失，是否切实造成劳动合同陷入无法履行的障碍以及是否致使劳动合同目的落空，应当总结归纳出科学的可量化可衡量的具体裁判标准，以指导司法审判。

1. 实质性要件

何为"客观情况"，从法律层面考究还得追溯到原劳动部《关于〈中华人民共和国劳动法〉若干条文的说明》第 26 条的规定，法定的"客观情况"是指合同订立后履行完毕前，发生了不可抗力，或者出现相当于不可抗力层级的，致使劳动合同无法履行的不可归责于任何一方当事人的诸如企业迁移、被兼并、企业资产转移等其他客观情况。另有 2017 年 4 月 24 日《北京市高级人民法院、北京市劳动人事争议仲裁委员会关于审理劳动争议案件法律适用问题的解答》第 12 条将发生情势变更的客观情况归纳为下列三类情形：一是地震、火灾、水灾等自然灾害形成的不可抗力；二是法律、法规、政策变化导致用人单位迁移、资产转移或者企业停产、转产、转制、改制等重大变化的；三是特许经营性质的用人单位经营范围等发生变化的。此外，我国法律、行政法规或司法解释对其他客观情况没有明文列举，客观上也无法穷尽实践中可能存在的所有情势变更事由，但通过比较研究后不难看出，立法对"客观情况"的界定标准，主要是以非主观因素为衡量标准的，该等情势变更属于不可预见、不可避免、不可归责于任何一方当事人的，亦即非用人单位所能控制的原因而导致原劳动合同无法继续履行的事由才能认定为情势变更。诚然，劳动合同订立后履行过程中客观情况发生变化是常态，而订立劳动合同时的"旧情况"与劳动合同履行过程中发生变化的"新情况"如何甄别，向来是社会各界争论的问题。倘若用人单位要适用情势变更原则解除与劳动者订立的劳动合同，则须把握如下条件：（1）从现实性上判断，应当把握确实有情势变更的事由发生，也就是审核订立劳动合同时赖以存在的客观情况确实发生了新的变化，这种情势变更的事由必须是造成直接的现在的实质性影响，而不是间接的过去的或将来的虚无状态；（2）从严审核突发性，即发生情势变更的事件是当事人所不能预见、不可避免的重大变化；（3）适用过错责任原则，从归责原因上看，情势变更的发生不可归责于任何一方当事人，双方当事人对此必须均无过错，也就是说，正常的商业风险所引起的重大变化不适用情势变更原则；（4）从发生的时间节点上审查，要把握情势变更的事件必须是发生于劳动合同成立之后，履行完毕之前；（5）从因果关系上判断，情势变更事由的发生在客观上已经切实达到了使"劳动合同无法履行"的阻碍程度，这种阻碍既包括劳动合同全部无法履行，也包括劳动合同部分无法履行，即客观情况发生的"重大变化"与"劳动合同无法履行"之间具有直接的因果关系。

2. 程序性要件

其一，用人单位依据我国《劳动合同法》第40条规定，以情势变更为由解除劳动合同时，首要的就是应当具有协商变更合同的意识，不能未经协商而径直解除劳动合同。实践中，协商变更劳动合同的形式繁多，需要特别注意的是，协商变更劳动合同主要是针对劳动合同约定的包括工作时间、工作岗位、工作报酬和工作地点等，对具有实质性影响的内容进行协商变更，而不是变相以直接协商解除劳动合同的方式，来替代追求继续履行劳动合同的协商变更程序。也就是说，用人单位不能绕开上述具有实质性影响内容的协商与变更，径直就解除劳动合同问题与劳动者进行协商，要尽力提供合适的工作岗位等变更条件供劳动者选择继续履行劳动合同，使协商变更合同不仅具有可操作性，而且更加合理化、常态化、规范化。当然，用人单位应当注意保存协商变更合同的相关证据，如可以保存相应短信、邮件等往来记录，必要时进行公证，有条件的可对协商过程进行录音、录像，否则，其也可能会承担举证不能的不利后果。双方如能够协商一致对原劳动合同进行变更并达成一致协议的，劳动合同应当继续履行；如双方经协商未能就变更劳动合同内容达成协议的，用人单位应将解聘事由书面通知工会并征求工会意见，且提前30日书面通知劳动者本人，或者选择额外向劳动者支付一个月工资后方可解除劳动合同。否则，即便存在"客观情况发生重大变化"之事由，因用人单位未履行协商程序，或未履行征求工会意见而直接解除劳动合同的，仍属于违法解除，应承担违法解除的不利后果。其二，倘若用人单位依据我国《劳动合同法》第41条规定，以情势变更事由进行经济性裁员，其程序如下：一是必须提前30日向工会，或者向全体职工说明具体情况，该情况包括裁员的原因、裁员的事由、裁员的法律依据、裁员的安置补偿方案及裁减人员的权利救济途径等，且须听取工会或者职工的不同意见，充分考虑工会或者职工的反对意见、合理化建议等，进一步修改、优化、完善裁员安置补偿方案；二是必须将裁员方案向劳动行政部门报告，征求劳动行政部门对裁员方案的意见，如有提出不同意见或整改意见的，用人单位应当予以充分地解释说明或者依法进行整改后方可依法裁减人员。

3. 禁止性条件

当解聘对象或裁减人员具有我国《劳动合同法》第 42 条①规定情形之一的，用人单位不得依照《劳动合同法》第 40 条、第 41 条解除劳动合同。特别需要说明的是，劳动者处于服兵役期间，或者担任工会主席、副主席、委员及担任平等协商代表的期间，均属于《劳动合同法》第 42 条兜底条款中规定的其他情形，用人单位也不得依照《劳动合同法》第 40 条、第 41 条的规定解除劳动合同。

三 情势变更原则在民商法与劳动法中的联系与区别

从民商事立法层面查考情势变更发现，《最高人民法院关于适用〈中华人民共和国合同法〉若干问题的解释（二）》第 26 条②是我国确立民商事情势变更原则的唯一现行依据。梁慧星教授认为，"情势变更原则是指合同有效成立后，因当事人不可预见的事情的发生（或不可归责于双方当事人的原因发生情势变更），导致合同的基础动摇或丧失，或继续维持合同原有效力有悖于诚实信用原则（显失公平）时，则应允许变更合同内容或者解除合同的法理"。③ 诚实守信、全面履行民商事合同是保护交易秩序和市场经济的必然要求，而情势变更则是国家公权力强制介入当事人意思自治领域的手段，其意义在于通过司法权力的介入，强行改变合同中已经确定的条件或者解除合同，属于在合同双方当事人订约意志之外，再次分

---

① 《劳动合同法》第 42 条：劳动者有下列情形之一的，用人单位不得依照本法第 40 条、第 41 条的规定解除劳动合同：（一）从事接触职业病危害作业的劳动者未进行离岗前职业健康检查，或者疑似职业病病人在诊断或者医学观察期间的；（二）在本单位患职业病或者因工负伤并被确认丧失或者部分丧失劳动能力的；（三）患病或者非因工负伤，在规定的医疗期内的；（四）女职工在孕期、产期、哺乳期的；（五）在本单位连续工作满 15 年，且距法定退休年龄不足 5 年的；（六）法律、行政法规规定的其他情形。

② 《最高人民法院关于适用〈中华人民共和国合同法〉若干问题的解释（二）》第 26 条：合同成立以后客观情况发生了当事人在订立合同时无法预见的、非不可抗力造成的不属于商业风险的重大变化，继续履行合同对于一方当事人明显不公平或者不能实现合同目的，当事人请求人民法院变更或者解除合同的，人民法院应当根据公平原则，并结合案件的实际情况确定是否变更或者解除。

③ 梁慧星：《中国民法经济法诸问题》，中国法制出版社，1999，第 170 页。

配交易双方在交易中应当获得的利益和风险。因此必须正确理解、谨慎适用，规定特殊的适用条件和程序，避免造成司法裁判不统一，破坏市场经济秩序，人为地制造新的不公平。诚然，民商事合同中的情势变更原则，与劳动法中的情势变更既有联系又有区别。

（一）民商事合同中的情势变更与劳动法中情势变更之联系

尤论是适用民商事合同中的情势变更原则，还是适用劳动法中的情势变更原则审理具体案件，裁判机构均应当奉行当事人主义，依当事人申请方可变更或解除合同，非经当事人请求裁判机构不主动适用；裁判机构适用情势变更原则解除或变更合同的，应当始终贯彻调解优先原则，争取以调解、化解方式解决双方纠纷，促使各方当事人在自愿的基础上充分协商解决相关争议，如此才真正有助于实现案结事了，最终实现良好的法律实施效果和社会影响的有机统一，为我国经济发展营造良好的司法环境。

（二）民商事合同中的情势变与劳动法中情势变更的区别

我国民商事合同中发生的情势变更事由，与劳动合同中发生的情势变更事由具有如下区别。（1）衡量标准不同，前者是情势变更发生后如继续履行合同会对其中的一方当事人明显不公平，或者是造成合同目的落空；后者是造成劳动合同全部或者部分无法履行。（2）事由不同，具体到有关情势变更的事由判断上，前者既排除不可抗力事件，也排除商业风险带来的重大变化；后者基于人身依附性等特征，虽排除商业风险，但不排除不可抗力。（3）程序不同，人民法院审理情势变更类民商事合同纠纷案件，不论是一审还是二审程序中，均应采取普通程序审理，且既不能适用简易程序审理，也不能适用小额诉讼程序审判，还要依法履行层报审核程序，必要时将案件报最高人民法院核准。此类案件的审核程序是否属于一个独立的审判程序，参加审核程序和二审程序的合议庭成员重合时，二审合议庭成员是否应当回避等问题屡遭学界诟病。劳动法实践中，用人单位以情势变更原则解除劳动合同之前需通知工会，并提前30日书面通知劳动者或选择额外向劳动者支付一个月工资，涉及经济性裁员的还应当将裁员方案报劳动行政部门征求意见。劳动争议案件实行仲裁前置后导入审判程序适用情势变更原则审理的案件是否执行最高人民法院确定的层报审核程序没有特殊要求，但考虑到裁判机构适用情势变更原则解除劳动合同之前必须提前通知劳动者和工会，涉及经济性裁员的还应当将裁员方案报劳动行政部门，已经有相关国家公权力介入或干预，且用人单位借此解除劳动合同仍需向劳动者支付类似于违约责任的经济补偿金，相较于民商事合同的变更或解除，其对市场交易秩序的冲击及社会交易秩序的影响相对较小，执行层报审核程序不仅增加案件审理成本，也不利于化解纠纷。

四　劳动法中适用情势变更原则审理案件的裁审衔接问题

劳动合同法中确立的情势变更原则，是我国民间交易活动贯彻诚实信用原则的必要补充，也是劳动合同必须全面履行原则的例外，用人单位即使可以劳动合同订立时所依据的客观情况发生了重大变化，造成劳动合同无法履行解除劳动合同，但仍需向劳动者支付经济补偿金的立法要求，似乎与情势变更事由的不可归责性所追求的免除违约责任规则相悖，但基于劳动者所处的弱势地位，以及劳动合同固有的人身依附性、经济从属性和组织控制性特征，此举既与劳动立法追求的保护劳动者合法权益的立法宗旨相适应，也与诚实信用原则蕴含的公平合理价值相契合，正是劳动法中情势变更原则之优越性所在，应当予以肯定。

当然，劳动法中适用情势变更原则审理的劳动争议案件，实行"一裁二审"没有争议，既可适用简易程序也可适用普通程序审理，但在我国《民事诉讼法》修订、《劳动争议调解仲裁法》颁布实施之后，是否可以执行其中的"一裁终局"程序值得研究。

（一）　符合条件的案件可适用一裁终局处理

劳动仲裁委员会审理适用情势变更原则解除劳动合同的劳动争议案件，用人单位请求仲裁机构解除劳动合同或确认解除劳动合同效力的，不属于终局裁决的范畴；劳动者请求仲裁机构确认用人单位解除行为违法，并向用人单位主张违法解除的经济赔偿金的，此类案件属于《劳动争议调解仲裁法》第47条①规定的追索经济补偿或者赔偿金的争议，只要最终裁决支持的金额不超过当地月最低工资标准的12倍，即可按终局裁决程序进行处理，裁决书自作出之日起立即发生法律效力；当裁决机构作出的同一仲裁裁决既包含终局裁决事项，又包含非终局裁决事项，当事人不服该仲裁裁决向人民法院提起诉讼的，应当按照非终局裁决处理。

（二）符合条件的可适用小额诉讼程序

人民法院审理用人单位以情势变更原则解除劳动合同的劳动争议案件，可否适用小额诉讼程序应当区别对待，参照《广东省高级人民法院关于适用小额诉讼程序审理民事案件的操作指引》第1条的规定，② 如果用人单位请求人民法院解除劳动合同或者确认解除劳动合同效力的，不属于适用小额诉讼程序审理的范畴；如果劳动者请求人民法院确认用人单位解除行为违法，并向用人单位主张违法解除的经济赔偿金，双方当事人在有关计算基数、标准、数额、年限上存在争议，人民法院支持的标的额均符合法定要求，即标的额为各省、自治区、直辖市发布的上年度就业人员年平均工资20%以下的，人民法院可以适用小额诉讼程序审理，该裁决为终局裁决，裁决书自作出之日起立即发生法律效力。

我国劳动立法之所以对适用情势变更原则解除劳动合同作出特殊的安排，并将举证责任分配给用人单位，主要目的还是限制自由裁量权，防止滥用情势变更原则，避免出现"同案不同判"的现象。当然，近年来裁判机构对情势变更原则的理解和适用，也已经从过去相对从严把握的做法向趋宽方向调整，这也是劳动立法从过去强调对劳动者的单向保护倾向，过渡到合理兼顾劳资双方权益平衡的转变。在当今市场经济条件下，各类企

---

① 《劳动争议调解仲裁法》第47条：下列劳动争议，除本法另有规定的外，仲裁裁决为终局裁决，裁决书自作出之日起发生法律效力：（一）追索劳动报酬、工伤医疗费、经济补偿或者赔偿金，不超过当地月最低工资标准十二个月金额的争议；（二）因执行国家的劳动标准在工作时间、休息休假、社会保险等方面发生的争议。

② 粤高法发〔2012〕46号《广东省高级人民法院关于适用小额诉讼程序审理民事案件的操作指引》第1条规定，"事实清楚、权利义务关系明确、当事人争议不大，案件标的额为立案时上一年度广东省城镇就业人员平均工资百分之三十以下的下列民事案件，可适用小额诉讼程序审理：……（5）劳动关系清楚，仅在劳动报酬、工伤医疗费、经济补偿金或赔偿金等给付数额、时间上存在争议的劳动合同纠纷案件；（6）劳务关系清楚，仅在劳务报酬给付数额、时间上存在争议的劳务合同纠纷案件；……"。

业作为自负盈亏的市场经济主体，尽管法律已经赋予了其充分的经营自主权，但仍然应当依法保障劳动者的合法权益，并积极承担社会责任，维护社会公共利益。劳动立法确立的情势变更原则，不仅解决了劳动合同订立后客观情况发生重大变化可能导致劳动合同不能履行的问题，而且赋予用人单位在与劳动者不能就变更劳动合同达成一致协议的情况下，解除劳动合同的权利，其代价是要求用人单位借此向劳动者支付经济补偿金，进一步平衡了解除劳动合同后劳动者与用人单位之间的利益与风险的再分配，对建立和谐劳资关系及社会稳定均能发挥积极作用。

The Problem of the Fundamental Change of Circumstances in Labor Law

Zhang Benzhong

Abstract：The full implementation of the labor contract is the basic principle, and the change of circumstances is also a supplementary principle established in the labor legislation of China, and also an important legislative basis invoked by the Supreme People's Court in the trial of civil and commercial contracts. There are both connections and differences between the fundamental change of circumstances in civil and commercial contracts and the fundamental change of circumstances in labor law. There is little research on whether the cases heard by the fundamental change of circumstances in the trial procedure after the implementation of the pre – arbitration of labor dispute cases will be carried out in accordance with the examination procedure determined by the Supreme people's Court. Judging from the current judicial practice, the fundamental change of circumstances is used too frequently in the field of labor law, and the phenomenon of different sentences in the same case exists objectively, and various signs shows, in the future, employers may unilaterally terminate the labor contract or carry out economic layoffs for a period of time. Therefore, it is very necessary to study the fundamental change of circumstances in the labor law.

Keywords：Labor Contract; the Fundamental Change of Circumstances; Be Applied on Trail

论用人单位调岗行为的法律规制[*]

杨勇明^{**}

摘　要： 调岗是"企业基于用工自主权调整劳动者工作内容或工作地点的权利"。在劳动领域，岗位调整现象常见。近年来，调岗争议增多。但是，我国调岗行为的法律规范，目前仅有少数几款全国性的条文和各地出台的司法解释。现行法律规范对调岗的规制无法平衡劳动者与企业之间的利益，实践中产生了一些疑难问题。为避免部分用人单位利用法律空白，对劳动者实行不合法不合理调岗，损害劳动者利益，调岗行为亟待规范。从中国裁判文书网和学术著作等渠道选取了有代表性的45件调岗案例，分析归纳了调岗争议的类型和裁判结果；总结出实践中调岗行为正当性的认定标准，提出当前调岗存在缺乏详细有针对性的法律作为依据、执行的法律依据不同、执行的裁判尺度标准不一和司法裁判回避调岗争议四个突出问题。调岗应当确立保护企业用工自主权和调岗合理性两个基本原则；提出了基于企业经营上所必需等七个认定调岗行为正当性的判断标准。

关键词： 调岗　实证分析　正当性　法律规制

在当前劳动争议案件中，因调岗引起的劳动争议案件层出不穷。调岗是常见的内部劳动力市场的管理方式之一，它既能满足企业发展的需要，又能提高人力资源利用效率。实践中由于受劳动关系隶属性和人身依附性的影响，处于弱势地位的劳动者对用人单位调岗行为较难有平等的协商机会。现行《劳动法》颁布于1995年，距今已超过20年；《劳动合同法》

---

　*　本文是根据作者于2018年获厦门大学法律硕士学位的同名论文修改而成。

　**　杨勇明，厦门大学法律硕士，中国邮政集团公司厦门市海沧区分公司副总经理、工会主席。

颁布于 2007 年，生效至今已超过 10 年，故该两个法案对调岗的规定均较原则，对用人单位的调岗行为更无具体规定。同时，也有部分用人单位在面对法律的空白方面，未客观公正地对待劳动者，而是对劳动者进行调岗时既不合理也不合法，使调岗的功能沦为虚无，损害劳动者的利益；也有部分劳动者未能认识到自身承担的义务，侵犯了用人单位用工自主权；同时司法裁判中也存在无法可依的情况。目前，在司法实务界，虽已基本形成"用人单位单方调岗行为应具有合理性"之共识，但是，合理性的认定标准较为主观和模糊，具体判断标准更是模糊。为此，有必要对调岗行为的正当性进行研究，为市场经济的发展保驾护航，保护劳动者合法权益，维护用人单位经营权和用工自主权。

学界对调岗行为的研究时间短，相关研究成果少。1995 年劳动法颁布后，我国劳动合同方面的立法进程不断加快，并受到理论界的重视。通过中国裁判文书网、中国知网、厦门大学图书馆等线上线下渠道，在资料的新颖性特别是权威性方面经过严格的筛选，共搜集到与研究主题相关的文献及学位论文 30 篇，当中 15 篇与研究主题关联度较高，搜集到相关案例 45 件，另外还搜集了劳动法相关著作 20 余部。现有著作中，未有专门研究调岗法律问题的专著，不得不说是一种遗憾。相关著作基本都是以劳动合同研究为主，调岗问题研究仅仅是作为其中一个很小的部分进行说明。喻术红教授、姜颖教授、郑尚元教授等在对调岗问题进行或深或浅的论述时，普遍认为既要允许用人单位调岗，又必须进行必要的限制。姜颖教授认为，对劳动合同的合意不能过于强调，但是随意变更劳动合同也是应当禁止的；[①] 郑尚元教授、喻术红教授则在对调岗类型进行分类的基础上提出了相应的建议，但郑尚元教授认为"调职合理性判断须依托一定机构进行识别，司法审判中，这样的调职纠纷案件应当树立典型，并通过最高法院之司法解释或案例指导，形成指导性案例，对于调职之合理性具体判断才会有所依循，依托典型案例形成相应法理"。[②] 这似乎也没有解决问题。喻术红教授针对调岗的不同分类提出了规制建议。[③] 在学位论文方面，有数篇论文对调岗问题进行了专题研究。例如刘玲玲认为，当前调职立法缺

---

① 姜颖：《劳动合同法论》，法律出版社，2006，第 165 页。
② 郑尚元：《劳动合同法的制度与理念》，中国政法大学出版社，2008，第 223 页。
③ 喻术红：《劳动合同法专论》，武汉大学出版社，2009，第 117 页。

乏对调职合意的实质性审查和对恶意调职的规制，从企业调职权利范围、调职人选的妥当性、调职合意审查、调职权滥用的判断标准及其救济方面提出了建议。[①] 张大伟重点研究了合理性的认定标准，认为应当根据调岗理由真实性、必要性、正当性和程序性进行评判，并探讨了单方调岗行为被作为保密措施等几种情形的合理性问题。[②] 周艺提出，调岗要符合劳动合同及集体合同的约定，用人单位承担证明责任，个案平衡，用人单位补偿、培训等几方面建议，以及对用人单位滥用调岗权规制的方法，包括协商一致、劳动者不能胜任工作、岗位约定宽泛等情形的认定。[③] 于五洋提出了在法律上明确惩戒用人单位恶意调岗、明确调岗合理性判断的三个方法、在劳动合同中完善工作岗位的规定三点规制建议。[④] 王叶认为，劳动规章不能当然成为调岗的依据，承认集体合同在调岗中的效力问题，但未对调岗规制提出具体建议。[⑤] 也有学位论文从劳动合同变更的角度进行了论述。即使是专门针对调岗问题的，对调岗案例的实证研究也普遍较为缺乏，也少有对调岗应当遵循的原则进行界定，也较少系统地对调岗合理性的判断标准进行总结归纳。既往研究成果中较少从实证角度进行分析，对调岗应当遵循的原则也较少涉及，也较少系统地对调岗合理性的判断标准进行总结归纳。

本文从用人单位调岗行为的概念和分类入手，通过对现有劳动立法的相关规范及司法案例的研究，结合调岗争议案件类型和裁判结果，总结出司法实践对调岗行为正当性的认定标准，并就司法实践处理调岗争议存在的主要问题进行归纳，最后提出确立调岗合理性原则，并对完善我国调岗行为法律规制提出具体建议。本文主要采用案例分析法、比较分析法、归纳分析法三种研究方法。在分析案例的基础上，从定量到定性，得出当前调岗存在的主要问题和解决路径，并总结出调岗行为的法律规制建议，以更好地促进劳动者权益保护，促进和谐稳定劳资关系的建立。

---

① 刘玲玲：《企业调职权的法律规制》，西南政法大学硕士学位论文，2015，第1页。
② 张大伟：《用人单位单方调岗行为的合理性探析》，山东大学硕士学位论文，2016，第1页。
③ 周艺：《用人单位调岗行为的法律规制研究》，南京大学硕士学位论文，2011，第1页。
④ 于五洋：《用人单位单方调岗行为的法律规制研究》，辽宁大学硕士学位论文，2017，第1页。
⑤ 王叶：《用人单位单方变更劳动者工作岗位和劳动报酬的法律探析》，苏州大学硕士学位论文，2011，第1页。

一 调岗行为概述

（一）调岗行为的界定

1. 调岗行为的定义

调岗，也称调职，通俗地说就是调整工作岗位。黄程贯老师所代表的台湾学者观点为，调职是雇主出于经营管理需要而对企业人力资源进行调配，对雇工的工作内容进行调整，或者改变工作地点，而且这种调整必须是长时间的。① 刘松珍老师认为，调职作为企业的一种单方权利，有赖于劳动关系的从属性，其表现形式同样是调整劳动者的工作地点或者是工作岗位。② 还有观点认为调职的范围必须排除临时性调整的情形或者其他特殊状况，通常情形是对劳动者职务内容或工作场所进行的长时间的调整。③

企业既可以在内部进行调岗，也可以对劳动者进行跨企业调岗。跨企业调岗普遍发生在关联企业之间，同时原劳动关系既可以保留也可以终止。企业外部调岗关系到前后用人单位的法律责任划分问题，如果系终止原劳动关系的，涉及劳动合同的根本变更。学界从保护劳动者的角度出发，普遍认为这类岗位调动必须有劳动者明确具体的同意。故而，本文所述"调岗"仅限于同一企业内的调岗。

从我国现行法律看，工作岗位的概念仅《劳动合同法》第58条提及，除此之外并无其他条文有规定。从语义上讲，调岗是主动性行为，一般是指用人单位的主动作为，由劳动者主动发起的则必须有用人单位的同意才会有实质性的调岗行为出现。从理论上讲，调岗能够存在的法理基础就在于用人单位和劳动者之间形成的雇佣关系而产生的用人单位的用工自主权。从内容上看，调岗必然涉及工作岗位，实质上是工作内容，抑或涉及工作地点，这两大块是劳动合同建立的最关键因素。因此，本文将调岗行为定义为"企业基于用工自主权调整劳动者工作内容或工作地点的权利"。

---

① 黄程贯：《劳动法学》（修订版），台湾空中大学出版社，2001，第460~461页。
② 刘松珍、董文军：《调职权略论》，《当代法学》2012年第4期。
③ 郑尚元：《劳动合同法的制度与理念》，中国政法大学出版社，2008，第224页。

2. 调岗行为的种类

根据调岗的不同要素，可以对调岗进行不同分类。

（1）按调整内容予以区分。我国现行法律对劳动合同应当包含的内容已经在《劳动合同法》第 17 条中进行了界定，通常来说，劳动合同成立最关键的因素就是工作内容、工作地点和劳动报酬。因此调岗最关键的是调整这三部分内容的全部或部分，这也是劳动者最为关心的。在正常情况下，工作内容的变化一般会引起劳动报酬的变化，工作地点的变化则可能带来劳动报酬变化的不确定性，因为企业可能给予相应补贴也可能没有。当然实际运作当中也会存在其他特殊情形。理论上，按调整内容划分，可以分为两大类六种情形：第一类是调整工作内容，分为四种情形，包括工作地点和劳动报酬不变，工作地点不变和劳动报酬变化，工作地点变化和劳动报酬不变，工作地点变化和劳动报酬变化；第二类是在工作内容不变的情况下，分为两种情形，包括工作地点变化和劳动报酬变化，工作地点变化和劳动报酬不变。

（2）按调岗原因予以区分。第一，经过协商达成合意的调岗。"用人单位与劳动者协商一致，可以变更劳动合同约定的内容"，这是我国《劳动合同法》第 35 条已经明确规定的，可见我国法律明确规定了变更原先的劳动合同可以通过协商达成一致后成立。有人认为协商一致可以就今后所有的调岗适用，笔者认为如果是这样的话那和在合同中将调岗权利交给用人单位无异，不利于保护劳动者合法权利，因此协商达成的合意应当是具体而确定的任一次调岗。而只要是协商一致，那么调岗就不会存在问题。第二，依据合同约定的调岗。现实中，有两种情形，一种是在合同中约定可以调岗的具体岗位种类或者是工作地点，这样比较能够避免调岗产生纠纷；第二种是未明确约定，很多用人单位使用了"口袋"条款，即约定企业可以随时根据需要对劳动者进行调整，劳动者有服从的义务，这类条款会出现在劳动合同中，比较隐蔽的是通过规章制度的形式进行约定。这类调岗一般会引起纠纷。有研究认为即使规章制度有这样的条款，也仅仅是对企业用工自主权之调岗权的承认。[1] 第三，法律规定情形的调岗。即只要是具有法律效力的文件有对调岗事由的规定，那么笔者认为就可以

---

[1] 张大伟：《用人单位单方调岗行为的合理性探析》，山东大学硕士学位论文，2016，第3页。

作为本条所说的法律规定情形，除了传统意义的法律、行政法规规章外，还包括司法解释和地方性法规等，乃至一些部门规范性文件均可。我国法律对法定调岗事由进行专门的规定较为有限。一是《劳动合同法》的规定，其中第44条规定有三种情形，第一种是劳动者患病，第二种是非因工负伤，前两种都必须满足医疗期满后不能继续原工作的条件，第三种是劳动者无法胜任原来的工作岗位；二是《女职工劳动保护特别规定》的特别规定，第6条针对女职工的情形，必须是在孕期，同时满足不能从事原劳动的条件；三是《工伤保险条例》中的特别规定，如因工致残达到五级、六级伤残的。在这些情况下的调岗用人单位及劳动者都不能拒绝。

3. 调岗的性质

对劳动者岗位的调动权利，从本质上看是基于用人单位的经营管理权，没有相应的调动权利，企业经营无从谈起。如果岗位发生变动，是否就是对劳动合同的变更，如果是劳动合同的变更，那么也就意味着调岗是形成权的一种。笔者是持这种观点的。因此，调岗行为必然具有双重属性。

国外有关调岗的性质观点各异，有概括合意说等四种。[①] 一是概括合意说，该说认为，雇主与劳动者在签订劳动契约时，对具体的劳动岗位或条件并未进行约定，而是仅就雇佣达成合意，因此雇主就当然享有劳动力的概括使用权。这种主张的特点在于认为劳动者在签订劳动契约后，就必须服从雇主的岗位安排，除非劳动契约对岗位的约定十分明确。二是劳动契约说，该说认为，调岗的合法与否在于是否有劳动契约的约定，如果劳动契约有做相关约定，那么该调岗是雇主对劳动合同履行的一部分，劳动者对调岗有服从的义务，反之则劳动者可以拒绝。同时雇主还须受到权利不得滥用原则的限制。三是特定的合意说，又称为特约说。即劳动契约中已经就工作岗位、内容或工作地点进行了约定，如果雇主需要变更则应当征求劳动者意见。该说认为劳动契约应当约定的要素必须全部具备。除非劳动者自愿在劳动契约中概括约定放弃自身权利。四是调职命令否认说，该说认为雇主与劳动者必须按劳动契约履行，单方调岗权并不存在，除非劳动者同意，否则不得对劳动者工作内容和工作地点进行变更。

---

① 喻术红：《劳动合同法专论》，武汉大学出版社，2009，第100～101页。

（二）法律规制调岗行为的必要性

1. 有利于保障企业的用工自主权

何谓企业用工自主权，学界众说纷纭。通俗地说，用工自主权指用人单位在不违反法律、法规规定的情况下，根据企业自身发展的需要，在人员使用数量及形式、岗位设定、劳动待遇等方面享有的自主决定的权利。有人认为，"用工自主权是指用人单位根据自身经营发展的需要，自主决定招用、管理员工的权利，由招工权、辞退权、管理权、奖惩权、工资报酬分配权、组织调配权等一系列具体权能组成"。① 无论定义怎样，都是认可用人单位用工自主权。因为企业在招聘劳动者时，也无法预料今后的市场状况、企业经营重心的变化、劳动力的综合使用等各项情况，必须给予用人单位自主的用工权，用人单位才能够更好地管理人才，优化人力资源配置，从而更有利于参与市场竞争。实际当中因劳动者在劳动关系中处于受管理方的劣势地位，肯定会存在部分劳动者因该劣势而被用人单位侵犯自身的合法权益，劳动者被轻易进行调岗降薪的情况。但同时，也存在一些劳动者不服从用人单位对岗位的合理调整，进而影响用人单位的整体经营，使用人单位无法适时通过市场的变化动态进行员工调整管控，包括生产作业地点的改变、内设部门的重整、设立等，这就使得企业变得僵化，不仅无法保证正常的经营需要，更甚者影响市场经济的基础。为此大力发展市场经济从根本上就要保障企业的用工自主权，从而激发企业活力。

2. 从根本上保护劳动者的合法权益

劳动者在劳动合同关系中不可避免地处于弱势地位，为此考虑如何保护劳动者的合法劳动权利就显得尤为重要。一方面，劳动者一旦与用人单位签订劳动合同，按照我国劳动合同法的规定，就必须对工作内容、工作地点、劳动报酬进行约定，一旦合同订立，那么合同双方就必须严格按照合同履行双方的权利义务。这一民事合同法律要求同样适用于劳动合同。这是劳动者的信赖利益。另一方面，如果允许企业在生产经营过程中，随意调整员工的工作岗位及薪酬，将会把劳动者置于不确定当中，也失去了劳动合同的意义。当然，聪明的用人单位也经常采用如"口袋"条款，即

---

① 沈艳慧：《劳动合同变更问题研究》，厦门大学硕士学位论文，2006，第16页。

将应当明确的"工作岗位、工作地点"等进行宽泛的或概括性的描述，从而扩大其用人自主权。还有的在合同中约定"劳动者对企业的调岗决定有服从的义务"，类似的条款无疑是更为隐蔽的。如果允许劳动合同约定用人单位有权随意调整岗位，而劳动者签约即表示服从，那么劳动合同应必备"工作岗位"等条款的规定也失去其原有意义，用人单位这种"调岗、调薪"权也容易被异化为变相降薪、逼迫劳动者主动辞职等形式。有学者认为，"因工作岗位和劳动报酬的调整直接关涉到劳动者的择业权等劳动权利，为防止用人单位滥用用工自主权，其上述权利的行使应以不违背法律、法规的规定以及不损失劳动者的合法权益为前提"。① 如果这种现象存在，那么类似的解雇保护制度也将失去存在的意义。② 为此，对调岗进行限制也是保护劳动者合法权益的必然要求。

综上，法律必须既要保护企业用工自主权，又要保护劳动者合法权益，要兼顾两者从而达到宝贵的平衡状态。

（三）我国法律规制调岗行为的现状

调岗，在以前未受到学术界重视，故现行法律对之规定较匮乏。有学者认为，企业的用工自主权是限制在劳动合同成立前。③ 如果是劳动合同正式开始履行之后，则对劳动者的工作岗位及待遇的变更，需要劳动者的同意或者符合法律的相关规定。理论研究的深入也为法律规制提供了有利条件。现行规定情况归纳如下。

1. 法律法规规定情况

（1）协商一致的调岗。《劳动法》第 17 条规定了协商一致原则，《劳动合同法》第 35 条规定了书面形式的要求。这实际上是从形式上进一步对劳动合同的变更做了限制。两者相同的是，调岗必须协商一致。协商一致的调岗可以最大限度地减少调岗争议，是调岗的最佳方式。

（2）因劳动者自身原因无法继续从事原岗位时单位有权调整劳动者工作岗位。现有法律归纳起来包含三种情形，第一种是劳动者患病，第二种是非因工负伤，前两种都必须满足医疗期满后无法继续原工作的条件，第

---

① 刘金山主编《法院审理劳动争议案件观点集成》，中国法制出版社，2016，第 165 页。
② 丁建安：《论企业单方调岗行为法律效力的判断》，《当代法学》2015 年第 3 期。
③ 黄乐平等主编《劳动合同法疑难案例解析》，法律出版社，2008，第 268 页。

三种是劳动者无法胜任原来的工作岗位。这些在学界通常被认定为企业可以不经劳动者同意对劳动合同变更的缘由。①

（3）情势变更情形下的调岗。其可以分为两种情形。一是客观情况发生重大变化，这时可以协商变更合同，这在《劳动合同法》第40条中有所规定。必须注意的是，双方如果无法协商一致，那么调岗就无法进行下去，只能解除劳动合同。所以该款规定只是用人单位启动调岗的前提。二是企业转产、重大技术革新或者经营方式调整，可以变更劳动合同。但是对于如何变更没有进一步的规定。用人单位可以直接变更还是需要劳动者同意，如果劳动者不同意如何处理？这些都留下了空白。

此外，《女职工劳动保护条例》中也规定了女工"三期"期间调整工作岗位的情形，用人单位只能按有利于劳动者的原则合理调整女工的工作岗位。不过，这类调整一般是临时性调整，不在本文探讨范围。

2. 各地的相关规定

调岗相关规定的不完善，使得司法实践可供裁判的依据明显不足以适应当前劳动争议的现状。为此各地也相应出台了一些指导意见，法律层级也各有不同，有高院的意见，有民庭的意见，层级的不同某种意义上说也代表了实务界并未达成一致的意见。有的规定比较具体，有的规定仍然让人无所适从。

下列四种情形比较具有代表性。

（1）最高人民法院相关司法解释。2001年至2013年，最高人民法院印发了四个关于审理劳动争议案件适用法律若干问题的解释。

（2）上海市高院民一庭2009年的《关于审理劳动争议案件若干问题的解答》。其认为如果劳动合同中有约定用人单位享有随时调整劳动者工作内容或岗位的，如果劳动者不认可，则调职具有充分的合理性的证明责任由用人单位承担。用人单位无法证明的，不得调岗。但是何谓"合理性"仍然无从得知。

（3）江苏省高级人民法院2009年的《关于在当前宏观经济形势下妥善审理劳动争议案件的指导意见》。其中第2条第2款第3项规定：用人单位有权依据其劳动规章制度或双方的书面约定调整劳动者的工作内容和工

---

① 王炳瑞、牛俊颖：《企业单方调岗需要注意的法律问题》，《中国劳动》2008年第1期。

资报酬，发生争议的，用人单位应当对调整劳动者工作内容和工资报酬的合法性和合理性承担举证责任。其也存在上述问题，仅仅规定了"合法性和合理性"，但未做具体详述。而浙江省高级人民法院 2009 年《关于审理劳动争议案件若干问题的意见（试行）》的规定就较具有可操作性，第 42 条规定"用人单位调整劳动者工作岗位，一般应经劳动者同意。如没有变更劳动合同主要内容，或虽有变更但确属用人单位生产经营所需，且对劳动者的报酬及其他劳动条件未作不利变更的，劳动者有服从安排的义务"。

（4）广东省高级人民法院、广东省劳动人事争议仲裁院出台的调岗规定则更加具有可操作性，要求必须具备四种情形方能调岗。2012 年《广东省高级人民法院、广东省劳动人事争议仲裁院关于审理劳动人事争议案件若干问题的座谈会纪要》第 22 条规定："用人单位调整劳动者工作岗位，同时符合以下情形的，视为用人单位合法行使用工自主权，劳动者以用人单位擅自调整其工作岗位为由要求解除劳动合同并请求用人单位支付经济补偿金的，不予支持：（一）调整劳动者工作岗位是用人单位生产经营的需要；（二）调整工作岗位后劳动者的工资水平与原岗位基本相当；（三）不具有侮辱性和惩罚性；（四）无其他违反法律法规之情形。"

上述法律、司法解释等构成了我国现行关于调岗的规定现状。

二　调岗争议的司法案件实证分析

（一）研究样本及来源说明

1. 研究样本来源

笔者从中国裁判文书网搜集到调岗案例 45 件，其中，调整工作岗位类案件 30 件；调整工作地点类案件 15 件。按案件发生区域划分，福建省 30 件，其余省份 15 件。结合其他学者著作，我国目前调岗的情形不外乎所收集的案件种类，故这些案件不仅具有代表性，而且也比较完整全面地反映了调岗的情形。按照收集的案例对当前调岗的问题进行研究。

2. 司法案件情况

作为研究样本的司法案件，列表汇总如下（见表 1）。

表 1 案例汇总

序号	案号	案件当事人
1	（2016）闽 02 民终 4507 号	郑丹玲与厦门裕铭贸易有限公司
2	（2017）闽 02 民终 3511 号	焦友静与厦门市嘀嘀众保商贸有限公司
3	（2017）闽 02 民终 2183 号	陈树裕与厦门嘉郡建设有限公司
4	（2017）闽 02 民终 1858 号	周德全与厦门万翔网络商务有限公司、厦门万翔招标有限公司
5	（2017）闽 05 民终 1310 号	陆芬芳与福建和诚鞋业有限公司
6	（2018）闽 01 民终 3681 号	韩丽萍与佛山市南海大洋实业有限公司
7	（2016）闽 02 民终 3030 号	刘宪彬与厦门新华都购物广场有限公司
8	（2016）闽 02 民终 5269 号	余冬青与厦门日上钢圈有限公司
9	（2014）宁民终字第 169 号	王华朝与福建仙洋洋食品科技有限公司
10	（2015）漳民终字第 1626 号	曾文军与福建三宝特钢有限公司
11	（2015）辽审三民提字第 003 号	王野与可口可乐辽宁（南）钦饮料有限公司葫芦岛分公司劳动争议
12	（2015）南六沿民初字第 257 号	江庆生与钢铁公司
13	（2014）惠中法民三终字第 37 号	刘秀营与德赛电子（惠州）有限公司调岗纠纷
14	（2017）闽 01 民终 3028 号	余新芳与中国太平洋人寿保险股份有限公司福建分公司
15	（2016）闽 05 民终 795 号	陈灿与卡丁（福建）儿童用品有限公司
16	（2014）厦民终字第 2604 号	杨光明与厦门鑫兴鞋业有限公司
17	（2013）厦民终字第 805 号	王宗金与厦门润懋制衣有限公司
18	（2018）闽 08 民终 930 号	张向平与中国平安财产保险股份有限公司龙岩中心支公司
19	（2017）闽 04 民终 533 号	王上海与大田红狮水泥有限公司
20	（2016）闽 08 民终 761 号	林晓兰与龙岩新天地物业管理有限公司
21	（2016）闽 08 民终 1389 号	林凤琴与龙工（福建）铸锻有限公司
22	（2015）厦民终字第 1483 号	池挺峰与厦门鑫万彩塑胶染料工贸有限公司
23	（2015）岩民终字第 585 号	王爱民与福建省龙岩市梁野山种业有限公司
24	（2014）榕民终字第 203 号	谢昌彪与福州顺益木业有限公司
25	（2013）清中法民一终字第 662 号	连君与英德幸福蓝海影城有限责任公司劳动合同纠纷案
26	（2016）桂民再 104 号	岑汉坤与奥卡公司

续表

序号	案号	案件当事人
27	（2017）川民再 266 号	李报杰诉万创科技
28	（2017）闽 06 民终 2688 号	漳州钜日电子有限公司与廖小娟、漳州日进电子有限公司
29	（2017）闽 02 民终 5413 号	余瑞华与厦门新凯宾物业服务有限公司
30	（2016）闽 02 民终 2732 号	林斌与基杰五金制品（厦门）有限公司
31	《劳动争议案件司法观点集成》	常某与安全公司
32	（2011）杭拱民初字第 625 号	汪菊英与药圣堂（湖南）制药有限公司劳动争议
33	（2018）京 02 民终 380 号	北京齐鲁饭店有限公司与程素丽劳动争议
34	（2018）闽 02 民终 544 号	德林义肢矫形康复器材（深圳）有限公司与李宏岭
35	（2017）闽 07 民终 59 号	江振琦与邵武华新化工有限公司
36	（2015）榕民终字第 75 号	福建融林塑胶五金实业有限公司与林学锦
37	（2011）嘉民四（民）初字第 931 号	林×东劳动者与世强劳务公司
38	（2017）浙 01 民终 8043 号	孙海红与通联支付网络服务股份有限公司浙江分公司
39	（2016）闽 08 民终 1719 号	xx 强与紫金矿业建设有限公司
40	（2011）穗中法民一终字第 4842 号	胡礼国与中铁五局案
41	（2016）闽 02 民终 4773 号	喜力酿酒（广州）有限公司与张丽芬
42	（2015）粤高法审监民提字第 31 号	张继红与中铁五局物资公司、中铁五局物资公司广州分公司调岗纠纷
43	（2011）杭西民初字第 352 号	神州通信集团有限公司浙江分公司与陈晶晶
44	（2013）漳民终字第 1308 号	冯运因与被上诉人福建布朗博士婴儿用品有限公司
45	《中华人民共和国劳动合同法释义》	崔佳与哈尔滨某百货公司

注：1. 李盛荣、马千里：《劳动争议案件司法观点集成》，法律出版社，2017，第 206 页。

2. 信春鹰主编《中华人民共和国劳动合同法释义》，法律出版社，2007，第 125 页。

资料来源：中国裁判文书网，http://wenshu.court.gov.cn/，访问时间：2018 年 7 月 13、14 日。

（二）司法实践中调岗争议案件类型和裁判依据及结果

本文收集到调整工作岗位争议案件30件，其中判决支持劳动者的案件21件，支持用人单位的案件9件；调整工作地点类案件15件，其中判决支持劳动者的案件8件，支持用人单位的案件7件。

1. 案件类型

从当前调岗现状看，调岗案件可以有诸多分类，既可以按是否降低工资进行分类，又可以按调整工作岗位进行分类。郑尚元认为可以做以下划分"一类是同一级别、同一待遇的不同岗位上的调动；一类是不同级别、不同待遇的不同岗位上的调整"。① 笔者基于调岗要素，将调岗区分为两种类型：一是调整工作岗位；二是调整工作地点。如前所述，在这两大类型案件里，还可以做如下细分：调整工作岗位还可以分为三类，包括降低岗位等级并降低工资的调岗、同岗位等级下不同岗位的调岗、调岗前后岗位性质及工作内容差距较大的调岗；调整工作地点也可以分为四类，包括同一区域调岗、跨区域调岗、跨省调动、特殊的工作地点调整的调岗。下面详细分析。

（1）调整工作岗位。这是当前调岗最普遍的类型。此类型案件共有30件，占比67%。通过案例内容可以更清楚地分析当前实际的调岗争议情况。

第一，降低岗位等级并降低工资的调岗。在所收集的案件中，这类案件达到10件（表1编号1~10），占比达22%。此类型案件内容表现为用人单位在签订劳动合同的情况下，后来单方面调整劳动者岗位，且是降低岗位级别和降低工资。例如案例1中裕铭贸易有限公司将郑丹玲"经理"职务调整为"财务经理代理"，并降低工资；例如案例10中，用人单位将劳动者从原炼铁厂副厂长的职务调整为1#高炉车间主任，其工资从2013年9月开始从原来的17000元调整为14000元。2014年1月28日，劳动者从1#高炉车间主任的职务调整为炼厂生产科长。劳动者因此起诉。第二，同岗位等级下不同岗位的调岗。用人单位调整劳动者岗位，前后两个岗位性质上不存在差别，只是工作内容发生变化。此类型案件共有14件（表1

---

① 郑尚元：《劳动合同法的制度与理念》，中国政法大学出版社，2008，第227页。

编号 11~24），占比 31%。例如案例 11 中"王野与可口可乐辽宁（南）钦饮料有限公司葫芦岛分公司劳动争议"（2015）辽审三民提字第 003 号，可口可乐葫芦岛公司将王野的工作岗位由"结算员"变更为"储备业代"，劳动者表示反对。又例如案例 12 中江庆生诉钢铁公司案，钢铁公司将江庆生从电工岗调整为皮带工岗位，导致纠纷。还包括案例 13 中刘秀营与德赛电子（惠州）有限公司（简称"德赛电子"）调岗纠纷，因德赛电子撤销公司行政部司机班，需要将劳动者调整至与双方当事人在《劳动合同》中约定的"岗位（管理技术岗位或生产操作岗位）为生产/技术/管理岗位，职务（或工种）为员工/职员"基本相当，且与原工资待遇相当的岗位。第三，调岗前后岗位性质及工作内容差距较大的调岗。此类型案件共有 6 件（表 1 编号 25~30），占比 13%。例如在案例 25 "影城与连君案"中，在劳动者休产假结束后，用人单位擅自决定将其从人事行政管理工作的管理岗位调整至负责场务工作的一线服务岗位。

还有如案例 26 岑汉坤与奥卡公司劳动争议案，合同约定岑汉坤的工作岗位为非生产性岗位，担任管理工作。后奥卡公司经公司董事会研究决定，解除岑汉坤公司财务总监职务，将岑汉坤安排至表面处理车间任施工员一职。还例如案例 27 李报杰诉万创科技案，合同约定李报杰在万创科技硬件部门从事结构设计工作，后来万创科技研究将李报杰从结构工程师岗调动到装配岗位工作。

（2）调整工作地点。在这一分类下，还可以进行以下类型的区分。

其一，同一区域调岗，此类型案件共有 2 件（表 1 编号 31~32），占比 4%。例如案例 31 常某诉安全公司案，用人单位将常某在同一县区范围内调整工作地点。[①] 其二，跨区域调岗，此类型案件共有 6 件（表 1 编号 33~38），占比 13%。用人单位在未与劳动者协商的情况下，擅自将劳动者调至跨区域的地点上班的情形，例如案例 36 中福建融林塑胶五金实业有限公司将林学锦外派到其他城市，没有安排班车、交通补贴、租房补贴等补偿措施。另一种情形是案例 37 中用人单位将劳动者调动到外地，安排班车、交通补贴、租房补贴等补偿措施；案例 38 中，将劳动者从杭州商户服务部调到衢州业务部工作，劳动者反对。其三，跨省调动，此类型案件共

---

① 李盛荣、马千里：《劳动争议案件司法观点集成》，法律出版社，2017，第 206 页。

有 6 件（表 1 编号 39~44），占比 13%。与前述类型相比跨度更大。例如案例 42 张继红与中铁五局物资公司、中铁五局物资公司广州分公司调岗纠纷案，用人单位欲将劳动者从广州调岗至贵州上班。其四，特殊的工作地点调整的调岗，此类型案件共有 1 件（表 1 编号 45），占比 2%。案例 45 中哈尔滨市某百货公司财务崔佳，因单位在其他区开设分店，而被调到新店继续从事财务工作。①

2. 裁判依据

从收集的案例看，法院裁判依据可以归纳分类如下。

（1）《最高人民法院关于审理劳动争议案件适用法律若干问题的解释（四）》第 11 条适用上的不同。案例 10 中适用了该条规定；案例 5 中虽然具有履行超过一个月的情形，但法院不适用该条，认为违反法律规定，即违反了《劳动合同法》第 35 条，排除了该条的适用。

（2）《劳动合同法》第 29 条与第 35 条的适用。案例 11、12 同时适用了第 29 条与第 35 条；案例 14、15、17、18、19、20、23、24、25、26、29、31、32、37、38、42、44 适用了第 29 条；案例 4、7、16、22、28、30、33、35、36、39、41、45 适用了第 35 条；案例 9 中双方签订的劳动合同虽然约定了劳动者同意用人单位可根据公司需要单方面变更工作地点、工作岗位，且对劳动者薪酬按新的工资标准确定等内容，但"新的工资标准"合同中并未明确。法院认为该约定实际上赋予用人单位单方改变劳动者劳动报酬的主要劳动合同权利，违反了《劳动合同法》第 26 条第 1 款"下列劳动合同无效或者部分无效：（二）用人单位免除自己的法定责任、排除劳动者权利的"规定。这是对第 29 条的辅助适用。

（3）适用《劳动合同法》第 40 条。在该条第 2 款规定的情形下，可以解除劳动合同。案例 1、2、6、8 法院均援引该条，同时由用人单位负证明劳动者不能胜任工作的责任。该条第 3 款，案例 13、43 适用了本款规定，同时由用人单位负证明劳动者不能胜任工作的责任。

（4）回避调岗问题，裁判了其他劳动争议，从而解决调岗争议。案例 3 中回避了调岗争议，解决未按时足额支付劳动报酬的争议；案例 21 中回避了调岗，从劳动者自愿离职的角度裁判；案例 27、34 中回避了调

---

① 信春鹰主编《中华人民共和国劳动合同法释义》，法律出版社，2007，第 125 页。

岗，从劳动者旷工角度裁判；案例 40 中直接从对劳动者不利角度进行了裁判。

3. 裁判结果

（1）关于调整工作岗位的争议。其一，降低岗位等级并降低工资的调岗。案例 1~9 中判决用人单位调岗违法；但是在案例 10 中，却是支持用人单位调岗。出现了截然相反的判决结果，不过此种情形下判决用人单位调岗违法依然是占据很大比例。其二，同岗位等级下不同岗位的调岗。在 14 个案件中，案例 11~17 是支持劳动者，案例 18~24 是支持用人单位调岗，两者的比例持平。在王野案中，法院支持劳动者，认定调岗违法。在江庆生案中，南京市六合区人民法院认为调整工作岗位不能脱离已明确约定的工种类型，法院也判决支持劳动者。但是在刘秀营与德赛电子（惠州）有限公司调岗纠纷案中，法院支持用人单位调岗。其三，调岗前后岗位性质及工作内容差距较大的调岗。在 6 个案例中，案例 25~28 共 4 例支持劳动者，案例 29~30 共 2 例支持用人单位调岗，这样的裁判结果证明司法实践对调岗争议解决存在巨大分歧。

第一种裁判结果，例如在案例 25 英德幸福蓝海影城有限责任公司与连君劳动合同纠纷案中，从人事行政管理工作调岗至一线服务岗位，法院判决调岗违法。第二种裁判结果，例如在案例 26 岑汉坤与奥卡公司劳动争议案中，解除岑某公司财务总监一职，并将其调至其他工作岗位，法院判决调岗合法。还包括在案例 27 李报杰诉万创科技案中，法院回避了调岗，而从旷工角度入手说明劳动者违法。

（2）关于工作地点变动的调岗争议。同一区域调整，案例 31~32 均支持了用人单位调岗，这也说明司法实践在这点上是一致的。跨区域调整也出现了不同的判决结果。案例 33~36 支持劳动者，案例 37~38 支持用人单位调岗。跨省调动也出现了不同的裁判结果。案例 39~41 支持劳动者，案例 42~44 支持用人单位调岗，比例平均。特殊的工作地点调整的调岗只有 1 例，判决支持劳动者。

（三）司法实践对调岗行为正当性的认定标准

通过上述案例分析，可以归纳总结出当前司法实践对调岗行为正当性的认定标准。

1. 是否符合法律规定

我国解决调岗争议的法律规范包括《劳动法》《劳动合同法》与最高院司法解释及各地出台的有关规定，在进行司法裁判时作为依据进行裁决。如案例 13 中刘秀营与德赛电子（惠州）有限公司调岗纠纷，因德赛电子撤销公司行政部司机班，法院认为德赛电子为生存和发展，降低经营成本，撤销了行政部司机班，使劳动合同订立时所依据的客观情况发生了重大变化。司机岗位不存在后，双方协商变更工作岗位，在《变更劳动合同协议书》中提供的新岗位基本相当，且与原工资待遇相当，但是刘秀营明确表示不同意变更，导致双方无法达成调岗协议，认定德赛电子（惠州）有限公司调岗符合《劳动合同法》规定的企业经营方式调整之情形。①

如案例 9 中法院认为用人单位调整劳动者的工作岗位及工资，劳动者对此均没有提出异议，按照最高院司法解释劳动者已在新岗位超过一个月，视为劳动者予以接受，视为有效变更。②

2. 是否有合同约定

如果在劳动者与用人单位合同里有明确的岗位约定，那调岗就会依据相应的条款进行裁判。案例 4 中劳动者周德全原担任厦门万翔网络商务有限公司（简称"万翔网商公司"）产品开发部副经理职务，后调整为产品开发部经理（手机数码类），工资标准按照产品经理套定执行。法院认为万翔网商公司未经周德全同意，单方决定调整周德全的工作岗位、降低周德全的工资标准，应视为未按照劳动合同约定提供劳动条件，调岗违法。③在案例 11 王野与可口可乐辽宁（南）钦饮料有限公司葫芦岛分公司劳动争议中，可口可乐葫芦岛公司将王野的工作岗位由"结算员"变更为"储备业代"，因双方在劳动合同中已明确约定岗位为"结算员"，因此判决违反劳动合同约定。

案例 12 江庆生与钢铁公司调岗纠纷案中，江庆生多年来一直从事电工工作，并取得相应资格证，而钢铁公司将其调整到皮带工岗位，与江庆生的专业特长不相符，且双方劳动合同明确约定岗位为电工，因此南京市六

---

① （2014）惠中法民三终字第 37 号判决书。
② （2014）宁民终字第 169 号判决书。
③ （2017）闽 02 民终 1858 号判决书。

合区人民法院认为如果劳动合同有明确约定的工种类型，则调岗的岗位必须在约定的工种类型范围内，遂判决用人单位调岗违法。①

在案例 26 岑汉坤与奥卡公司劳动争议案中，奥卡公司解聘岑某公司财务总监一职，并将其调至其他工作岗位，法院认为属于奥卡公司正常行使人事管理权，也是符合双方合同的约定的。奥卡公司将岑汉坤调岗的行为既没有违反法律规定，且符合双方合同的约定。②

案例 38 中法院认为劳动合同系双方当事人经充分协商而定，未有违反法律及行政法规的强制性规定之情形，应属合法有效，对双方当事人均具有法律约束力。该劳动合同对工作地点的约定明确而具体，也即孙海红对可能存在的工作地点在签订劳动合同时即已预知。因此，通联公司有权依据劳动合同约定调整孙海红的工作地点，调岗行为符合合同的约定。③

3. 是否协商一致

《劳动合同法》第 35 条规定的协商一致也是法院进行调岗裁判认定的标准。案例 5 中，劳动者陆芬芳与用人单位福建和诚鞋业有限公司（简称"和诚公司"）发生调岗纠纷，陆芬芳被从品管经理调整为检验股办事员，一审法院认为因和诚公司在未与陆芬芳协商情况下即对其进行调岗降薪，且未能提供证据证明该行为的合理性，后陆芬芳对和诚公司调岗降薪的行为不予认可，和诚公司单方调岗降薪的行为在未得到陆芬芳认可前，并不产生法律效力。④

在案例 4 中，法院认为劳动者周德全辞去开发部副经理职务的行为系万翔网商公司招聘程序的强制要求，并非基于周德全自身意愿，周德全参加该次干部招聘的行为不应被视为双方协商一致同意变更劳动合同约定内容。⑤

在案例 28 中，法院认为漳州钜日电子有限公司（简称"钜日公司"）与廖小娟签订的劳动合同约定的工作岗位为人文行政部人事，钜日公司发出公告将廖小娟调至财务部电线仓库，未能举证证明调岗经廖小娟同意，

---

① （2015）南六沿民初字第 257 号判决书。
② （2016）桂民再 104 号判决书。
③ （2017）浙 01 民终 8043 号判决书。
④ （2017）闽 05 民终 1310 号判决书。
⑤ （2017）闽 02 民终 1858 号判决书。

钜日公司未经双方协商一致以公告的形式单方调整劳动者廖小娟工作岗位，违反法律规定。

4. 是否对劳动者严重不利

这个标准在我国现行劳动法律规范中并未提及，随着司法实践中调岗案例的增多，法院在具体审判时也会考虑这一因素。在案例 25 英德幸福蓝海影城有限责任公司与连君案中，法院认为调岗前的人事行政岗与调岗后的服务岗相比，该调岗具有一定的惩罚性和侮辱性，对劳动者严重不利，属于侵犯了劳动者的合法权益。① 案例 37 中用人单位解决了员工的交通和住宿问题，未使员工利益受损，为此法院认为调岗是有效的。案例 29 中余瑞华与厦门新凯宾物业服务有限公司（简称"新凯宾公司"）所签订的《劳动合同》，约定余瑞华从事的工作岗位为人力资源，后新凯宾公司将余瑞华的工作岗位由人事行政招聘专员调整为源昌宝墅湾前台岗位，法院认为该行为属未按劳动合同约定提供劳动条件的情形，调岗违法。从实质上看，这个案例和案例 25 的性质是一样的，但是法院在裁判时并未援引"是否对劳动者严重不利"或者"具有惩罚性和侮辱性"这一标准，而是采用了"未提供劳动条件"这一标准。这也证明了司法实践上这一标准是属于略后标准，有其他依据时会优先适用其他法律依据。

5. 劳动者能否胜任

我国现行劳动法律规范中同样并没有这个标准，法院在具体审判时也会予以适用。如案例 6 中法院认为用人单位应当制定具体的考核制度明确岗位职责，履行告知义务，让员工知晓单位的考核制度以及考核方式、考核标准。但用人单位既未提交有效证据证明品牌经理职务的具体考评标准，也未提交其他有效证据证明其调整工作岗位的合法合理性，其仅以韩丽萍不能胜任品牌经理岗位为由，调整韩丽萍工作岗位并降低其薪酬标准，调岗理由不成立。②

案例 12 江庆生诉钢铁公司案中，钢铁公司将江庆生从电工岗调整为皮带工岗位，法院认为调整工作岗位不能脱离已明确约定的工种类型，否则容易出现劳动者不能胜任调整后的岗位而出现解除劳动合同的情况，不利

---

① （2013）清中法民一终字第 662 号判决书。
② （2018）闽 01 民终 3681 号判决书。

于保护劳动者合法权益。

（四）目前司法实践处理调岗争议存在的问题

国内缺乏统一的法律规范作为依据，各地自行出台相关规定，判断标准和尺度不一，造成同一类型案件可能在不同地方会有不同的判决结果，对保障用人单位用工自主权、保证劳动者合法权利极为不利。主要体现在以下几个方面。

1. 调岗缺乏详细有针对性的法律作为依据

实际生活中用人单位调岗行为复杂多样，仅仅依靠现有的劳动法律规定，显然在裁判有关案件时捉襟见肘。例如，劳动合同约定工作岗位为职能管理，用人单位将劳动者从主管调至小组长，是否就不可认定为岗位的调整呢？在案例26岑汉坤与奥卡公司劳动争议案中关于"生产性管理岗位"与"非生产性管理岗位"的认定也缺乏评判标准等。这也使得司法裁判更多地依靠法官的自由心证，无法可依潜在危害极大。下面试列举阐述。

第一，"客观情况发生重大变化"缺乏更加详细的规定。《劳动合同法》第40条规定了可以调岗的情形，但是"客观情况发生重大变化"如何认定？如案例13刘秀营与德赛电子（惠州）有限公司调岗纠纷中，德赛电子撤销公司行政部司机班，是否就属于"客观情况发生重大变化"？现行法律没有给出答案。第二，有关规定遗漏了需要界定的权利归属。《劳动合同法》第41条规定的"经变更劳动合同后"的落地问题，有人认为需要双方达成合意方能变更，有人认为这是属于用人单位的单方权利。谁对谁错没有答案，这可以说是立法上的一个小瑕疵。这些在实践中均缺乏相应的法律规定。如果需要双方达成合意方能变更，当双方不能达成合意时，如何处理？如果是属于用人单位的单方权利，又会存在用人单位权利滥用的情形，劳动者的权利保护无从谈起。第三，"充分合理性"如何定义。上海市高级人民法院2009年《关于审理劳动争议案件若干问题的解答》第15条规定，用人单位和劳动者因劳动合同中约定，用人单位有权根据生产经营需要随时调整劳动者工作内容或岗位，双方为此发生争议的，应由用人单位举证证明其调职具有充分的合理性。用人单位不能举证证明调职具有充分合理性的，双方仍应按原劳动合同履行。针对该解答，有学者认为"该观点无疑是正确的，但是它并没有给出具体的判断标准和方法，就充分合理性的认定方面赋予了司法者过大的自由裁量空间，在实操性上有所欠缺"。[1]

2. 调岗执行的法律依据不同

因为国内法律对调岗的规定较少，缺乏统一的法律规范，在各地自行出台相关的规定后，也就出现了调岗适用的法律依据不同，出现了不同的裁判结果。主要体现在以下方面。

（1）在同样调岗前后岗位性质及内容差距较大时，裁判依据不同。案例 26 岑汉坤与奥卡公司劳动争议案中，岑某被从财务总监调岗到施工员，法院认为奥卡公司将岑汉坤调岗的行为并没有违反《劳动合同法》第 35 条有关劳动合同变更的规定，奥卡公司解除其公司财务总监一职，并将其调至其他工作岗位，属于奥卡公司正常行使人事管理权，也是符合双方合同的约定的，判决公司调岗合法。案例 29 中新凯宾公司将余瑞华的工作岗位由人事行政招聘专员调整为源昌宝墅湾前台岗位，法院认为该行为属违反《劳动合同法》第 29 条"用人单位与劳动者应当按照劳动合同的约定，全面履行各自的义务"的行为，在未按劳动合同约定提供劳动条件的情形下，调岗违法。也就是说，对劳动合同中对调岗事项的约定认定所依据的法律标准不同。

（2）对合同中约定的工作地点的效力认定的依据不同。案例 38 中双方约定"孙海红主要工作地点为浙江省杭州市，孙海红其他工作地点包括但不限于通联公司在国内各分支机构在地，通联公司关联单位所在地，通联公司开发项目所在地，通联公司开展业务、从事活动的其他地区等事项"。后孙海红被从杭州调岗至衢州业务部。为此，法院认为劳动合同系双方当事人经充分协商而定，未有违反法律及行政法规的强制性规定之情形，应属合法有效，对双方当事人均具有法律约束力。该劳动合同对工作地点的约定明确而具体，也即孙海红对可能存在的工作地点在签订劳动合同时即已预知。因此，通联公司有权依据劳动合同约定对孙海红的工作地点进行调整。[2] 简而言之，本案中通联公司对孙海红进行工作地点调整的

---

① 谭玲主编《劳动争议审判前沿问题研究》，中国民主法制出版社，2013，第 205 页。
② （2017）浙 01 民终 8043 号判决书。

行为符合合同约定。案例 39 中，虽然劳动合同约定用人单位可根据工作需要调整劳动者的工作岗位和工作地点等与工作相关的内容，然而法院认为虽然双方当事人签订的《劳动合同书》中约定紫金矿业建设有限公司可根据工作需要安排、调整劳动者的工作岗位和工作地点等与工作相关的内容，但是不能简单判断该条约定就是合法的，如果对合同履行产生实质影响，那么就是无效非法的。[①] 跨省异地调动严重影响了劳动者的身体健康和家庭生活。紫金矿业建设有限公司的调岗行为已超过企业用工自主权的合理限度，判决调岗违法。

3. 调岗执行的裁判尺度标准不一

现有调岗案例，即使法院适用了相同法律规范，也出现了裁判标准不一的情况。

第一，在跨省调动案件中出现。在案例 42 张继红与中铁五局物资公司、中铁五局物资公司广州分公司调岗纠纷中，张继红被从广州调至贵州，法院支持用人单位调岗。但是案例 40 胡礼国案（夫妻 2 人同在中铁五局）中，胡礼国同样被从广州调至贵州，却判决用人单位调岗违法，支持劳动者。同一案件情况适用了不同的裁判标准。第二，对调岗履行超过一个月的认定情况不一。在案例 10 中，福建三宝特钢有限公司对曾文军进行调岗降薪，法院认为根据最高法劳动争议解释（四）第 11 条，至 2014 年 9 月 11 日劳动者已在变更后的工作岗位上实际履行劳动合同远超过一个月，可以视为接受对劳动合同中的岗位及工资的变更，应视为有效变更，判决用人单位调岗合法。在案例 5 中，法院认为双方未采用书面合同形式变更原劳动合同，且和诚公司未能举证证明其单方口头变更存在合法的理由，虽变更后的合同双方已履行超过一个月，但因违反法律规定，和诚公司单方调岗降薪的行为并不发生法律效力，故不支持适用最高法劳动争议解释（四）第 11 条，判决用人单位调岗违法。

4. 司法裁判回避调岗争议

正因为现行法律规范的缺失，法院在遇到调岗纠纷时，有时候直接跳过调岗纠纷的是非认定，而从其他方面解决劳动者与用人单位的劳动合同纠纷。如案例 27 李报杰诉万创科技案，法院认为，依法成立的劳动合同双

---

① （2016）闽 08 民终 1719 号判决书。

方当事人必须履行。用人单位以及劳动者的合法权利应当受到法律的平等保护。双方签订的劳动合同对万创科技单方解除劳动合同进行了约定，李报杰的旷工行为在万创科技的规章制度中有明确规定，万创科技依据公司规章制度单方解除与李报杰的劳动合同符合《劳动合同法》第 39 条规定的用人单位单方解除劳动合同的情形,[①] 回避了调岗，而从旷工角度入手说明劳动者违法。这也不得不说是法院的一种无奈，也无法维护劳动者的合法权益。

三　完善我国调岗行为法律规制的建议

（一）确立调岗行为法律规制基本原则

正因为调岗必然存在，用人单位与劳动者之间的利益必然在某种时刻产生冲突，那么如何对调岗进行规制就显得迫切而重要了。两种对象都是法律要保护的对象，如何从中找到一个平衡点至关重要。笔者认为应当同时确立"保护企业用工自主权原则"和"调岗合理性原则"两个基本原则。下面详细阐述。

1. 保护企业用工自主权原则

有研究认为，"用工自主权是企业经营自主权在人力资源配置层面的反映，是企业必不可少的权利之一"。[②] 还有人认为企业用工自主权是指企业自主决定对劳动者的录用、岗位安排、辞退等，并不受他人不当干预的权利。[③] 企业作为市场竞争的主体，对外要求市场决策灵敏，对内要求管理高效快捷。而对内管理最重要的特征就是对人力资源的调配。企业拥有此项权利能够更好地对人力资源进行优化配置，在激烈的市场竞争中立于不败之地。现实生活中存在部分劳动者不服从企业的合理调岗，进而影响企业的整体经营，使企业无法根据市场竞争及时作出人力调整的情况，这不仅无法保证正常的经营需要，更会影响市场经济的基础。沈同仙教授认

---

① （2017）川民再 266 号判决书。
② 吴小宁：《论企业用工自主权滥用行为的法律规制》，郑州大学硕士学位论文，2017，第 7 页。
③ 刘娜：《论平等就业权与用工自主权的合理边界》，西南政法大学硕士学位论文，2012，第 12 页。

为，用人单位基于生产经营和组织劳动的需要，应该拥有对企业劳动岗位设定和调整的权利。[1] 如上文分析，在本文收集的 45 件案例中，支持企业调岗的案件有 16 件，也就是说司法实践上已经明确地支持了企业享有的用工自主权。

为此，确立企业的用工自主权原则，以此指导立法和司法实践，为企业经营保驾护航十分必要且紧迫。

2. 确立调岗合理性原则

如前所述，当前各地法院的司法实践逐步明晰了规制原则，如上海、江苏法院等明确提出"合理性"标准，浙江、广东等地法院虽未有"合理性"提法，但实际上丰富了"合理性"的标准。浙江法院 2009 年《关于审理劳动争议案件若干问题的意见（试行）》第 42 条提出，"如没有变更劳动合同主要内容，或虽有变更但确属用人单位生产经营所需，且对劳动者的报酬及其他劳动条件未作不利变更的，劳动者有服从安排的义务"。广东法院认为如果调岗符合用人单位生产经营的需要、工资待遇基本保持一致，同时不具有侮辱性也不具有惩罚性，且无其他违反法律法规的情形，则是正当的。"基于以上分析实务及理论将企业单方调岗权大致分为两种情况：一是基于劳动契约预先约定的单方调岗；二是基于企业用工自主权的单方调岗。但是无论任何一种单方调岗并不是企业可以任意而为之而应受到充分合理性的制约。"[2] "用人单位对劳动者之使用，劳动合同不可能事无巨细都有所约定，用人单位对劳动者之指挥、监督不仅体现在日常工作中的即时调遣，亦可能因事业经营之需要，如业务拓展、夕阳产业更新等调职，只要在合理范围内应承认其效力。"[3] 这种研究无疑也是认同合理性原则的。

其实合理性原则以往都较多地运用于行政法领域，但是英国劳动法在劳动法领域也进行了积极的适用。合理性原则的内涵相当宽泛，裁量空间极大，其在劳动法领域主要用于判断不公正解雇领域与雇佣合同默示条款领域是否出现非理性、非法性、反复、法律期待、程序正当性等情况。[4]

---

① 沈同仙：《劳动合同在协商一致的条件下才能变更》，《中国劳动》2006 年第 3 期。
② 陆敬波、黄敏：《企业单方调岗合理性的判别因素探析》，《政策研究》2016 年第 12 期。
③ 郑尚元：《劳动合同法的制度与理念》，中国政法大学出版社，2008，第 231 页。
④ 孙国平：《英国行政法中的合理性原则与比例原则在劳动法上之适用——兼谈我国的相关实践》，《环球法律评论》2011 年第 6 期。

因此，为了解决实际生活调岗中出现的各种各样的调岗类型，必然需要遵循一定的原则才有可能拨云见雾，真正维护劳动者合法权益和用人单位的用工自主权。综合国内外学者理论及各地法院司法实践，在调岗法律规制中，应当确立调岗合理性原则，用于指导调岗法律制定和实务操作。

（二）认定调岗行为正当性的具体判断标准

对于调岗行为正当性的判断标准，有学者认为，"用人单位实施合法的调岗、调薪应当满足以下两方面要求：第一，在劳动合同中或规章制度中订有有关调岗、调薪的条款；第二，岗位调整应当具有合理性，避免出现可能被认定为'恶意调岗'的情况"。①

中国台湾地区的"调职五原则"载于法律，"劳动基准法试行细则第7条第1款规定，如雇主确有调动劳工工作之必要，应依下列原则办理：（1）基于企业经营上所必须；（2）不得违反劳动契约；（3）对劳工薪资及其他劳动条件，未作不利之变更；（4）调动后工作与原有工作性质为其体能及技术所可胜任；（5）调动工作地点过远，雇主应予必要之协助"。②认为雇主若基于该五原则合理调动劳工职务，劳工不得拒绝。该学说应该说对调岗的正当性给予了较清晰的规范。另有学者认为调岗是否具有充分合理性要从以下方面进行审查：一是用人单位生产经营的合理需要，二是调岗后劳动者的工资水平保持基本稳定，三是不具有侮辱性和惩罚性，四是不具有违反法律法规的情形。③应该讲，这个观点与广东高院2012年的解释基本一致。

综合司法案例及实践经验来看，如前所述，在当前司法实践对调岗行为正当性的认定标准中，基本可以归纳为五个判断标准：是否符合法律规定；是否有合同约定；是否协商一致；是否对劳动者严重不利；劳动者能否胜任。但是现有这些标准还存在不够细化、不好操作的情形，因此有必要对调岗行为正当性的具体判断标准进行细化。一是是否有合同约定情形，要审查合同具体如何约定，如果是大岗位条款，则不予认

---

① 王林清：《劳动纠纷裁判思路与规范释解》，法律出版社，2016，第285页。
② 黄钦越：《劳动法新论》，中国政法大学出版社，2003，第238页。
③ 谭玲主编《劳动争议审判前沿问题研究》，中国民主法制出版社，2013，第205～206页。

可，转入本文要探讨的问题。二是是否协商一致情形，如果协商一致就不会产生纠纷；在未协商一致的情况下，转入本文要探讨的问题。三是是否对劳动者严重不利及劳动者能否胜任这两条标准不是孤立存在的，而是必须通盘考虑的因素，这两条也是笔者在本文当中建议的具体判断标准之一。

综合学者研究成果及司法实践，本文认为，调岗行为正当性的具体判断标准可以归纳为以下几个：基于企业经营上所必需；不得违反劳动合同；未对劳动报酬及其他劳动条件有不利影响；调岗后之工作为劳动者所能胜任；用人单位给予协助；调岗不具有侮辱性和惩罚性；调岗符合程序要求。这些标准是要通盘把握适用的。

1. 基于企业经营上所必需

是否为用人单位经营上的必需，可以从多种角度进行判断。调岗决定的发起，以具备充分性和必要性为前提。用人单位的调职行为事由包括公司组织部门的变动、人员编制的增减、公司业务的拓展以及经营方向转移等，这些事由可以说体现了必要性，而且必要的事由不得超出前文所述的法定调岗之事由。从充分性的角度讲，就是说调岗理由经得起推敲和质问，别无其他选择。如突然间某一岗位出现空缺，而该岗位空缺对于通过对外招聘的新员工来说无法胜任或者招聘新员工增加了企业的负担，而通过现有单位内部调剂就能解决问题的，这时调岗就有了充分性和必要性。法院在审查过程中，应充分考量上述因素的真实性与必要性，确实属于企业经营上所必需的，要充分保障其用工自主权。

2. 不得违反劳动合同

也就是说，如果劳动合同里有明确约定劳动者工作岗位，则在未经过劳动者同意的情况下，不得调岗，此种情况下的调岗即不具有正当性，如王野与可口可乐辽宁（南）钦饮料有限公司葫芦岛分公司劳动争议，该公司将王野的工作岗位由"结算员"变更为"储备业代"，违反劳动合同约定。如果劳动合同对工作岗位的约定模糊，比如只写"管理岗位"等，则不能跨岗位类型调岗，如江庆生案中，南京市六合区人民法院认为调整工作岗位不能脱离已明确约定的工种类型，支持劳动者。"在劳动合同系用人单位事先拟定的格式合同的情况下，为避免不公平的后果，如果因调职权条款约定不明确而导致争议，司法上应当采取'不利解释'原则，作出不利于用人单位一方的解释。"① 即使未跨岗位类型，亦不能当然认为调岗合法，这种情形下无从判断调岗的正当性，必须辅以其他判断标准。

3. 未对劳动报酬及其他劳动条件有不利影响

在用人单位单方启动调岗时，如果调岗后劳动者的工资显著下降，则调岗必须确认为不具有正当性。还有的会存在比较隐蔽的情形，如工资构成发生变化，此前工资中固定组成的部分变更为可变动的效益奖金，而据此发放奖金的效益考核指标制定得对劳动者极为不利，使劳动者很难全额获取该部分，从而达到降低工资的目的的，这样的变更也应视为不利变更。如前所述案例 10 中用人单位将劳动者从原炼铁厂副厂长的职务调整为1#高炉车间主任，其工资从原来的 17000 元调整为 14000 元，调岗就不具有正当性。另外一种情形是劳动条件比之前更加不便利，如案例 29 中新凯宾公司将余瑞华的工作岗位由人事行政招聘专员调整为源昌宝墅湾前台岗位，在劳动条件上明显有不利影响，这样也是不正当的调岗。此外，一些岗位调整尽管并未降低工资，但劳动条件发生不利变化，使劳动者在劳动过程中所必需的安全、卫生、环境等条件劣于原来岗位的条件，此种调岗亦应视为对劳动者的不利变更，调岗合理性不被确认。如果工资待遇和劳动条件相当，我们认为这样的调岗是正当的。

4. 调岗后之工作为劳动者所能胜任

劳动者在应聘企业时，本来就是选择自己擅长或者能够胜任的，用人单位招聘劳动者也是认为劳动者能够胜任工作岗位，双方因此达成的合意也是建立在这一基础上的。在岑汉坤与奥卡公司劳动争议案中，用人单位解除劳动者公司财务总监一职，并将其调至车间管理岗位，虽然法院认为调岗属于奥卡公司正常行使人事管理权，也是符合双方合同的约定的，奥卡公司将岑汉坤调岗的行为既没有违反法律规定，且符合双方合同的约定，但其实调岗前后岗位性质差异较大，也非和财务总监岗位匹配，法院该判决实属不当。岗位的调整要考虑该劳动者的技能水平与能力范围，调整前后的工作岗位应该有一定的关联性，如果前后岗位差别过大，导致调动后的工作劳动者不胜任，应视为调岗缺乏正当性。特别是企业对于"三

---

① 徐丹、翟玉婷：《用人单位单方调岗正当性的认定标准》，《法制与社会》2015 年第 4 期下。

期"妇女、工伤职工、患病职工的调岗行为，更要注意新调整的工作岗位是否为劳动者体能技术所胜任之范围。

5. 用人单位给予协助

这个观点得到了司法采用或支持。在案例36中，福建融林塑胶五金实业有限公司将林学锦外派到其他城市，没有安排班车、交通补贴、租房补贴等补偿措施，法院判决调岗违法。同样的，在案例40胡礼国案中，因劳动者夫妻2人在同一用人单位工作而调整其中一人到外地工作，法院判决用人单位调岗违法。因此诸多司法案例采纳了这一调岗判断标准。但是，也存在不同的情形，在张继红与中铁五局物资公司、中铁五局物资公司广州分公司调岗纠纷中，用人单位欲将劳动者从广州调岗至贵州上班，法院也判决调岗合法。但是笔者认为这一判决是值得商榷的，不能因为夫妻在同一单位就可以进行这样的调岗安排，因为这样的调岗也给劳动者造成了非常大的不便利，也违背了劳动者订立合同的初衷。为此，在进行这类调岗时，用人单位必须给予劳动者必要之协助，如提供班车、住宿、交通补贴等，把调岗对劳动者的影响降到最低。

6. 调岗不具有侮辱性和惩罚性

在案例25连君与英德幸福蓝海影城有限责任公司劳动合同纠纷案中，用人单位将劳动者从原来的人事行政管理岗位调岗至影城一线服务岗位，法院认为该一线服务岗位与此前劳动者所在的负责人事行政管理工作的管理岗位相比，具有一定的惩罚性和侮辱性，因此判决调岗违法。姑且不论这样的调岗后工资是否降低，从人们的普遍认识来看，人事行政管理岗位的社会地位明显高于影城的一线服务岗位，工作时间上也有差别，工作辛苦程度也不可相提并论，这样的安排让人们觉得该劳动者是被惩罚了，越变越差也是对人的一种侮辱，对劳动者而言其在心理上是接受不了的。实践中应当注意把握的是侮辱性与惩罚性的特点，侮辱是指欺侮羞辱、使蒙受耻辱，使对方人格或名誉受到损害；惩罚是指惩戒、责罚、处罚。按通常理解，调岗不能使前后两个岗位差距较大，可以从职业地位、工作时间、工作内容等方面进行综合判断。

7. 调岗符合程序要求

程序正义某种程度上大于实质正义。强调调岗在程序上的要求，更是为了最大限度地保护劳动者。所谓调岗应当遵循的程序，指的是用人单位在实施调岗行为时必须遵循的步骤和形式要求。如前所述调岗行为兼具企业经营管理权和合同变更权的属性，调岗一旦发生纠纷，不论是对企业的生产经营，还是对劳动者的工作生活都会产生重大影响。为此，遵循一定的法律程序是十分必要的，从而也能够更好地规范调岗行为。在调岗程序上，在没有明确法律规定的情况下，应当在充分理解劳动合同具有的部分公法属性的前提下，借鉴其他部门法的规定来参考适用，如行政法对行政相对人处罚时，也是按照通知、申诉、上诉、实际执行等程序。有鉴于此，笔者认为，用人单位的调岗决定，无论是否在与劳动者协商一致的情况下作出，都须保障劳动者的应有权利。"实践中，用人单位在调岗过程中，通常要经历考核、评价、决定、公布等阶段，由于该过程涉及劳动者的切身利益，因此，为保障劳动者的知情权、表达权及调岗程序的公开、透明，用人单位应当及时使劳动者知悉用人单位考核评价的标准、结果及决定。"①

建议用人单位的调岗适用我国《劳动合同法》第 4 条第 3 款的规定："在规章制度和重大事项决定实施过程中，工会或者职工认为不适当的，有权向用人单位提出，通过协商予以修改完善。"为此，也可以把工会作为调岗程序的一环。有学者认为变更劳动合同的程序大致为预告变更请求、按期作出答复、通过平等协商达成共识、签订变更劳动合同的书面协议、签名盖章五步程序。②

建议用人单位在拟作出调岗决定时遵循以下步骤：第一，向劳动者发出调岗征求意见通知书；第二，征求工会意见，如果工会不同意，应当暂停调岗；第三，在劳动者明确表示不同意的情况下研究劳动者不同意调岗的理由并作出答复；第四，正式启动调岗。

结　语

调岗问题是当前劳动法律实践中争议较多的，这是我国劳动立法不完善性与调岗实际操作复杂性相矛盾的结果。本文与以往研究的不同之处在

① 徐丹、翟玉婷：《用人单位单方调岗正当性的认定标准》，《法制与社会》2015 年第 4 期下。
② 刘继臣：《共同的约定——集体合同与劳动合同》，中国工人出版社，2010，第 290 页。

于更加注重实证研究的分析方法，在收集分析大量案例的基础上归纳了当前司法裁判中存在的问题，针对调岗行为法律规制问题提出了确立"保护企业用工自主权原则"和"调岗合理性原则"两个基本原则，提出了调岗合理性的七个具体判断标准，希望能对调岗问题的解决起到一定的作用。调岗问题是一个长期性的实践问题。和谐劳动关系的构建不是纸上谈兵，需要妥当处理劳资双方的矛盾。调岗行为的法律规制只是解决调岗问题的一环，无论如何预见都不可避免地具有滞后性，随着社会环境及社会发展的变化，现有法律规制的限度和方法必然也将不断调整。期待国家尽快修订完善相关法律法规，更好地保护劳动者和用人单位的合法权益，构建社会主义新型的和谐劳动关系。本文收集的案例不够多，对于调岗合理性的具体判断标准分析不透彻，所提建议也可能存在偏颇，还有待进一步深入研究。

On Legal Regulation of the Transfer of Posts by Employer

Yang Yongming

Abstract：With the development of market economy, the labor market is booming. As the need of enterprise development, the problem of post transfer appears. Based on the complexity of the reality of post transfer, in fact, the regulation of post transfer by the current legal norms can not keep the balance of interests between workers and enterprises, and also gives rise to some problems in practice. In order to avoid some employer from making use of the legislative blank, the illegal and unreasonable reassignment of workers, and harming the interests of workers, the behavior of post adjustment needs to be standardized. Through the study of the current situation of the existing legislation and judicial cases, this paper draws lessons from the theory and practice at home and abroad, and summarizes the relevant legal suggestions on the issue of post transfer. In addition to the preface and conclusion, the text is divided into three chapters. Firstly, the behavior of post transfer is defined as "the right of the enterprise to adjust the work content or place of work based on the autonomy of employment". It analyzes the necessity of legal regulation on post transfer from two aspects: protecting the employment autonomy of enterprises and safeguarding the legitimate rights and interests of workers. It analyzes the current situation of the legal regulation of post transfer in China. At present, there are only a few national provisions and judicial interpretations issued by various localities. Secondly, on the empirical analysis of 45 judicial cases of post transfer disputes, it concluded the dispute types and judgment results of post transfer in judicial practice. Thus, it makes the criteria for determining the legitimacy of the behavior of post transfer in practice. As a result, it is pointed out that there are four outstanding problems in the current post transfer, such as the lack of detailed and targeted law as the basis, the different legal basis of enforcement, the different standards of enforcement, and the judicial decision evade the dispute of post transfer. Thirdly, it provides some suggestions to improve the legal regulation of post transfer in China. There should establish two basic values in the transfer of posts, both are to protect the employment autonomy of enterprises and the rationality of post adjustment. Post transfer should be recognized with the seven specific criteria for determining the legitimacy of the post transfer behavior, such as the necessity of the enterprise management. It may be helpful to standardize the transfer of posts in enterprises and protect the legitimate rights and interests of workers.

Keywords: Post Transfer; Empirical Analysis; Legitimacy; Legal Regulation

高校教师聘用合同争议问题研究[*]

钟玉苗[**]

摘　要： 20 世纪 80 年代，我国开始了教育制度的改革，高校与教师之间的关系由从前的身份关系转变为契约关系。2014 年国务院颁布《事业单位人事管理条例》，意味着事业单位以聘用制为核心的人事制度基本形成。但是，在国家法律层面，目前尚无任何一部法律明确高校教师聘用合同属于何种法律性质，也没有明确高校教师所属法律地位，导致在实际履行合同过程中，发生诸多相关争议后，法律适用混乱，司法裁判结果不一。通过分析中国裁判文书网上相关样本案例，归纳出了当前高校教师聘用合同争议的类型、主要难点，梳理总结了法院裁决此类案件疑难问题时的审判意见，提出了改善现状的观点与建议。

关键词： 聘用合同　争议类型　审判意见　高校教师

一　高校教师聘用合同的概念、性质和立法现状

（一）高校教师聘用合同概念

高校教师聘用制，是指高校与教师双方在平等自愿协商一致的前提下，在国家相关的法律法规制度允许的范围内，由高校根据岗位及其他相关要求设置的一项教师任用制度。高校教师聘用制度的核心内容便是高校教师聘用合同。对于聘用合同，其第一次出现在公众视野是在国务院办公厅国办发〔2002〕35 号文件中。然而，不管是在国办发〔2002〕35 号文件中还是在《事业单位人事管理条例》中，都找不到对聘用合同所下的定

---

　*　本文是根据作者 2018 年获厦门大学法律硕士学位的同名论文修改而成。

　**　钟玉苗，上海申浩律师事务所律师助理。

义，学界对于聘用合同的学理概念同样未达成共识。从目前来看，主要有以下观点，一种是学者将聘用合同归纳为劳动合同的一个种类，并对聘用合同下的定义是其以招聘或聘请劳动者中有专业特长者为专职或兼职的技术专业人员或管理人员为目的，缔结劳动关系并约定聘用期间权利和义务的合同。[①] 还有学者关注到了聘用合同的多态性，从广义、狭义与中观层面对聘用合同进行了界定。[②] 更有教育学等多个领域的学者给出了其他不同的定义。基于上述不同的观点与定义，笔者对聘用合同的界定作了如下总结：聘用合同是指事业单位与其工作人员在平等自愿、协商一致的基础上，按照国家有关的法律与政策的要求签订并明确双方在工作过程中相关的权利和义务的协议。而对于高校教师聘用合同而言，其是属于聘用合同的一种。关于聘用合同的种类，依照现行法律规定，大致有如下三种。第一种是有关国家公务员的聘用合同。[③] 聘任作为考试任用的一种补充方式，在公务员制度中多用于需要具备专门技术的公务员任用。聘任制公务员必须在国家核定的编制名额和国家批准的增员指标内进行，在聘用期间该公务员享有同级公务员的待遇。[④] 第二种是企业人员聘用合同。[⑤] 用人单位通过招聘或聘请的方式和被聘人员签订明确双方责任、义务和权利，同时确立劳动关系的协议。[⑥] 第三种便是高校与高校教师所签订的高校教师聘用合同，其是高校与教师之间确定双方权利义务的协议。目前，随着聘用制改革的深入，公务员聘用合同适用公务员法，企业聘用合同由劳动法调整，而教师聘用合同，由于在教育体制转型过程中，教师

① 王全兴：《劳动法》，法律出版社，2007，第 219 页。

② 何文杰：《事业单位聘用合同的法律规制研究》，《法制博览》（中旬刊）2012 年第 8 期。

③ 《公务员法》第 100 条：机关根据工作需要，经省级以上公务员主管部门批准，可以对专业性较强的职位和辅助性职位实行聘任制。第 102 条：机关聘任公务员，应当按照平等自愿、协商一致的原则，签订书面的聘任合同，确定机关与所聘公务员双方的权利、义务。

④ 北京大学法学百科全书编委会：《北京大学法学百科全书》，北京大学出版社，1999，第 223 页。

⑤ 《全民所有制工业企业法》第 45 条：厂长是企业的法定代表人。企业建立以厂长为首的生产经营管理系统。厂长在企业中处于中心地位，对企业的物质文明建设和精神文明建设负有全面责任。厂长领导企业的生产经营管理工作，行使下列职权……（三）提请政府主管部门任免或者聘任、解聘副厂级行政领导干部。法律和国务院另有规定的除外；（四）任免或者聘任、解聘企业中层行政领导干部。法律另有规定的除外。

⑥ 王益英：《中华法学大辞典·劳动法学卷》，中国检察出版社，1997，第 175 页。

不再是"国家干部"，故其不属于公务员规范，同时也不同于企业的聘用合同，因而它是有自身特点的一类合同。基于聘用合同的定义以及它与其他种类聘用合同的不同，我们可以将高校教师聘用合同衍生为高校与高校教师之间为明确双方权利与义务所签订的协议，其前提是双方平等自愿、协商一致。[①]

高校教师聘用合同是聘用合同中的一类，却有与其他种类合同不同的特点。

1. 主体的特定性与平等性

第一，聘用合同的主体具有特定性。[②] 作为高校一方，它属于专业化的公益性教学团体，不管是学校的教学还是科研管理工作，都与行政管理有很大的不同。同时，其也不同于一般的公司或者企业，我国《公司法》中规定了公司董事可以由选举或聘用产生。公司对董事聘用后，董事所承担的责任是对公司的管理，对公司员工和事务的管理。而高校即使在聘用教师后，高校所承担的仍然是管理者的责任。并且，不管是公司还是企业，其主要的目的是营利，这与高校有着本质上的不同。对于教师一方来说，教师除了具有劳动能力，履行岗位职责，能够坚持正常工作，他还要满足一般性的条件。根据我国《教师法》和《高等教育法》的规定，教师应该满足如下条件：首先，高校教师需要具备相关高等院校教师任职的资格，能够胜任工作；其次，高校教师经过审核后符合相关受聘职务的任职条件；最后，高校教师在教学工作中，一方面需要在科研、教学、思想政治等方面考核合格，另一方面，高校教师能够坚持承担正常上课等教学工作，身体健康并且试用期或见习期满的教师全年所承担的工作要达到高校规定的教学任务量。[③] 因此，聘用合同双方主体均具有特定性。[④] 第二，聘用合同双方主体具有平等性，该特点是由教师聘用合同的性质所决定的。高校一方，可以在国家法律法规允许的范围内根据相关规定以及自身实际的需求来设置教学岗位，合理确定岗位教学比例。同时，教师方也有权根据本人能力水平等来选择适合自己的工作岗位，与高校签订聘用合同。聘

---

① 陈军芬：《高校教师聘任合同研究》，湖南大学博士学位论文，2006。
② 程琳：《试析高校教师聘用合同的法律定位》，《法制与社会》2014 年第 21 期。
③ 陈军芬：《浅析教师聘任合同的法律特点》，《法制与社会》2008 年第 18 期。
④ 董保华：《劳动合同立法的争鸣与思考》，上海人民出版社，2011，第 178 页。

用合同一旦签订，对双方均具有约束力，双方均需要根据合同的约定来履行自己的权利、义务与责任。对高校一方来说，高校在教师聘用合同履行期间有权利对教师进行考核、奖励、处分，也有义务按照合同约定为教师提供教学科研、进修等条件。对教师来说，教师有权享有合同约定的各项工资福利等其他权利，同时也需要按照合同的约定认真履行教学义务。聘用期满后，高校方可以根据教师的工作表现及岗位需要等其他条件决定是否对教师进行续聘，而教师方也可以根据自身需求、学校情况等决定是否留任继续签订聘用合同。①

2. 内容的强自主性与弱法定性

根据《高等教育法》及相关法律对教师聘用合同形式的规定，高校教师的聘用合同应当以书面的方式订立，其内容可以包括约定条款、专项条款以及必备条款。同时，我国《教师法》也体现了教师在与高校签订聘用合同中的强自主性。② 以上这些都说明了高校方在与教师签订聘用合同过程中内容的自主性较强，双方可约定的事项较多，同时，合同的法定性内容较弱，只要不与法律相抵触，高校与教师在法定的范围内协商或约定其他内容均可。

3. 有偿性、诺成性与双务性

第一，在聘用合同签订履行过程中，高校方租用了教师方的劳动力使用权，其就应该付出相应的费用与报酬，包括工资、薪酬、科研奖金等费用。高校在引进人才的同时，需要对相关工资报酬、福利性住房等其他待遇进行阐明，以免后续发生很多不必要的纠纷。无偿或免费提供的劳动力以及由此而签订的合同或协议，不视为高校教师聘用合同。第二，教师聘用合同具有诺成性。从劳动力与价值这一角度来看，有的劳动力可以直接产生价值，而有的劳动力并非直接产生价值。有的劳动力所产生的价值可以估量，而有的劳动力所产生的价值却难以用相关因素来衡量。由于高校教师聘用合同订立的目的不在于劳动力成果的最终直接产生，而是在于整个价值产生的过程，即教师教学活动完成的过程，

---

① 陈军芬：《高等学校与教师法律关系性质之界定》，《湘潭师范学院学报》（社会科学版）2008年第2期。
② 《教师法》第17条：学校和其他教育机构应当逐步实行教师聘用制。教师的聘用应当遵循双方地位平等的原则，由学校和教师签订聘任合同，明确双方的权利、义务和责任。

并且，这种教师聘用合同履行中所产生的价值难以直接去衡量，因此双方只需要达成合意即可，所以聘用合同为诺成性合同。第三，签订聘用合同后，高校与教师的关系以双方之间产生的合意为前提，而且双方的权利与义务也是对等的，在合同履行的过程中，高校与教师均需要享有合同带来的权利和承担应尽的义务，这种对等性的权利与义务说明了教师聘用合同为双务合同。

（二）高校教师聘用合同法律性质

1. 行政合同说及评析

主张聘用合同属于行政合同的学者认为，聘用合同不管是从主体、目的、内容还是规则方面，都符合行政合同的构成特征。由于教师聘用合同关乎教育方面的国家利益，因此教师不应该等同于一般的职员，应该将教师作为公务员，聘用合同适用行政方面的法律法规。① 在我国事业单位人事改革的前提下，高等院校虽然不是行政机关，但其在法律上属于授权性行政组织，仍然具有行政主体的资格。高校所体现的并不是双方法律地位的平等性，而是带着行政管理的色彩与目的，因此教师聘用合同为行政合同，受行政法调整。②

聘用合同不宜归入行政合同，两者之间有很大区别。首先，两类合同主体之间关系的差异性决定不能将其归为一类。笔者认为高校教师与高校之间所产生的聘用合同关系是平等关系。③ 虽然高校与教师之间存在着多种关系，高校教师聘用合同主体之间的关系却是平等关系。《教师法》第 17 条④、《高等教育法》第 48 条⑤以及《关于在事业单位实行人员聘用制度的意见》第 1 条⑥

---

① 杨建顺：《教师聘任制与教师的地位——以高等学校教师为中心》，《中国教育法制评论》2001 年第 1 期。
② 刘璞：《实践视域下公立高校教师聘任制合同的法律性质》，《宁夏社会科学》2007 年第 2 期。
③ 姜颖：《劳动合同法论》，法律出版社，2009，第 75 页。
④ 《教师法》第 17 条：学校和其他教育机构应当逐步实行教师聘用制。教师的聘用应当遵循双方地位平等的原则，由学校和教师签订聘任合同，明确双方的权利、义务和责任。
⑤ 《高等教育法》第 48 条：高等学校实行教师聘任制。……高等学校的教师的聘任，应当遵循双方平等自愿的原则，由高等学校校长与受聘教师签订聘任合同。
⑥ 《关于在事业单位实行人员聘用合同制度的意见》第 1 条：建立和推行事业单位人事聘用制度……坚持平等自愿、协商一致的原则。

均有关于聘用合同双方地位平等的规定。其次，两类合同的法律适用不尽相同。2003 年 8 月公布的《最高人民法院关于人民法院审理事业单位人事争议案件若干问题的规定》中规定，事业单位与其工作人员之间因辞职、辞退及履行聘用合同发生的争议适用的是劳动法，并且规定明确了法院受理人事争议的范围。2008 年《劳动合同法》第 96 条也规定：事业单位与实行聘用制的工作人员订立、履行、变更、解除或者终止劳动合同，法律、行政法规或国务院另有规定的，依照其规定；未做规定的，依照劳动合同法的有关规定执行。以上这些法律规定在法律适用方面很好地解决了教师聘用关系纠纷不能通过诉讼程序解决的问题，实现了人事仲裁与司法制度的衔接。而行政合同是指行政主体所实施的具体可诉的行政行为，其与相关机构产生的纠纷属于行政争议的范畴，应当适用行政诉讼法的规定。[1] 最后，两类合同的主体及其适格条件不同。行政合同的主体适格是指合同一方的行政主体应当依法成立，享有行政事务的管辖权和行政合同的缔结权。[2] 行政合同相对人一方如果是自然人，其应具有与其签订的行政合同相适应的权利能力、行为能力、责任能力。[3] 对于高校教师聘用合同，其主体是高校与高校教师，《高等教育法》规定的高校办学的条件与高校教师所具备的条件均与行政主体所要求的条件不同。因此，行政合同与聘用合同的主体及主体适格要件均有不同。由上所述，笔者认为高校教师聘用合同并不能归为行政合同。

2. 雇佣合同说及评析

主张聘用合同为雇佣合同的学者认为，事业单位与其工作人员，包括高校教师与高校的关系从本质上来看是一种劳动雇佣关系，[4] 这种事业单位与其职工的关系与行政机关里面的人事关系有着根本的区别，双方的劳动法律地位是不对等的。高校与教师之间签订的聘用制合同所产生的聘用关系事实上就是劳动关系，适用合同法来调整。[5] 基本上这类学者也会将劳动合同视为特殊的雇佣合同，成立一种特殊的雇佣关系以及属于特殊的

---

① 应松年：《当代中国行政法》，中国方正出版社，2005，第 238～239 页。
② 张正钊、韩大元：《比较行政法》，中国人民大学出版社，1998，第 85 页。
③ 王利明：《民法总则研究》，中国人民大学出版社，1998，第 357 页。
④ 刘剑文：《高等教育体制改革中的法律问题研究》，北京大学出版社，2005，第 35 页。
⑤ 郑尚元：《民法典制定中民事雇佣合同与劳动合同之功能与定位》，《法学家》2016 年第 6 期。

法部门。①

本文认为，聘用合同与雇佣合同并不相同。一方面，两者的国家干预度不一样。对于聘用合同，不管是在有关于聘用合同的特别规定上，如《事业单位人事管理条例》，还是在其他法律法规中，都就聘用合同的原则、程序、期限、主要条款、无效、终止等作出了相关规定，这些规定基本上都属于强行性规定。而雇佣合同适用合同法调整，而合同法的首要原则是双方在法律允许的范围内自由协商约定，国家干预性非常小，法律规定是让双方当事人知道合意约定的底线所在，而不是给予限制和约束。②另一方面，两种合同的从属性是有差别的。聘用合同中高校与教师的从属性表现在，高校可以单方面决定教师的工作时间、工作地点、教学科研任务等，教师要遵守高校方有关的规章制度，服从高校的管理以及学校对教师有关调岗调课等的安排。如若教师在工作过程中违反高校规章制度，高校还有权对教师进行处分，如警告、开除、解除合同等。这些都表明了教师对学校的从属性。但是对于雇佣合同双方来说，双方并没有从属关系，双方法律地位平等，双方都可以约定工作时间和地点以及工作任务、违约责任等其他方面内容。因此，聘用合同并不同于雇佣合同。

3. 混合合同说（或称为特殊合同说）及评析

有学者认为，聘用合同既不是行政合同，也不是民事雇佣合同，而是同时具备民事合同与行政合同的一种特殊类型的合同。③ 高校与教师之间的关系同时具有民事与行政法律关系两方面的特点。从我国现有高校情况来看，由于高校与教师的法律地位都比较特殊，因此，两者之间的聘用制法律关系实际上也具有一定的特殊性，两者之间的法律关系既非单一的民事法律关系，也非单一的行政法律关系，而是一种特殊法律关系，这种特殊的法律关系介于两者之间又兼具两者特色。④

本文认为，聘用合同虽然同时具有行政合同和民事雇佣合同的特点，但是不能据此将聘用合同归纳为一种特殊的合同。如果将其归为特殊的合同，在法律上，聘用合同的性质还是模糊的，当出现纠纷适用法律时，因

---

① 王利明：《债法总则研究》，中国人民大学出版社，2015，第 121 页。
② 胡林龙：《公立高校教师聘用合同的解除》，中国社会科学出版社，2012，第 12 页。
③ 叶晓云：《论高校教师聘任合同的法律性质》，《民办教育研究》2010 年第 3 期。
④ 劳凯声：《教师职业的专业性和教师的专业权力》，《教育研究》2008 年第 2 期。

其被归为特殊合同一类，法律适用依旧很混乱，目前出现的很多人事争议还是没有办法解决。并且将其认定为特殊类型的合同从某种程度上可以说并没有对其进行有效的界定和划分，因此本文认为将聘用合同归为混合合同或特殊类型的合同实为不妥。

4. 劳动合同说及评析

目前，学界认同最多的观点就是聘用合同归属于劳动合同。不管是从表面订立的形式，还是内容本身，或者双方在履行过程中所产生的权利义务上来说，都可以将其认定为劳动合同一类。[①] 高校教师与高校之间的关系从本质上来说是劳动合同关系，应该由相关劳动方面的法律法规来调整。"劳动法应该是属于劳动领域的基本法，理应该统领所有的劳动关系。所有与劳动关系有关的立法都应该以它为基础。事业单位与其工作人员的关系，包括高校与教师的关系，本质上也是劳动雇佣关系，应该可以适用劳动法。"[②]

本文赞同上述观点并且认为聘用合同理应归入劳动合同的范畴，聘用合同在很多方面都有着与劳动合同相同的特征。第一，聘用合同与劳动合同的主体关系基本相同。伴随教育体制的改革，政府为适应市场经济发展，转变职能，对学校的管理由此前的直接管理转变为间接管理，学校不再是行政机关的附属物，而是享有办学自主权的单位。教师不再是"国家干部"，而是承担教学和科研任务的劳动者，高校与教师之间是平等聘用合同关系，双方地位平等，与劳动合同双方地位平等一样。第二，聘用合同与劳动合同条款内容基本相同。比较《上海市事业单位实行聘用合同制暂行办法》[③] 与原劳动和社会保障部《集体合同规定》，[④] 两类合同所规定的内容基本一致。第三，两类合同适用的法律基本相同。根据 2003 年《最高人民法院关于人民法院审理事业单位人事争议案件若干问题的规定》，事业单位与其工作人员之间因辞职、辞退及履行聘用合同所发生的

---

① 贾俊玲：《劳动法学》，北京大学出版社，2006，第87页。

② 劳凯声：《中国教育法制评论》，教育科学出版社，2002，第230页。

③ 上海市人事局关于印发的（沪人〔1995〕165号）《上海市事业单位实行聘用合同制暂行办法》第10条：聘用合同应该具备以下条款：聘用合同期限、工作内容、劳动保护和工作条件、工作报酬、工作纪律、聘用合同终止的条件、违法聘用合同的责任。

④ 原劳动和社会保障部《集体合同规定》中规定：集体合同应该包括劳动报酬、工作时间、休息休假、劳动安全卫生、违反集体合同责任、保险福利等。

争议，适用《劳动法》的规定处理。① 2008 年《劳动合同法》中也规定：事业单位与实行聘用制的工作人员发生纠纷的话，法律行政法规未做规定的则依照该法执行。② 所以，两类合同适用的法律基本相同。

关于高校教师聘用合同，无论是根据主体关系、内容还是适用的法律依据，将其归入劳动合同并无不妥，应坚持以劳动合同说为通说。

（三）高校教师聘用合同立法现状

1. 法律与司法解释的相关规定

（1）《劳动合同法》第 96 条规定：事业单位如果与其职工因聘用合同发生了人事争议，包括在履行、变更、解除过程中所发生的争议，如果其他法律法规没有规定，则适用劳动法律来处理。③ 该规定说明当高校教师与高校之间因聘用合同发生争议时，《劳动合同法》并非优先适用的法，而是作为其他法律法规的补充，只有当其他法律法规没有规定的时候才适用该条规定。并且，也只有在认定为聘用合同属于劳动合同范畴时，才得以适用该条的规定。

（2）《劳动争议调解仲裁法》第 52 条规定：事业单位中聘用制人员与单位发生争议的，如果其他法律或者国务院另外有规定的则根据其规定来解决争议，如果没有相关规定的则依照劳动仲裁法来执行。④ 与作为实体法的《劳动合同法》一样，《劳动争议调解仲裁法》将因事业单位聘用合同引发的争议纳入其调整范围。

（3）相关司法解释。2003 年 8 月公布的《最高人民法院关于人民法院审理事业单位人事争议案件若干问题的规定》第 1 条与第 3 条界定了人事

---

① 《最高人民法院关于人民法院审理事业单位人事争议案件若干问题的规定》第 1 条：事业单位与其工作人员之间因辞职、辞退及履行聘用合同所发生的争议，适用《中华人民共和国劳动法》的规定处理。

② 《劳动合同法》第 96 条：事业单位与实行聘用制的工作人员订立、履行、变更，解除或者终止劳动合同、法律、行政法规或者国务院另有规定的，依照其规定，未做规定的，依照本法有关规定执行。

③ 《劳动合同法》第 96 条：事业单位与实行聘用制的工作人员订立、履行、变更、解除或者终止劳动合同、法律、行政法规或者国务院另有规定的，依照其规定，未做规定的，依照本法有关规定执行。

④ 《劳动争议调解仲裁法》第 52 条：事业单位实行聘用制的工作人员与本单位发生劳动争议的，依照本法执行；法律、行政法规或者国务院另有规定的，依照其规定。

争议的范围以及其法律适用问题，第 2 条规定了当事人对劳动人事争议仲裁机构所做人事争议仲裁裁决不服的可以在法定期限内寻求司法救济，该规定的出台也解决了之前司法制度与人事仲裁制度不畅通的现状。① 同时，2004 年《最高人民法院关于事业单位人事争议案件适用法律等问题的答复》中提出，法院在审理事业单位人事争议案件时，在程序方面适用《劳动法》的相关规定，而在实体处理中适用人事方面的法律规定，但若涉及事业单位工作人员劳动权利的内容在人事法律中没有规定的，则适用《劳动法》的有关规定，进一步明确了聘用合同的法律适用问题，同时还规定了人事争议案件的管辖原则及案由名称，更有效地保障了当事人的利益。②

2. 其他相关规定

（1）2002 年国务院办公厅转发人事部《关于在事业单位试行人员聘用制度的意见》，其中规定了受聘人员与聘用单位如若在招聘聘用合同履行期间、考核以及解除聘用合同等问题上发生争议，当事人可以向当事人所在地的劳动人事争议仲裁委员会申请仲裁。③

（2）2007 年人事部等颁布《人事争议处理规定》，其中规定了当事人

---

① 《最高人民法院关于人民法院审理事业单位人事争议案件若干问题的规定》第 1 条：事业单位与其工作人员之间因辞职、辞退及履行聘用合同所发生的争议，适用《中华人民共和国劳动法》的规定处理。第 2 条：当事人对依照国家有关规定设立的人事争议仲裁机构所作的人事争议仲裁裁决不服，自收到仲裁裁决之日起 15 日内向人民法院提起诉讼的，人民法院应当依法受理。一方当事人在法定期间内不起诉又不履行仲裁裁决，另一方当事人向人民法院申请执行的，人民法院应当依法执行。第 3 条：本规定所称的人事争议是指事业单位与其工作人员之间因辞职、辞退及履行聘用合同所发生的争议。

② 《最高人民法院关于事业单位人事争议案件适用法律等问题的答复》：一、《最高人民法院关于人民法院审理事业单位人事争议案件若干问题的规定》（法释〔2003〕13 号）第一条规定，"事业单位与其工作人员之间因辞职、辞退及履行聘用合同所发生的争议，适用《中华人民共和国劳动法》的规定处理"，这里"适用《中华人民共和国劳动法》的规定处理"是指人民法院审理事业单位人事争议案件的程序运用《中华人民共和国劳动法》的相关规定。人民法院对事业单位人事争议案件的实体处理应当适用人事方面的法律规定，但涉及事业单位工作人员劳动权利的内容在人事法律中没有规定的，适用《中华人民共和国劳动法》的有关规定。二、事业单位人事争议案件由用人单位或者聘用合同履行地的基层人民法院管辖。三、人民法院审理事业单位人事争议案件的案由为"人事争议"。

③ 2002 年国务院办公厅转发的人事部《关于在事业单位试行人员聘用制度的意见》第 7 条：受聘人员与聘用单位在公开招聘、聘用程度、聘用合同期限、定期或者聘期考核、解聘辞聘、未聘安置等问题上发生争议的，当事人可以申请当地人事争议仲裁委员会仲裁。

之间发生人事争议的可以协商解决，如果协商解决不了则可以向主管部门申请调解，如果调解不了则可以向劳动人事争议仲裁委员会申请仲裁。另一方面，当事人也可以直接向劳动人事争议仲裁委员会申请仲裁，当事人对仲裁裁决不服的可以向法院起诉。①

（3）2014 年国务院正式发布了《事业单位人事管理条例》，其中规定的内容有聘用合同解除和履行的期限、初次就业人员的试用期、订立聘用至退休的合同的条件，列明了聘用合同解除的情形及合同解除终止后人事关系的终止。同时在《事业单位人事管理条例》中又规定若事业单位工作人员与单位发生人事争议，可以适用劳动争议调解仲裁法来解决。②

综上所述，因高校教师聘用合同所引发的人事争议，在实体上适用人事方面的法律法规，如若相关的法律法规没有明确规定的，则适用劳动争议法律法规来处理。所以从上述法律法规来看，在程序规范使用上，劳动法律法规可以作为优先适用的程序规范来适用，但是在劳动法律法规适用的实体规范上，劳动法律法规并非优先适用的实体规范，这种实体与程序的不匹配导致在聘用合同履行以及聘用合同解除时出现了很多争议，法律适用的不同也导致司法裁判混乱，由此引发了很多纠纷。

二　高校教师聘用合同争议问题研究

（一）高校教师聘用合同争议类型

1. 样本案例的选取

在"中国裁判文书网"上，分别以"聘用合同、大学"和"聘用合同、学院"为关键词，并限定案由为"人事争议"，对"2005 年 1 月 1 日至 2017 年 12 月 31 日"的判决书进行全文检索，分别检索出判决书 644 份与 249 份，共计 893 份。

---

① 《人事争议处理规定》第 3 条：人事争议发生后，当事人可以协商解决；不愿调解或者协商不成的，可以向主管部门申请调解……不愿意调解或调解不成的，可以向人事争议仲裁委员会申请仲裁。当事人也可以直接向人事争议仲裁委员会申请仲裁，当事人对仲裁裁决不服的，可以向人民法院提起诉讼。

② 《事业单位人事管理条例》第 37 条：事业单位工作人员与所在单位发生人事争议的，依照《中华人民共和国劳动争议调解仲裁法》等有关规定处理。

在这 893 份判决书中，存在以下几种情形。（1）案件虽涉及"聘用合同、大学"或"聘用合同、学院"这类关键词，但是案件并不属于高校教师聘用合同纠纷，如当事人从某大学或学院毕业后从事初高中教学，签订了聘用合同所产生的纠纷，或当事人在某某大学附属医院签订聘用合同所产生的纠纷，或当事人属于高校行政人员岗位而非教师岗位，这些聘用合同所产生纠纷并不属于本文研究范畴。（2）存在某大学前身为某学院，分别用"大学"和"学院"搜索产生重叠案件。（3）一案件的一审判决和二审判决同时被分为两个案件收录进去，对于此类判决书，均以二审判决书作为研究样本。（4）不同案件当事人名称不同但案件文本相同。（5）虽然产生纠纷，但是法院并没有对其做实质性审查，这类判决不宜作为样本研究。

基于以上五类情形，笔者对 893 份判决书查看筛选，最终得到有效判决书 151 份。

2. 样本案例的基本情况

仔细分析 151 份样本案例，发现这些样本案例具有以下特点。

（1）在全部样本案例中，一审所占比重最高，二审所占比重很小，而再审所占比重最小。原因在于高校与教师在发生争议诉至法院后，一审耗时已经较长，成本较大，而后由于诉讼成本及效率问题，除非当事人一方的利益受损太多，否则其一般都放弃了继续维权（见图1）。

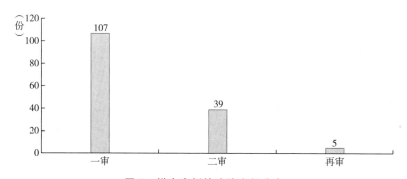

图 1　样本案例的法院审级分布

（2）在全部样本案例中，适用《劳动合同法》的案件居多，其次是适用《最高人民法院关于人民法院审理事业单位人事争议案件若干问题的规定》案件，接着是适用《劳动法》和《事业单位人事管理条例》的案件，较少的是适用《人事争议处理规定》、《合同法》以及《民法通则》的案件。这说明法院在审理高校与教师的人事争议案件过程中，主要以《劳动合同法》和《最高人民法院关于人民法院审理事业单位人事争议案件若干问题的规定》为主，较少适用《合同法》以及《民法通则》（见图2），而法律适用的不一也导致了高校教师聘用合同司法裁判中争论案件较多。

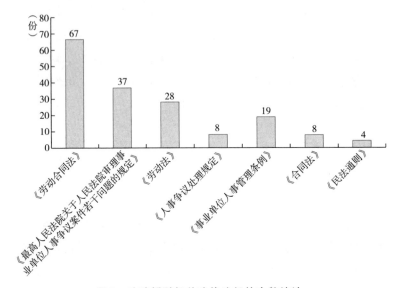

图2 法院援引相关法律法规的次数统计
资料来源：根据样本案例制作。

（3）从高校教师聘用合同的争议产生原因来看，高校与教师之间因解除聘用合同所产生的纠纷占绝大多数。其中高校一方解除聘用合同产生纠纷的占比高于教师一方解除聘用合同所产生的纠纷（见图3）。除了因解除聘用合同所产生的纠纷外，还有一小部分在履行聘用合同期间所产生的纠纷。分析原因为高校在与教师签订聘用合同的过程中，因聘用合同多为格式文本，高校作为格式条款的提供一方约定的解除事项较多且很多解除事项及条款并未做明确具体的说明与规定，因此出现了较多高校人事争议中高校随意解除合同，教师不依法辞聘现象。

（4）从78件因高校解除聘用合同所产生的争议的类型来看，数量最多的是高校以教师不称职或不合格解除合同的纠纷，其次是以教师旷工为由解除合同的纠纷，接着是高校在解除合同过程中违反法定程序产生的纠纷。数量较少的是因工资福利、档案社保等问题解除合同的纠纷（见图

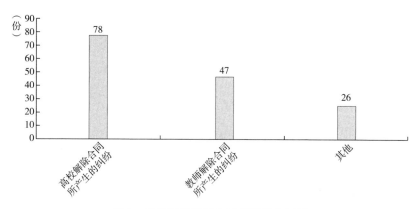

图3 高校教师聘用合同纠纷产生原因

资料来源：根据样本案例制作。

4）。分析原因在于高校在与教师解除合同的过程中，因认定教师不合格或者不称职的标准在于高校方，认定该标准的主观性较强，因此以该项理由解除合同产生的纠纷较多。对于以教师旷工为由解除合同，高校一般也是以高校内部的文件或者聘用合同协议来认定教师旷工，教师处于被动一方。而对于因工资福利或者档案社保等解除的合同，由于高校一般在与教师签订合同时候就已经说明了工资待遇等，所以很少因工资福利产生纠纷。而高校因档案问题解除的合同也基本上都是教师自身档案留在其他单位调动不过来，属于程序问题。

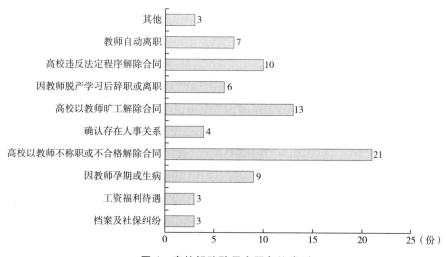

图4 高校解除聘用合同争议类型

资料来源：根据样本案例制作。

（5）在78件高校解除合同纠纷中，法院认定合法解除的有51件，而认定违法解除的仅有27件。分析原因在于法院在认定高校是否合法解除时高校方的证据与理由充足的较多，高校方一般会提供相关的文件等来证明自己解除的合理性，且基本上聘用合同文本的解释方在高校，而教师方因处于被动地位以及属于证据收集弱势方群体，基本上法院认定其胜诉的较少，因此法院认定高校违法解除的案件也较少。

（6）从47件教师方解除合同的案件类型来看，因违约金问题所产生的纠纷占比最大，有17件，其次是因档案及社保问题产生的纠纷，共16件。除了以上两项，教师解除合同还会因高校拒绝教师辞职、住房及住房补贴款、工资待遇、教师方诉求补偿金等其他问题产生纠纷。很多教师在脱产学习后选择其他岗位或者为了深造选择辞职，而在此之前基本上都会与高校签订协议或约定，因而因教师辞职产生的违约金纠纷很多。同时，高校为了留住人才，拒绝教师的辞职，采用了一些扣留人事档案以及拒绝办理社保转移等办法期望留住教师。所以教师解除合同纠纷中在违约金以及档案及社保两块产生的纠纷占比最高，占到70%（见图5）。

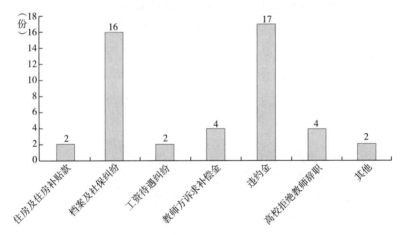

图5　教师解除聘用合同类型
资料来源：根据样本案例制作。

（二）高校教师聘用合同争议难点

1. 聘用关系的认定
高校与教师之间是否存在聘用关系意味着高校是否合法解除与教师之

间的聘用合同以及教师的权益是否能够得到保护。目前法律上并没有对高校教师的身份进行界定，也就无法根据法律来认定高校与教师之间的聘用关系的性质，这也导致了法院对高校与教师之间聘用关系的认定较困难。在样本案件中，出现很多高校以与教师之间为兼职劳务关系或非全日制劳动关系为由否认聘用关系存在而解除合同的情形。一方面，高校很多时候以档案及人事关系未转入认定双方只构成兼职劳务关系而据此否认聘用关系存在，或者以教师方已经与其他单位形成劳动关系而认为双方之间只是非全日制劳动关系，又或者以高校与教师之间所签订的合同名称未称为聘用合同而否认双方聘用关系的存在。出现上述情况的原因可能有教师未及时将人事档案关系转入高校，或在高校任职期间同时存在与其他单位的兼职或全职关系，或因高校改革前所签订的合同未称为聘用合同而高校改革后未重新签订一份聘用合同。而在另一方面，教师方因高校否认聘用关系的存在或认定双方非聘用关系，权益受到损害而诉至法院。

2. 仲裁时效的认定

《劳动争议调解仲裁法》中规定：劳动争议申请仲裁时效的期间为从当事人知道或应该知道权益被侵害之日起一年。而在司法裁判中，教师方诉求的仲裁时效开始的时间往往因为各种原因并不明确。主要有如下几种：第一，高校解除合同时教师方在国外或者外地，高校称其一开始通知了教师请假，而教师方并没有按照规定请假，后高校以教师旷工或违反规章制度为由解除合同，聘用合同解除后，教师以并不知情为理由诉至法院，往往此时很难认定聘用合同解除的时间以及教师方是否已过仲裁时效；第二，高校口头通知或以其他形式告知教师解除合同后，学校派给教师的科研任务或其他任务并没有结束，教师本人也并没有离开高校而是继续完成任务，其后教师方以自己仍然在高校任教、高校违法解除合同为由诉至法院，而此时高校并没有任何可以证明解除合同时间的证明，即使高校拿出解除合同通知书，而教师方以自己仍在学校工作抗辩，法院往往难以认定聘用合同到底何时解除，也难以认定教师的仲裁时效是否已过；第三，高校解除合同时并没有以合理的方式送达或者并没有送达教师本人，教师多年后以权益侵犯为由诉至法院，此时很难断定教师方是否知情，也就很难判断教师的仲裁时效开始时间。[①]

---

① 谭玲：《劳动争议审判前言问题研究》，中国法制出版社，2013，第112页。

3. 聘用合同条款的解释

合同的解释是指按照一定的方法与原则和事实对合同的内容所做的说明，而合同条款的解释则是合同解释的核心。在聘用合同履行中，聘用合同条款设置的不明确导致了很多争议，而出现争议时高校又以自己管理者的地位以及高校规章制度的设置来解释合同条款。[①] 如果根据《合同法》的规定，[②] 在高校教师聘用合同中，高校作为提供格式文本的一方，当对格式条款理解发生争议时，应该作出不利于高校一方的解释。而实践中并非这样，实践中不同的案件即使出现相同的条款也会出现不同的解释，对于条款的解释法院也往往很难去认定。如在样本案例中，有一则案件出现了当事人双方在签订聘用合同时的安家费条款，高校方提出支付教师方安家费用 400000 元，高校方认为教师方获得的当地住房及建设局发放的住房补贴 1000000 元即为安家费，理由在于高校方一直积极配合协助教师方申请符合相应待遇的政府补贴或补助。而教师方认为高校所称的安家费是指人才引进待遇费用 400000 元。[③] 譬如此类的争议还有很多，如对约定竞业限制条款、违约金条款等的解释，而这些争议出现的大多数原因都是聘用合同条款设置不明确以及没有对此的相关规定解释，因此法院在审理过程中也是很难认定的。

4. 教师考核标准的认定

高校与教师解除的合同很大一部分是因教师考核不合格而解除的合同。目前，教师考核合格与否基本都是由高校领导层决定的，而考核的标准也是由高校内部自主制定的。因此在聘用合同履行过程中，聘用合同考核标准问题也成为争议的难点。实践中出现很多高校考核的不规范导致校方随意解除教师的情况。一方面，目前很多高校考核标准非常主观并且考核等级确定的标准欠妥；另一方面，目前高校的考核决定权也欠妥，其最终决定权大多数都是由行政组织领导层掌握的，虽然可能学

---

① 王林清：《劳动争议热点问题司法实务指引》，人民法院出版社，2010，第 89 页。

② 《合同法》第 41 条：对格式条款的理解发生争议的，应当按照通常理解予以解释。对格式条款有两种以上解释的，应当作出不利于提供格式条款一方的解释。格式条款和非格式条款不一致的，应当采用非格式条款。

③ 中国裁判文书网：《曹某某与深圳职业技术学院福利待遇纠纷》（深中法劳终字第 2326 号），http：//wenshu. court. gov. cn/content/content？DocID = e8e6f037 - 7660 - 4493 - 8218 - e6aec8b93869&KeyWord = 深圳职业技术学院，访问时间：2018 年 8 月 7 日。

术组织考核认定的标准更加规范具体，但是，其无最终决定权。① 这就导致了校方以"考核不合格"解除与教师的聘用合同时教师不服而去申诉或者申请仲裁的情况出现。② 还出现了教师因举报其他教师不称职后，高校在考核中进行打击报复，任意使用考核制度以考核不合格为理由辞退教师的案件。③ 这些情况都反映了聘用合同考核过程的不规范，高校随意解除教师，损害教师权益。所以如何认定聘用合同考核的标准往往也是难点。

5. 高校教师拒聘权的认定

目前，教师聘用制的基本原则是双方在平等协商的基础上签订聘用合同并且双方地位具有平等性。《教育法》中规定：学校可以行使聘任教师及其他职工，实施奖励或者处分的权利。④ 这一规定说明高校对教师的聘用具有决定权。但是，目前任何一部法律都没有规定教师是否有拒绝聘任的权利。而在实践中也出现了很多因教师拒聘而产生的争议，该争议不外乎如下两种：第一种，高校因教师资质不合格或者其他原因而将教师调岗至教师并不想去的岗位或者非教学岗，而教师拒绝后高校以违反规章制度解除合同；第二种，因教师方出国或进修后返校辞职，而高校为留住人才采取扣留人事档案或其他方式拒绝教师的辞职。目前在我国经济发展不平衡、地区差异较大、教师素质差异较大以及优秀教师数量总体比较缺乏的情况下，高校为了保障教学质量、留住优秀教师，很多都以内部规定的方式不允许教师的流动，取消掉了教师拒聘的权利。从法理上看，这种方式限制了教师的自由平等权利，也在事实上构成了高校与教师之间地位的不平等，而目前法律上并没有规定教师是否有拒聘的权利。

---

① 张友连：《论高校教师聘任合同法律机制的完善——从〈劳动合同法〉的视角分析》，《北京劳动保障职业学院学报》2012 年第 3 期。
② 祁占勇、陈鹏：《我国高校教师聘任制的困境及理性选择》，《陕西师范大学学报》（哲学社会科学版）2009 年第 38 期。
③ 中国裁判文书网：《方某某与宁夏理工学院人事争议》（宁 02 民终 944 号），http：//wen-shu. court. gov. cn/content/content? DocID = cf631bf4 - e590 - 4179 - b0fe - 14c1b297d2b7&Key Word = 宁夏理工学院，访问时间：2018 年 8 月 7 日。
④ 《教育法》第 29 条：学校及其他教育机构行使下列权利：……（六）聘任教师及其他职工，实施奖励或者处分。

（三）法院对争议难点的审判意见

1. 聘用关系审判意见

法院在认定高校与教师双方是否形成聘用关系的时候，一般首先考量双方是否形成劳动关系，即高校作为用人单位是否实际与教师方为实现教学过程而有教师方提供有偿劳动的过程。因为教师的法律地位目前还没有明确，但实际审判过程中法院一般按照教师属于劳动者来看待其与高校的关系。而一旦教师方作为劳动者提供了劳动，高校提供了工资报酬，那么一般都认定为劳动关系而非兼职关系等。并且在构成劳动关系的基础上再进一步地考量双方所签订聘用合同的相关因素，而对于教师方是否将档案及人事关系转入高校、双方签订聘用合同的名称、其与其他单位是否存在聘用关系都不在法院认定双方聘用关系的考量范围内。即使教师与其他单位存在兼职关系而高校规章制度中并不允许教师在教学工作中身兼数职，也不能据此否认教师与该高校的聘用关系的存在及合法性。

2. 聘用合同仲裁时效审判意见

对于实践中出现的难以确定聘用合同解除时间因而影响了教师仲裁时效计算问题，法院一般分如下情况审理。其一，教师方未请假或因违反高校规章制度被高校以旷工为由解除合同后教师称不知道的，法院一般以高校是否将解除合同通知书送至本人来认定，如果只是以登载于报纸等方式解除合同的，法院一般认定教师方确实不知情而认定仲裁时效未过，教师仍可以继续申请仲裁或诉讼。其二，对于高校以口头形式或者其他方式解除了合同，而后教师仍留在学校工作，后仲裁时效难以认定时，法院一般会根据高校在其认定的解除时间后是否实质性地给教师安排了教学工作，以及教师是否实质性在教研岗位，认定教师是否知情及诉讼时效。其三，对于教师称高校并未以合理的方式送达导致教师不知情的，法院一般以高校方停发教师工资的时间来认定教师是否知情，进而判断仲裁时效是否已过。

3. 聘用合同条款审判意见

虽然依照合同法对于格式条款的解释，当出现争议时应作出不利于格式文本提供一方即高校方的解释，但基于聘用合同虽然属于合同但又不同于一般合同的特点，法院在审理中还是会根据不同的案件作出不同的裁判，但基本上都是以高校方对合同条款的解释为主。高校方在法院审理过程中，会以高校方有关聘用合同的内部文件以及规章制度为支撑，对聘用合同中的相关条款进行解释，并且，一般高校与聘用合同有关的内部文件以及规章制度也都是根据该省市的条例办法等制定的。而教师方如若在聘用合同签订之初并没有提出相关的异议或者对有关条款补充了非格式文本，并且也拿不出任何对聘用合同条款有关的法律解释，法院基本上不会采纳教师方的意见。除非高校方本身的约定违反法律的规定，法院在认定时基本上都是以高校方所提供的解释为参考意见，这也说明了目前高校与教师签订聘用合同的不平等以及法律上对聘用合同条款规定的模糊性。

4. 教师考核标准审判意见

法院关于教师考核标准的审判意见，分为如下几种情况。第一，程序有无瑕疵。以某案件为例，教师作为原告方在与高校签订的合同中约定如果教师方在年度考核中不合格并且不同意调岗的，高校只要提前 30 日书面通知教师即可以解除聘用合同。而在该案件中高校认定原告考核不合格后，并没有调整教师的工作，而是要求与教师重新签订聘用合同，且被告拟定的《聘用合同补充书》中亦载明"原协议解除后甲方同意乙方继续为甲方工作，工作岗位不变"。[①] 法院认定高校在没有调整岗位的前提下就直接以考核不合格解除了聘用合同属于程序违法，因此认定解除违法。第二，考核标准是否符合相关规定。如果高校以考核不合格解除合同而教师认定自己没有不合格，双方争议不一时法院一般会以该省市文件中相关的规定判断高校文件对于考核标准的设置是否对教师考核的标准过于严格或宽松，进而做出判断。另外，如果高校认定教师考核不合格并出具了辞退通知书等，教师方诉求法院撤销辞退通知书的，法院会以不属于法院受理的范围裁定驳回诉讼请求。

5. 高校教师拒聘权的审判意见

因为目前法律上并没有规定教师的拒聘权，所以法院在审理过程中也是根据实际情况来判断。对于高校对教师调岗而产生的教师拒聘后解除合同的纠纷，法院一般的审判意见是如若教师方在之前岗位合格，而高校只

---

① 中国裁判文书网：《蒋某某与浙江海洋大学人事争议》（浙舟民终字第 421 号），http：// wenshu. court. gov. cn/content/content？ DocID ＝7568ebd3－28df－4f29－ad0e－a8eb00a56e6 a&KeyWord ＝浙江海洋大学，访问时间：2018 年 8 月 7 日。

是因人员变动或其他非必要因素进行调岗，基本上法院都会认定聘用合同解除不当且恢复教师方之前的岗位，相当于默认了教师方的拒聘权。而若教师在拒绝聘用期间采用其他不合理的方式如旷工、扰乱教学秩序等，法院一般以教师方违反高校规章制度在先而认定高校解除合同合理。对于教师出国或进修后向校方辞职而高校拒绝教师辞职的，法院基本的审理意见都是支持教师的拒聘权，但法院一般会根据教师方出国前是否与高校签订协议来判断，如果签订了相关服务期协议或违约金条款，不管是否合理，教师一般都需要支付赔偿金或违约金。

三 高校教师聘用合同争议问题的解决与法律完善

（一）高校教师聘用合同立法建议

1. 立法上明确聘用合同性质

当前由于聘用合同法律性质并没有明确界定，高校与教师在签订聘用合同时，高校往往并不认为教师与其处于平等的法律地位。在实践中，高校与教师的关系仍然处于一种事实上的纵向法律关系，这一点在司法裁判中也有体现。而教师处于被管理以及弱者的地位，高校基于其优势地位，签订了很多并不符合教师内心意愿的协议，双方法律地位并不平等。所以在立法上，首先必须明确聘用合同的性质。如前文所述，笔者认为高校教师聘用合同属于劳动合同，不论从主体关系、内容还是适用法律的依据上看，都可以将其归为劳动合同一类，因此，可以将聘用合同在立法上明确为劳动合同关系，同时将教师的法律地位定义为劳动者，这同样有利于推进事业单位聘用制度改革。

目前，法院在审理高校与教师之间的人事争议案件中有适用《劳动合同法》的，有适用《事业单位人事管理条例》的，也同样有适用《合同法》以及《民法通则》的。以高校与教师解除合同为例，目前相关的法条规定主要有：《教师法》第37条、《关于在事业单位试行人员聘用制度的意见》第6条、《劳动合同法》第96条、《最高人民法院关于人民法院审理事业单位人事争议案件若干问题的规定》第1条。聘用合同性质的不明确导致法律适用非常混乱，在司法裁判中往往会出现"同案不同判"情况，高校与教师的争议都比较多，明确聘用合同的性质可以很好地解决上述问题。

2. 尽快完善高校教师聘用制度法律法规

到目前为止，国家并没有一部完整的有关高校教师聘用立法的规定，同时教育部也并没有出台任何关于教师聘用管理的有关规定，高校教师聘用制的实施基本都是"一校一规"，每个学校都制定了自己的规章制度，不同的学校在违约金、教师解除事项等方面的规定差异很大，在争议较多的社保部分，存在有的高校部分或全部人员没有参加养老保险之类的问题。在聘用合同整个文本的制定过程中，高校方最大限度地将自己意志加入聘用合同的文本条款中，压缩教师的权利。而当教师方拿到文本时，因其是格式文本，教师方基本也只能将自身的意志压制，并且在签订合同时，高校也是依据自身管理者的优势，站在校方的利益角度来解释相关条款。这样一来严重损害了教师方的利益，双方的权利与义务具有严重的不对等性。

从目前出台的有关于高校教师的规定来看，其基本都只是关于聘用合同的原则性的规定，其中很多问题并没有阐释清楚，实际参考性与操作性较弱，而几个若干意见或者决定也只是属于"规范性文件"，不管是从立法层次、完善的程度，还是内容方面来看，其都远远不能满足当下的要求，制定和颁布专门性和操作性较强的高校教师聘用制度方面的法律法规迫在眉睫。一方面，在宏观上，教育主管部门应尽快制定和颁行针对高校教师聘用制度的办法或条例，指导各高校以此为参考和标准建立一套科学民主的教师聘用管理制度；另一方面，从微观说，高校制定相关规章制度时，应该尊重教师，经多方讨论，并经教职工代表大会民主讨论，充分吸取教师们的合理意见和建议，而非仅仅是高校管理方意志。

3. 明晰聘用合同条款设置

由于高校在整个聘用合同实现的过程中占据着主导地位，不管是合同条款事先的拟定，还是之后对合同条款有关的解释，教师在整个有关合同条款的设置中基本上都没有发言权，而这与《合同法》以及《劳动合同法》中所倡导的合同自由原则是相悖的，并且如果一直保持这样的状态只会制约聘用制发挥实际作用以及阻碍聘用制度的改革。因此笔者认为，在立法上明晰聘用合同条款的设置非常必要。

除了现阶段国家强制性规定的合同内容外，高校和教师双方之间可以对工作任务、工作条件、薪酬、福利待遇、合同履行、服务期违约金等内容进行约定，这些条款在双方之间发生效力，可以作为纠纷解决的依据。当然，毕竟高校教师聘用合同与国家教育事业有关，所以聘用双方不能随意约定合同，毕竟合同的履行涉及公共利益的实现。因此，在立法上，教育行政部门必须对合同有关条款进行规定，设置一定的限制，让高校在对聘用合同条款设置时有相应的依据和尺度，而不是目前所呈现的不同的高校聘用合同条款的设置差距甚大，同时这也可以解决目前高校教师聘用合同条款没有具体参考标准而导致的实践中聘用合同条款设置的混乱状态，而最终使合同朝着规范化的方向发展。

4. 改善聘用合同救济渠道

目前在聘用合同履行过程中，如若发生纠纷解决途径通常有如下三种：第一，按照教育部有关的规定内部解决，即由学校或者教师向教育行政部门申诉，再由教育主管行政部门来协商调解；第二，通过人事争议仲裁途径解决，劳动人事争议仲裁委员会作为行政机构，与事业单位、申诉人存在着直接的利害关系，在仲裁中有失公允也难以避免；第三，通过诉讼途径解决。按照现在的"一申一裁二审"的聘用合同争议解决机制，一个案件从开始申诉到最后结案，正常需要一年多的时间，而在这段时间里，教师的工作、生活都会受到很大的影响，教师付出的成本太大。由此可见，现行的聘用制度争议解决机制效率非常低，并且，虽然我国现行法律制度对教师权利救济的手段在相关的法律、法规及规章中有所体现，但是这些规定大多较为原则、概括，缺乏可操作性，完善的教师权利保障机制并未真正的形成，所以聘用合同救济渠道并不畅通。

笔者认为，在立法上必须要改善聘用合同的救济渠道。一方面，立法上可以出台文本强制性要求高校调解机构或申诉仲裁委员会的建立，并且要有专业人员处理该方面纠纷，当教师本人认为自己的合法权益受到侵害时，可以向该调解机构或申诉仲裁委员会反映。另一方面，时机成熟的话可以取消目前教师的"一申一裁二审"制，实行"或裁或诉"制，[1] 使教师可以选择权益救济方式，提高效率，节约成本，为自身权益提供救济。

---

[1] 李文江：《高校教师聘任制之法律研究》，《高等教育研究》2006 年第 4 期。

（二）高校教师聘用合同司法建议

1. 明确受案范围

《最高人民法院关于人民法院审理事业单位人事争议案件若干问题的规定》第 1 条规定了人事争议的受案范围。通过样本案件可以看出，法院在审理案件时对"辞职""辞退"两词的界定比较清晰，但是对于何谓"履行聘用合同"尚未形成统一的审判意见，因此也就出现了"高校年度考核是属于高校内部的管理行为还是聘用合同履行的行为"这样的案件。[①]法院目前在审理过程中出现了两种观点：一种观点认为聘用合同的履行是指签订聘用合同后教师在教学过程中履行合同的行为，年度考核属于高校内部管理行为，不应归为聘用合同的履行；另一种观点认为对"聘用合同的履行"应该做扩大解释。笔者更加认同第二种观点，应该扩大对聘用合同履行的解释。

笔者认为，法院在审理高校与教师聘用合同人事争议案件时，应该将其视为动态完整的过程。随着聘用制的改革与教师任职期间的变化，一开始所签订的聘用合同在随后的时间里都会产生变化，如教师为了申请福利待遇可能与学校签订福利房协议，为了寻求自身的发展可能签订进修培训协议，这些后续的协议其实可以看作聘用合同履行过程中的细化，将此类协议视为聘用合同履行过程中的一部分，进入法院受案范围，纳入司法审查，才能够使教师与高校之间的关系更具有稳定性与持续性。

2. 平衡双方利益

虽然目前没有任何调整高校与教师之间聘用合同关系的规定，但从实践中可以看出基本上法院都将聘用合同定义为劳动合同并据此审理。而《劳动合同法》所倡导的原则有平等原则以及倾斜保护原则。对于平等原则来说，其是劳动合同法的基础也是劳动合同法的宗旨，如若将聘用合同认定为劳动合同法，首先要树立的观点是高校与教师双方地位平等的理念，因此法院在审理过程中首先需要将双方的利益摆在平等地位，公平看待双方，衡量双方的利益得失，避免现实中出现一方因损失过大而不断上

[①] 中国裁判文书网：《戈某某与昆明理工大学人事争议》（云民申 514 号），http：//wenshu. court. gov. cn/content/content？ DocID ＝ 4b2c2383 － 212d － 44b9 － 90f3 － e64b0235636a&Key Word ＝昆明理工大学，访问时间：2018 年 8 月 7 日。

诉的情况。对于倾斜保护原则来说，说到底教师方目前在高校中还是弱势者一方，高校行使着对教师的管理权，高校不管是在签订聘用合同过程中还是在对教师履行教学活动的管理过程中，都处于优势地位，既然将聘用合同当作劳动合同看待，那么法院需要做的也是在双方地位平等的前提下倾斜保护教师方的利益。在实践中，一旦产生教师与高校的人事争议，教师方基本上都要耗费很多金钱、成本与时间，还要承担败诉后失业的风险，而高校基本上在一场诉讼中所付出的相比于教师方来说微乎其微，因此法院应该本着平等与倾斜保护的原则来平衡双方的利益，减少矛盾冲突。

3. 强调证据裁判

证据裁判原则是我国司法事实裁判的基本原则，而笔者认为，在高校教师聘用合同人事争议案件中，需要特别强调证据裁判原则。法院在审理过程中，高校方以其管理者的优势地位，出具了很多高校规章制度以及内部文件来证明其行为的合理性或者教师行为的不当性，而教师作为聘用合同被管理者一方，很多时候因各种原因取证困难，证据的证明力较弱，此时若法院仅仅依靠高校所出具的规章制度以及内部文件等，仅仅从表面审查双方行为是否具有合理性，教师方往往会败诉。因此，法院在审理高校与教师聘用合同人事争议案件的时候，应当重视证据尤其是教师方所出具的证据，对证据产生的时间、真伪性等进行合理考量，切实维护权益。

4. 仲裁与司法加强衔接

目前，处理高校与教师之间聘用合同人事争议的流程是"一裁二审"，如果教师对劳动人事争议仲裁委员会所作出的裁决没有起诉，裁决即具有既判力。但是目前而言，样本案例中出现的很多情况是，教师申请劳动人事争议仲裁委员会的仲裁，在仲裁委作出不属于仲裁委受理范围，裁定不予受理的决定后，教师向法院起诉，而法院受理后作出实体判决，或出现相反情况，仲裁委作出了实体裁决后法院却认为不应受理而驳回了教师的起诉。笔者认为出现该类情况的原因在于仲裁委和法院对于聘用关系的理解侧重不同，仲裁委强调的是聘用关系本身，在教师向仲裁委申请仲裁时，仲裁委只要认定高校与教师之间有聘用关系基本就受理，而如果认定双方之间没有聘用关系，一般认定不属于受理范围予以驳回；而法院强调双方的缔约及合同内容，所侧重的是聘用合同所产的争议是否因聘用合同的约定而产生。当下，劳动人事争议仲裁和法院审判作为保护教师权益的两条重要渠道，如果经常出现上述的情况，基本上也就相当于只有一条道路了，因此，要加强仲裁与诉讼之间的衔接，劳动人事争议仲裁委员会与法院之间应该加强协作。如在受案初期就对该类争议进行有效的沟通协作，形成对案件的统一认识，减少矛盾与降低诉讼成本。

结　语

高校教师作为事业单位聘用制改革中的一部分，同时承担着教书育人的重任。高校教师的利益是否得到保障至关重要。在本文中，笔者认为高校教师与高校之间的合同不管是从主体关系上、内容上还是法律适用上，都可以将其认定为劳动合同。但是目前而言，高校教师聘用合同尚无法律上对其性质的界定以及一部规范的法律来对此进行管理，由此产生了很多争议，法律适用的混乱更加导致了司法裁判的混乱。笔者通过样本案例发现，很多高校在与教师签订聘用合同过程中并没有对聘用合同中的条款做过多解释，同时很多条款内容也含糊不清，并且大多规定的是教师方违约的责任而很少去规定高校方违约的责任，聘用合同又是以格式文本形式出现，教师在与高校签订合同过程中，基本上没有话语权与平等权，而之后，在对教师至关重要的考核制度中，教师依旧没有发言权，基本上现行的高校考核制度也是由高校领导层决定。最后，在拒绝聘用问题上，法律也只是规定了高校方聘用教师的权益，而没有规定教师方的拒聘权。因此，教师的权益在这份聘用合同中并没有得到保障，所以在实践中产生了大量的高校与教师之间的人事争议案件。基于以上问题，笔者建议在立法上明确聘用合同的性质，尽快出台相关的法律法规，明晰聘用合同的条款设置，以及改善聘用合同救济渠道来保障双方的利益；在司法上首先明确受案范围，注重平衡双方的利益以及审理过程中对证据特别是教师方的证据的收集；最后，加强仲裁与司法的衔接。在进一步保护教师利益的同时，推进聘用制度的改革。

A Study on the Disputes over the Employment Contract of Teachers in Colleges and Universities

Zhong Yumiao

Abstract: Since the 1980s, China began the reform of the education system, and the management of teachers in colleges and universities has changed from the previous identity relationship to the contractual relationship. In 2014, the Council of State promulgated the regulations on Personnel Management of Public Institutions, which means that the personnel system with the employment system as the core has gradually taken shape in public institutions. In law, at present, there is no law that defines the legal nature of the employment contract of university teachers, nor does it clarify the legal status of university teachers. As a result, there are a lot of disputes in the actual performance of the contract due to the confusion of the application of the law and the different judicial decisions. Based on the analysis of the nature of the employment contract, this paper tries to find out the types of disputes over the employment contract of university teachers and analyze the main difficulties of the dispute through searching for the sample cases needed by the China Judicial Documents website. On this basis, the court's current trial opinions on the above difficulties are analyzed. Finally, through these controversial cases put forward their own views and suggestions.

Keywords: Employment Contract; Type of Dispute; Trial Opinion; Teachers in Colleges and Universities

劳动法中竞业限制制度之实证研究[*]

张丝怡[**]

摘　要： 伴随着日益激烈的市场竞争，商业秘密保护和人才流动之间的矛盾越发尖锐。劳动法中的竞业限制制度应运而生。中国的竞业限制制度起步较晚，还有诸多问题有待解决。在梳理劳动法中竞业限制制度的理论研究现状之余，通过实证分析法观察竞业限制制度的司法实践情况大有必要。以近一年的 380 份竞业限制案件判决书为统计样本展开实证研究，较为充分地反映了司法裁判中存在的审理难点。应该采取明确竞业限制主体范围和加强主体适格审查、灵活规定竞业限制期限等措施，充分完善我国的竞业限制制度。

关键词： 劳动法　竞业限制　司法实践　实证研究

一　我国劳动法中的竞业限制相关立法与研究动态

在理论界，学者对竞业限制的概念界定不一。孔祥俊将其源头归为民法代理人制度，认为竞业限制的提出旨在防范代理人损害被代理人权益。[①]林嘉则基于劳动法视野认为竞业限制是指劳动者在与用人单位约定的前提下，在职期间以及离职后一段时期，不到与原单位存在竞争关系的单位从事相同业务，也不得自己从事与原单位相同的营业。[②]2008 年，我国《劳动合同法》在第 23、24、90 条对竞业限制进行了明确规定。随后，各地劳动法规也沿用了"竞业限制"的称谓。从词典释义、学者观点以及法律

---

　*　本文是根据作者于 2019 年获得厦门大学法律硕士学位的同名论文修改而成。

　**　张丝怡（1995～），女，江苏南京人，厦门大学法律硕士，主要研究领域：民商法。

　①　孔祥俊：《公司法要论》，人民法院出版社，1997，第 334 页。

　②　林嘉：《劳动合同法热点问题讲座》，中国法制出版社，2007，第 86～87 页。

条文对竞业限制的表述来看，竞业限制制度更多强调的是一种合理限制，而非绝对禁止。在劳动法视域下，其更是一种用人单位与劳动者之间基于竞业行为作出特别约定的一种合意，因而谓之"竞业限制"更为妥当。基于劳动法视野，并综合学者学说和我国劳动合同法的规定，笔者倾向于将劳动法中的竞业限制定义为：基于有效竞业限制协议的约定，在解除或者终止劳动合同后，负有保密义务的劳动者不可到与原单位有竞争关系的其他用人单位就业，不可自行开业生产或者经营同类产品、从事同类业务的合法适度限制。

近年来，我国学者较为关注竞业限制制度，他们采用比较分析法、文献调查法等研究方法对该制度在国内的法理基础、存在的困境和出路、域外竞业限制制度建构经验等作出介绍。在国内，关于竞业限制制度的学术研究主要集中在对用人单位的商业秘密权、劳动者的自由择业权等不同法益的权衡之中。以英美为首的西方发达国家更倾向于各项法益的平等属性，认为应当通过划清各项法益存在的界限来解决冲突。美国著名的经济学家罗纳德·哈里·科斯认为，必须在各项法益之间划分界限，这样才能保证其可以在市场经济中重新排列组合，法益的划分是市场存在的前提条件。① 徐显明、闫国智等人赞同法益平等的观点，并针对法益的平等性问题进行了有价值的探索，为解决法益的冲突提供了极具参考价值的观点。② 在法益博弈中，也有学者主张生存权益优位的原则。比如张平华认为，法益的平等性主要体现为对双方当事人的平等对待，但是法益在实质上并不平等。不平等的法益意味着法益冲突时存在优先与劣后，而不是一概平等。③ 与此观点相吻合的是，在处理企业和劳动者法益冲突的问题上，我国学者大多倾向于保护劳动者的权益，遵循生存权优位原则。常凯教授认为，在整个法律体系中，企业和劳动者之间的地位是平等的，但是仅在劳动法中，应当是倾向于保障劳动者权益的。④ 但是董保华教授认为，所谓

① 〔美〕罗纳德·哈里·科斯：《论生产的制度结构》，盛洪、陈郁译，上海三联书店，1994，第71~75页。
② 闫国智、徐显明：《权利平等是我们公民平等权的根本内容——兼评"实施法律平等说"》，《中国法学》1993年第4期。
③ 张平华：《司法视野里的权益冲突导论》，科学出版社，2008，第66页。
④ 常凯：《劳权论——当代中国劳动关系的法律调整研究》，中国劳动社会保障出版社，2004，第105~106页。

的倾向于保护劳动者的权益，是为了弥补劳动关系主体形式上平等，实质上却不平等的现状而设置的实现实质平等的方式，同样是一种平等，且此种"实质平等"只能体现在立法上，司法上应当依旧遵循平等原则。[①] 单海玲教授认为，在维护竞业限制协议自由签订的前提下，还要保障竞业限制制度实质平等，这需要通过立法来明确竞业限制协议的合理性标准，并通过法律进行规定。[②] 但是应当如何具体设置合理性标准，我国学者还没有给出非常具体的答案。而在大陆法系的代表，德国、法国等国家，其法律已经对竞业限制协议的合理性标准进行了较为明确的规定，且其学者不仅在立法层面上进行了研究，还在实践层面对该标准进行了更具操作价值的规定。在国内，虽然《最高人民法院关于审理劳动争议案件适用法律若干问题的解释（四）》《司法解释（四）》第 6、7、8、9、10 条对合理性标准中的事项进行了进一步的规定，但是依旧不够细致，正如李永明教授提到的，更多的是法官发挥自由裁量权进行裁判。近年来，针对竞业限制制度展开理论探讨的学者很多，学术成果较丰，实证成果却十分之少，即便提出完善措施也是基于法理的分析，对司法实务缺乏足够的重视。故在此点上，我们更需要借鉴其他国家的经验，立足于我国现行竞业限制制度的适用情况，结合域外先进的立法和实务经验，对进一步完善我国的竞业限制制度提出有价值的意见。

二　竞业限制劳动争议案件统计分析

为更好地了解竞业限制制度的实际运行状态，从司法实践的角度予以考察是必由之路。笔者在中国裁判文书网上，运用高级检索功能，以"理由：竞业限制；案由：民事案由；案件类型：民事案件；审判程序：二审；文书类型：判决书；裁判日期：2017 - 08 - 01 TO 2018 - 08 - 01"为检索条件，搜索获得 475 份二审民事判决书。经过初步筛选，剔除与竞业限制无实质联系的案件，以剩余 380 份二审民事判决书为研究样本，进行实证分析。本部分内容围绕竞业限制二审案件数据统计结果展开，分别是

---

① 董保华等：《社会法原论》，中国政法大学出版社，2001，第 143 ~ 145 页。
② 单海玲：《雇员离职后的竞业禁止》，《法学研究》2007 年第 3 期。

竞业限制案件的基本诉讼情况、涉竞业限制的约定情形、竞业限制案件的诉讼要旨。

（一）竞业限制案件的基本诉讼情况

1. 诉讼当事人

（1）诉讼当事人的基本情况。如表 1 所示，380 例竞业限制二审案件中，用人单位所属行业为科学研究和技术服务业的多达 103 件，占比为 27.1%，高居首位。排第二位的是信息传输、软件和信息技术服务业，所占比例为 15%。这充分反映了竞业限制纠纷在信息科技、软件研发等高新领域的多发。这也符合竞业限制制度之保护单位商业秘密权宗旨以及竞业主体为高级技术人才等重要员工的特点。此外，居于第三位的是制造业，共计 51 件，占 13.4%。改革开放以来，传统制造业长期作为行业巨头，一直是推动中国经济发展的巨擘，竞业限制纠纷在该行业较为多发也是情理之中。

表 1 单位所属行业

单位：件，%

单位所属行业	案件数	案件占比
农、林、牧、渔业	0	0
采矿业	0	0
制造业	51	13.4
电力、热力、燃气及水生产和供应业	12	3.2
建筑业	2	0.5
批发和零售业	33	8.7
交通运输、仓储和邮政业	0	0
住宿和餐饮业	10	2.6
信息传输、软件和信息技术服务业	57	15
金融业	16	4.2
房地产业	6	1.6
租赁和商务服务业	12	3.2
科学研究和技术服务业	103	27.1
水利、环境和公共设施管理业	0	0

单位所属行业	案件数	案件占比
居民服务、修理和其他服务业	22	5.8
教育	40	10.5
卫生和社会工作	8	2.1
文化、体育和娱乐业	8	2.1
公共管理、社会保障和社会组织	0	0
国际组织	0	0
合　计	380	100

注：本表统计事项"单位所属行业"，参照国民经济行业分类（GB/T 4754 – 2017）国家标准（1984 年首次发布，2017 年第四次修订）制定。

根据中国地理区划，共分为七个区域。① 如表 2 所示，380 件竞业限制案件中，当事人一方单位的住所地主要分布于华东地区（161，42.4%）和华北地区（93，24.5%），很少位于西北地区（10，2.6%）与东北地区（6，1.6%）。其中，华东地区主要分布在上海市、江苏省以及浙江省；华北地区主要集中于北京市、天津市。华南地区占比排第三，集中分布在广东省。整体来看，经济越发达的地区，竞业限制纠纷诉诸法律的情况越多；经济越落后的地区，竞业限制案件越少。竞业限制案件单位所在地区的分布规律，反映出竞业限制案件与地区经济发展水平的正相关性。

表 2　单位住所地所属区域分布

单位：件，%

单位住所地所属区域	东北	华东	华北	华中	华南	西南	西北	合计
案件数	6	161	93	31	60	19	10	380
案件占比	1.6	42.4	24.5	8.2	15.8	5	2.6	100

对竞业限制案件劳动者性别、年龄、住所地/户籍地等基本身份信息的统计结果，如图 1 所示，男性劳动者、女性劳动者各自的人数和占比分

---

① 中国地理区划：东北（黑龙江、吉林、辽宁）；华东（上海市、江苏省、浙江省、安徽省、福建省、江西省、山东省、台湾地区）；华北（北京市、天津市、山西省、河北省、内蒙古自治区）；华中（河南省、湖北省、湖南省）；华南（广东省、广西壮族自治区、海南省、香港特别行政区、澳门特别行政区）；西南（四川省、贵州省、云南省、重庆市、西藏自治区）；西北（陕西省、甘肃省、青海省、宁夏回族自治区、新疆维吾尔自治区）。

别为 295 人、78% 和 85 人、22%，这与男性在职场上更易取得更高职位从而可以成为竞业限制主体有关，也与女性在职业选择上更趋于安稳、不愿发生工作单位变动有关。

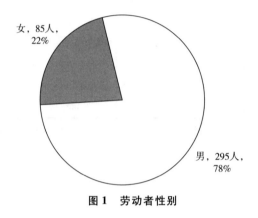

图 1　劳动者性别

此外，如表 3 所示，竞业限制案件劳动者的年龄主要分布区间为 30～40 岁，占比过半，符合该年龄层次职员已取得一定职场地位并寻求职业上升发展的特征。而在劳动者跳槽和自立企业时，很容易基于逐利性从事竞业行为，从而造成竞业限制纠纷。据图 2，劳动者的住所地/户籍地主要分布在华东和华北地区，极少分布在西北和东北地区，这与单位住所地的分布情况大体一致。存在的些许数据差异，主要是劳动力基于职业选择的流动性导致的。

表 3　劳动者年龄

单位：人，%

年龄段（岁）	16≤x≤30	30<x≤40	40<x≤50	50<x≤60	x>60	不明	合计
人　数	55	203	74	15	0	33	380
占　比	14.5	53.4	19.5	3.9	0	8.7	100

竞业限制案件劳动者的岗位分布较为分散，但总的来说还是销售岗位、管理岗位和技术岗位居多。如表 4 所示，担任市场销售人员职位的劳动者最多，占 17.4%；其次为经理、副经理这一岗位，占比 14.5%；再次是工程师（技术研发、通信维护、高级开发、软件设计）岗位，占比为 11.7%。

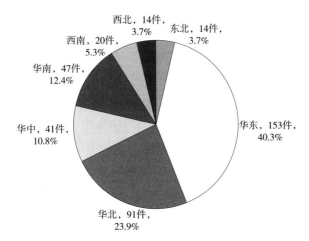

西北, 14件, 3.7%
东北, 14件, 3.7%
西南, 20件, 5.3%
华南, 47件, 12.4%
华中, 41件, 10.8%
华东, 153件, 40.3%
华北, 91件, 23.9%

图2 劳动者住所地/户籍地所属区域分布

表4 竞业限制主体劳动者工作岗位

单位：人，%

工作岗位	人 数	占 比
经理、副经理	51	14.5
财务负责人	5	1.4
上市公司董事会秘书	4	1.1
主管	6	1.7
人事专员	4	1.4
技术研发部经理、部长、主任	26	7.4
工程师（技术研发、通信维护、高级开发、软件设计）	41	11.7
首席技术官	5	1.4
网管	4	1.1
技术总监	5	1.4
设计师	4	1.1
市场销售人员	61	17.4
财会人员	4	1.1
秘书	5	1.4
培训老师	26	7.4
人事行政总监	5	1.4
总经理助理	5	1.4
市场部咨询顾问	9	2.6
营业主任	10	2.8
其他	5	1.4

工作岗位	人　数	占　比
不明	66	18.8
合　计	351	100

据表 5 可知，竞业限制案件劳动者的月薪集中在 3000 元和 10000 元之间。在 380 个案件中，劳动者月薪为 5000 元到 1 万元的案件最多，有 97 件，占比 25.5%；月薪 3000 元到 5000 元的案件 54 件，占 14.2%，居于第二名。可以看出，竞业限制案件劳动者的月薪远高于普通劳动者工资收入水平。

表 5　劳动者月薪

单位：件，%

月薪（元）	$x \leqslant 3000$	$3000 < x \leqslant 5000$	$5000 < x \leqslant 10000$	$10000 < x \leqslant 15000$	$15000 < x \leqslant 20000$	$x > 20000$	不明	合计
案件数	31	54	97	36	34	26	102	380
案件占比	8.2	14.2	25.5	9.5	8.9	6.8	26.8	100

竞业限制案件中，劳动者在用人单位的工作年限，详见表 6。从初入职场到在单位工作超过 20 年，其中工作年限为 1 ~ 5 年的劳动者与单位产生竞业限制纠纷的案件最多，有 248 件，其占比高达 65.3%，此时曲线达到峰值。随着工作年限的增加，劳动者与单位发生竞业限制纠纷的情况呈下降趋势。工作 1 ~ 5 年的劳动者，对在本单位的工作情况和个人提升空间有了较为全面的认知，且此时他们年纪较轻、精力较好，在更好的职业发展机会和更高薪酬的刺激下，容易做出跳槽的选择。而若选择到竞业单位工作，就有违反竞业限制义务之嫌，容易与原单位发生竞业限制冲突。此外，竞业限制案件中，劳动者与单位通常签订固定期限劳动合同，占比高达 91%。也有签订无固定期限劳动合同的情况，占比为 7%。不存在签订以完成一定工作为期限的劳动合同的情况（见图 3）。

表 6　劳动者已工作年限

单位：人，%

工作年限（年）	$x \leqslant 1$	$1 < x \leqslant 5$	$5 < x \leqslant 10$	$10 < x \leqslant 15$	$15 < x \leqslant 20$	$x > 20$	不明	合计
人　数	24	248	67	16	1	0	24	380

工作年限（年）	x≤1	1<x≤5	5<x≤10	10<x≤15	15<x≤20	x>20	不明	合计
占　比	6.3	65.3	17.6	4.2	0.3	0	6.3	100

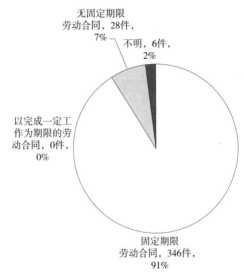

图 3　劳动者签订劳动合同类型

（2）诉讼当事人的诉讼角色分配情况。据粗略观察竞业限制案件的一审情况，大概有十分之一的案件为单位和劳动者互为原被告。此外，单位作为原告提起诉讼的案件占到一半；劳动者起诉的案件占到近 40%（见表 7）。这说明在产生竞业限制纠纷后，单位更主动地将纠纷诉诸司法途径。而在当事人对一审判决不服时，相较于其他类型的劳动争议案件，劳动者更加主动地进行上诉，占到 46.8%。单位上诉的情况占 42.1%。当然也存在双方皆不服从而都提起上诉的情况，占到 11.1%（见表 8）。

表 7　原审原被告情况

单位：件，%

原审原被告情况	分别为原被告		互为原被告	合计
	原告为单位	原告为劳动者		
案件数	190	150	40	380
案件占比	50	39.5	10.5	100

表8 二审上诉人/被上诉人情况

单位：件，%

原审原被告情况	一方上诉		双方上诉	合计
	上诉人为单位	上诉人为劳动者		
案件数	160	178	42	380
案件占比	42.1	46.8	11.1	100

　　竞业限制纠纷不可避免地涉及劳动者离职后从事竞业行为所在的单位，即竞业单位。越来越多的单位在追究劳动者违反竞业限制义务的法律责任时，将竞业单位纳入诉讼轨道。根据表9、表10，在原审诉讼中，有6.4%的竞业单位被作为被告或第三人列明；在二审的诉讼角色分配中，有3.2%的竞业单位被列为被上诉人。这反映了在竞业限制纠纷高发的当下，用人单位通过扩大维权对象的方式弥补自己商业秘密权被侵害造成的经济损失。

表9 竞业单位原审诉讼地位

单位：件，%

是否参诉	参与诉讼		未参与诉讼	合计
	列为被告	列为第三人		
案件数	12	12	356	380
案件占比	3.2	3.2	93.7	100

表10 竞业单位二审诉讼地位

单位：件，%

是否参诉	参与诉讼		未参与诉讼	合计
	列为上诉人	列为被上诉人		
案件数	0	12	368	380
案件占比	0	3.2	96.8	100

2. 诉讼代理人

　　委托诉讼代理人是诉讼中更好地表达诉求和维护利益的途径。从是否委托代理人的角度来看，仅有1.6%的单位未委托代理人（见表11），而有25.8%的劳动者没有委托诉讼代理人（见表13）；从委托的代理人人数来看，单位更多选择委托多人（54.7%）作为自己的代理人（见表11），而劳动者更多选择一人（54.2%）作为代理人出庭（见表13）；从双方委托的代理人身份来看，单位通常选择律师（82%）、本单位工作人员即法务人员（18%）作为代理人（见表12），劳动者通常选择律师（94.7%）或近亲属（5.3%）担任代理人（见表14）。以上三组对比，反映了单位和劳动者在代理人是否委托、委托人数和身份上的差异。其背后反映的是代理人力量甚至是诉讼力量的强弱，归根结底体现的是单位和劳动者财力和地位上的差异。

表11 单位是否委托诉讼代理人

单位：件，%

是否委托诉讼代理人	委托		未委托	合计
	一人	多人		
案件数	166	208	6	380
案件占比	43.7	54.7	1.6	100

表12 单位委托的诉讼代理人身份

单位：人，%

诉讼代理人身份	律师	工作人员	合计
人数	477	105	582
占比	82	18	100

表13 劳动者是否委托诉讼代理人

单位：件，%

是否委托诉讼代理人	委托		未委托	合计
	一人	多人		
案件数	206	76	98	380
案件占比	54.2	20	25.8	100

表14 劳动者委托的诉讼代理人身份

单位：人，%

诉讼代理人身份	律师	近亲属	合计
人数	339	19	358
占比	94.7	5.3	100

3. 法院层级及地域分布情况

根据表15、表16看380例审理竞业限制案件的法院级别，一审法院皆为基层法院，二审法院皆为中级法院。如图4所示，法院所属区域主要是华东地区、华北地区以及华南地区，占比分别为42%、24%、16%，很少位于东北地区与西北地区，所占比重分别为2%和3%。

表15　一审法院的级别

单位：件，%

法院层级	基层	中级	高级	最高	合计
案件数	380	0	0	0	380
案件占比	100	0	0	0	100

表16　二审法院的级别

单位：件，%

法院层级	中级	高级	最高	合计
案件数	380	0	0	380
案件占比	100	0	0	100

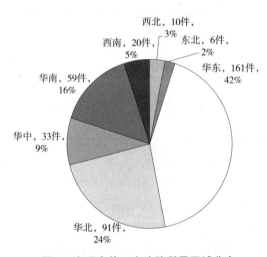

图4　审理案件二审法院所属区域分布

（二）涉竞业限制的约定情形

1. 竞业限制协议

380个案件中有多达365个案件，单位和劳动者明确签订了竞业限制协议，占比为 96.1%（见图 5）。法官在认定双方关于竞业限制期限、范围、补偿金等约定内容时也多以竞业限制协议为主要依据。竞业限制协议签订的时间不一，有的在入职时，也有的在解除或终止劳动合同时，也有选择在续订劳动合同时或其他在职期间签订，所占比重分别达到 38%、11%、11.2% 和 24.4%（见图 6）。

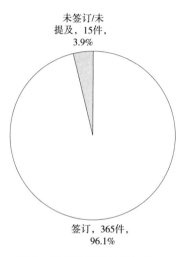

图 5　竞业限制协议签订情况

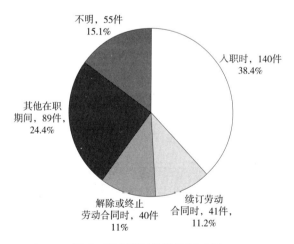

图 6　竞业限制协议签订时间

竞业限制的约定形式也不尽相同。根据图 7，67.1% 为独立的竞业限制合同，19.5% 作为《劳动合同》的普通条款提出，还有 9.3% 作为《劳动合同》的补充协议或附件提出。其中，采用独立竞业限制合同形式约定竞业限制内容的 245 份竞业限制协议，名称表述也十分丰富。近一半的竞业限制协议名称里含有"保密"二字，这也反映了该协议旨在对单位商业秘密权进行保护。居于第二位的是竞业限制协议、竞业限制合同，十分中规中矩而规范的表述，占比为 33.5%。此外，诸如不竞争协议、从业规则、X 集团职业道德规范的表达，也有少量占比（见表 17）。

如表 18 所示，竞业限制协议会对行业与地域范围、竞业限制期限、竞业限制补偿金、违约金、其他违约责任等事项进行约定。而在竞业限制约定的具体事项中，期限和行业范围被约定得最多，占比均为 23.0%。地域范围被约定得最少，只有 3.4%。

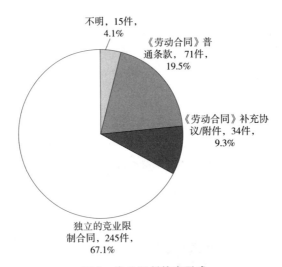

不明，15件，4.1%

《劳动合同》普通条款，71件，19.5%

《劳动合同》补充协议/附件，34件，9.3%

独立的竞业限制合同，245件，67.1%

图 7 竞业限制约定形式

表 17 竞业限制协议名称表述

单位：件，%

竞业限制协议名称表述	案件数	案件占比
竞业限制协议、竞业限制合同	82	33.5
保密协议，保密及竞业限制协议，保密、竞业限制和禁止招揽协议，员工保密与竞业限制协议	118	48.2
从业规则	5	2.0
员工协议书	25	10.2
X 集团职业道德规范	5	2.0

竞业限制协议名称表述	案件数	案件占比
不竞争协议	6	2.4
离职协议书	4	1.6
合　计	245	100

表 18　竞业限制具体约定事项

单位：类，%

竞业限制协议约定事项	协议约定事项类型	占　比
期限	335	23.0
行业范围	335	23.0
地域范围	50	3.4
竞业限制补偿金	275	18.9
竞业限制违约金	240	16.5
其他违约责任	162	11.1
其他事项	61	4.2
合　计	1458	100

2. 竞业限制主体

如表 19 所示，在 380 个案件中，被法院认定为"其他负有保密义务的人员"类型的竞业限制主体最多，有 130 人，占比 34.2%；其次是高级技术人员，85 人，占比 22.4%；最后是高级管理人员，70 人，占比 18.4%。相较于高级管理人员、高级技术人员，更具有司法裁量空间的是对"其他负有保密义务的人员"的认定。认定是否"负有保密义务"，决定着竞业限制主体是否适格以及竞业限制协议是否具有约束力。

从竞业限制主体类型具体观之，如图 8 所示，高级管理人员的职位主要是正副经理、主管、上市公司董事会秘书、财务负责人、人事专员等。其中，经理、副经理占比最多，达到 73%。如图 9 所示，高级技术人员的职位主要是工程师（技术研发、通信维护、高级开发、软件设计），技术研发部经理（部长、主任），技术总监，网络管理，设计师，首席技术官等。其中，工程师（技术研发、通信维护、高级开发、软件设计）占比最多，将近五成。其他负有保密义务的人员所在工作岗位主要是市场销售人员、培训老师、营业主任、市场部咨询顾问、总经理助理、人事行政总监、秘书、财会人员等。其中，市场销售人员、培训老师分别以47%、20%位居第一和第二（见图10）。

表19　竞业限制主体类型

单位：件，%

是否被认定为竞业限制主体	竞业限制适格主体				非竞业限制适格主体	合计
竞业限制主体类型	高级管理人员	高级技术人员	其他负有保密义务的人员	不明		
案件数	70	85	130	66	29	380
案件占比	18.4	22.4	34.2	17.4	7.6	100

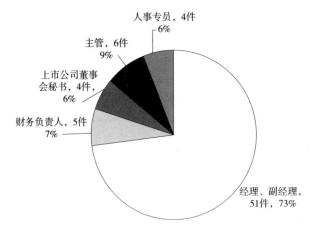

图8　高级管理人员所在工作岗位

3. 竞业限制约定期限

竞业限制期限的实证统计，主要围绕是否约定、具体期限以及约定期限超过两年对协议效力的影响。如图11所示，365份竞业限制协议中，有335份对竞业限制期限进行了约定，占比为92%；未约定的仅有3%。根据图12可知，约定的竞业限制期限长短情况不同，有六个月、一年、两年、三年、五年不等。其中，约定期限为两年的占61.5%，这是法律准许的最长期限。7.5%约定为六个月，16.4%约定为一年，这些也都在法律允许和保护的范围内。此外，还有9%约定为三年，3%约定为五年，超过法定最长两年的期限。这反映了单位在竞业限制期限约定上存在过分保护自身商业秘密权、过分限制劳动者择业自由权的嫌疑。

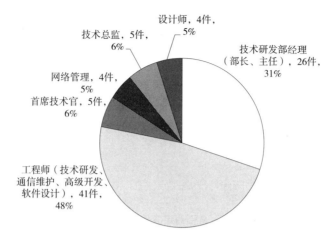

图 9　高级技术人员所在工作岗位

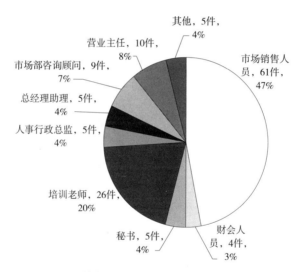

图 10　其他负有保密义务的人员所在工作岗位

　　用人单位在竞业限制协议中约定竞业限制期限超过两年，实际上是违反"不得超过两年"的法律规定的。如表 20 所示，竞业限制期限超过两年对协议效力的影响不一。司法实践中，47.5% 的案件因为约定竞业限制期限超过两年，从而认定满法定最长两年后协议无效；还有 27.5% 的案件当竞业限制期限超过两年时，仅该项期限约定条款无效；还有 25% 的案例，竞业限制期限超过两年对协议效力影响不明或无影响。

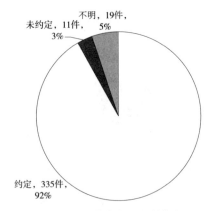

图 11　是否约定竞业限制期限

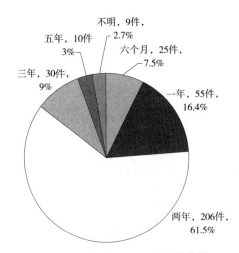

图 12　约定的竞业限制期限具体情况

表 20　竞业限制期限超过两年对协议效力影响

单位：件，%

竞业限制期限超过两年对协议效力影响	有影响		无影响/影响不明	合计
	期限约定条款无效	协议无效		
案件数	11	19	10	40
案件占比	27.5	47.5	25	100

4. 竞业限制行业范围与地域范围

如表 21 所示，用人单位在竞业限制协议中约定竞业限制行业范围时，约定"不得到与本单位存在竞争关系的单位工作"，即只作竞争关系概述的高达 67.5%；约定"不得到与本单位在某领域经营范围一致的企业工作"，即只强调行业领域的占 29.9%；只有 2.7% 的单位采用具体列举相关竞业单位的方式对竞业限制行业范围进行了约定。司法实践中，单纯概述竞争关系以约定行业范围，难免太宽泛，这给诉讼中单位举证劳动者离职后入职的新单位是竞业单位增加了难度，也让法官裁判时缺乏更明确的判断依据。

用人单位在竞业限制协议中约定的竞业限制地域范围不一，有全球、全国、本省、本市、本县/区之分，各占 32%、20%、18%、20%、10%（见图13）。竞业限制地域范围的约定并非随心所欲，而是应该以用人单位的经营规模和业务范围为依据。如果某个县企业约定的竞业限制地域范围为全球，势必有过度限制劳动者自由择业权之嫌疑。当然，随着经济全球化的加快，跨国企业越来越多，这些企业将全球约定为竞业限制地域范围，是符合情理的。

表 21　竞业限制行业范围约定具体程度

单位：件，%

地域范围约定具体程度	列举具体企业	强调行业领域	概述竞争关系	合计
案件数	9	100	226	335
案件占比	2.7	29.9	67.5	100

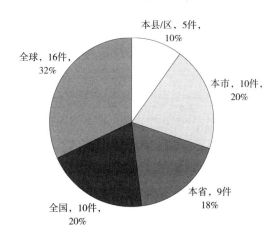

图 13　竞业限制约定地域范围

5. 竞业限制补偿金

竞业限制补偿金是竞业限制协议的重要约定事项。鉴于此，本部分实证统计围绕竞业限制补偿金约定与否、支付方式、约定数额、支付标准、是否实际支付、未约定/未支付对协议效力影响、法院是否调整金额等全方位展开。如表 22 所示，365 份竞业限制协议中有 275 份对竞业限制补偿金进行了约定，占比为75.3%。

表 22　是否约定竞业限制补偿金

单位：件，%

是否约定竞业限制补偿金	约定	未约定	不明	合计
案件数	275	66	24	365
案件占比	75.3	18	6.7	100

　　根据表23，从竞业限制经济补偿金给付方式看，有按月、按季或者按年分次给付，也有一次性给付的。其中，按月分次给付占比最高，为76.7%，这也符合"按月给予"的立法精神。如表24所示，从经济补偿金约定数额来看，25.8%为1万元以下，18.6%为1万元至2万元，10.5%为2万元至5万元，9.1%为5万元至10万元，只有3.6%的经济补偿金金额超过10万元。整体看，经济补偿金约定数额越高，其占比越小。竞业限竞业限制补偿金约定数额主要集中在1万元以下。特别说明，统计案件样本总数是380件，其中竞业限制协议中约定竞业限制经济补偿金的案件是275件。此处仅探讨经济补偿金，故以275个案件数为计算基数，涉及表22、表23、表24。

表 23　经济补偿金约定给付方式

单位：件，%

经济补偿金给付方式	分次			一次	不明	合计
	按月	按季	按年			
案件数	211	5	9	16	34	275
案件占比	76.7	1.8	3.3	5.8	12.4	100

表 24　经济补偿金约定数额

单位：件，%

经济补偿金约定数额（元）	x≤10000	10000<x≤20000	20000<x≤50000	5000<x≤100000	x>100000	不明	合计
案件数	71	51	29	25	10	89	275
案件占比	25.8	18.6	10.5	9.1	3.6	32.4	100

如表 25 所示，51.3% 的用人单位按照劳动者月平均工资的一定比例（10%，20%，30%，50%，100%，200%）进行支付，9.1% 的单位按照劳动合同履行地最低工资标准支付，7.3% 的单位按照某一定额支付竞业限制经济补偿金。

表 25　竞业限制经济补偿金支付标准

单位：件，%

经济补偿金支付标准	月平均工资（10%，20%，30%，50%，100%，200%）	劳动合同履行地最低工资标准	某定额	不明	合计
案件数	141	25	20	89	275
案件占比	51.3	9.1	7.3	32.4	100

如图 14 所示，当单位在竞业限制协议中未约定竞业限制经济补偿金时，69% 的竞业限制协议被法院认定为有效，如果劳动者按照约定履行竞业限制义务，便可根据《司法解释（四）》第 6 条的规定要求单位支付经济补偿；也有 31% 的竞业限制协议被法院认定为无效，如果单位在竞业限制协议中未约定经济补偿金却要求劳动者就竞业行为支付竞业限制违约金，则法院不支持该项诉请。

图 14　未约定经济补偿金对竞业限制协议效力的影响

根据表 26 可知，单位在竞业限制协议中约定竞业限制补偿金后，高达 41.8% 的案件中单位并未实际支付。54.5% 的案例中单位在劳动者离职后支付，1.8% 的案件中单位在劳动者在职时便已支付。其中，对于未实际支付经济补偿金对竞业限制协议的效力认定，法院存在不同态度。77% 仍认定竞业限制协议有效；而因为单位未实际支付补偿金而将竞业限制协议认定为无效的，占到23%（见图15）。

表26　竞业限制经济补偿金实际支付情况

单位：件，%

竞业限制经济补偿金实际支付情况	实际支付		未支付	不明	合计
	在职时	离职后			
案件数	5	150	115	5	275
案件占比	1.8	54.5	41.8	1.8	100

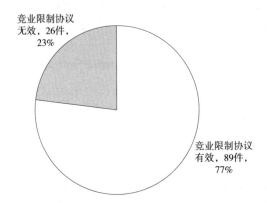

图15　未实际支付补偿金对竞业限制协议效力之影响

由表26观察法院调整竞业限制经济补偿金数额的情况，可知，未作金额调整的高达89.5%，因为数额计算错误而进行调整的占到1.5%，因为单位给付的经济补偿金过低未达到法定最低标准，法院予以酌情调高的占到9.1%。这说明单位在约定和给付竞业限制补偿金时，有时会低于法定标准，此为对劳动者自由择业权受限的不对价补偿。

表27　法院是否调整竞业限制经济补偿金数额

单位：件，%

法院是否调整补偿金数额	调整		未调整	合计
	计算错误	未达法定过低，调高		
案件数	4	25	246	275
案件占比	1.5	9.1	89.5	100

6. 竞业限制违约金

关于竞业限制违约金的实证统计，围绕约定与否、违约金数额以及法院是否调整数额展开。根据图 16 可知，66% 的竞业限制协议中约定了竞业限制违约金，23% 的竞业限制协议未对竞业限制违约金进行约定。如图 18 所示，其中，对竞业限制违约金进行约定的 240 份竞业限制协议中，31.3% 的案件将竞业限制违约金数额约定在 20 万元以上，29.6% 的案件将竞业限制违约金数额约定在 5 万元和 10 万元之间，仅有 3.8% 的案件将竞业限制违约金数额约定在 1 万元以下。与竞业限制经济补偿金数额相比，竞业限制违约金高出很多。然而，并非单位约定的竞业限制违约金数额就一定能得到法院认可。从表 27 可以看出，法院会对竞业限制违约金数额进行适当调整，使得竞业限制违约金数额与劳动者违反竞业限制约定的严重程度和造成的损害后果相一致。竞业限制协议约定的违约金数额因为过高而被法院酌情降低的，高达 68.3%，不存在单位约定的违约金数额过低而被法院酌情提高的情形，只有 31.7% 的竞业限制协议约定的违约金数额是适当的，法官不必对其进行调整。这表明单位通常会为了维护自身商业秘密权对劳动者违反竞业限制约定施加更多经济责任，这一现象在司法裁判中只有予以重视，才能更好地防止劳动者承担过重的经济压力。

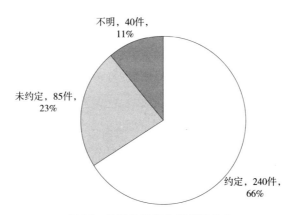

图 16　是否约定竞业限制违约金

表 28　法院对竞业限制违约金数额调整情况

单位：件，%

法院对竞业限制违约金数额调整情况	调整		未调整	合计
	过高，调低	过低，调高		
案件数	164	0	76	240
案件占比	68.3	0	31.7	100

表 29　竞业限制违约金约定数额

单位：件，%

竞业限制违约金数额（元）	x≤10000	10000＜x≤20000	20000＜x≤50000	50000＜x≤100000	100000＜x≤200000	x＞200000	不明	合计
案件数	9	10	36	71	30	75	9	240
案件占比	3.8	4.2	15	29.6	12.5	31.3	3.8	100

7. 竞业限制其他相关事项

如图 17 所示，违反竞业限制义务的行为类型主要有四种，分别为在职期间服务竞业公司、在职期间自行设立竞业公司、离职后服务竞业公司、离职后自行设立竞业公司。其中，离职后服务竞业公司的出现频率最高，占比高达 58%；其次为劳动者在职期间服务竞业公司，占比为 15%。此外离职后劳动者自行设立竞业公司，占比为 14%；在职期间自行设立竞业公司的情况也有 13% 的比重。

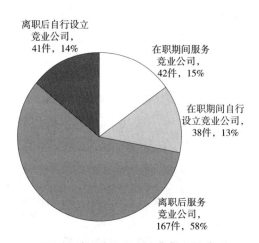

图 17　违反竞业限制义务的行为类型

观察表 30 可知，竞业限制案件的标的额主要集中在 1 万元到 10 万元。其中，标的额 1 万元到 5 万元的案件占比为 27.9%，标的额 5 万元到 10 万元的案件占比达到 26.6%。

竞业限制案件的标的额远高于一般劳动争议案件。这与劳动者通常为高层管理者、技术人才有关，也与用人单位约定的竞业限制违约金和赔偿金较高有关。

表 30　竞业限制案件标的额

单位：件，%

标的额 （元）	x≤10000	10000＜x≤ 50000	50000＜x≤ 100000	100000＜x≤ 200000	x＞200000	不明	合计
案件数	35	106	101	70	53	15	380
案件占比	9.2	27.9	26.6	18.4	13.9	3.9	100

（三）竞业限制案件的诉讼要旨

1. 诉讼请求以及举证情况

竞业限制二审案件中，如表 29 所示，单位提出的上诉请求主要有以下四类：支付违反竞业限制协议违约金、继续履行竞业限制协议、返还/不支付竞业限制补偿金、赔偿违反竞业限制协议造成的损失。它们的占比从高到低排列分别为 46.5%、20.4%、17.6% 和 11.9%；其中，支付违反竞业限制协议违约金的诉讼请求得到二审法院支持的比例最高，高达60.7%，其次是返还/不支付竞业限制补偿金，占比为 21.2%，继续履行竞业限制协议，占比为 12.1%，赔偿违反竞业限制协议造成的损失，占比为 3%。单位提出赔偿违反竞业限制协议造成的损失的上诉请求，分为两种：一种要求劳动者单独承担责任，占 10.6%，最终得到法院支持的占到3%；另一种要求竞业单位承担连带责任，占 1.3%，此类诉讼请求无一被二审法院支持。这与竞业限制协议的相对性以及用人单位对竞业单位侵害行为举证不足有关。

由表 30 可知，竞业限制二审案件中，劳动者的上诉请求主要有六种，占比如下：支付竞业限制补偿金，占 46.5%；调整竞业限制违约金金额，占 20.5%；不履行竞业限制协议，占 11.5%；请求解除竞业限制协议，占7.1%；确认竞业限制协议无效以及不支付违约金/损失赔偿金，分别占7.1%、7.1%。其中，支付竞业限制补偿金这一上诉请求得到二审法院支持的比例最高，高达 50%，这是因为此种诉讼请求涉及的法律事实认定较为简单。此外，上诉请求得到二审法院支持的比例从高到低排列依次为调整竞业限制违约金金额（29%）、不支付违约金/损失赔偿金（6.7%）、请求解除竞业限制协议（4.9%）、确认竞业限制协议无效（4.9%）以及不履行竞业限制协议（4.5%）。

单位的主要待证事项，如表31所示，有劳动者违反竞业限制义务（存在竞业行为）、劳动者新入职单位为竞业单位、单位已支付补偿金、存在竞业限制约定、已解除竞业限制约定情形。对于不同的待证明事项，单位需要出示不同的证据进行证明。对于"劳动者违反竞业限制义务（存在竞业行为）"这一证明事项，单位可以出示：（1）劳动者与新单位签订的劳动合同；（2）新单位对劳动者社保缴费记录、完税证明、工资凭证等；（3）劳动者以新单位名义履行职务的相关证据（名片、代表新用人单位签订的合同等）；（4）劳动者自己开办个体户或公司的营业执照等（包括担任股东、法定代表人等）；（5）新单位对劳动者在新单位网站、宣传册、广告等载体上的记载；（6）在新单位工作的照片、录音、快递回执单、证人证言等其他证据，进行举证。其中，新单位对劳动者社保缴费记录、完税证明、工资凭证这类证据被法院采信的比例最高，达到92.4%。

对于"劳动者新入职单位为竞业单位"这一证明事项，单位可以出示：（1）新单位营业执照或工商信息（经营范围等）；（2）新单位网站、宣传册、新闻报道等；（3）业务拜访录音录像、活动名单、投标资料等，进行举证。其中新单位营业执照或工商信息（经营范围等）这类证据的证明力最强，被法院采信的可能性最大，比例为90%。对于"单位已支付补偿金"这一证明事项，单位可以出示：（1）法院判决书、仲裁裁决书、知识产权资料等；（2）工资单、薪资表；（3）签收单；（4）转账明细、电子回单，进行证明。其中，法院判决书、仲裁裁决书、知识产权资料等这类证据的法院采信率最高，为84%。

对于"存在竞业限制约定"这一待证事项，单位可以通过：（1）劳动合同、保密协议、竞业限制协议等书面合同；（2）履行竞业限制协议通知书等，进行证明。其中，劳动合同、保密协议、竞业限制协议等书面合同类证据的证明力最强，被法院采信的可能性最大，采信率为85.5%。对于"已解除竞业限制约定"这一待证事项，单位可通过不履行竞业限制协议书等进行证明，法院采信率为60%。

表 31　单位上诉请求及被二审法院支持情况

单位：类，%

诉讼主体	涉竞业限制诉讼请求		类型	占类型总数之比	诉请被法院支持	占诉请总类型之比
单位	继续履行竞业限制协议		81	20.4	20	12.1
	支付违反竞业限制协议违约金		185	46.5	100	60.7
	返还/不支付竞业限制补偿金		70	17.6	35	21.2
	赔偿违反竞业限制协议造成的损失	劳动者单独承担责任	42	10.6	5	3
		竞业单位承担连带责任	5	13	0	0
	其他		15	3.6	5	3
合　计			398	100	165	100

表 32　劳动者上诉请求及被二审法院支持情况

单位：类，%

诉讼主体	涉竞业限制诉讼请求	类型	占类型总数比重	诉请被法院支持	占诉请总类型比重
劳动者	请求解除竞业限制协议	31	7.2	11	4.9
	确认竞业限制协议无效	31	7.2	11	4.9
	支付竞业限制补偿金	202	46.5	112	50
	调整竞业限制违约金金额	89	20.5	65	29
	不支付违约金/损失赔偿金	31	7.1	15	6.7
	不履行竞业限制协议	50	11.5	10	4.5
合　计		434	100	224	100

2. 案件争议焦点

竞业限制案件的争议焦点主要包括：竞业限制协议是否有效、劳动者是否属于竞业限制人员、劳动者是否违反了竞业限制义务、单位是否已解除竞业限制协议、是否支付竞业限制补偿金及数额认定、是否支付竞业限制违约金及数额认定、劳动者后入职单位是否应承担连带责任、劳动者是否继续履行竞业限制义务、劳动者是否有其他违约责任（赔偿损失等）。380 个案件中共有 1080 个争议焦点，平均每个案件的争议焦点为 2～3 个。其中，出现频率较高的争议焦点是是否支付竞业限制违约金及数额认定、劳动者是否属于竞业限制人员、竞业限制协议是否有效、是否支付竞业限制补偿金及数额认

定，占比分别为 21.9%、18.4%、17.2% 和 15.7%。（见表 33）

表 33　主要待证事项的单位举证及法院采信情况

单位：次，%

证明对象	证据名称	举证次数	占案件举证总次数比重	法院采信证据次数	法院采信率
劳动者违反竞业限制义务（存在竞业行为）	劳动者与新单位签订的劳动合同	40	3.6	35	87.5
	新单位对劳动者社保缴费记录、完税证明、工资凭证等	66	5.9	61	92.4
	劳动者以新单位名义履行职务的相关证据（名片、代表新用人单位签订的合同等）	60	5.4	50	83.3
	劳动者自己开办个体户或公司的营业执照等（包括担任股东、法定代表人等）	50	4.5	35	70
	新单位对劳动者在新单位网站、宣传册、广告等载体上的记载	45	4	35	77.7
	在新单位工作的照片、录音、快递回执单、证人证言等其他证据	95	8.5	71	74.7
劳动者新入职单位为竞业单位	新单位营业执照或工商信息（经营范围等）	201	18	181	90
	新单位网站、宣传册、新闻报道等	50	4.5	38	76
	业务拜访录音录像、活动名单、投标资料等	50	4.5	35	70
单位已支付补偿金	法院判决书、仲裁裁决书、知识产权资料等	25	2.2	21	84
	工资单、薪资表	45	4	5	11.1
	签收单	10	0.9	6	60
	转账明细、电子回单	80	7.1	60	75
存在竞业限制约定	劳动合同、保密协议、竞业限制协议等书面合同	242	21.5	207	85.5
	履行竞业限制协议通知书等	50	4.5	35	70

证明对象	证据名称	举证次数	占案件举证总次数之比	法院采信证据次数	法院采信率
已解除竞业限制约定	不履行竞业限制协议书等	10	0.9	6	60
合　计		1119	100	881	78.7

表 34　竞业限制案件争议焦点

单位：个，%

竞业限制案件争议焦点	案件所涉焦点	占焦点总数比重
竞业限制协议是否有效	186	17.2
劳动者是否属于竞业限制人员	199	18.4
劳动者是否违反了竞业限制义务	160	14.8
单位是否已解除竞业限制协议	10	0.9
是否支付竞业限制补偿金及数额认定	170	15.7
是否支付竞业限制违约金及数额认定	236	21.9
劳动者后入职单位是否应承担连带责任	5	0.5
劳动者是否有继续履行竞业限制义务	74	6.9
劳动者是否有其他违约责任（赔偿损失等）	40	3.7
合　计	1080	100

3. 竞业限制法律规范引用情况

法院依法审理竞业限制案件和撰写裁判文书进行说理论证时，不可避免地要运用竞业限制相关法律规范。我国《劳动合同法》第 23、24、90条，《司法解释（四）》第 6、7、8、9、10 条，以及涉竞业限制条款的各地方劳动法规、条例对竞业限制进行了专门的、详细的规定，因而在司法实践中常被法官引用。如表 33 所示，其中，《劳动合同法》第 23 条被引用的次数最多，在法律规范引用总次数中占比高达 38.8%；其次是《劳动合同法》第 24 条，引用次数占比为 20.5%；《司法解释（四）》第 10 条以 8.4% 的占比位列第三。此外，部分经济发达地区出台的地方劳动条例也规定了竞业限制相关内容，如《江苏省劳动合同条例》第 28 条、《深圳经济特区和谐劳动关系促进条例》第 20 条、《浙江省高级法院关于审理劳动争议案件若干问题的解答（三）》第 77 条，等等。这些地方条例涉竞业限制条款被法官引用的次数比例达到 5.7%。

表 35　法院裁决涉竞业限制案件时引用法律规范情况

单位：次，%

涉竞业限制法律规范	法院引用情况	占引用总次数比重
《劳动合同法》第 23 条	236	38.8
《劳动合同法》第 24 条	125	20.5
《劳动合同法》第 90 条	5	0.8
《司法解释（四）》第 6 条	46	7.6
《司法解释（四）》第 7 条	46	7.6
《司法解释（四）》第 8 条	35	5.7
《司法解释（四）》第 9 条	30	4.9
《司法解释（四）》第 10 条	51	8.4
各地方条例涉竞业限制条款	35	5.7
合　　计	609	100

4. 二审法院对一审竞业限制裁项的司法态度

二审法院在裁判竞业限制案件时，对一审竞业限制裁项基本采取维持原判的司法态度。如图 20 所示，维持原判率高达 95%，仅有 5% 的案件在二审中被依法改判。这说明竞业限制案件二审法院和一审法院观点基本一致，所以用人单位和劳动者都需要提高对一审的重视程度，因为二审改判的可能性极小。

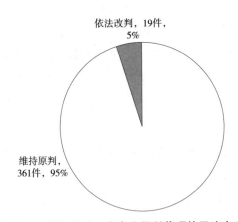

图 18　二审法院对一审竞业限制裁项的司法态度

三 劳动法中竞业限制制度的司法困境和应对措施

(一) 竞业限制劳动争议的司法困境

1. 竞业限制适格主体认定难

按照现行劳动合同法的规定,竞业限制主体为单位的高级管理人员、高级技术人员和其他负有保密义务的人员。《劳动合同法》的立法宗旨为通过法律明文限定竞业限制适格主体,防止单位利用其强势地位随意扩大竞业限制协议签订范围,损害劳动者的自由择业权。高级管理人员和高级技术人员一般是指因工作条件和从事管理或技术研发而更加全面掌握雇主的商业秘密和信息技术的人员。其他具有保密义务的人通常是指能够访问雇主机密信息的普通员工。

负有保密义务的普通劳动者在竞业限制适格主体中所占比例最大。对这类群体认定的关键在于对"负有保密义务"的理解。其是否因工作条件接触用人单位的商业秘密仍需在法院审理阶段予以逐一确认。在审判实践中,用人单位通常会扩大保密事项的范围,主张劳动者因开展某项工作而接触商业秘密,或主张因双方已经签订竞业限制协议,劳动者自然是竞业限制适格主体。而劳动者则主张其当初签署竞业限制协议仅仅是为了获得工作,实属无奈;又或声称用人单位所言商业秘密实为公开周知的内容。对此,法院在审理时须进行实际审查,综合认定劳动者是否实际接触用人单位的商业秘密,且负有保密义务。

2. 劳动者竞业行为查明难

近年来竞业限制争议中一些劳动者的竞业行为已经越来越隐秘。从前用人单位主张劳动者竞业行为主要为劳动者直接自营或者直接进入竞业公司,近年来转变为劳动者通过亲朋好友代持股份的方式进行"自营"。如某案例中劳动者在职期间,通过妻子、父母等亲属共同在国内投资成立了竞业公司。对用人单位而言,举证证明劳动者存在竞业行为的难度增加。还有一些劳动者在离职后通过与第三方签订劳动合同接受派遣或外包的形式,达到为竞业公司提供劳动的目的。这种安排更内部、更隐蔽,用人单位举证难度较大。

3. 单位竞争关系认定难

判断劳动者是否违反竞业限制义务，不可避免地与劳动者的行为是否触及单位的商业秘密和知识产权的具体认定有关。其中，竞业限制义务中的"同类产品""同类业务"的认定，涉及不同行业的专业知识或特定产业特定产品的鉴别，专业性十分强，这都导致了单位竞争关系认定难的司法困境。要想对用人单位之间是否存在竞争关系作出正确判断，法官在审理案件过程中必须参阅资料、了解相关行业知识，综合各种因素权衡考量，这对法官的判案水平提出了较高的要求。法院通常会考虑两家用人单位营业执照上所载明的营业范围是否有重合之处；两家用人单位对外宣传、业务介绍内容是否有重合之处；或者是否存在其他关联关系。此外，竞业限制制度设计的目的在于防止员工离职后实际利用用人单位的商业秘密。因此，用人单位应当举证证明内部存在可保护的商业秘密，且竞业限制的范围和地域等应当与劳动者接触的商业秘密相适应。

4. 竞业限制经济补偿纠纷处理难

虽然《劳动合同法》与《司法解释（四）》均明确规定了竞业限制经济补偿金纠纷的处理，但此类诉讼纠纷依旧占竞业限制劳动争议案件的很大比例。在竞业限制劳动争议案件审理中，经济补偿金的处理容易引发诸多问题。如未约定补偿金的竞业限制协议是否有效；竞业限制协议虽约定补偿金但单位未支付，劳动者是否需要履行竞业限制义务；等等。上述问题尚未通过立法直接解决，地方法院在司法实践中的做法也不同。立法不明确、司法操作无定论，这都在一定程度上增加了法官司法审判的难度。

5. 竞业限制违约金数额调整难

根据统计数据，在240份约定了违约金的竞业限制协议中，31.3%的案件将竞业限制违约金数额约定在20万元以上，29.6%的案件将竞业限制违约金数额约定在5万元和20万元之间，仅有3.8%的案件将竞业限制违约金数额约定在5万元以下。与经济补偿金数额相比，违约金数额要高得多。当然，并非单位约定的违约金数额就一定能得到法院承认。只有31.7%的竞业限制协议约定的竞业限制违约金数额适当而法官不必进行调整。有高达68.3%的竞业限制协议约定的竞业限制违约金数额因为过高而被法院酌情降低。法院通常会对劳动者的工资、补偿金数额以及用人单位的实际损失等进行综合考虑，对劳动者应当承担的违约金数额做出合理判断，使竞业限制违约金数额与劳动者违反竞业限制约定的严重程度和造成的损害后果相一致。在案件审理中，单位通常自行计算出一系列企业损失，但上述损失往往缺乏计算依据，该损失是否由劳动者违反竞业限制义务造成仍需法官进一步核实。同时，劳动者违反竞业限制行为并不意味着造成用人单位经济利益的直接减少。市场环境的各项因素均有可能影响经济损失，导致用人单位难以得出明确证据证明损失是否存在及损失大小，这也在一定程度上增加了审理难度。如何确定竞业限制违约金数额的合理区间，见仁见智，目前在审判实践中尚未统一标准。

（二）完善竞业限制制度的应对措施

1. 进一步明确竞业主体范围

根据《劳动合同法》第 24 条的规定，竞业限制主体主要包括高级管理人员、高级技术人员和其他具有保密义务的人员。看起来规定明确，但在竞业限制制度的实际运作中存在许多问题。跟普通劳动者相比，高级管理人员和高级技术人员接触到单位商业秘密的可能性更大。但他们在实际工作中绝非都能接触到商业秘密。[1] 另外，从近一年的竞业限制劳动争议案件的实证统计数据来看，各类竞业限制主体类型中，被法院认定为"其他负有保密义务的人员"的占比最高，高达 34.2%。但何为"负有保密义务的人员"，并无统一的认定标准。鉴于此，要想完善竞业限制制度，当务之急是在立法中明确竞业限制主体。

现行劳动合同法对竞业限制主体规定的范围太过宽泛。竞业限制主体范围应该与知悉商业秘密的特定劳动者范围相同。美国法律把商业秘密细分方向，涉及模型、技术、配方等领域。这与单位的核心技术和持续发展力密切相关。一旦失去这些商业秘密，就会导致单位经济利益的损失。[2] 美国将能够接触到这些核心技术的高级人才定义为竞业限制适用主体。同样的，瑞士也在立法中明确签订竞业限制协议的劳动者必须为能接触商业秘密的人。[3] 借鉴域外立法，笔者认为，我国还应进一步明确立法中竞业

---

[1] 杨显滨、侯立伟：《论劳动法视域下的离职竞业限制制度》，《江苏社会科学》2015 年第 4 期。

[2] 张玉瑞：《商业秘密法学》，中国法制出版社，1999，第 689 页。

[3] 安禹霏：《劳动法中竞业限制制度研究》，辽宁师范大学硕士学位论文，2017，第 21 页。

限制主体的范围，将竞业限制主体规定为"接触、知悉商业秘密的特定劳动者"①，并可以采用枚举和概括相结合的立法方法，即将商业秘密的分类和重点涉密岗位相结合，以确定竞业限制主体范围。首先，竞业限制主体可分为知悉生产性商业秘密的工作人员和知悉经营性商业秘密的工作人员。具体来看，知悉生产性商业秘密的工作人员大体包括技术研发负责人、工程设计负责人以及相关具体工作人员等；知悉经营性商业秘密的人员大体包括经理、主管、财务或人事负责人以及上市公司董事会秘书等。

2. 灵活规定竞业限制期限

寻求我国劳动法中竞业限制制度的完善之道，离不开对竞业限制期限的审视。掌握竞业限制期限的长短至关重要：时限太短，无法有效保护公司业务运营信息等商业秘密；如果时间限制太长，则是对员工离开公司后自由选择就业权利的过度限制，同时也会影响人力资源流动和市场竞争秩序。为了更好地实现对单位的商业秘密权和劳动者劳动权的平衡保护，有必要规定合理的竞业限制期限。德国将竞业限制期限定为两年，而瑞士将竞业限制期限定为三年，意大利定为五年。② 此外，国外法律还根据劳动者工作岗位的不同，设置了不同的竞业限制期限。相比之下，我国《劳动合同法》第 24 条第 2 款将竞业限制期限一概规定成"不得超过两年"，显得十分单调。本文认为，竞业限制期限还应该结合商业秘密的价值、劳动者的具体岗位以及知悉商业秘密的程度等因素进行具体化、明确化，还应当注重不同类别、不同行业各自的特点。

竞业限制期限长短设置的灵活性具体体现在期限长短不一。大体而言，第一类，针对大多数的传统行业，如制造业等，竞业限制期限还是遵循现行法"不得超过两年"的规定，这也与国际立法通例相一致。第二类，针对电子信息、技术研发等高新技术行业以及服务业等行业，竞业限制期限应该设置为"不超过一年"。这是考虑高新技术信息更新速度和传播速度的结果。设置得太长，对高新技术等商业秘密的实际保护效果不大，反而对劳动者的劳动权形成不合理的束缚，产生阻碍劳动力流动和行

---

① 李佳勋：《浅析劳动合同中的竞业禁止条款》，《当代法学》2007 年第 3 期。
② 林闽敏：《浅析〈劳动合同法〉中的竞业禁止》，《中小企业管理与科技》2016 年第 1 期。

业良好发展的负面效果。第三类，针对关乎民生国本、产业发展等的重大重要商业秘密，可以根据需要适当地延长竞业限制期限。① 由于其关乎全行业的发展能力和竞争水平，更甚为国家安全。为了不造成对社会公共利益的不必要损害，可以在经过相关部门审查批准、劳动主管部门登记备案后适当延长竞业限制期限。当然，有关部门必须对单位提交的延期申请尽到谨慎审查义务，对是否存在、是否关乎整个行业的核心商业秘密作出必要判断。参照国外立法，对竞业限制期限作出灵活规定，对于更好地保护单位和劳动者双方权利大有裨益。

3. 合理确定竞业限制行业范围和地域范围

从立法层面观察，我国《劳动合同法》第 24 条第 2 款对竞业限制行业范围进行了粗略的规定；从实证角度观察竞业限制行业范围的约定情况，用人单位在约定竞业限制行业范围时，约定"不得到与本单位存在竞争关系的单位工作"，即只作竞争关系概述的占比高达 67.5%；约定"不得到与本单位在某领域经营范围一致的企业工作"，即只强调行业领域的占 29.9%；只有 2.7% 的单位采用具体列举相关竞业单位的方式对竞业限制行业范围进行了约定。关于竞业限制行业范围的原则性立法表述太过笼统而操作性不强，加之用人单位在竞业限制协议中又多以单纯概述竞争关系的方式约定行业范围，这都使得单位举证劳动者离职后入职的新单位是竞业单位存在困难，也让法官裁判缺乏更明确的法律依据。竞业限制制度的完善，离不开竞业限制行业范围的合理确定。在笔者看来，应遵从适度从紧的宗旨确定竞业限制法定行业范围。根据商业秘密的价值和劳动者的知悉程度，对"生产同类产品、经营同类业务等存在竞争关系的业务"作出严格限定。"同类产品或同类业务"的认定一需要考察单位的主要经营范围，二则需要考察劳动者所处岗位是否涉及该经营范围对应的具体业务内容。"竞争关系"的判断要以市场主体的利益相关度作为依据，也就是企业生产产品和提供服务的可替代程度。

关于竞业限制地域范围，我国《劳动合同法》最终未采纳草案观点，从而导致在立法层面并无明确规定。在实践中，从实证数据的角度来看，

---

① 徐阳：《劳动权保障视域下的竞业禁止法律制度研究》，吉林大学博士学位论文，2010，第 149 页。

单位在竞业限制协议中规定了不同的地理区域，分为全球、国家、省、地方和县/区，其中全球占比最高，达到32%。问题在于，具有强势地位的单位不会将自身经营业务与约定所涉地域范围合理结合，动辄将竞业限制地域范围约定为全国甚至全球，实际上损害了劳动者的合法权益。观察域外立法，比利时《雇佣合同法》第65条规定："竞业限制协议对劳动者限制的地域范围，不可延伸至比利时境外。"瑞士《债法典》第340条规定："为避免竞业限制协议不正当地妨碍劳动者的生计，应当对地域范围作出合理限制。"① 国内学者也提出了"经营范围说""竞争利益说""行政区域说"等学说，为竞业限制地域范围约定是否合理提供了评价标准。笔者认为，竞业限制地域范围的约定并非随心所欲，应当结合单位业务经营所涉地域、竞争利益等多因素进行衡量。要判断单位的竞争利益是否实际受损，不能扩大到单位预期的经营范围。②

4. 赋予经济补偿条款强制性，提高支付标准

对于欠缺竞业限制经济补偿条款的竞业限制协议是否有效，学术界存有争议。有人认为，无经济补偿金约定条款的竞业限制协议无效。③ 也有人认为，经济补偿金条款不是竞业限制协议的生效要件。如果当事人没有进行约定，可以理解成当事人愿意依照法律法规的标准执行。④ 在实践中，当单位没有在竞业限制协议中作出经济补偿金条款约定时，69%的竞业限制协议被法院认定为有效，只有31%的竞业限制协议被法院认定为无效。分地区来观察的话，北京和上海等地区的法院一般都持"缺乏补偿金条款的竞业限制协议有效"的司法态度，而江浙等地的法院通常不承认欠缺补偿金条款的竞业限制协议的效力。

立法不明且各地法院操作不一，都使得竞业限制补偿金条款的法律效果不明。为了进一步完善竞业限制制度，将竞业限制补偿金条款作为生效要件是必要的，理所应当赋予该条款强制性。原因在于以下几点。首先，作为双务合同的竞业限制协议，单位的经济补偿支付义务与劳动

---

① 杨显滨、侯立伟：《论劳动法视域下的离职竞业限制制度》，《江苏社会科学》2015年第4期。
② 黄海莹：《竞业限制范围的合理性研究》，华东政法大学硕士学位论文，2014，第37页。
③ 叶静漪：《竞业限制条款的劳动合同立法建议》，《全国部分城市劳动争议审判实务参会论文汇编》2015年第6期。
④ 董保华：《由竞业限制经济补偿争鸣引发的思考——兼与叶静漪教授商榷》，《法学》2010年第10期。

者履行竞业限制义务应当互为等价。若欠缺经济补偿条款，劳动关系双方的平衡就会被打破。[1] 其次，劳动者遵守竞业限制义务大概率地意味着其离职后不能从事专业工作，这势必会造成其工作收入和发展机会的减少。单位未能为限制竞业提供补偿，导致劳动者失去了根据竞业限制协议获得合理补偿的权利，这极大地侵犯了劳动者自主择业的权益，甚至是生存权。[2] 最后，用人单位通常将竞业限制协议作为格式条款让劳动者签订，而根据我国合同法的相关规定，格式条款排除一方主要权利的无效。要求劳动者履行竞业义务却不约定对应的经济补偿，是对劳动者主要权利的排除，该竞业限制协议应视作无效。总而言之，在立法层面，应当赋予竞业限制经济补偿金条款强制性。司法机关也应当充分考虑竞业限制制度承载的利益平衡价值和劳动法立法精神，从严把握司法尺度。除非单位成功证明劳动者自愿放弃经济补偿，否则缺乏补偿金条款的竞业限制协议都该视作无效。[3]

关于竞业限制补偿金的支付标准，我国现行法律作出了规定。[4] 观察域外法，大多数国家规定了法定最低经济补偿金支付标准，劳动关系双方可以约定比法定标准更高的经济补偿金。比如，德国法律按照劳动者离职前据原合同所得给付的50%确定经济补偿金的支付标准。[5] 法国则通过判例法和集体合同来明确竞业限制补偿金支付标准。判例法根据劳动报酬的30%确定支付标准，但也可以通过集体合同规定更高的经济补偿金，如劳动报酬的50%。[6] 补偿金支付标准关乎劳动者履行竞业限制义务的积极性以及劳动者自由择业权的对价保护。[7] 只有竞业限制补偿金支付标准制定合理、明确，才能为单位约定合理的补偿数额提供指导，也为司法裁判提供法律依据。结合域外立法，考虑到我国经济

---

[1] 王显勇：《竞业限制法律制度完善研究》，《财经理论与实践》2017年第6期。

[2] 钱隆：《竞业限制经济补偿金制度研究》，江西财经大学硕士学位论文，2018，第26页。

[3] 李雄：《竞业限制协议效力认定的四个节点》，《法律适用》2013年第1期。

[4] 《最高人民法院关于审理劳动争议案件适用法律若干问题的解释（四）》第6条：按照劳动合同解除或终止前12个月平均工资的30%支付，若该数额低于劳动合同履行地的最低工资标准，按最低工资标准支付。

[5] 朱军：《离职竞业禁止之经济补偿的合理确定——以德国法为视角》，《时代法学》2011年第4期。

[6] 侯玲玲：《离职后竞业限制经济补偿争议之裁判标准》，《法学》2012年第9期。

[7] 乔安丽、李坤刚：《论约定竞业限制的合理范围》，《中国劳动》2015年第18期。

发展水平和竞业限制制度运行情况，本文主张提高竞业限制补偿金支付标准，提高为劳动合同解除或终止前 12 个月平均工资的 50%。

5. 立法规定违约金上限

目前，我国劳动合同法以及司法解释还未对竞业限制违约金予以具体规定。虽然法院可以按照《合同法》《最高人民法院关于适用〈中华人民共和国合同法〉若干问题的解释（二）》的规定来调整竞业限制违约金。但合同法和劳动合同法还是存在很多不同之处，竞业限制违约金调整参照体系的不确定性为司法实务增加了难度。[1] 观察实证统计数据可知，竞业限制协议中违约金数额约定在 20 万元以上的，占比高达 31.3%。如果立法没有明确限制性导向，用人单位便会利用其强势地位给劳动者施加巨大的竞业限制违约金负担。《劳动合同法（草案）》第 16 条曾对违约金的上限予以规定，将其设定为"不超过单位向劳动者支付的竞争限制经济补偿的 3 倍"，但是，考虑到对劳动关系双方意思自治的尊重，该条款未列入最终立法。

观察近年竞业限制违约金运行实务，正是因为立法未作规定，才造成了单位一味抬高违约金和司法处理的混乱。因此，通过立法确定竞业限制违约金上限，是完善竞业限制制度的有效途径。竞业限制违约金与竞业限制经济补偿金可以进行关联计算，把补偿金金额的 3 倍确定为竞业限制违约金的约定上限。[2] 之所以能够将竞业限制补偿金和违约金联系起来，是因为考虑到单位在约定补偿金金额时反映出的真实意图。如果单位将极低的补偿金作为补偿以要求劳动者履行竞业限制义务，一方面是由于商业秘密本身的价值有限或者该商业秘密对单位经营影响不大，另一方面则是反映了单位对劳动者履行竞业限制义务的期待不高。反之亦然。因此，在竞业限制违约金和竞业限制补偿金之间建立联系，是对单位最有力的约束，同时也是对劳动者最有效的保护。

结　语

劳动法中的竞业限制制度，事关用人单位商业秘密保护和劳动者自

---

[1] 张朴田：《谈竞业限制违约金的法律适用》，《中国劳动》2015 年第 15 期。
[2] 安禹霖：《劳动法中竞业限制制度研究》，辽宁师范大学硕士学位论文，2017，第 27 页。

由择业权的价值衡平，对此展开研究具有深远意义。本文基于中国裁判文书网筛选出的 380 份民事二审判决书，切实地对其进行了实证统计和分析，对劳动争议案件涉竞业限制的诉讼情况进行了总结，并归纳了在此过程中发现的司法裁量问题，例如单位竞争关系难以认定、竞业限制违约金数额较难调整、劳动者竞业行为难以查明等问题。最后，通过对竞业限制制度的立法和实践经验的研究，对改进我国劳动法中竞业限制制度提出了可行性建议，如进一步明确竞业主体范围、立法规定竞业限制违约金上限等。

Empirical Research on Competitive Restriction System in Labor Law

Zhang Siyi

Abstract：Along with increasingly fierce market competition，the contradiction between commercial secret protection and talent flow becomes increasingly acute. Noncompete system in Labor Law labor emerged precisely in this background. China's competitive restriction system started relatively late，there are still many problems to be solved. While combing theoretical research of competitive restriction system in Labor Law，it is necessary to observe judicial practice of competitive restriction system through empirical analysis. This paper makes an empirical study on 380 judgments of competitive restriction cases in the past year as statistical samples，which fully reflects the trial difficulties in judicial decisions. We should adopt definite subject scope of competitive restriction and strengthen subject qualification examination，regulate competition limit period flexibly and so on，to perfect our competitive restriction system.

Keywords：Labor Law；Competitive Restriction；Judicial Practice；Empirical Research

我国女职工保健工作制度研究

——基于福建省厦门市专项调查结果[*]

蒋　月^{**}　康鹭佳^{***}

摘　要：580 份有效调查问卷的统计结果显示，最近 20 年来，厦门的机关、事业单位和企业在女职工保健工作上积累了若干宝贵经验；同时也存在劳动部门监管不充分、女职工保健的组织机制和保健措施不够健全、女职工心理健康受关注程度低、保健知识宣导培训不足的弊端。除小微企业有客观困难的例外情况，厦门市女职工保健工作未尽完美的原因在于立法不完善，对女职工保健工作不重视、投入少，以及未发挥工会的作用。国家应完善相关立法，劳动行政主管部门和工会应履行监督职责并加强宣传、交流与培训，用人单位应设立和健全相应的组织保障，女职工自身也应提高保健意识和维权意识。只有多方合力，才能更好地保障女职工健康。

关键词：女职工保健　保健意识　保健权　工会服务

在职业劳动中，女性劳动者，由于特殊的生理结构和特点，除遭遇与男性相同的职场健康风险外，还有若干特殊的健康与安全保障需求。保障女职工健康，既是保护女职工身心健康的需要，又事关下一代健康，还关系到用人单位的发展。为此，国务院于 1988 年、2012 年颁布实施了两部《女职工劳动保护特别规定》。1993 年 11 月 26 日，卫生部、劳

---

　　* 本文在厦门市总工会 2015 年委托课题"厦门市女职工保健工作调查研究"结题成果的基础上修改而成。项目主持人：蒋月；课题组成员：康鹭佳、柯宇航、苏淑芬、池桂钦、曾丹红、陈霖、王国花、刘建国、崔艳超、蔡远涛。
　　** 蒋月，厦门大学法学院教授、博士生导师，专业领域：劳动法与社会保障法、婚姻家庭法、性别与法律。
　　*** 康鹭佳，福建省厦门市总工会女工部主任。

动部、人事部、全国总工会、全国妇联联合颁布了《女职工保健工作规定》（以下简称《保健规定》），从组织措施、保健措施、监督管理三个方面就女职工保健工作提出了具体的要求。这些法律法规是女职工保健工作的基本法律依据。厦门市为有效推进女职工保健，1998年开始，市总工会、市卫计委、市人力资源和社会保障局、市妇联联合开展女职工保健创达标活动，制定了《厦门市女职工保健达标单位考核标准》（以下简称《厦门标准》），至2015年已17年。为全面掌握厦门市开展女职工保健工作的情况，总结既往工作中行之有效的好经验，发现当前女职工保健工作中存在的问题与不足，提出改善女职工保健工作的对策和建议，进一步提升本地区女职工保健工作水平，厦门市总工会和厦门大学法学院联合组成课题组，于2015年8月至12月在厦门市开展女职工保健调查研究。该调研主要通过问卷调查、召开座谈会等形式进行，重点调查上述规范的实施效果以及现阶段厦门市女职工保健工作中遇到的新问题与新挑战。课题组向厦门市的国家机关、事业单位、国有企业和非公企业的女职工共计586人发放调查问卷586份，回收有效问卷580份，回收有效率为98.98%，利用SPSS软件对回收的问卷进行了数据统计分析。受访者从业分布如下：国家机关工作人员占0.3%，事业单位工作人员占26.4%，国有企业职工占24.8%，非公企业职工占47.2%，其他占0.5%。受访者年龄分布：20岁以下占1.9%，21～30岁占34.1%，31～40岁占37.2%，41～50岁占22.8%，50岁以上占3.1%。受访者中，管理人员占22.1%，普通职工占76%，另有1.9%受访者职位不详。课题组召开了两场女职工保健工作座谈会。本次调研表明，女职工保健情况普遍良好，绝大多数单位都会根据女职工需求开展特色活动，鼓励、帮助女职工放松身心，但是，不同行业、不同性质的用人单位履行义务的情况有明显差异，厦门市外资企业女职工大多数对工作环境满意度高，女职工保健工作做得好；国有机关、企事业单位次之；国企、外资企业女职工保健经费有保障，配套设施比较完善；私营企业落实女职工保健要求的情况较差。同时，随着社会变化和国家相关立法的修改，专门规范女工保健的部门规章和地方要求也存在待改进之处。面对新形势下出现的新问题新挑战，如何在既有经验基础上，进一步改进女职工保健工作，非常值得政府、用人单位、工会及女性劳动者关注。

一 女职工保健工作的主要经验

在厦门市，近20年来，机关、事业单位、企业的女职工保健状况较好，各行各业女职工的自我保护意识逐渐加强，其中有些方面有令人满意的效果。女职工保健工作积累了若干宝贵经验。

（一）领导重视

用人单位的长期可持续发展，既要关注经济效率，又要重视营建具有人文关怀的企业文化，努力实现集体和员工的共赢。随着经济社会的发展，用人单位越来越关心员工的身心健康、愉快工作。调查显示，凡用人单位领导重视女工保健的，该项工作应有的机构、人员就会得到配备，所需经费就有保障，就能够找到对应的工作方式为女职工提供相应的保障和服务，女职工保健工作就做得好，女职工们满意度高；反之，用人单位保障女职工健康的义务履行情况就差。

（二）有一定组织措施保证

根据《保健规定》《厦门标准》的规定，大多数用人单位制定了女职工保健达标小组实施细则，工会实时跟踪、监督检查该专项活动。问卷调查结果显示，有60.5%的单位设立了负责女职工保健工作的人员或部门，其中，女职工人数较多的单位在工会设立了女职工委员会，在同级工会领导下开展工作；女职工人数较少的，在工会委员会中设立女职工委员负责。各单位通过多种形式较积极地提供七期保健知识和常见妇科病防治知识的普及指导，问卷调查结果显示，有75.5%的单位开展过宣传活动。各单位通过邀请厦门市各医疗机构的专家医生开讲座、设立心理咨询室、开设心理保健网站、建立公众微信号等途径向女职工传送保健知识。

（三）一定经费保障

机关事业单位、大部分企业为保障女职工保健工作，都能够提供相应工作经费，有的单位还适时提高经费保障水平。国家机关、事业单位的女职工保健工作经费充足，普遍保证在编女职工每年的基本体检，部分单位还另有经费拨付用于专项检查。国有企业加大对女职工保健工作的经费投入，大部分企业设专人管理该项经费，做到专款专用，切实服务于企业女职工保健工作。外资企业在追求经济效益最大化的同时，也注重关怀企业职工，部分外资企业除了保障职工的基本体检外，还为女职工购买了商业保险。国企、外资企业女职工保健经费有保障，女职工保健工作开展较好，配套设施比较完善。

（四）经期保健措施得到一定程度落实

部分单位建立了女职工卫生室，设专人进行管理，并为从业人员提供定期或不定期的专业培训。部分单位为有痛经的女职工放痛经假，凡经医疗或者妇幼保健机构确诊患有重度痛经或者月经过多的女职工，可以休息1~2天。调查数据显示，有80.8%的女职工没有在经期从事过禁忌从事的劳动，14.2%的女职工偶尔从事经期禁忌的劳动。

（五）孕期保健措施落实较好

各单位普遍重视对怀孕女职工的保护，怀孕7个月以上的女职工一般减少工作量、不安排值夜班。调查数据显示，怀孕的女职工没有加班的占64.4%，没有从事过孕期禁忌劳动的占89%，怀孕7个月以上，没有上夜班的占89.7%。个别受访单位中女职工怀孕后，只要确认妊娠，提供医疗材料，即可调离一线生产线，调到后勤岗位。而且调岗以后不仅享受原来的工资标准，同时也有年底分红。更具有人性关怀的是，有单位为了方便孕妇的生活，在每个卫生间设置坐便马桶，在食堂、班车等公众场所开设绿色通道，给怀孕妇女提供专门的服装等。

（六）哺乳期保健工作得到较好落实

哺乳时间得到保证，并可以灵活拆散，便利使用。调查问卷数据显示，在哺乳女职工是否可以中断工作进行哺乳上：78.2%的女职工表示每天可以哺乳1小时，15.1%的女职工表示享受带薪哺乳假。哺乳期间不安排加班、不上夜班，88.5%的女职工表示没有从事禁忌劳动。受访单位基本设立哺乳室，哺乳室中还设置了冰箱、消毒柜，多数企业在厂区内建设有职工宿舍，使尚在母乳哺乳中但产后已返岗上班的女工能够兼顾哺乳婴儿。

（七）女职工专项体检普遍得到落实

调查数据显示，就安排女职工进行妇科疾病及乳腺疾病普查而言，有 8.3% 的用人单位一年进行两次或者更多，有 61.6% 的单位一年一次，21.2% 的单位两年进行一次，3.4% 的单位三年或者更久才组织开展一次。部分单位组织女职工通过投票决定体检机构、体检地点；为了解决体检时间和工作时间冲突的问题，还主动和医院联系，将医院"请进来"；体检后结合报告，根据女职工个人情况给予指导、建议。不过，仍有个别单位以社区计划生育检查替代女职工专项体检。

（八）部分单位利用保险提高保障水平

部分单位参加市总工会的职工互助保险。职工互助保险的保费为 30 ~ 60 元，由于具有保障费低的优势，受访单位大多参加了厦门市总工会职工互助保险，职工每人一份，期限届满的，保费不返还。承保范围为一般住院补助、重大疾病补助、工伤事故导致死亡或伤残、因公殉职或致残。补助标准如下：住院补助金每日补助 50 元，最高补助天数 30 天；首次确诊罹患重大疾病并经住院治疗的，给予重大疾病补助金 20000 元；因工伤事故导致的死亡或伤残、因公殉职或致残的补助金分级别补助，最高可达 10000 元。另有部分资金充足的单位选择更加灵活的方式，参加商业保险，既提升女性抵御疾病、医疗风险的能力，又减轻企业和职工的负担。

（九）通过榜样示范引导企业积极开展女职工保健工作

为了促进用人单位重视女职工保健工作，厦门市总工会从 1998 年起开创了女工保健创达标活动，每年都为一线女员工筛查"两癌"。2014 年，厦门市总工会资助约 1 万例一线员工接受免费乳腺癌筛查。厦门市总工会力图通过推广示范活动达到"抛砖引玉"的作用，吸引企业单位向女职工提供或改善女职工保健工作的条件。

调查问卷数据结果与座谈会交流情况吻合，共同反映出厦门市女职工保健工作实施状况良好。究其原因，我国日益重视女职工群体的健康保护，法律法规为保障女职工健康设定了用人单位应承担的各项义务；各类用人单位基于自身利益追求和法律责任压力，愿意将一定的资源用于女职工保健；工会代表和承担维护职工利益法定职责的部门，为保护员工权益积极发声，努力提供更多的服务产品，促进女职工保健工作日常化；女职工自身权利意识增强，在社会劳动与家事劳动二重身份角色中关注自身权益。

二　女职工保健工作中存在的主要问题及原因

随着我国社会主义市场经济发展，商业竞争更加激烈，人才竞争加剧，女职工的工作压力、生活压力越来越大。面对一系列新情况、新变化，女职工保健工作还存在若干有待克服的问题。

（一）女职工保健工作存在的问题

1. 劳动行政部门监管不充分

政府监管是女职工保健工作的关键环节。然而，女职工保健并非政府的核心利益，劳动行政部门的监管作用未有充分发挥。问卷调查结果显示，44.3%的劳动者认为，女职工保健不足的主要原因在于政府部门监督不足。实践中，一些劳动监察部门的监管落实不到位，工作人员责任心不强，服务意识弱，对待劳动者维权诉求敷衍了事、推诿塞责，工作积极性不够，处于被动应付状态，存在"民不举，官不究"思想，接受举报处理的多，主动走访纠察的少，① 对女职工保健工作监管不够。同时，我国专职劳动监察员严重不足。我国现有劳动保障执法专职监察员约2万人，平均每人需面对1700多户用人单位、近2万名劳动者。② 与国际通行的监察员与劳动者配比1∶8000的差距还比较大。劳动保障监察的机构和人员数与其任务相比存在严重的不对称，加之劳动监察人员整体专业素质不高，严重影响了办案效率和办案质量。另外，办案经费投入不足，办案设备配

---

① 赵国成：《"强资弱劳"现象存在的原因与对策》，《天津市工会管理干部学院学报》2011年第4期。
② 《全国人民代表大会常务委员会执法检查组关于检查〈中华人民共和国劳动合同法〉实施情况的报告》，中国人大网，http://www.npc.gov.cn/wxzl/gongbao/2011 - 12/30/content_1686393.htm，访问时间：2015年11月20日。

备不到位，限制了执法的力度与效率，也直接影响劳动监管的效果。

2. 女职工保健的组织机制不够健全

依法依规应当设立相应机构并配合适当人员负责女职工保健工作的用人单位中，有至今未履行此义务的。调查问卷结果显示，有14.8%的用人单位没有设立专职部门或安排专职人员负责女职工保健工作。在大部分用人单位，女职工保健工作由工作人员兼任，不仅专业水准低，而且实际投入保健工作的时间和精力非常有限，其工作成效大打折扣。在随机抽取的27个单位中，除了厦门工商旅游学院是其校内医务室医生负担女职工保健工作、厦门医学高等专科院校成立了女工委员会并由各专业人员组成外，其余单位都是相关人员兼职承担本单位的女职工保健工作。

3. 女职工保健措施不够健全

（1）经期保健工作不到位。女性经期卫生应予以特别注意，因为子宫内膜剥脱、出血，形成新鲜创面，经血不断流出时，子宫颈口变得稍稍张开，原来阴道分泌的酸性液体被经血冲淡，如果病菌侵入很容易引起一些疾病。《保健规定》要求：女职工在100人以上的单位，应建立卫生室；对流动、分散工作单位的女职工应发放单人自用冲洗器。遗憾的是，调查发现，经期保护的硬件设施配套上有所不足，大多数单位没有设置简易温水箱和冲洗器，部分单位甚至包括一些女职工达千人以上的单位都未设卫生室。对于流动、分散工作的女职工，单位几乎没有按要求给女职工发放单人自用冲洗器。

处于经期中的女职工身体会出现一些变化，容易疲劳，抵抗力减弱，一些工作对于其来说是不适合从事的，单位是不能安排她们从事经期禁忌的劳动的。问卷调查显示，虽然80.8%的女职工没有在经期被安排从事经期禁忌的劳动，但仍有14.2%的女职工在经期偶尔被安排从事经期禁忌的劳动，3.3%的女职工在经期经常被安排从事经期禁忌的劳动。

根据某经期管理软件发布的全国首份女性经期报告，我国37%的女性存在痛经现象，其中，严重痛经者（非常痛和剧痛）占7%。[1] 调查发现，对于痛经的女职工，有一些单位给予1~2天的休假，但大部分单位不认可

---

① 董芳、黎楚君：《广东拟为女性放"痛经假"有证明可带薪休一天》，《新快报》2015年11月5日。

痛经假，如有女职工确因痛经无法上班，只能按病假处理。

（2）产后恢复过渡阶段体现不明显。问卷调查显示，女职工产后重返职场，95.5%的女职工休完产假回单位上班仍从事原岗位或是与原来岗位相似的工作（其中，66.4%重返原岗位，29.1%从事和原来岗位相似的工作）；0.7%从事的工作和原来的岗位相比差多了；0.3%解除了劳动合同。总体上，女职工产后重返单位工作是获得保障的，只是大部分女职工产假后重返岗位后，一上岗，其工作量就完全恢复常态，未给予其1~2周的过渡期使其逐步适应，直至渐恢复到岗位要求的实足工作量。

（3）部分单位没有按要求设立孕妇休息室或哺乳室。我国《女职工劳动保护特别规定》第10条规定，女职工比较多的用人单位应当根据女职工需要，建立孕妇休息室，哺乳室等设施。《保健规定》要求女职工较多的单位建立孕妇休息室；要求有哺乳婴儿5人以上的单位建立哺乳室。然而，调查发现，部分用人单位不重视此类女职工特殊生理期所需的配套设施建设，没有按要求设立孕妇休息室或哺乳室；有些单位虽有相关配套设施，却极其简陋。实践中，因为单位没有哺乳室，处于哺乳期的女职工不得不到单位卫生间哺乳或挤奶。

4. 女职工的精神健康受关注程度低

现代意义的健康，根据世界卫生组织的解释，不仅仅指躯体无疾病，而是指一种躯体上、精神上和社会上的完好状态，包括生理健康、心理健康。遗憾的是，用人单位、绝大多数女职工仍停留在"无病即健康"的传统健康观中。大部分单位在开展女职工保健工作时往往忽视或根本无视女职工心理保健，仅仅关注女职工生理健康问题。女职工在担负繁重的工作的同时，还承担家务劳动，生育和培育下一代的责任，工作与家庭"两班倒"，任务重、压力大，这往往会使她们面临家庭、工作平衡的难题。同时，女职工在经期、孕期、产期、哺乳期、更年期等特殊生理时期，生理的变化也会对女职工心理产生不同程度的影响，可能引发心理冲突和危机，典型表现为经前期紧张综合征、产后抑郁症、更年期综合征等。特别是其中的更年期问题应引起重视。更年期综合征是指妇女在围绝经期或其后，因卵巢功能逐渐衰退或丧失，以致雌激素水平下降所引起的以自主神经功能紊乱代谢障碍为主的一系列症候群。临床表现为面部皮肤潮红、不明原因的发热、胸闷、心慌、头痛、眩晕、烦躁、易怒、失眠、耳鸣、乏力、记忆力减退、感觉异常、性欲减退、月经紊乱等。更年期综合征多发生于 45 ~ 55 岁。有研究者调查发现，45 岁以上女职工躯体化阳性率最高，这时期女性开始经历更年期，更易出现躯体不适，这对其心理健康产生的影响非常大。① 由于我国规定女职工退休年龄较早，退休年龄女工人为 50 周岁，女干部为 55 周岁，这也就意味着部分女职工特别是女工人发病时已退休或临近退休，为此导致女职工更年期保健工作往往容易被各单位忽视。上海医学专家研究表明，现代职业女性因大量参与社会激烈竞争，心理负荷大为增加，心理上的阴影也会影响到生理内分泌的变化，以致更年期症状普遍提前。② 不久的将来，职工退休年龄将延迟，这意味着今后处于更年期的女职工数量将越来越多。更年期女职工的保健工作应予更多重视。

5. 女职工保健知识宣导培训不足

女职工保健的宣传教育工作内容应该涵盖经期、婚前、孕期、产期、哺乳期、更年期的保健知识，为单位处于不同生理期的女职工保健提供帮助、辅导。问卷调查结果显示，对于女职工保健内容，仅有 11.4% 的女职工清楚，高达 88.6% 的女职工表示"不清楚"。对于经期保健，清楚的占 44.5%，不清楚的占 55.5%；对于婚前保健，清楚的占 38.1%，不清楚的占 61.9%；对于孕前保健，清楚的占 34%，不清楚的占 66%；对于孕期保健，清楚的占 43.4%，不清楚的占 56.6%；对于产后保健，清楚的占 38.1%，不清楚的占 61.9%；对于哺乳期保健，清楚的占 36%，不清楚的占 64%；对于更年期保健，清楚的占 27.2%，不清楚的占 72.8%。进一步看，有 22.2% 的用人单位没有开展过女职工保健知识宣传；有 75.5% 的用人单位开展过相关宣传，但其宣传效果差。在已开展女职工保健宣传的用人单位中，大部分用人单位的宣传教育内容仅针对其中某一生理期：宣传经期保健知识的仅占 39%，没有开展过的占 60.9%；开展过婚前卫生知识宣传的仅占 35.2%，没开展过的占 62.6%，情况不明的，占 2.2%；开展过妊娠及优生教育宣传的仅占 33.4%，没开展过的占 64.3%，情况不明

① 刘瑛：《江苏女职工心理状况的调查与研究》，《天津市工会管理干部学院学报》2013 年第 2 期。

② 茅健：《女职工心理健康亟待关注——对女职工素质提升工程时代内涵的思考》，《中国劳动关系学院学报》2007 年第 2 期。

的，占 2.3%；开展过孕期保健知识宣传的仅占 30.3%，没开展过的占 67.4%，情况不明的，占 2.3%；开展过科学育儿知识宣传的仅占 24.5%，没开展过的占 73.3%，情况不明的，占 2.2%；开展过更年期卫生知识宣传的仅占 26.2%，没开展过的占 71.6%，情况不明的，占 2.%。

（二）原因分析

1. 女职工保健立法不完善

（1）女职工保健在标准分级方面过于单一。《保健规定》仅仅以女职工数量为标准来确定用人单位是否应当配备女职工保健的机构、人员和设施，似乎过于简略。该《保健规定》第 6 条规定以女职工人数作为单位是否应配备专职女职工保健工作人员的标准；第 7 条第 2 款规定以女职工人数作为标准来判定单位是否需要建立卫生室，是否需要设置简易的温水箱及冲洗器。单一地将女职工人数作为分级标准，没有考虑女职工群体内部的差异性，包括女职工从业领域、年龄、生理需求等的不同。而这些差异又恰恰直接或间接地影响女职工保健工作的内容及工作量。这种"一刀切"的分级标准不利于提升女职工保健工作的水平。

（2）未明确用人单位未履行女职工保健义务的违法行为之责任或者处罚过轻。《保健规定》第 18 条、第 19 条对违反本规定的法律责任作了规定，但并不明确具体。首先，《保健规定》中第 18 条规定："凡违反本规定第七条第 3 款第（1）、（2）、（3）项、第十条第 7、9 款、第十二条第 2、6 款的单位负责人或直接责任者，可依据《女职工劳动保护规定》第十三条规定进行处理。"即此处违反规定的处理依据是《女职工劳动保护规定》第 13 条。然而《女职工劳动保护规定》已随着 2012 年 4 月 28 日《女职工劳动保护特别规定》的公布而废止。其次，《保健规定》第 19 条太粗糙，细化程度不够。《保健规定》第 19 条只笼统地规定："凡违反本规定其它条款的单位或直接责任者，各级卫生行政部门可根据情节给予警告、通报批评、限期改进的处罚。"具有哪些情节的，应给予警告？具有什么情节的，应通报批评？具有哪些情形的，应限期改进？统统不明确！这容易导致实践中同样行为受到不同处罚。警告、通报批评、限期改进这三种处罚皆是行政罚，处罚力度不够。在高度集中的计划经济体制时代，经济管理的决策权掌握在国家手中，企业不具有独立的经济实体地位，是行政机构的附属物。国家管理经济的基本方法是行政手段。在这种体制背景下，行政处罚是国家管理企业的有效手段。但我国已由原来的计划经济转变为市场经济，这种体制下市场对资源发挥基础性配置作用，仅靠行政制裁，惩治的有效性和力度明显不够，这容易造成权利难以实现，甚至是权利的虚设，由此导致一些企业对《保健规定》持无所谓或放任的态度。

（3）《保健规定》未设定救济程序。哪里有法律，哪里就有救济手段。① 当实体权利受到侵害时，应享有从法律上获得自行解决或请求司法机关及其他机关给予解决的权利，② 从而使得受损害的权利获得恢复、修复、补偿、赔偿或对侵权的矫正。如果公民权利被侵犯后，无法获得法律上的有效救济，那么无论法律对公民的权利规定得如何完备，也终将没有任何实质意义。《保健规定》的保健范围涵盖了经期、婚前、孕前、孕期、产期、哺乳期、更年期，为女职工保健提供了全面的保护。然而，当女职工保健权益受到侵害时，女职工可以通过什么方式救济，是否有权向有关主管部门投诉、举报、申诉、申请调解、仲裁或诉讼，以维护自己的合法权益？如果有权向有关主管部门投诉、举报、申诉，又具体可以向哪个部门提起及该部门受理后具体有哪些程序要求？规定中都没有此类救济程序的规定。法谚云："无救济无权利。"赋予女职工保健权利却没有赋予其相应的救济权，再完备的权利宣告也仅是一纸空文。

（4）某些立法用语不严谨。关于婚前保健，《保健规定》第8条规定："对欲婚女职工必须进行婚前卫生知识的宣传教育及咨询，并进行婚前的健康检查及指导。"此条将婚前保健对象定为"欲婚女职工"。然而，何谓"欲婚"？"欲"是想要、想达到之意，故"欲婚"是指想要结婚的。"欲婚女职工"应是指"想要结婚的"女职工。但是，想结婚、不要结婚，是女职工的主观心理状态，单位如何获知？我国《婚姻登记条例》已取消婚姻登记须由单位出具婚姻状况证明的要求。对于女职工是否"欲婚"单位更是无从知道。"欲婚"的表达，不严谨，也无法界定该人群范围，影响单位婚前保健工作的开展。

《保健规定》第10条第6款规定，妊娠7个月以上（含7个月）的一

---

① 〔英〕巴里·尼古拉斯：《罗马法概论》，黄风译，法律出版社，2004，第21页。
② 程燎原、王人博：《权利及其救济》，山东人民出版社，1998，第350页。

般不得上夜班；第 7 款规定，有未满 1 周岁婴儿的女职工，一般不得安排上夜班及加班加点。对于这个问题，我国《劳动法》第 61 条规定，对怀孕 7 个月以上的女职工，不得安排其夜班劳动。第 63 条规定，不得安排女职工在哺乳未满 1 周岁的婴儿期间延长工作时间和夜班劳动。乍一看，《保健规定》和《劳动法》两者均禁止怀孕 7 个月以上的女职工上夜班、在哺乳期的女职工上夜班与延长工作时间，立场一致，但其实不然。《保健规定》的表述多了"一般"二字。"一般"对应"特殊"或"例外"。言下之意是对怀孕 7 个月以上的女职工与处在哺乳期的女职工，如用人单位有特殊情况不排除例外。哪些情况属于"特殊情况"，规定没有明确。这种模糊的规定留下了法律缝隙，不利于对女职工合法权益的保护。一些单位往往会以生产任务紧等为由，要求怀孕 7 个月以上的女职工或处于哺乳期的女职工上夜班，排除一般适用，侵害孕期和哺乳期女职工的权益。

2. 对女职工保健工作未给予应有重视

（1）劳动行政主管部门不重视女职工保健。女职工保健权益受到侵害，其后果通常不像欠薪、工伤事故那样立即凸显出来，容易被劳动行政主管部门忽视。有些地方政府只注重经济发展，唯 GDP 马首是瞻，"重资本，轻劳工"；执法中，唯恐太严格会引发投资人不满，影响所谓的"投资软环境"，导致"资本流失"，影响当地经济发展，因而对用人单位的一些违法违规行为睁一只眼闭一只眼，迁就姑息甚至纵容。如此一来，一些企业就会肆无忌惮，不履行女职工保健之义务。

（2）用人单位领导人对女职工保健工作认识不到位。第一，不了解女职工保健工作内容，不熟悉女职工保健工作相关的法律法规。当单位管理层被问及是否了解女职工劳动禁忌范围、是否在职工工作安排中考虑女性的四期特殊性、是否在实际工作中关注过女职工的四期保护三个问题时，回答"是"的比例分别为 12%、7%、11%。[①] 比例之低，令人担忧。第二，企业社会责任淡漠。企业社会责任（corporate social responsibility，简称 CSR）是指企业不应当只关注利润，在追求利润，对股东承担法律责任的同时，还要承担对劳动者、消费者、环境和公益事业等的责任。劳动者

---

① 李桂娥：《女职工劳动特别保护法律问题研究——以青海省女职工权益保护现状为例》，《攀登》2013 年第 4 期。

是企业最重要、最直接的利益相关者，也是企业发展的支撑力量，保障企业职工的生命、健康，创造良好的工作环境，是企业的社会责任。然而，实践中，部分用人单位无视企业社会责任，缺少对企业长远发展的规划，将企业当前经济效益放在第一位，唯利是图。很多企业家本着"法不责众""竞争不平等"等错误认识，很少顾及法律底线，很少去理解社会责任的深刻意义。① 为了追求利润的最大化，自觉或不自觉地抵触女职工保健工作。调查中发现凡是积极履行社会责任，获得 SA8000 国际认证的单位对女职工保健工作往往做得比较好，有些方面甚至远远高出法律规定的标准。

（3）女职工法制观念淡薄，权利意识弱。部分女职工文化素质低，不了解相关的法律法规，不清楚自己享有哪些法定权利，这就造成部分女职工即使自身保健方面的权益受到了侵害也不知晓，或是知晓，也由于法律知识的匮乏，不懂得如何维权保护自己。还有一些女职工尽管受过良好的教育，文化素质较高，对相关法律也比较了解，但明知权益受到侵害，却因害怕丢饭碗而选择忍气吞声，无原则的隐忍反而导致了用人单位更加有恃无恐。

（4）女职工自我保健意识差、卫生保健知识贫乏。问卷调查发现，88.6%的女职工不清楚女职工保健内容。很大一部分女职工认为只要能吃能喝能睡，不痛不痒，健康就没问题，不注重日常保健。部分女职工对妇科检查积极性不高。问卷调查结果显示，用人单位完成女职工妇科病普查普治的状况好，安排女职工两年进行一次以上妇科疾病及乳腺疾病普查的用人单位达到91.1%，其中有8.3%的单位一年组织开展两次或者更多。遗憾的是，竟然有部分女工不愿体检，对用人单位的此种安排不"领情"，认为不痛不痒，没必要检查；难为情；嫌麻烦；还有的担心一旦查出有妇科病会被同事笑话或受同事排斥；有的则怕检查出重病无钱医治；等等。出于各种不同考虑，每年都会有部分女职工放弃单位组织的妇检。有企业反映，为了督促不愿妇检的女职工去进行妇检，企业甚至以不体检将被处分"威逼"女职工，但收效甚微。部分女职工对单位组织的卫生保健知识

---

① 何金苗、刘一、高丽光：《女职工特殊劳动保护存在的问题及对策研究——关于黑龙江省〈女职工劳动保护特别规定〉贯彻情况的调查》，《中国劳动关系学院学报》2013年第6期。

宣传教育培训存有抵触心理。部分女职工对单位组织的女性保健知识讲座及相关培训等活动积极性不高，不主动，多半是抱着听听看的态度。有些甚至是在单位要求下被迫参加，存在抵触心理，认为此类讲座、培训既无实质意义，又占用其休息时间。③部分处于经期的女职工羞于启齿，影响经期保护工作。经期这一女性特殊生理期是比较私密的，其中许多女性出于"难为情"或保护隐私等多方面考虑，处于经期，甚至痛经，宁愿忍着也不愿向单位说明情况。而如果女职工自己不向单位主动告知相关情况，单位是很难知晓的，由此导致单位无法根据女职工特殊情况给予照顾，安排休假或调换工作岗位。

3. 为女职工保健而投入的资源不足

（1）女职工保健工作人员配备不足且整体素质不高。问卷调查发现，仅有60.5%的单位设立了负责女职工保健工作的人员或部门，而且其中多数由不同岗位的工作人员兼职负责女职工保健工作；有些用人单位（主要是企业）女职工人数有千人以上也没有配备专职人员负责女职工保健工作。许多兼职负责女职工保健工作的人员，不具有保健相关专业知识，不了解保健工作的具体内容，甚至连女职工具体有哪些特殊的生理期都不知晓，加之大量的本职工作已占据了其大部分的时间，耗费了其大量的精力，对于女职工保健工作她们也是"心有余而力不足"，由此，女职工保健工作流于形式，欠缺实质内容。个别用人单位的相关工作人员坦言自己仅仅是挂名而已，实质上不从事任何女职工保健工作。

（2）部分用人单位女职工保健工作经费无保障。私营企业特别是小微企业，视女职工保健为企业的负担，甚至认为是一种浪费，对该项工作应投入的经费能逃则逃、能省则省。国家机关、事业单位对于编制内的女职工，依靠国家财政支持，保健经费较有保障，而对于非在编的女职工，尽管她们承担的工作无异于在编人员，却因无相应国家财政资金而无法享受与在编工作人员同等的保障待遇，人均保健经费普遍低于在编的工作人员。调查发现，机关事业单位的非在编女职工体检费普遍低于编制内的女职工。

4. 部分单位女职工人数少，开展女职工保健工作有难度

女职工保健内容项目多，覆盖面广，涵盖女职工经期、婚前、孕期、产期、哺乳期、更年期等各个时期。对于女职工群体小特别是女职工人数

少于5人的小微企业而言，开展女职工保健工作客观上有一定困难。《保健规定》要求单位根据处于不同生理期的女职工的需要给予保健知识的指导与教育，而在女职工人数少的单位，保健工作人员通常兼职承担，不具有保健相关专业知识，无法为处于各个生理期的女职工提供指导和帮助，要解决问题那就要聘请专业人士进行辅导。但是女职工规模小的单位，由于女职工人数少，可能处于某一特殊生理时期的就1~2人。针对这1~2人专门聘请专业人士予以指导、教育，成本太高，不切实际。

部分单位女职工保健宣传教育培训资源缺乏，存在妇科疾病相关宣传资料匮乏、培训老师难找、信息渠道不畅等问题，特别是中小微企业，没有专业保健工作人员，与掌握保健知识资源的相关部门如妇幼保健院等联系少或没有联系，由此企业开展女职工保健宣传教育培训工作存在困难。一些企业只关注企业经济效益，对女职工保健的宣教不用心，仅仅走过场，宣传形式单一、内容片面。宣传方式单一，主要是举办健康讲座。宣教工作甚至更多的是为了应付相关部门检查，并没有真正考虑到单位女职工的现实需要，导致培训内容与职工需求差异很大。

5. 工会的作用未有充分发挥

针对女职工保健服务设施不全、保健知识普遍欠缺的现状，工会未发挥其应有作用，未能及时发现问题并督促用人单位改正，未能更多地开展女职工保健知识宣教是重要原因。

三　改善女职工保健工作的对策及建议

为更好地保障女职工健康，国家立法机关应当尽快修改并完善相关法律法规，劳动行政主管部门、用人单位、工会和女职工等相关主体应履行各自义务和责任，各尽所能，合力改进女职工保健工作。作为专司代表和维护职工利益的组织，工会应当想方设法为女职工保健提供更多的支持和服务。

（一）国家应完善相关立法

现行《保健规定》颁行已逾20年，健康的观念、知识和要求已发生一定变化，特别是国务院修订后重新颁布的《女职工劳动保护特殊规定》，对女职工健康保护的要求也与旧法有所不同，根据2003年实施的《婚姻登记条例》，申请结婚的当事人，无须提供单位证明，故有必要根据上位法尽快修改完善《保健规定》。

1. 若干内容应调整和补充细化。

2. 检查、监督的要求应具有可操作性。

3. 补充规定违规行为应承担的法律责任。

4. 若干用语应修改。建议把"欲婚"一词修改为"适婚"。

（二）劳动行政主管部门

劳动行政主管部门领导应更重视女职工保健，积极履行自己的职责。

1. 全面履行检查监督职责

一方面，劳动行政主管部门应当以定期召开例会、座谈会等形式深入调查女职工保健工作的开展情况，发现工作中存在的不足，总结工作中的经验和教训，制订科学合理的计划，改进女职工保健工作；另一方面，调查问卷统计结果显示，有44.3％的职工认为政府在女职工保健工作方面的监督不到位，因此，劳动行政主管部门应当不定期地指派人员走访查看用人单位的工作场所，通过抽查女职工等方式检查用人单位执行女职工保健工作相关规定的情况，督促用人单位切实履行相应的法律责任。

2. 依法依规及时处罚违法违规行为

劳动行政主管部门应当主动监督用人单位履行女职工保健方面法律责任的情况，及时发现存在的违法违规行为。劳动行政主管部门应当严格依照相关法律法规，公平公正地处罚用人单位的违法违规行为。劳动行政主管部门要做好事后督查工作，督促用人单位及时更正其违法违规行为，避免出现处罚后仍不改正的情况。

3. 加强女职工保健知识的宣传和辅导

劳动行政主管部门应当定期安排关于普及女职工保健工作法律法规的专题讲座，通过发放"女职工保健手册"、张贴"墙报"等形式加强对女职工保健知识的宣传。劳动行政主管部门应当针对女职工开展更多的保健知识方面的教育和辅导，不仅要强化女职工的保健意识，而且要帮助女职工提高自身的保健水平，促使其积极主动、科学合理地保护其健康。

4. 注重政策激励

对于女职工保健工作成效突出的用人单位，应及时给予肯定、表扬，在相关先进评比奖励活动中适当加分。树立用人单位女工保健工作的典型，在同类和不同类行业、企业中进行宣传、推广。

5. 加强女职工保健工作调查研究

行政主管部门要了解女职工保健的新情况，发现问题，有必要深入基层，深入用人单位和女职工中间，掌握用人单位的利益诉求、女职工遇到的困难和问题，想方设法找出化解不同主体利益冲突的办法。

（三）用人单位

用人单位应当加强对女职工保健工作的重视，遵守相关法律法规的规定，积极履行法定义务。只有留住职工的心，用人单位才能有更好的未来。

1. 设立和健全相应的组织保障

应当尽快设立相应部门或者安排专职或兼职人员负责女职工保健工作，以满足保障女职工健康工作的法定要求。用人单位应当按照法定要求建立相关保健设施，如孕妇休息室、哺乳室等。调查问卷结果显示，22.2%的用人单位未曾开展过任何关于女职工保健知识的宣传和教育工作。

2. 为全体女职工提供平等保健待遇

用人单位对待非编女职工和在编女职工应当一视同仁，为其提供同等的保健待遇。对待已婚女职工和未婚女职工时，用人单位要尽可能根据其特点和需求的差异，为其提供符合实际情况的保健待遇，如提供不同的体检套餐、组织不同的保健知识讲座等。用人单位要特别关注年龄较小的女职工的保健工作，重视对其进行自尊、自爱的教育疏导。

3. 要更重视女职工的心理、精神健康

要注重宣传心理、精神健康方面的保健知识，用人单位可以邀请有关专家举行有关心理、精神健康方面的知识讲座，或者组织文体活动，丰富女职工的日常生活。对于有心理或精神问题的女职工，要做好调适和疏导工作，必要时为其提供物质和精神方面的支持和帮助，及时排除女职工的心理障碍。

4. 要关注更年期女职工的保健

更年期女职工的生理会发生较大变化，如体力和耐力等能力下降，用人单位要关注更年期女职工的生理健康。调查问卷结果显示，有71.6%的用人单位从未开展任何更年期保健知识的宣传，针对更年期心理保健的知识宣传几乎为零。因此，用人单位要更多地重视更年期女职工的心理健康，加大心理保健宣传力度，同时，适当减少其工作量，以排除其心理障碍。

（四）工会

工会要为女职工保健工作的开展提供更多的支持，对用人单位的女职工保健工作进行引导和监督。

1. 尽快修改并完善《厦门标准》

《厦门标准》实施近20年来，对照国家新颁行的《女职工特殊劳动保护规定》，以及客观评估考核标准本身，该标准存在某些不足，宜尽快修改完善。

首先，某些考核标准低于国家规定标准，应修正。《厦门标准》第二部分第6条："女工怀孕后，不得从事三级以上体力劳动强度工作和攀高、弯腰、接触有毒作业者（如铅、汞、苯等工业毒物）应暂时调离。"其对应落实的应是《保健规定》第9条第1款的规定："已婚待孕的女职工禁止从事铅、汞、苯、镉等作业场所属于《有毒作业分级》标准中第Ⅲ－Ⅳ级的作业。"对照国标，保护是始于"已婚待孕"到女工怀孕之后，《厦门标准》降低了要求。故建议将"女工怀孕后"修改为已婚待孕后。

其次，考核评分分布不甚合理，应予以调整。第一部分总体分值过高，占到40%，规章制度建立健全似乎主要体现在纸质文件上，其所占比偏大。所制定的规章制度的落实，应予以重视。建议此处修改为30%。第一部分第5条，采取措施改善女职工劳动安全卫生条件，属于硬件措施的建立，5分分值，占第一部分总分值的比重为12.5%，偏少，建议将比重调高为20%。

再次，规范内容不够全面，考虑不够周全。第二部分第2条，扣分根据中，单位未提供婚前健康检查时间的，不得分，与法律规定中的婚检自愿矛盾，建议删除；《厦门标准》第一部分考察健全组织和措施落实，考核方式一般都是查看文档资料，只停留于形式考察，容易弄虚作假，可对第一部分内容适当增加"抽查女工"的方法；《厦门标准》第一部分第4条不应当放在第一部分，第一部分对应《保健规定》中第二章组织措施，而第一部分第 4 条并非组织措施的内容，建议将其放在第二部分。因此，应当根据当前的社会现实，组织进行调研，根据实际情况进行修订，使得《厦门标准》能更好地落实《保健规定》，为女职工保健工作考核提供一个科学的标准。

最后，有些用词欠妥，应修订。第一部分第 3 条当中，制定本单位女工保健实施细则与签订女职工特殊保护专项集体合同之间用"或"存在疑问，从字面意思上看是二者取其一即可，但二者的规范级别不相同，不宜并列，若从扣分依据上没有实施细则或集体合同不得分来看，似乎又要求前面二者都应当有，所以理解上会产生矛盾，建议改为"和"；《厦门标准》第二部分第 2 条使用"欲婚"一词，缺乏社会认知基础，也无法律依据，建议修改。

2. 加强对女职工保健的监督

工会应定期举行工作汇报会议，听取用人单位汇报其女职工保健工作的落实情况，查看用人单位女职工保健工作落实的相关文档材料。不定期抽查了解女职工是否享有本单位的特殊保护、是否进行了体检。通过定期的汇报和不定期的抽查相结合，纸面工作把关和实地查看相结合，全面对用人单位的女职工保健工作进行监督。

3. 组织用人单位交流分享女职工保健工作经验

不同性质的用人单位的女职工保健，其落实程度有差异，机关事业单位的落实程度普遍较好，其次是外企和国企，私企的落实情况相对较差。相同性质单位的女职工保健工作，其落实程度也有差异，因此，进行适当的联动交流是很有必要的。工会可以组织各个单位定期交流女职工保健工作经验，开阔用人单位相关工作人员的视野，取长补短。培养、树立机关、事业单位、国企、外企、私企中女职工保健的优秀典型，通过先进示范，带动更多单位改进女职工保健状况。邀请外省市女职工保健做得好的单位来厦交流，进一步提升厦门市女职工保健工作整体水平。

4. 加强女职工保健培训

首先，工会应加大对承担女职工保健工作的人员的培训，提升其专业素养，更好地服务于女职工。在现有培训方式基础上，可以考虑增加新的培训形式。定期举办培训班，商请专业人士培训女职工保健工作人员，并对培训效果进行验收。其次，应注重培养女职工的保健意识，传送保健知识。利用远程教育、网络教育手段开展培训，由女职工在自由时间灵活学习。通过在工会网站设立"答疑解惑"栏目，实时回复女职工的问题。利用周末或者晚上举办保健专题培训班，邀请专业人士授课。可以通过学习积分累计、发放"登记卡"或者"纪念章"等方式，对达到一定学习量（课时/小时）的女职工予以奖励。

5. 鼓励小微企业联合开展女职工保健工作

为突破小微企业女职工人数少、保健工作资金少的限制，可以采取抱团作业的方法，由若干家小微企业联合举行女职工保健知识宣导、培训工作，使女职工获实惠。鼓励、邀请小微企业参加所在地社区举办的有关女性保护的公益活动，这样既能减少用工单位女职工保健工作的经济成本，又能满足社区自我利益追求，实现各方双赢。

6. 做好更年期女职工保健的调查研究，推进更年期女职工保健工作提升

对更年期女职工保健工作，用人单位没有予以足够的重视甚至于忽视。由于生理变化，更年期女职工会出现体能下降、耐力下降、情绪波动大等情况，导致女职工工作应对能力下降、生活不顺心等不佳状况常见。工会要深入调查研究女职工更年期状况，宜通过与高校科研机构合作研究，尽快推出这方面的成果，全面了解掌握更年期女职工群体遇到的特殊情况和困难，指导改进对女职工更年期的保健工作。工会可以考虑将其作为女工部未来几年的一项重点工作，这也可在国家未来实施推迟退休年龄新政过程中，提出有助于保障更年期女职工权益的意见和建议，更好地做好工会服务女职工的工作。要督促各个用人单位重视更年期女职工的保健工作。

7. 利用更多激励机制助推企业履行劳动保护义务

工会服务女职工的工作思路要不断创新，工作方式要适应不断变化的社会。首先，可利用激励机制推动企业履行义务。工会可以对女职工保健工作突出的单位进行奖励，包括物质奖励和精神奖励。也可以给予企业一些补贴，例如，企业设置哺乳室，工会可以补贴一台冰箱。其次，工会可以通过创新工作思路，转变工作方式，来更好地推动企业履行义务。工会可以利用诸如微信、微博等各种新媒体，采用线上与线下相结合的方式，宣传女职工保健工作，便利保健权益受侵害的女职工维护自身的权益。

8. 用人单位的工会组织应当尽力履职

问卷调查结果显示，有 24.7% 的女职工表示不知道本单位是否设立了负责女职工保健工作的人员或部门。服务对象竟不知道其存在，说明用人单位的工会服务工作不到位。

（五）女职工自身

1. 要提高自身保健意识

女职工保健工作维护女职工的切身利益，女职工自身思想意识的提高是女职工保健工作的基础，是女职工保健工作顺利开展的首要条件，是保障女职工权益的第一道保护层，对推进女职工保健工作有极大的促进作用。女职工应提高自我保健意识，既增强女职工对用人单位相关制度和措施的理解、配合，又有效监督女职工保健工作的落实。首先，女职工要正确认识保健工作的重要性。女职工保健不仅关乎女职工个人的身体健康，更是与女职工的整个家庭息息相关。女职工的女性特征决定了其在家庭生活中的特殊地位，其不仅仅是单位职工，更是家庭的一分子，是妻子、母亲，承担着极大的家庭责任。因此，女职工要尽早意识到身体健康的重要性，树立保健意识，更多地关爱自己，重视体检工作和保健工作。其次，女职工要提高自主学习的意识和能力。在学习型社会中，每个人都应活到老，学到老。女职工应主动学习和掌握保健知识，坚持阅读，学习利用互联网、媒体等新兴资源，了解和熟悉经期、孕期、哺乳期和更年期等女性特殊时期的注意事项和禁忌工作，做好特殊时期的自我保护，丰富自身保健知识，提高自我保健能力。最后，女职工要学会自我放松，提高心理保健意识。女职工要做好工作、家庭和业余活动的时间安排，在兼顾工作任务和家庭责任之余，要善于安排业余生活，保证一定的运动和休闲活动，适当地排解压力，保持良好的心态和轻松的心情。女职工不仅要重视生理保健，还要重视心理保健，学会劳逸结合，娱乐有度，养成良好的生活习惯和积极健康的心理状态，做好全身心的健康工作。

2. 提高自我维权的法律意识

国家相继颁行和修改了《中华人民共和国妇女权益保护法》《保健规定》《女职工劳动保护特别规定》等多部法律法规，保障女职工权益的依据因此前后会有所变化。女职工要树立学习观念、培养学习习惯，增强自身法律意识，通过自学及其他方式学习了解有关女职工权益的法律基本知识。首先，要树立法律意识。女职工要加强法律意识的培养和对法律知识的学习，了解法律中对女职工权益保护的相关规定和诉求于法律的途径，提高利用法律的积极性和主动性，在日常生活中学习法律，了解法律，运用法律。其次，要提高自信心和主体意识。在工作和生活中，女职工都应该提高自我意识和权利意识。女职工在工作中常常处于弱势地位，在权利受到侵害时，要善于利用法律武器保护自己，不能一味地忍气吞声，置之不理，而是应该运用法律，据理力争，敢于维护自身合法权益。最后，女职工要善于寻求工会和法律援助机构等社会组织的帮助。女职工要了解自我权益保护的外部机构，学会寻求社会力量保障自身权益，利用法律保护、工会保护和社会援助机构保护等多元保护机制，拓宽权益保护的渠道和手段，尽可能多层次多角度地获得最大利益保护。

3. 学会充分利用女职工保健设施、措施和待遇

首先，女职工要主动了解单位在女职工保健方面的政策和措施，关注宣传栏、宣传资料、讲座信息等，及时获取单位开展女职工保健工作的信息和单位为女职工提供的特殊福利待遇。同时要积极参与工会活动，熟悉工会动态，配合工会争取女职工福利。其次，女职工要积极参加单位组织的妇科体检、双癌排查、保健知识宣讲等生理保健活动和周末课堂、亲子互动、团队协作等心理保健活动。最后，女职工要监督用人单位女职工保健工作，了解相关情况，反映女职工的需求，提出改进工作的建议和想法，促进女职工保健工作进步。

综上所述，保护女职工在劳动过程中的安全和健康，维护女职工特有利益，是社会文明进步的表现，是经济社会发展的应有之义。

A Research on the Health Care System for Female Workers in China: Based on the Special Survey Results of Xiamen, Fujian Province

Jiang Yue, Kang Lujia

Abstract: The results of 580 valid questionnaires showed that the organs, institutions and enterprises in Xiamen have accumulated some valuable experiences in the health care work for female staffs in the past decades. However there were also some disadvantages such as inadequate supervision of labor departments, inadequate organizational mechanism and health care measures of female staffs, less attention to mental health of female staffs, and insufficient promotion and training of health care knowledge. Except for the exception of objective difficulties in micro – sized enterprises, the reasons about the health care work of female staffs in Xiamen was unsatisfactory lies in the imperfection of legislation, the lack of attention to the health care work of female staffs, the low input, and the failure to give full play to the role of labor unions. Therefore, the state should improve the relevant legislation, the competent labor administrative departments and Trade Unions should perform their supervisory duties and strengthen propaganda, exchange and training, and the employer should set up and improve the corresponding organizational guarantee. Female staffs should also improve their awareness of health care and rights safeguarding. With the joint efforts of all of parties and relevant responsible subjects, it will protect the health of female staffs better.

Keywords: Health Care for Female Employees; Health Awareness; Health Care Rights; Trade Union Services

破产程序中劳动债权的几个问题刍议

刘加桓*

摘　要：在供给侧结构性改革浪潮的冲击下，劳动法、社会保障法等社会法与企业破产法交互碰撞，为劳动者合法权益的保护带来新的思考。在破产法语境中合理解析和完善劳动债权保护机制，厘清劳动债权的范围，明确企业董事、监事及高级管理人员工资强制调整的法律基础，重新定义劳动债权的表决权，赋予农民工有限的劳动社会保障法上的权利，平衡破产法相关制度和规则与劳动法、社会保障法等社会法相关制度和规则的冲突，是实现劳动者合法权益保护及构建和谐社会的关键。

关键词：劳动债权　社会保险　既判力　表决权　农民工

破产企业的负债包括破产程序启动前发生的负债和破产程序启动后至破产程序终结前发生的负债；前者从债权人角度即为破产债权，后者则作为破产费用或共益债务。破产企业作为用人单位与劳动者发生劳动法、社会保障法上的债权债务关系，该债权债务关系如果产生于破产受理日前，一般按照破产债权认定和清偿，即劳动债权；如果产生于破产受理日后至破产程序终结前，一般应按照共益债务认定和清偿。本文探讨的是前者，即作为破产债权的劳动债权。

一　劳动债权的具体范围

《企业破产法》没有使用劳动债权概念，也没有明文界定劳动债权，

---

*　刘加桓，福建联合信实律师事务所清算及破产法律事务部主任律师，高级合伙人。

但破产法学理及实务中普遍使用这一概念，有时也使用职工债权概念，[①] 两者并无差异。

（一）劳动债权

根据《企业破产法》第 48 条第 2 款、第 82 条第 1 款及第 113 条第 1 款的规定，劳动债权指破产人在破产受理时所欠职工的工资和医疗、伤残补助、抚恤费用，所欠的应当划入职工个人账户的基本养老保险、基本医疗保险费用，以及法律、行政法规规定应当支付给职工的补偿金。具体如下。

1. 工资

工资是劳动债权最基础的部分。根据国家统计局 1990 年颁布的《关于工资总额组成的规定》第 4 条的规定，工资总额涵盖计时工资、计件工资、奖金、津贴和补贴、加班加点工资、特殊情况下支付的工资六个部分。

（1）计时工资是指按计时工资标准（包括地区生活费补贴）和工作时间支付给个人的劳动报酬。包括对已做工作按计时工资标准支付的工资、实行结构工资制的单位支付给职工的基础工资和职务（岗位）工资、新参加工作职工的见习工资（学徒的生活费）、运动员体育津贴。[②]

（2）计件工资是指对已做工作按计件单价支付的劳动报酬。包括实行超额累进计件、直接无限计件、限额计件、超定额计件等工资制，按劳动部门或主管部门批准的定额和计件单价支付给个人的工资；按工作任务包干方法支付给个人的工资；按营业额提成或利润提成办法支付给个人的工资。[③]

（3）奖金是指支付给职工的超额劳动报酬和增收节支的劳动报酬。包括生产奖、节约奖、劳动竞赛奖及其他各类奖金。[④]

（4）津贴和补贴是指为了补偿职工特殊或额外的劳动消耗和因其他特殊原因支付给职工的津贴，以及为了保证职工工资水平不受物价

---

① 王欣新：《破产法》（第 3 版），中国人民大学出版社，2011，第 175 页。
② 《关于工资总额组成的规定》第 5 条。
③ 《关于工资总额组成的规定》第 6 条。
④ 《关于工资总额组成的规定》第 7 条。

影响支付给职工的物价补贴。津贴包括补偿职工特殊或额外劳动消耗的津贴、保健性津贴、技术性津贴、年功性津贴及其他津贴。物价补贴包括为保证职工工资水平不受物价上涨或变动影响而支付的各种补贴。①

（5）加班加点工资是指按规定支付的加班工资和加点工资。② 根据《劳动法》第 44 条规定，安排劳动者延长工作时间的，支付不低于工资的百分之一百五十的工资报酬；休息日安排劳动者工作又不能安排补休的，支付不低于工资的百分之二百的工资报酬；法定休假日安排劳动者工作的，支付不低于工资的百分之三百的工资报酬。

（6）特殊情况下支付的工资包括：根据国家法律、法规和政策规定，因病、工伤、产假、计划生育假、婚丧假、事假、探亲假、定期休假、停工学习、执行国家或社会义务等按计时工资标准或计时工资标准的一定比例支付的工资；附加工资、保留工资。③

2. 医疗、伤残补助、抚恤费用

医疗、伤残补助、抚恤费用系指根据《工伤保险条例》等应由企业向劳动者承担的部分。一般情形下，企业依法缴纳工伤保险费后，发生工伤事故或患有职业病的企业职工可以依照该条例享受工伤医疗待遇，并有权从工伤保险基金中获得伤残补助金、伤残津贴、工伤医疗补助金、伤残就业补助金、丧葬补助金、供养亲属抚恤金、生活护理费和一次性工亡补助金等，该部分系由工伤保险基金承担，不属于劳动债权。但是，用人单位如未依照该条例规定参加工伤保险的，发生工伤及职业病的，由该用人单位按照该条例规定的工伤保险待遇项目和标准支付费用；当用人单位破产时，该部分应当由用人单位支付的工伤保险待遇费用，在破产程序中依法作为劳动债权认定和清偿。

3. 应当划入职工个人账户的基本养老保险、基本医疗保险费用

基本养老保险、基本医疗保险实行社会统筹与个人账户相结合的方式。《社会保险法》第 12 条规定，用人单位应当按照国家规定的本单位职工工资总额的比例缴纳基本养老保险费，记入基本养老保险统

---

① 《关于工资总额组成的规定》第 8 条。
② 《关于工资总额组成的规定》第 9 条。
③ 《关于工资总额组成的规定》第 10 条。

筹基金；职工应当按照国家规定的本人工资的比例缴纳基本养老保险费，记入个人账户。国发〔1998〕44 号《国务院关于建立城镇职工基本医疗保险制度的决定》第 3 条规定，基本医疗保险基金由统筹基金和个人账户构成。职工个人缴纳的基本医疗保险费，全部计入个人账户；用人单位缴纳的基本医疗保险费分为两部分，一部分用于建立统筹基金，一部分划入个人账户；划入个人账户的比例一般为用人单位缴费的 30% 左右，具体比例由统筹地区根据个人账户的支付范围和职工年龄等因素确定。基本养老保险、基本医疗保险个人账户具有私产性质，余额可以依法继承；破产企业欠缴劳动者的该部分社会保险金应按照劳动债权认定和清偿。

4. 补偿金

补偿金主要指发生劳动合同解除或终止等情形时，用人单位依照《劳动合同法》及其他法律、行政法规规定应给予劳动者的经济补偿金，该部分在破产程序中应按照劳动债权认定和清偿。

（二）不属劳动债权部分

不属劳动债权部分主要包含惩罚性赔偿及用人单位应缴交的归属于社会统筹并不纳入劳动者个人账户的社会保险金。

1. 惩罚性赔偿

其一，未与劳动者订立书面劳动合同一倍工资的惩罚性赔偿。《劳动合同法》第 82 条规定，用人单位自用工之日起超过一个月不满一年未与劳动者订立书面劳动合同的，应当向劳动者每月支付二倍的工资。其中一倍工资的惩罚性赔偿不能按照劳动债权认定，而应按照普通债权对待。其二，未按照约定或者国家规定及时足额支付劳动报酬或低于当地最低工资标准而处以应付金额百分之五十以上百分之一百以下的加付赔偿金。《劳动合同法》第 85 条规定，用人单位有未按照劳动合同的约定或者国家规定及时足额支付劳动者劳动报酬、低于当地最低工资标准支付劳动者工资、安排加班不支付加班费、解除或者终止劳动合同未依照本法规定向劳动者支付经济补偿的，由劳动行政部门责令限期支付劳动报酬、加班费或者经济补偿；劳动报酬低于当地最低工资标准的，应当支付其差额部分，逾期不支付的，责令用人单位按应付金额百分之五十以上百分之一百以下的标准向劳动者加付赔偿金。该条款中的加付赔偿金不能按照劳动债权认定，也应按照普通债权对待。其三，违反规定解除或者终止劳动合同。《劳动合同法》第87条规定，用人单位违反本法规定解除或者终止劳动合同的，应当依照本法第47条规定的经济补偿标准的二倍向劳动者支付赔偿金。该条款中的一倍惩罚性赔偿金亦不能按照劳动债权认定，而应按照普通债权对待。其四，其他属于惩罚性的赔偿金。其他属于惩罚性的赔偿金同样不能作为劳动债权，而应按照普通债权认定和清偿。

2. 归属于社会统筹并不能纳入劳动者个人账户的社会保险金

基本养老保险、基本医疗保险社会统筹部分不属于私产，不能继承。工伤保险、失业保险、生育保险没有社会统筹与个人账户之分，均属于社会统筹，亦不归属个人私产，不能继承。破产企业欠缴上述归属于用人单位应承担的社会统筹部分，由社会保险征缴机构主张权利，劳动者无权主张，并不能纳入劳动债权。

（三）关于住房公积金

用人单位欠缴的住房公积金是否属于劳动债权，《企业破产法》并未作出规定。《企业破产法》第48条第2款、第82条第1款及第113条第1款对劳动债权类型均采用全部列举式立法，并无兜底或概括性规定；按照该规定，劳动债权似乎不包含用人单位欠缴的住房公积金。根据《住房公积金管理条例》第2条、第3条之规定，住房公积金是指国家机关、国有企业、城镇集体企业、外商投资企业、城镇私营企业及其他城镇企业、事业单位、民办非企业单位、社会团体（以下统称单位）及其在职职工缴存的长期住房储金；职工个人缴存的住房公积金和职工所在单位为职工缴存的住房公积金，属于职工个人所有。由此可见，住房公积金有两个来源：其一，来源于职工个人缴存的部分，本质上是从职工工资中计提出来的，属工资报酬性质；其二，来源于用人单位为职工缴存的部分，具有《企业破产法》第48条第2款、第82条第1款及第113条第1款列举的补贴性质，专项用于购买住房。因此，笔者认为，用人单位欠缴的住房公积金仍应按照劳动债权认定和清偿。

二 经劳动仲裁裁决或经劳动仲裁裁决并经法院判决确认的 董事、监事和高级管理人员的劳动债权的强制调整

《企业破产法》第113条第3款规定："破产企业的董事、监事和高级管理人员的工资按照该企业职工的平均工资计算。"《企业破产法》限制董事、监事和高级管理人员在企业出现破产事由时获取高额的报酬，主要是基于以下两个因素考量。第一，防范道德风险。董事、监事和高级管理人员是企业的内部控制人，上述制度有助于防止董事、监事和高级管理人员只顾个人利益，不顾企业、债权人及股东利益，恣意瓜分企业财产，甚至将企业破产当作自己发财的工具。第二，符合公平原则。董事、监事和高级管理人员作为企业的受托人对企业负有忠实义务和勤勉义务，他们在企业出现破产事由时，及在企业、股东及广大职工和债权人蒙受损失的情况下，仍获取高额报酬有违公平原则，更何况董事、监事和高级管理人员是企业的受托人和内部控制人，常常对企业破产负有个人责任。正因为如此，企业欠付董事、监事和高级管理人员的工资薪金如果超过职工平均工资，应强制调整到平均工资水平。但在企业进入破产程序时，经劳动仲裁裁决或经劳动仲裁裁决并经法院判决确认的董事、监事和高级管理人员的劳动债权，管理人是否可以依据《企业破产法》第113条第3款的规定进行强制调整呢？对此，实务中多持否定观点，认为生效的劳动仲裁裁决及民事判决具有既判力效力，管理人无权否定，除非通过法定程序将劳动仲裁裁决及民事判决撤销。笔者认为，该否定观点值得商榷。

首先，企业进入破产程序前的劳动仲裁裁决或民事诉讼与管理人强制调整董事、监事和高级管理人员的工资所依据的法律事实不同。在企业进入破产程序前的劳动仲裁裁决或民事诉讼中，董事、监事和高级管理人员提出请求依据的是企业未按照劳动法、劳动合同法等劳动法规定支付工资；而强制调整董事、监事和高级管理人员的工资依据的法律事实是企业已经出现破产原因并进入破产程序，而董事、监事和高级管理人员仍主张高额工资，违反公平原则。

其次，企业进入破产程序前的劳动仲裁裁决或民事诉讼与管理人强制调整董事、监事和高级管理人员的工资依据的法律也不同，即请求权基础

不同，分属不同的争议事项。在企业进入破产程序前的劳动仲裁裁决或民事诉讼中，董事、监事和高级管理人员提出请求依据的是劳动法、劳动合同法等规定；而强制调整董事、监事和高级管理人员的工资依据的是《企业破产法》第 113 条第 3 款的规定。

最后，管理人依据《企业破产法》第 113 条第 3 款规定强制调整董事、监事和高级管理人员的工资与企业进入破产程序前的生效的劳动仲裁裁决及民事判决的既判力并不冲突。所谓既判力既包括法院判决的效力，也包括准司法的仲裁裁决的效力，是指生效的判决及仲裁裁决对诉讼标的的裁决对法院、仲裁机构和当事人产生的强制性通用力。判决及仲裁裁决一旦生效就会产生形成力、既判力和执行力。既判力的价值目标集中体现在其对司法秩序和社会生活的功能作用上。既判力是终局判决及仲裁裁决对当事人和法院、仲裁机构的一种强制性通用力，当事人和法院、仲裁机构都必须严格遵守。这种强制性通用力禁止当事人就同一诉讼标的重复起诉或申请仲裁，禁止法院、仲裁机构受理同一诉讼事由的案件，并终局性地解决当事人之间的实体权利义务关系。企业进入破产程序前的生效的劳动仲裁裁决及民事判决的既判力约束的是董事、监事和高级管理人员与企业基于劳动法的争议，而非基于破产法的争议；后者则是在前者基础上，基于企业破产之法律事实而产生的新的法律关系，该法律关系并未经历过任何司法程序或仲裁程序，不存在既判力问题。同时，尊重非破产法规范是破产法基本原则之一，它要求在适用破产法规则时，应首先厘清权利主体在非破产法规范下享有的权利，除非基于特殊的政策考量及法律做出特殊的规定，原则上应尊重非破产法规范赋予权利主体的权利，并不应减损。[①] 管理人依据《企业破产法》第 113 条第 3 款规定强制调整董事、监事和高级管理人员的工资不仅未推翻或否定企业进入破产程序前的生效的劳动仲裁裁决及民事判决，而且是建立在该生效的劳动仲裁裁决及民事判决的基础上，依据企业破产法确立的规则对生效的劳动仲裁裁决及民事判决确立的劳动债权中的部分进行顺位强制调整，以实现实质性公平。

基于上述理由，笔者认为，在企业进入破产程序前经劳动仲裁裁决或

---

① 许德峰：《破产法论——解释与功能比较的视角》，北京大学出版社，2015，第 76～83 页。

经劳动仲裁裁决并经法院判决确认的董事、监事和高级管理人员的劳动债权，管理人仍有权依据《企业破产法》的相关规定进行强制调整。

三　劳动债权的表决权

劳动者表决权问题在《企业破产法》中语焉不详，难以捉摸。《企业破产法》第59条第1款规定："依法申报债权的债权人为债权人会议的成员，有权参加债权人会议，享有表决权。"而第48条第1款规定"债权人应当在人民法院确定的债权申报期限内向管理人申报债权。"第2款规定："债务人所欠职工的工资和医疗、伤残补助、抚恤费用，所欠的应当划入职工个人账户的基本养老保险、基本医疗保险费用，以及法律、行政法规规定应当支付给职工的补偿金，不必申报，由管理人调查后列出清单并予以公示。职工对清单记载有异议的，可以要求管理人更正；管理人不予更正的，职工可以向人民法院提起诉讼。"劳动债权由管理人调查后列出清单并予以公示，不必申报；不必申报自然就不是"依法申报债权的债权人"，当然就无权成为债权人会议的成员，参加债权人会议及享有表决权。学者的论述似乎也一定程度上印证了这样的看法："由于职工债权在破产清算中处于最优先的受偿地位，利益有充分的保证，破产财产的处理、分配等一般不会影响到其民事权益，所以，职工债权人不应作为债权人会议的成员，更不应享有表决权，对与其无利益关系的事项进行表决。"① 上述推断在逻辑上貌似很完美，但事实并不这么简单。《企业破产法》第44条规定："人民法院受理破产申请时对债务人享有债权的债权人，依照本法规定的程序行使权利。"该条款所谓的"债权"，既包括私法上的债权，如合同之债、侵权之债、无因管理之债、不当得利之债等，也包括公法上的债权，如税收等。当然，企业欠付劳动者的工资和医疗、伤残补助、抚恤费用，所欠的应当划入职工个人账户的基本养老保险、基本医疗保险费用，以及法律、行政法规规定应当支付给职工的补偿金均属于企业对外的负债，均属于债权人的破产债权。递言之，劳动者作为破产企业的债权人其实并不是一个应该争议的问题，而真正的问题在于作为债权人的劳动者

---

① 王欣新：《破产法》，中国人民大学出版社，2011，第206页。

是否享有表决权，抑或在什么情形下对哪些事项具有表决权。笔者认为，应赋予劳动债权人有限的表决权，具体为以下内容。（1）在劳动债权可以以破产财产全额清偿的情形下，劳动债权人不宜成为债权人会议成员及享有表决权，此时，劳动债权已经得到充分的保护；反之，在劳动债权不能以破产财产全额清偿的情形下，劳动债权人有权作为债权人会议成员并享有表决权。（2）在破产重整的条件下，劳动债权人对重整计划草案享有表决权；此时，即使重整计划草案对劳动债权安排予以全额清偿，但破产企业重整后存续经营仍涉及相关的劳资关系，给予劳动债权人充分的表达权利是必需的。（3）取消《企业破产法》第67条第1款关于债权人委员会必须有一名债务人的职工代表或者工会代表的规定，以职工代表或者工会代表列席债权人会议制度替代。

四　农民工债权在破产程序中的法律地位

当我们谈到某项权利的法律地位时，意指该项权利在整个权利体系中所处的位置，即所谓的排序或者顺位问题。明确各项权利在整个权利体系中的排序或顺位，当权利与权利出现冲突时，我们就可以根据其排序或者顺位，决定优先保护的对象和必须放弃或退让的对象。《企业破产法》将破产债权细分为四类：其一，担保债权，即《企业破产法》第109条规定的，对破产人的特定财产享有担保权的权利人，对该特定财产享有优先受偿的权利，包括法定优先权、法定担保物权和意定担保物权；其二，劳动债权，即《企业破产法》第113条第（一）项规定的，破产人所欠职工的工资和医疗、伤残补助、抚恤费用，所欠的应当划入职工个人账户的基本养老保险、基本医疗保险费用，以及法律、行政法规规定应当支付给职工的补偿金；其三，税收债权，即《企业破产法》第113条第（二）项规定的，破产人欠缴的除前项规定以外的社会保险费用和破产人所欠税款；其四，普通债权，即《企业破产法》第113条第（三）项规定的，不属于上述三类的其他破产债权。另，根据《企业破产法》第113条的规定，破产财产在优先清偿破产费用和共益债务后，依照劳动债权、税收债权、普通债权顺序清偿；破产财产不足以清偿同一顺序的清偿要求的，按照比例分配。由此可见，不同类型的破产债权的界定关系到清偿顺序的先后及受保护的优劣程度。

在过去的30年里，大量农民工涌入新兴工业城市，并成为产业工人的重要来源。他们工作在城市，生活在城市，却游离在城市之外而不被城市接纳；他们难以实现从农村农民到城市居民的身份转换，享受不了城市发展带来的红利。2009年12月中共中央、国务院发布中发〔2010〕1号《关于加大统筹城乡发展力度 进一步夯实农业农村发展基础的若干意见》中，首次提出了"着力解决新生代农民工问题"，让新生代农民工市民化。但事实上，我国实行多轨社会保障制度，现行的《社会保险法》除第95条①规定的进城务工的农村居民及第96条②规定的被征地农民外，并不适用于进城务工的农民工；农民工始终还是原集体经济组织的成员，进城务工常常被认为是"副业"或者"兼职"。正因为如此，农民工与企业之间的关系认定及农民工债权法律地位的界定一直困扰着实务。

在现阶段，农民工与企业之间建立的是一种不完全、非典型劳动关系，农民工债权在破产程序中应有限参照劳动债权认定和清偿之规定，之所以说是一种不完全、非典型的劳动关系，主要体现在以下几个方面。其一，大量企业并不与农民工签订劳动合同，但企业与农民工之间的法律关系具备劳动关系的实质性特征，具体包括用人单位依法制定的各项劳动规章制度适用于该农民工，农民工受用人单位的劳动管理并从事用人单位安排的有报酬的劳动，农民工提供的劳动是用人单位业务的组成部分等。其二，大量企业并不完全依照《社会保险法》《劳动法》《劳动合同法》等法律法规为农民工缴交基本养老保险、基本医疗保险、工伤保险、失业保险、生育保险等社会保险，而常常只缴交其中的一项或几项，甚至全都不缴，有时为转嫁劳动伤害，替代投保意外人身伤害险等。其三，农民工尽管进城务工多年，但身份关系始终被固锁在农村，并继续适用农村集体农民医疗及养老保险体系。其四，官方层面亦在很大程度上认同和接受上述现实状况。由于农民工的非城镇居民身份的固化及多轨制的社会保险制度，司法实践对农民工与企业之间的法律关系也在劳动关系与雇佣关系之间徘徊，无法作出抉择。（2009）行他字第12号

---

① 《中华人民共和国社会保险法》第95条。
② 《中华人民共和国社会保险法》第96条。

《最高人民法院行政审判庭关于劳动行政部门在工伤认定程序中是否具有劳动关系确认权请示的答复》明确："根据《劳动法》第九条和《工伤保险条例》第五条、第十八条规定，劳动行政部门在工伤认定程序中，具有认定受到伤害的职工与企业之间是否存在劳动关系的职权。"依照该解释，农民工与用人单位之间的关系常常很难被认定为劳动关系，进而所遭受的劳动伤害只能按照一般人身伤害处理。但（2010）行他字第 10 号《最高人民法院行政审判庭关于超过法定退休年龄的进城务工农民因工伤亡的，应否适用〈工伤保险条例〉请示的答复》，又舍弃上述立场转而提出："用人单位聘用的超过法定退休年龄的务工农民，在工作时间内、因工作原因伤亡的，应当适用《工伤保险条例》的有关规定进行工伤认定。"

鉴于上述现实情况，在农民工身份未被打破及多种社会保险制度未并轨而实行统一的社会保险制度的情况下，在破产法程序中仍应赋予农民工劳动法、社会保险法项下的部分权利，具体为：（1）无论劳动关系是否得以确认，农民工工资均应按照劳动债权认定和清偿；（2）农民工有权要求用人单位为其缴交工伤保险，发生工伤事故或职业病时，有权依照《工伤保险条例》享受工伤医疗待遇，并有权从工伤保险基金中获得伤残补助金、伤残津贴、工伤医疗补助金、伤残就业补助金、丧葬补助金、供养亲属抚恤金、生活护理费和一次性工亡补助金等，破产企业如未参加工伤保险，发生工伤或职业病的，由该破产企业按照《工伤保险条例》规定的工伤保险待遇项目和标准承担工伤保险待遇费用，该费用在破产程序中作为劳动债权认定和清偿；（3）农民工主张缴交或支付基本养老保险、基本医疗保险、失业保险、生育保险的，不予支持。当然，从长远看，应彻底改革城乡二元体制，实现全民统一的社会保险制度，从根本上解决农民工在破产法乃至劳动社会保障法中的尴尬法律地位。

综上所述，在供给侧结构性改革浪潮的冲击下，劳动法、社会保障法等社会法与企业破产法交互碰撞，为劳动者合法权益的保护带来新的思考。在破产法语境中解析和完善劳动者合法权益是破产法与社会法共同面临的课题，并亟待破产法与社会法予以回应。

On Several Problems of Labor Creditor's Rights in Bankruptcy Procedure

Liu Jiahuan

Abstract: Under the impact of supply – side structural reform, social laws such as Labor Law and Social Security Law collide with Enterprise Bankruptcy Law, which brings new thinking for the protection of the legitimate rights and interests of workers. In the context of bankruptcy law, we should reasonably analyze and improve the protection mechanism of labor creditor's rights, clarify the scope of labor claims, clarify the legal basis for the compulsory adjustment of wages of enterprise directors, supervisors and senior managers, and redefine the right to vote of labor claims. To give migrant workers limited rights in the Labor Social Security Law, and to balance the conflicts between the relevant systems and rules of the bankruptcy law and the relevant systems and rules of the Labor Law, the Social Security Law, and other social laws, it is the key to realize the protection of the legitimate rights and interests of workers and to build a harmonious society.

Keywords: Labor Creditor's Rights; Social Insurance; Res Judicata; Voting Rights; Migrant Workers

社会保障法研究

生育津贴给付法律问题探讨

胡玉浪*

摘　要：生育津贴制度的实施在为女职工在产假期间提供收入保障、促进产假制度落实、促进平等就业等方面发挥了重要作用。生育津贴应当严格按照用人单位上年度职工月平均工资标准发放。当生育津贴高于本人工资时，女职工有权享受生育津贴，用人单位不得克扣；当生育津贴低于本人工资时，用人单位应当补足差额。在计划生育奖励假期间，应当由生育保险基金继续支付生育津贴。

关键词：生育津贴　给付标准　给付期限

生育津贴是指在女职工因生育而离开工作岗位不再从事有报酬的工作以致收入中断时，给予定期的现金补助，以维护和保障妇女及婴儿的正常生活。对女职工产假期间支付生育津贴、保障妇女和幼儿的基本生活需要是全世界的通行做法。根据统计，截止到 2010 年全球已有 167 个国家实施了产假制度，而且除澳大利亚、莱索托、巴布亚新几内亚、斯威士兰和美国等极少数国家实行无薪产假制度外，其他国家均实行带薪产假制度。我国《社会保险法》第 56 条规定："职工有下列情形之一的，可以按照国家规定享受生育津贴：（一）女职工生育享受产假；（二）享受计划生育手术休假；（三）法律、法规规定的其他情形。生育津贴按照职工所在用人单位上年度职工月平均工资计发。"上述规定看似明确，在实践中实则争议不断，有关生育津贴给付的法理基础、给付标准、给付期限等问题，都需要做进一步的探讨。

---

　　* 胡玉浪，法学博士，福建农林大学公共管理学院教授，专业领域：劳动法与社会保障法。

一　生育津贴法律制度的证成

（一）为女职工提供产假期间的经济收入保障

在个体角度看，生育行为是一种繁衍后代、延续生命的自然过程，能够满足个人和家庭生活的需要，具有天然的家庭价值；从社会角度看，生育行为具有劳动力再生产、种族繁衍、缓解人口老龄化等重大社会价值，是人类社会可持续发展的基础。对于女职工而言，其生育面临的最大风险是劳动能力的暂时丧失，以及因哺育后代而不得不暂时离开工作岗位从而导致收入来源的中断。生育津贴是对职工生育期间丧失收入来源的补助。从各国的法律规定和实践看，生育期间收入保障主要有三种类型：一是雇主责任或企业福利型，生育费用由雇主或劳工所在单位负担；二是社会保障或职业保障型，由（国家）企业和个人参保缴费建立的社会保险基金负担；三是社会福利或公民权利型，不以是否参保作为享受生育保险待遇的前提。① 但是无论实行何种类型，其目的和共通之处都是为女职工产假期间暂时无法通过劳动获得工资时提供收入安全保障。生育津贴制度的设立，在弥补妇女产前产后暂时离开工作岗位所蒙受的收入损失、保障妇女在分娩前后有稳定的收入来源、维持母亲和孩子适当的生活水平、缓解妇女和家庭的经济压力等方面发挥了重要而不可替代的作用。

（二）为促进产假制度的全面落实提供经济支持

产假是依法给予女职工在生育过程中休息的期限。产假制度最核心的问题是休假时间安排、生育费用报销和经济收入保障。从世界各国生育立法情况看，安排产假并不意味着必须支付生育津贴，产假时间安排和经济收入保障并不具有直接相关性，但是产假期间充分、合理的收入保障，确实有助于推动产假制度的全面落实。这是因为产假期间如果没有收入保障，产妇就会尽快投入工作，也会影响哺乳，对

---

① 蒋永萍：《社会性别视角下的生育保险制度改革与完善——从〈生育保险办法（征求意见稿）〉谈起》，《妇女研究论丛》2013年第1期。

母婴健康均非常不利。例如国际劳工组织就明确指出：与生育相关的重要风险是收入的损失。母亲们产前中后一段时间无法工作。在产假期间或没有产假的妇女在分娩前后无法工作的期间所提供的"生育津贴"，旨在替代妇女在经济活动中断期间损失的部分收入，用以弥补部分与生育相关的成本。如果没有这种支持，妇女在分娩前后或产前阶段经受的收入损失以及孕产相关费用的增加，将使许多家庭陷入财政困境。收入损失给单身母亲们带来的问题尤为突出，因为她们通常是家庭收入的主要来源。在这种情况下，妇女可能迫不得已提早工作，没有休完产假。而对于休产假的妇女来说，生育津贴则可以替代离开工作的这段时间的部分或全部工资，让休假从经济角度上成为一个可行选择。[1]

（三）为促进平等就业、消除性别歧视提供法律支持

平等是人类所追求的重要价值。性别平等是人类平等的重要组成部分，是衡量社会进步的重要尺度。生儿育女是女性独特的生理机能，其也是一种社会职能。从社会宏观角度看，生育是最伟大的公益事业，是劳动力再生产和人类社会再生产的唯一根源。但在特定、具体的劳动关系领域，女性生育与劳动就业必然存在一定的冲突。从劳动者个体角度看，女性怀孕分娩期间会导致劳动能力的降低或丧失；由于缺乏社会支持需要亲自照顾而无法就业等。从用人单位角度看，因女职工生育可能遭受的损失包括：一是人力资源的损失，包括孕期体检、产假以及复职之后哺乳时间所导致的工作时间损失；二是工资给付负担。特别是在我国全面实施二孩的政策背景下，女职工生育与劳动就业的冲突更是受到社会各界的高度关注，用人单位对育龄妇女违法调岗调薪、解除劳动合同等引起的劳动争议不断增加。生育保险制度的设置，特别是规定产假期间生育津贴由生育保险基金承担，对于分担用人单位的用工成本、缓解或消除对育龄妇女的就业歧视、促进男女平等就业和公平就业来说具有重要且不可替代的作用。

---

[1] 国际劳工组织：《致力于社会正义和公平全球化的社会保障》，日内瓦国际劳工局，2011，第3页。

二　生育津贴给付标准的确定

（一）国家法和地方法关于生育津贴给付标准的二元规定

设立生育津贴制度的目的，在于弥补女职工生育期间的收入损失。至于生育津贴的给付标准，我国《社会保险法》第 56 条规定："生育津贴按照职工所在用人单位上年度职工月平均工资计发。"2012 年国务院颁布的《女职工劳动保护特别规定》第 8 条规定："女职工产假期间的生育津贴，对已经参加生育保险的，按照用人单位上年度职工月平均工资的标准由生育保险基金支付；对未参加生育保险的，按照女职工产假前工资的标准由用人单位支付。"简言之，国家立法要求按照职工所在用人单位上年度职工月平均工资计发生育津贴。

《福建省企业职工生育保险规定》（省政府令〔1998〕第 39 号）第 7 条规定："女职工生育符合本省计划生育规定的，享受如下生育保险待遇：（一）生育津贴：女职工生育时，在法定产假期间，由生育保险基金按月支付生育津贴。生育津贴标准为上年度本企业职工月人均缴费工资。"北京市人力资源和社会保障局《关于调整本市职工生育保险政策有关问题的通知》（京人社医发〔2011〕334 号）第 3 条规定："参加本市生育保险的职工，因生育或计划生育享受产假的，产假期间可享受生育津贴。生育津贴按照职工所在用人单位月缴费平均工资除以 30 天再乘以产假天数计发。"简言之，地方立法要求按照职工所在单位上年度职工月人均缴费工资计发生育津贴。

（二）实践中生育津贴按照职工所在用人单位月缴费平均工资标准支付的原因分析

从本义上讲，"所在用人单位上年度职工月平均工资"是指用人单位支付给职工的年度工资总额除以同期职工人数后再除以 12 个月所得的结果。其中的工资包括计时工资、计件工资、奖金、津贴和补贴、加班加点工资和特殊情况下支付的工资六个部分。但在实践中，由于种种原因很难准确核实上年度职工月平均工资，生育保险中按照"所在用人单位上年度职工月平均工资计发"往往异化为按照职工所在用人单位月缴费平均工资计发。

职工所在用人单位月平均工资与月平均缴费工资既有联系又有区别。从法理上讲，用人单位应当按照职工的实际工资水平缴交生育保险费用，但在实践中，由于偷逃税费、高薪低报等原因，用人单位生育保险的缴费基数往往低于本单位的职工实际工资水平。在此背景下，社会保险基金管理部门在支付生育津贴时，只能以用人单位申报缴费的月工资基数计发，而不能以用人单位的实际工资（即应然状态的缴费基数）计发。主要原因有：一是贯彻权利与义务相适应的原则，生育津贴是生育保险缴费的回报，生育津贴数额应当与缴费基数成正比；二是确定用人单位的实际工资存在相当难度，如果以实际工资计发生育津贴，难以操作。[①]

（三）生育津贴应当严格按照用人单位上年度职工月平均工资标准发放的法理分析

生育津贴是对生育妇女产假期间的收入补偿。我国《社会保险法》《女职工劳动保护特别规定》规定，生育津贴按照用人单位上年度职工月平均工资标准支付，但在地方性立法和实践中，则异化为按照职工所在用人单位上年度月人均缴费工资标准发放。必须承认，地方性规定和做法更具可操作性，也体现了权利和义务的对应关系，但并不妥当，应当立即予以纠正。主要理由如下。（1）严重损害了劳动者的合法权益。因为用人单位上年度月人均缴费工资标准要明显低于职工上年度月平均工资标准，从而导致女职工生育津贴给付水平的降低。（2）违背了国家逐步提高女职工生育保险待遇的立法目的。1988年国务院颁布的《女职工劳动保护规定》第4条规定：用人单位"不得在女职工怀孕期、产期、哺乳期降低其基本工资"。2005年颁布的《妇女权益保障法》第27条规定："任何单位不得因结婚、怀孕、产假、哺乳等情形，降低女职工的工资。"2011年实施的《社会保险法》第56条和2012年国务院颁布的《女职工劳动保护特别规定》第8条规定，女职工的生育津贴按照用人单位上年度职工月平均工

---

① 向春华：《社会保险请求权与规则体系》，中国检察出版社，2016，第549页。

计发。由此可见，女职工的产假工资或生育津贴，经历了一个从"基本工资"—"工资"—"用人单位上年度职工月平均工资"的发展过程。从原来的作为工资总额一部分的"基本工资"到作为工资总额的"工资"，再到可能等于或大于工资总额的"用人单位上年度职工月平均工资"，反映了国家对女职工的"三期"期间权益保护的逐步提高。（3）违背了上位法优于下位法的原则。至于所谓的确定用人单位的职工月平均工资作为缴交基数存在工作难度，从国税地税部门合并、社保入税以及税务部门征税能力和实践看，其显然不是正当、合理的理由和借口。

三 生育津贴给付标准与本人实际工资不一致时法律问题的处理

（一）以生育津贴取代工资给付对不同收入水平的女职工的影响

无论生育津贴计算标准是以用人单位上年度职工月平均工资计发还是以上年度本企业职工月人均缴费工资计发，生育津贴给付标准与本人实际工资水平存在差异是必然存在的问题。解决此问题的思路有以下几种：一是替代，即完全以生育津贴取代本人工资；二是补差，即以生育津贴作为劳动基准，女职工本人工资高于生育津贴者，由用人单位补足差额；三是按女职工本人上年度平均工资计发。

从个人收入的角度看，以生育津贴取代本人工资会产生两种后果：第一，如果女职工的工资水平低于用人单位上年度职工月平均工资，女职工产假期间收入将增加；第二，如果女职工本人的工资水平高于用人单位上年度职工月平均工资，女职工产假期间收入将减少，劳动者的收入越高，收入下降就越明显。"替代说"受到低薪劳动者的欢迎，却遭受部分高薪劳动者的反对。《女职工劳动保护特别规定》第8条规定："女职工产假期间的生育津贴，对已经参加生育保险的，按照用人单位上年度职工月平均工资的标准由生育保险基金支付；对未参加生育保险的，按照女职工产假前工资的标准由用人单位支付。"一些高薪劳动者就此认为，如果用人单位不参加生育保险，其产假期间收入水平反而更高，参加生育保险对其有弊无利。

（二） 以生育津贴取代工资给付不能被认为降低了高收入女职工的工资水平

《妇女权益保障法》第27条规定："任何单位不得因结婚、怀孕、产假、哺乳等情形，降低女职工的工资。"《女职工劳动保护特别规定》第5条规定："用人单位不得因女职工怀孕、生育、哺乳降低其工资。"一些高薪劳动者以此为根据，要求用人单位在产假期间按原工资标准支付工资。对此需要明确以下几点。第一，女职工产假期间的待遇是"生育津贴"，应纳入"行政给付"的范畴，具有"帮助和补偿"性质（参见《劳动法》第70条）。财政部、国家税务总局《关于生育津贴和生育医疗费有关个人所得税政策的通知》（财税〔2008〕8号）也明确规定："生育妇女按照县级以上人民政府根据国家有关规定制定的生育保险办法，取得的生育津贴、生育医疗费或其他属于生育保险性质的津贴、补贴，免征个人所得税。"工资是劳动给付的对价，女职工产假期间并未提供劳动，无劳动即无工资，生育津贴不是工资。第二，两部法律都是规定"用人单位"不得降低工资，而女职工产假期间的待遇给付标准是由法律法规明确规定的，用人单位并不存在降薪的行为。第三，所谓用人单位不得降薪，前提是用人单位有工资支付义务，国家规定用人单位只要参加了生育保险就不存在工资给付义务，自然也不存在所谓的降薪行为。[1]

（三） 对高收入女职工采用"生育津贴给付 + 用人单位补差"模式的合理性分析

由于"替代说"无法兼顾不同劳动者的利益诉求，采用"补差说"更为可取。主要理由如下。

1. 公约依据

生育津贴是对生育妇女的收入补偿，理应足以维持产妇和新生婴儿的身体健康。联合国《经济、社会和文化权利国际公约》第10.2条规定："对母亲，在产前和产后的合理期间，应给以特别保护。在此期间，对有

---

[1] 方富贵：《论我国女职工产假待遇制度的完善》，《北京市劳动和社会保障法学会·劳动法和社会保障法热点问题探讨》，中国法制出版社，2014，第183页。

工作的母亲应给以给薪休假或有适当社会保障福利金的休假。"国际劳工组织 2000 年《生育保护公约》（第 183 号）第 6 条强调：生育津贴的水平，须保证妇女能以适当的健康条件和适宜的生活标准供养自己及其孩子；凡按国家法律或惯例以原先收入为依据为第 4 条提到的休假支付生育津贴，此种津贴的数额不得低于该女原先收入或是为计算津贴而加以考虑的收入的三分之二。《关于修订 1952 年保护生育建议书》（第 191 号）进一步建议，各缔约国进一步提高生育津贴的给付标准：凡可行时，并在同有代表性的雇主组织和工人组织磋商之后，妇女在公约第 4 条和第 5 条提到的休假期间有权享受的生育津贴，应提高至妇女原先收入的全额，或是为计算津贴而加以考虑的那些收入的全额。

2. 实践支持

例如，《广东省职工生育保险规定》（粤府令第 203 号）第 17 条规定："职工按照规定享受产假或者计划生育手术休假期间，其生育津贴由用人单位按照职工原工资标准逐月垫付，再由社会保险经办机构按照规定拨付给用人单位。有条件的统筹地区可以由社会保险经办机构委托金融机构将生育津贴直接发放给职工。职工已享受生育津贴的，视同用人单位已经支付相应数额的工资。生育津贴高于职工原工资标准的，用人单位应当将生育津贴余额支付给职工；生育津贴低于职工原工资标准的，差额部分由用人单位补足。"北京市人力资源和社会保障局《关于调整本市职工生育保险政策有关问题的通知》（京人社医发〔2011〕334 号）第 3 条规定："生育津贴即为产假工资，生育津贴高于本人产假工资标准的，用人单位不得克扣；生育津贴低于本人产假工资标准的，差额部分由用人单位补足。"

3. 法理支持

生育行为具有强烈的社会性和明显的外部性。女职工本人工资低于用人单位上年度职工月平均工资或者月人均缴费工资计发时，生育津贴按照用人单位上年度职工月平均工资或者月人均缴费工资计发，体现了国家和社会对生育社会价值的肯定和保护。但在用人单位内部，本人工资高于生育津贴时，即本人工资越高，通常亦表明职工对用人单位的贡献更大，此时由用人单位承担补差责任，符合收益与责任相适应原理，具有公平性。[①]

---

① 向春华：《社会保险请求权与规则体系》，中国检察出版社，2016，第 173 页。

综上所述，当生育津贴高于本人工资时，女职工应享受生育津贴，用人单位不得克扣；生育津贴低于本人工资时，那么劳动者在享受生育津贴后，仍得就与工资之差额向雇主主张请求权。① 当然，如果地方性立法对生育津贴补差问题没有规定，用人单位不承担补差义务并不违法。

四 计划生育奖励假与生育津贴给付期限的错位与解决

（一） 法定产假与计划生育奖励假的二元建构

《劳动法》规定女职工享受不少于 90 天的产假。2012 年出台的《女职工劳动保护特别规定》在考虑我国国情并参照国际劳工组织公约规定的产假标准 14 周的基础上，规定"女职工生育享受 98 天产假"，将产假由原来的 90 天调整为 98 天，达到了国际公约要求的最低保护水平。《社会保险法》第 56 条规定：女职工生育享受产假，可以按照国家规定享受生育津贴。这些规定虽未明确产假期间即为生育津贴的给付期限，但均肯定产假期间享受生育津贴。考虑到生育津贴是产假工资的替代，系对女职工因生育而遭受的收入损失的补偿，而在产假之后，生育职工通常即恢复工作，不再享受生育津贴，也不应当再享受生育津贴。因此，实践中以产假时间作为生育津贴给付期限，这是很合理的，② 在很长一段时间内也没有发生争议。

2015 年 12 月 27 日修改生效的《人口与计划生育法》第 25 条规定："符合法律、法规规定生育子女的夫妻，可以获得延长生育假的奖励或者其他福利待遇。"大多数省份在《人口与计划生育法》的授权下，给予符合计划生育政策生育的女职工 30～60 天的奖励假期，并给予其丈夫 7～30 天的护理假。例如，《福建省人口与计划生育条例》第 41 条规定："符合本条例生育子女的夫妻，女方产假延长为一百五十八日至一百八十日，男方照顾假为十五日。婚假、产假、照顾假期间，工资照发，不影响晋升。"由于《社会保险法》《人口与计划生育法》《女职工劳动保护特别规定》未明确规定奖励假期间由生育保险基金支付生育津贴，因此在实践中社会保险基金管理部门通常只支付 98 天的生育津贴。用人单位则认为已经缴纳

---

① 向春华：《社会保险请求权与规则体系》，中国检察出版社，2016，第 551 页。
② 向春华：《社会保险请求权与规则体系》，中国检察出版社，2016，第 540 页。

生育保险费用，不应再被要求支付女职工计划生育奖励假期间的工资。劳动者在是否可以主张、向谁主张计划生育奖励假期间的工资（生育津贴）时，可能遭遇困难。

（二）计划生育奖励假期间生育津贴（工资）给付争议与实务处理

关于计划生育奖励假期间是否给付生育津贴，有学者认为，《社会保险法》所规定的产假包括晚育假，[①] 应当将计划生育奖励假期间的工资等纳入生育津贴支付范围。[②] 2017 年 6 月 29 日《人力资源社会保障部对十二届全国人大五次会议第 8024 号建议的答复》（人社建字〔2017〕28 号）指出："为保障女职工因生育而暂时中断劳动期间的基本经济收入和医疗保障，帮助她们恢复体力重返岗位，均衡企业负担，促进平等就业，我国已经建立了生育保险制度。根据现行生育保险政策，女职工生育'一孩'和'二孩'，同样享受生育保险待遇。参加生育保险的用人单位女职工生育的，由生育保险基金支付参保女职工生育期间的有关医疗费和生育津贴（产假期间的工资待遇）。津贴标准为用人单位上年度职工月平均工资。未参加生育保险的，按照女职工产假前工资的标准由用人单位支付。目前，生育保险基金支付生育津贴的期限与《女职工劳动保护特别规定》规定的产假期限一致。各地在本地区计划生育条例中对女职工休生育奖励假期间的工资待遇问题也作出了相应的规定，大多数地方明确由企业发放工资。"简言之，人力资源和社会保障部确认，女职工产假 98 天以内的生育津贴由生育保险基金支付，计划生育奖励假期间的工资（生育津贴）由各省份按规定执行。

从各省份的规定和实践看，以江苏、浙江、上海、新疆、湖南为代表的一方，将计划生育奖励假工资纳入生育保险基金支付范围，以广东、广西、陕西、山西、内蒙古为代表的一方将生育奖励假工资排除出生育保险基金支付范围。从近年来的发展变化看，越来越多的省份将计划生育奖励假纳入生育津贴给付范围。个别省份规定奖励假期间生育津贴由生育保险基金支付，并且可以追溯至此前一段时间发放，例如，《浙江省人力资源

---

① 尹蔚民主编《中华人民共和国社会保险法释义》，中国劳动社会保障出版社，2010，第 207 页。

② 刘明辉：《对立法进行性别影响评估的实践》，《中华女子学院学报》2013 年第 3 期。

和社会保障厅关于女职工奖励假生育津贴计发有关问题的复函》（浙人社函〔2018〕24号）规定：2016年1月1日以后符合法律、法规规定生育子女的夫妻，女方法定产假期满后，享受30天的奖励假，该30天奖励假属于国务院《女职工劳动保护特别规定》中规定的98天生育假的延长，女职工相应的产假生育津贴应当从2016年1月1日起发放。个别省份例如福建省则未明确规定奖励假期间的工资（或生育津贴）如何发放，在实践中则是生育保险管理部门和企业均不支付计划生育奖励假期间的生育津贴（工资）（见表1）。①

表1　各地关于计划生育奖励假期间生育津贴（工资）发放的规定

处理方案	相关规定	核心内容	实施时间
明确规定由生育保险基金支付	江苏省人力资源和社会保障厅　省财政厅关于调整生育津贴计发标准的通知（苏人社发〔2016〕118号）	符合省人口与计划生育规定生育的，享受128天的生育津贴，其中难产的，增加15天的生育津贴；生育多胞胎的，每多生育1个婴儿，增加15天的生育津贴	2016年1月1日
	浙江省人力资源和社会保障厅关于女职工奖励假生育津贴计发有关问题的复函（浙人社函〔2018〕24号）	2016年1月1日以后符合法律、法规规定生育子女的夫妻，女方法定产假期满后，享受30天的奖励假，该30天奖励假属于国务院《女职工劳动保护特别规定》中规定的98天生育假的延长，女职工相应的产假生育津贴应当从2016年1月1日起发放	2016年1月1日（追溯）
	上海市计划生育奖励与补助若干规定（修订）	符合法律、法规规定生育的夫妻，女方除享受国家规定的产假外，还可以再享受生育假30天。生育假一般应当与产假合并连续使用，享受产假同等待遇	2016年7月8日
	关于调整生育保险津贴享受天数的通知（新人社函〔2017〕605号）	符合自治区人口与计划生育条例规定生育的，享受158天的生育津贴，其中难产的，增加15天的生育津贴；生育多胞胎的，每多生育1个婴儿，增加15天的生育津贴	2017年7月28日

---

① 据调查，福建省邵武市约三分之一的企业在产假超过98天以后不支付生育津贴。吴秀凤：《浅析县城企业落实女职工产假存在的问题及建议——以邵武市为例》，《就业与保障》2017年第8期。又讯，《福建省女职工劳动保护条例（修订草案）》于2019年5月28日提交省人大常委会会议审议并征求社会各界意见，拟将生育津贴给付期限从98天延长至158天。

处理方案	相关规定	核心内容	实施时间
明确规定由生育保险基金支付	关于进一步加强生育保险有关工作的通知（湘人社发〔2018〕31号）	将《湖南省人口与计划生育条例（第五次修正）》新增加的60天产假纳入省生育保险生育津贴发放范围。生育津贴发放天数调整为158天，难产的，增加产假15天；多胞胎生育的，每多生育1个孩子，增加产假15天	2018 年 5 月 1 日
明确规定由用人单位发放奖励假期间生育津贴（工资）	广东省职工生育保险规定	职工享受生育津贴的假期天数，按照下列规定计算：女职工生育享受产假，顺产的，98天；难产的，增加30天；生育多胞胎的，每多生育1个婴儿，增加15天	2015 年 1 月 1 日
	广西壮族自治区人口与计划生育条例	符合法律、法规规定生育子女的夫妻，除享受国家规定的假期外，女方增加产假50日。休假期间的工资、津贴、补贴和奖金，其工作单位不得扣减	2016 年 1 月 15 日
	陕西省人口与计划生育条例	职工合法生育子女的，在法定产假的基础上增加产假60天，产假期间按出勤对待，享受相应的工资、福利待遇	2016 年 5 月 26 日
	山西省人口和计划生育条例	符合本条例规定生育子女的，女方在享受国家和本省规定产假的基础上，奖励延长产假60日，产假期间，享受与在岗人员同等的待遇	2016 年 1 月 20 日
	内蒙古自治区人口与计划生育条例	符合本条例规定生育子女的夫妻，女方除享受国家规定的产假外，再增加产假60日，并给予男方护理假25日。休假期间的工资、福利等待遇不变	2019 年 5 月 31 日
未明确奖励假期间的工资如何支付	福建省人口与计划生育条例	符合本条例生育子女的夫妻，女方产假延长为158日至180日。产假期间，工资照发，不影响晋升	2016 年 2 月 19 日

（三）计划生育奖励假期间应当继续由生育保险基金支付生育津贴的法理分析

生育保险制度的设立，既是对生育行为社会价值的尊重和肯定，也是减轻用人单位经济负担、防止性别歧视、促进公平就业的重要措施。计划生育奖励假是女职工产假的重要组成部分，中央和地方政府应当将女职工计划生育奖励假期间的收入保障明确纳入生育保险基金生育津贴支付范围。

（1）生育津贴是根据法律、法规的规定，对职业妇女因生育而离开工作岗位期间给予的生活费用。根据《人口与计划生育法》第 25 条规定，地方性法规或规章规定的奖励性产假具有合法性，被保险人享受此类产假同样应享受生育津贴。[1]

（2）有利于减轻用人单位的经济负担，消除就业性别歧视。工资是劳动给付的对价。计划生育奖励假期间女职工并未付出劳动，政府却要求用人单位支付工资，保障工资待遇不变，这种"政府请客，企业埋单"的做法从法理上讲并不妥适，而且用人单位雇用的女职工越多，其承担的奖励假期间的人力资源损失就越多，工资负担就越重。用人单位雇用女职工的劳动力成本越高，就会更加倾向于不雇用或少雇用女职工，进而加重就业性别歧视现象，[2] 女职工就业更加困难，设立计划生育奖励假的立法美意搁浅落空，计划生育奖励假的实施效果大打折扣。

（3）生儿育女是家庭生活的需要、企业劳动力的源泉和社会发展的需要，是对国家和社会可持续发展的贡献。生育奖励假的设置旨在提供制度性激励，从而更好地落实积极的人口政策。既然承认和肯定生育对国家、企业和家庭发展的作用，那么生育成本理应由国家、企业和个人一起承担，特别是国家应该给予合理补偿，承担相应的财政责任。至于将计划生育奖励假纳入生育津贴支付范围是否会造成生育保险基金入不敷出，则是生育保险费率计算和生育津贴给付水平的制度设计问题，其不应成为将计划生育奖励假排除在生育保险基金支付范围之外的借口。考虑到全国各地计划生育奖励假的期限长短不一以及基金负担能力和社会公平，可以通过立法形式对计划生育奖励假期间的生育津贴给付水平进行适当限制，例如规定计划生育奖励假期间的生育津贴按照法定产假生育津贴的一定比例发放。

---

[1] 向春华：《社会保险请求权与规则体系》，中国检察出版社，2016，第 540 页。

[2] 以福建省邵武市为例，生育假延长后约 21% 的企业因产假因素优先录用男性，53.6% 的企业对女职工身体状况有所顾虑。参见吴秀凤《浅析县城企业落实女职工产假存在的问题及建议——以邵武市为例》，《就业与保障》2017 年第 8 期。

结　语

美国法律哲学家埃德加·博登海默有一段名言："尽管法律是一种必不可少的具有高度助益的社会生活制度，但是，它像其他大多数人定制度一样也存在一些弊端。如果我们对这些弊端不给予足够的重视或者完全视而不见，那么它们就会发展成严重的操作困难。"① 本文的研究表明，我国生育津贴制度在女职工产假期间提供经济收入保障、促进产假制度落实、促进公平和平等就业等方面发挥了重要作用，但在制度设计和实践操作中也存在一定的问题。对于这些问题我们既不能视而不见，充耳不闻，更不能因此忽视或贬低生育津贴制度的价值，而应当在正视这些问题的基础上，进一步解放思想、统一认识、与时俱进、完善制度，让生育保险制度和生育津贴给付制度在保障妇女儿童合法权益、维护劳动关系和谐稳定、促进国家和社会的可持续发展过程中发挥新的更大的作用。

Discussion on the Legal Issues of the Payment of Maternity Allowance

Hu Yulang

Abstract：The implementation of maternity allowance system has played an important role in providing income security for female workers during maternity leave, promoting the implementation of maternity leave system, promoting equal employment and so on. Maternity allowances shall be paid in strict accordance with the average monthly wages of the employees of the employer in the previous year. When the maternity allowance is higher than his own salary, the female worker has the right to enjoy the maternity allowance, and the employer shall not

---

① 〔美〕埃德加·博登海默：《法理学　法哲学与法律方法》，邓正来译，中国政法大学出版社，1999，第402页。

deduct it; when the maternity allowance is lower than his own salary, the employer shall make up the difference. During the period of family planning incentive leave, the maternity insurance fund shall pay maternity allowance continually.

Keywords: Maternity Allowance; Payment Standard; Payment Period

社会保险费征收改革影响分析与应对建议

杨式敏*　黄若阳**

摘　要：社会保险作为一项重要的社会保障制度，对保障企业在职、退休人员基本生活有重大作用。社会保险费由社保部门还是税务部门征收并未统一，阻碍了社会保险费征收进程。国务院发文确定自 2019 年 1 月 1 日起社会保险费由税务部门统一征收，并将研究适当降低社保费率等，对社会保险费征收体制进行重大改革。本文对此次社会保险费征收改革相关政策进行梳理，对政策影响进行分析研究，提供相关应对建议。

关键词：社会保险费　征收体制改革　改革影响　落实改革的建议

我国实行社会主义市场经济以来，经过近 30 年发展，我国已经基本建立了比较完善的社会保险体系，但是，关于社会保险费征收，由于历史原因等多种因素影响，存在社保全权负责、税务代征、税务全责征收三种模式，社会保险征收体制不统一。[①] 围绕社会保险费应由何部门征收的争议持续了多年。2018 年，中共中央印发的《深化党和国家机构改革方案》要求，"为提高社会保险资金征管效率，将基本养老保险费、基本医疗保险费、失业保险费等各项社会保险费交由税务部门统一征收"。[②] 随后，国务院、人力资源和社会保障部、财政部、国家税务总局连续出台了相关政策文件，确定了此次社会保险征收体制改革的方向。本文将通过梳理此次社会保险征收体制改革所涉政策文件，对政策影响进行分析研究，并提供相关应对建议。

---

*　杨式敏，福建联合信实律师事务所劳动法部主任。

**　黄若阳，福建联合信实律师事务所律师。

①　杨永芳、丁全龙：《宁夏企业社会保险缴费负担研究》，《宁夏社会科学》2018 年第 5 期。

②　《中共中央印发〈深化党和国家机构改革方案〉》，新华网，http://www.xinhuanet.com/2018 - 03/21/c_1122570517. htm，访问时间：2018 年 11 月 5 日。

一 社会保险征收改革政策

（一）社会保险征收改革政策内容

此番社会保险征收改革政策始于 2018 年 3 月的《深化党和国家机构改革方案》，截至 2018 年 10 月，共有相关政策、通知、征求意见 8 项，政策内容包括：确定社会保险费交由税务部门统一征收、继续阶段性降低社会保险费率、改革社会保险征收体制总体上不增加企业负担、惩戒社会保险领域严重失信行为等（见表 1）。

表 1 社会保险征收改革相关政策、通知、征求意见

序号	颁发日期	颁发部门	政策名称	主要内容
1	2018 年 3 月	中国共产党第十九届中央委员会第三次全体会议	《深化党和国家机构改革方案》	为提高社会保险资金征管效率，将基本养老保险费、基本医疗保险费、失业保险费等各项社会保险费交由税务部门统一征收
2	2018 年 4 月 20 日	人力资源和社会保障部、财政部	《关于继续阶段性降低社会保险费率的通知》（人社部发〔2018〕25 号）	自 2018 年 5 月 1 日起，对企业职工基本养老保险单位缴费比例、失业保险、工伤保险继续阶段性降低费率的具体内容通知
3	2018 年 5 月 11 日	国家税务总局	《国家税务总局关于落实继续阶段性降低社会保险费率相关事项的通知》（税总函〔2018〕176 号）	1. 税务系统落实人社部发〔2018〕25 号通知相关事项通知 2. 承担社会保险费征收的省（区、市）税务局于每个季度终了向国家税务总局（所得税司）报送税务机关征收社会保险费地区降费减负情况表和阶段性降费减负政策实施情况分析报告
4	2018 年 7 月 20 日	中共中央办公厅、国务院办公厅	《国税地税征管体制改革方案》	1. 改革国税地税征管体制，合并省级和省级以下国税地税机构，划转社会保险费和非税收入征管职责，构建优化高效统一的税收征管体系 2. 明确从 2019 年 1 月 1 日起，将基本养老保险费、基本医疗保险费、失业保险费、工伤保险费、生育保险费等各项社会保险费交由税务部门统一征收

续表

序号	颁发日期	颁发部门	政策名称	主要内容
5	2018年8月21日	人力资源和社会保障部办公厅	《人力资源社会保障部办公厅关于报送继续阶段性降低社会保险费率政策执行情况的通知》（人社厅函〔2018〕216号）	1. 各省（区、市）在9月5日前，根据不同险种（包括企业职工基本养老保险、失业保险、工伤保险）的实际降费率情况，上报： 符合降费率条件的省（区、市）报送制定的降费率政策； 符合降费率条件但不降低费率的省（区、市）报送政策考虑； 不符合降费率条件的省（区、市）报送简要情况说明； 报送降费率政策执行过程中遇到的困难或企业反映比较集中的问题，以及相关政策建议 2. 各省（区、市）应严格按照25号文件规定，根据基金累计结余可支付月数（截至2017年底）判断是否符合此次阶段性降费率条件并确定可下调的费率幅度，制定相关阶段性降费率政策。不符合条件的不可自行下调费率
6	2018年9月13日	国家税务总局办公厅	《国家税务总局办公厅关于稳妥有序做好社会保险费征管有关工作的通知》（税总办发〔2018〕142号）	1. 在稳妥推进社会保险费征管职责划转改革的同时，确保改革前已由税务机关征收的地方一律保持现有征收政策不变； 2. 进行社会保险费征管职责划转的各级税务机关，要确保改革任务平稳如期落地，要遵循弄清接好历史欠费账目，不得自行组织开展清欠工作的原则，稳妥处理好历史欠费问题 3. 已负责征收社会保险费的各级税务机关，要确保征收政策不变工作平稳；要规范执法检查，不得自行组织开展以前年度欠费清查 4. 优化缴费服务，确保营商环境不断改善 5. 加强舆论引导，确保社会预期稳定

序号	颁发日期	颁发部门	政策名称	主要内容
7	2018 年 9 月 19 日	人力资源和社会保障部、财政部、国家税务总局、国家医疗保障局	《改革社会保险费征收体制总体上不增加企业负担——人力资源社会保障部、财政部、国家税务总局、国家医疗保障局相关负责人答记者问》	1. 介绍中央关于社会保险费征收体制改革的重大意义 2. 自 2018 年 7 月 1 日起，企业职工基本养老保险在现行省级统筹基础上，建立中央调剂基金，对各省份养老保险基金进行适度调剂 3. 在改革工作中坚持只变更征收主体，原有政策继续保持不变的基本原则 4. 将认真进行分析测算，抓紧研究提出适当降低社保费率、确保总体上不增加企业负担的政策措施 5. 提高各相关部门信息共享效率，完善相关配套制度，规范提升社会保险费征管水平；将进一步优化缴费流程、拓宽缴费渠道，联合探索关联业务"一站式"办理方式，切实降低缴费成本，提高缴费便利度，提升缴费人的获得感和满意度
8	2018 年 10 月 16 日	人力资源和社会保障部办公厅	关于《社会保险领域严重失信"黑名单"管理暂行办法（征求意见稿）》公开征求意见的通知	对下述六种情形列入社保"黑名单"进行联合惩戒： （一）用人单位未按相关规定参加社会保险且拒不整改的； （二）以欺诈、伪造证明材料或者其他手段参加、申报社会保险和骗取社会保险待遇或社会保险基金支出的； （三）非法获取、出售或变相交易社会保险个人权益数据的； （四）社会保险服务机构违反服务协议或相关规定且拒不整改的； （五）负有偿还义务的用人单位及其法人代表或第三人，拒不偿还社会保险基金已先行支付工伤保险待遇的； （六）法律、行政法规规定的其他情形

（二）社会保险征收改革政策特点

此次改革政策涉及国务院办公厅、人力资源和社会保障部、财政部、国家税务总局、国家医疗保障局 5 个部门，时间跨度上，自 2018 年 2 月至 2018 年 10 月，基本每月均有新政策，具有涉及部门数量多、政策发布密集的特点。

二 此次改革政策的影响与分析

（一）社会保险征收改革将导致企业与个人负担加重是对政策的错误解读

此次改革最初即明确最终目标是"社会保险费统一由税务部门征收"，完成社会保险费征收体制改革，并公开向社会释放信号。鉴于社会保险体系、社会保险费缴交对于企业及个人均具有重大影响，社会对此项改革热议、猜想不断。社会中对社保费由税务部门征收甚至出现不少恐慌性解读，认为社保费由税务部门征收，将会提高社保费的缴费基数，是对以往欠费的清缴等，将导致企业、个人的社保缴费增加，加重企业经营成本，减少个人实际到手的收入。[①] 上述理解是对政策的错误解读。实际上，本次改革仅是对社会保险征收主体的变更，并未涉及提高社会保险费缴交基数。并且，2018 年 4 月至 8 月，政府多部门持续发布政策，持续降低社会保险费率。2018 年 9 月通过国家税务总局发布政策及四部门答记者问的形式，向社会明确传递"仅是社保征收主体变更""总体上不增加企业负担""不得自行进行欠费清查"等信号。[②] 此次改革，并不会导致企业与个人负担的加重。

（二）预期此次社会保险征收体制改革，将有利于提高社保费征收效率、降低征收成本

社会保险费有下述三种征收模式：社保部门全责征收（税务部门不参

---

① 《社保征管变革：税务部门接手　企业社保成本或增加？》，网易新闻网，https://news. 163.com/18/0906/11/DR13HRLB0001899N.html，访问时间：2018 年 11 月 6 日。

② 社会保障司：《改革社会保险费征收体制总体上不增加企业负担——人力资源社会保障部、财政部、国家税务总局、国家医疗保障局相关负责人答记者问》，中华人民共和国财政部网站，http://sbs.mof.gov.cn/zhengwuxinxi/gongzuodongtai/201809/t20180919_3023055.html，访问时间：2018 年 11 月 6 日。

与社会保险费征收工作，仅由社会保险经办机构全权负责征收工作）、税务部门全责征收（税务部门全权负责参保登记、基数核定直到稽核、清欠等环节）、税务代征（税务部门仅负责征收、缴费记录环节）。① 税务代征方式因部门权力交叉、实际施行情况等因素，已明确不为税务、社会保险部门接受。对社保部门全责征收与税务部门全责征收两种方式进行比较，税务部门在对企业员工的薪酬信息监管上具有明显优势。经过多年的大力投入，税务部门的信息化建设、内部机构设置具有明显优势。在核实缴费人数、缴费基数等数据方面，更加具备专业优势，能够有效解决部分企业逃避缴费和瞒报缴费基数等问题，减少社会保险费源流失，提高社会保险费收缴率。

（三）预期此次社会保险征收体制改革，将有利于未来社会保险全国统筹层次提高

我国社会保险体系存在统筹层级低的弊病，多数险种的统筹层级仅在县级或地级行政区域。一些省份的职工养老保险，虽号称已实现省级统筹，但仅是通过比重很低的调剂金制度实现，实际权利和责任仍然由地县级承担。统筹层次低，直接影响的是劳动力跨区域流动时社会保险的转移，将阻碍劳动力自由流动。此次改革中，地税原是省级直属，而国地税机构合并后，以国家税务总局为主，全国直属色彩浓厚。税务部门全责征收社保费，至少在收入征收与参保信息掌握两个关键环节实现了省级统筹，并且有利于下一步的全国统筹。

（四）预期此次社会保险征收体制改革将减轻企业负担

影响企业社会保险费支出成本的两个因素是：社会保险费缴费基数与缴费费率。政府、社会学者均认识到，社会保险缴费负担偏重不利于社会保险事业的健康发展。较低的合适的缴费标准和费率，反而可以提高缴费企业和参保职工的缴费积极性，让低收入群体有能力参保，符合社会保险"应保尽保"原则，可以促进社会保险基金收入的增加。目前国家已经释

---

① 汪德华：《税务部门统一征收社会保险费：改革必要性与推进建议》，《学习与探索》2018年第7期。

放强烈信号进行缴费费率降低的研究，适时出台降低缴费费率政策。同时关于降低缴费基数标准的呼声也日益强烈。

笔者分析，为配合此次社会保险征收体制改革，实现社会保险的健康稳定发展，社会保险缴费费率降低，企业总体社保支出成本降低应当可以预期。未来社会保险费缴费基数亦有较大希望进行下调，进一步降低企业的社保支出成本。

三 此次改革政策的应对与建议

（一）企业应正确全面了解改革政策，务偏听偏信，盲目采取应对措施，增加企业风险

目前社会上，很多企业因对改革政策的理解不够全面、深入，误认为社保改革将极大增加企业用工成本，而许多企业人力资源管理人员甚至律师，在没有深入研究学习改革政策的情况下，错误地给企业建议，包括改变用工方式为全日制用工，采用劳务外包、劳务派遣，改为聘用兼职、灵活就业人员等，以逃避社会保险费的缴交责任。该等建议不仅违反了社会保险的法律规定与立法目的，实际上也无法达到降低企业用工成本的目的，反倒给企业用工增加了巨大风险。建议企业应正确了解改革政策，勿偏听偏信，盲目采取应对措施，增加企业风险。

1. 改变用工方式为非全日制用工，以规避社会保险费缴交责任，将给企业埋下巨大用工隐患

有建议认为，改变用工方式为非全日制用工，则该类型员工可以自行缴交城镇居民医疗保险、城镇居民养老保险，企业将可规避社会保险缴费责任，降低缴费成本。但上述操作建议实际上对非全日制用工存在错误认识，且忽视了实务中社会保险的缴费方式，有明显的致命缺陷与风险。

根据《劳动合同法》与《劳动和社会保障部关于非全日制用工若干问题的意见》，非全日制用工也属于劳动合同法规定中的用工方式，劳动者与用人单位同样建立劳动关系，用人单位同样需要为劳动者缴交工伤保险，而在实践中，税务部门征收社会保险费用时采取五险合一的征收方式，如此次改革未对社保缴费方式进行改变，企业拟单独为员工缴交工伤

保险将无法操作，日后在发生工伤时，企业将需要独自承担全部的工伤保险待遇赔偿责任，这无疑是给企业日后用工埋下了巨大隐患。并且，劳动合同法规定的非全日制用工方式，对每日用工时间、工资结算等具有严格规定。如企业仅是想规避社会保险缴费责任，在实际操作中无法符合非全日制用工的要求，在产生劳动争议时，仍应被认定属于全日制用工，企业仍需承担补缴社保费用及赔偿因未缴社保而导致的损失的法律责任。

2. 采用劳务外包、劳务派遣的用工方式，并不能转嫁企业社保成本，反而会增加企业用工负担与用工风险

还有建议认为，由其他企业对本企业的服务项目进行外包或劳务派遣，将人员都安排与其他企业签订劳动合同、建立劳动关系，用以转嫁企业的社保成本。该方案忽视了这样一个事实，即其他外包服务企业或劳务派遣用人单位仍应当按照劳动合同法规定，为劳动者缴交社会保险，这同样会产生社会保险费，而外包服务企业或劳务派遣用人单位会将此费用作为外包服务费或劳务派遣费用要求企业承担，根本无法达到转嫁企业社保成本的目的。

如因企业未向外包服务企业或劳务派遣用人单位支付社会保险费用，导致该外包服务企业或劳务派遣用人单位未为劳动者缴交社会保险，产生的法律责任，最终均会通过劳动法或合同法的规制由企业埋单。如仅是以劳务外包、劳务派遣名义，实际用工时与普通的全日制用工方式无异，客观上也将会增加劳动者与企业之间关于确认劳动关系的劳动争议风险，增加和加重企业在此项上的用工管理成本与风险。

3. 聘用兼职、灵活就业人员，逃避社保缴交责任，无法实现企业目的，反而将增加企业用工管理难度与用工风险

还有建议提出，多聘用兼职、灵活就业人员，形成劳务关系的表象，可以逃避社保缴交责任。但是，司法实践中，用人单位与劳动者之间成立劳动或劳务关系已是劳动仲裁与法院的重点关注内容，为避免企业以成立劳务关系为借口变相侵害劳动者权益，行政与司法部门对此项争议已制定有包括《劳动和社会保障部关于确立劳动关系有关事项的通知》等在内的明确法律规定，也具备较多的司法裁判经验。在此类争议中，企业最终仍被认定为劳动关系一方，需要承担全部用人单位责任的风险极高。

基于稳定的用工关系需求，大量聘用兼职、灵活就业人员也无法满足企业的用工需要。而如企业仅是想名义上聘用兼职、灵活就业人员，实际仍以全日制用工方式进行，如产生劳动争议，仍将被认定为劳动关系，企业需要承担包括补缴社会保险费等在内的全部法律责任。

（二）对于社保历史欠费处理

（1）为维持社保征收改革平稳过渡与社会稳定，建议国家继续保持目前的改革政策，不主动对历史欠费进行全面清缴。企业社会保险费缴交、欠缴情况，因牵涉范围广、时间跨度长、历史背景复杂等特点，如在未来突然对历史欠费进行全面清缴，将会导致欠缴企业对欠缴责任的恐慌，以及社会对社会保险基金运行的恐慌，不利于社会保险征收改革的平稳过渡与社会稳定。因此，笔者建议国家继续保持现有政策，不主动对历史欠费进行全面清缴。如有劳动者通过举报、仲裁、诉讼等方式，要求企业补缴社会保险费，则由行政或司法部门个案处理。

（2）如国家日后需要对历史欠费进行清缴，建议豁免或减少企业历史欠费产生的滞纳金。如国家日后认为对历史欠费进行清缴条件成熟，不会影响社会稳定，决定对历史欠费进行清缴，此时，根据《社会保险法》第86条的规定，对欠费企业应当按日加收万分之五的滞纳金。从历史欠费的复杂背景，与社会稳定角度考虑，笔者建议，国家对历史欠费产生的滞纳金应予以豁免或减少。

（3）如国家在清缴历史欠费时，坚持征收历史欠费的滞纳金，滞纳金的金额亦不应超过历史欠费本金。因在补缴社会保险费实务操作中，笔者已遇到多起企业因欠费期限长，补缴时被加收高额的滞纳金，滞纳金金额甚至远远高于历史欠费本金的情况。该实务处理实际上违反了《行政强制法》关于"加处罚款或者滞纳金的数额不得超出金钱给付义务的数额"的规定。笔者认为如国家坚持征收历史欠费的滞纳金，亦应当严格按照法律规定执行，所加收的滞纳金不得超过历史欠费本金。

四　社会保险征收改革政策落地实施情况

（一）国务院发布《降低社会保险费率综合方案》

国家税务总局、人力资源和社会保障部、财政部、国家医疗保障局发布具体贯彻落实降低社会保险费率政策通知等。

2019 年 4 月 1 日，经国务院同意，国务院办公厅发布《降低社会保险费率综合方案》，主要内容包括以下几点。

（1）降低养老保险单位缴费比例。自 2019 年 5 月 1 日起，降低城镇职工基本养老保险（包括企业和机关事业单位基本养老保险，以下简称"养老保险"）单位缴费比例。各省、自治区、直辖市及新疆生产建设兵团（以下统称"省"）养老保险单位缴费比例高于 16% 的，可降至 16%；目前低于 16% 的，要研究提出过渡办法。

（2）继续阶段性降低失业保险及工伤保险费率。自 2019 年 5 月 1 日起，实施失业保险总费率 1% 的省，延长阶段性降低失业保险费率的期限至 2020 年 4 月 30 日。自 2019 年 5 月 1 日起，延长阶段性降低工伤保险费率的期限至 2020 年 4 月 30 日，工伤保险基金累计结余可支付月数在 18 ~ 23 个月的统筹地区可以现行费率为基础下调 20%，累计结余可支付月数在 24 个月以上的统筹地区可以现行费率为基础下调 50%。

此外，还有调整社保缴费基数政策、加快推进养老保险省级统筹、提高养老保险基金中央调剂比例等，该方案自 2019 年 5 月 1 日起实行。2019 年 4 月 4 日，国家税务总局即发布《关于认真落实降低社会保险费率政策的通知》，并于 2019 年 4 月 15 日发布《降低社会保险费率缴费服务工作方案》，2019 年 4 月 28 日，人力资源和社会保障部、财政部、国家税务总局、国家医疗保障局联合发布《关于贯彻落实〈降低社会保险费率综合方案〉的通知》，对落实《降低社会保险费率综合方案》进行工作部署。

（二）全国各省、自治区、直辖市制定并发布关于降低社会保险费率具体工作方案

2019 年 4 月至 5 月，全国 31 个省、自治区、直辖市（不包括港、澳、台）中，已有 28 个制定并发布了关于具体的降低社会保险费率的通知或文件（详见附表），明确自 2019 年 5 月 1 日，降低养老保险单位缴费比例至 16%，继续阶段性降低失业保险，延长失业保险总费率 1% 的实行期限，并根据各省、自治区、直辖市情况对工伤保险费率进行下调。国务院《降低社会保险费率综合方案》已由各省、自治区、直辖市根据地方实际情况具体落地施行，切实减少企业社会保险费用支出。

此次社会保险征收体制改革，统一了社会保险征收机构，将有利于提高社保费征收效率、降低征收成本，有利于未来社会保险全国统筹层次提高，预期将减轻企业个人的社会保险支出负担，不会增加企业个人的社保支出负担，对国家的社会保障体系建设具有重要意义与积极影响。建议企业全面、深入了解改革政策，做好企业用工管理、员工薪酬制度构建，如实、准确报送信息，依法缴交社会保险费，勿偏听偏信、采信错误建议，给企业留下巨大的用工风险。希望国家从确保改革平稳过渡与社会稳定长远角度考虑，继续深入研究出台政策以降低社会保险费率与缴费基数，避免全面清缴历史欠费，妥善考虑处理历史欠费产生的滞纳金问题，切实降低企业与个人的社会保险费成本。

附　全国各省、自治区、直辖市关于降低社会保险费率具体工作方案政策统计

序号	【华北】	政策	发布日期	实施日期
1	北京市	北京市人力资源和社会保障局等关于降低本市社会保险费率的通知	2019年4月28日	2019年5月1日
2	天津市	市人社局、市财政局、市税务局关于降低社会保险费率的通知	2019年4月19日	2019年4月19日
3	河北省	河北省人民政府办公厅关于印发河北省降低社会保险费率实施方案的通知	2019年4月23日	2019年4月23日
4	山西省	山西省人民政府办公厅关于印发山西省降低社会保险费率实施方案的通知	2019年4月22日	2019年5月1日
5	内蒙古自治区	自治区人力资源和社会保障厅、自治区财政厅关于降低社会保险缴费率有关问题的通知	2019年4月26日	2019年5月1日
	【东北】			
6	辽宁省	辽宁省人民政府办公厅关于印发辽宁省降低社会保险费率综合实施方案的通知	2019年4月25日	2019年4月25日
7	吉林省	吉林省人民政府办公厅关于印发吉林省落实降低社会保险费率实施方案的通知	2019年4月26日	2019年4月26日
8	黑龙江省	暂无	—	—
	【华东】			
9	上海市	暂无	—	—
10	江苏省	江苏省政府办公厅关于印发江苏省降低社会保险费率实施方案的通知	2019年4月30日	2019年5月1日

序号	【华东】	政策	发布日期	实施日期
11	浙江省	浙江省人力资源和社会保障厅等3部门关于降低社会保险费率有关问题的通知	2019年4月30日	2019年5月1日
12	安徽省	安徽省人民政府办公厅关于印发安徽省降低社会保险费率综合方案的通知	2019年4月24日	2019年5月1日
13	福建省	福建省人民政府办公厅关于印发福建省降低社会保险费率综合工作方案的通知	2019年4月28日	2019年5月1日
14	江西省	江西省人民政府办公厅关于印发降低社会保险费率综合实施方案的通知	2019年4月24日	2019年4月24日
15	山东省	山东省人民政府办公厅关于印发山东省降低社会保险费率综合实施方案的通知	2019年4月25日	2019年4月25日
	【中南】			
16	河南省	河南省人力资源和社会保障厅、河南省财政厅、国家税务总局河南省税务局、河南省医疗保障局关于降低社会保险费率有关问题的通知	2019年4月19日	2019年4月19日
17	湖北省	湖北省人民政府办公厅关于印发湖北省降低社会保险费率综合实施方案的通知	2019年4月29日	2019年5月1日
18	湖南省	湖南省人民政府办公厅关于印发《湖南省降低社会保险费率实施方案》的通知	2019年4月23日	2019年4月23日
19	广东省	暂无		
20	广西壮族自治区	广西壮族自治区人力资源和社会保障厅 广西壮族自治区财政厅关于印发降低社会保险费率实施方案的通知	2019年4月25日	2019年5月1日
21	海南省	海南省人力资源和社会保障厅、海南省财政厅、国家税务总局海南省税务局、海南省医疗保障局关于印发海南省降低社会保险费率综合方案的通知	2019年4月29日	2019年5月1日
	【西南】			
22	重庆市	重庆市人民政府办公厅关于印发重庆市降低社会保险费率综合方案的通知	2019年4月29日	2019年4月29日
23	四川省	四川省人民政府办公厅关于印发四川省降低社会保险费率实施办法的通知	2019年4月23日	2019年4月23日
24	贵州省	贵州省人民政府办公厅关于印发贵州省降低社会保险费率综合方案的通知	2019年4月29日	2019年4月29日

续表

序号	【华北】	政策	发布日期	实施日期
25	云南省	云南省人民政府办公厅关于印发云南省降低社会保险费率实施方案的通知	2019年4月30日	2019年4月30日
26	西藏自治区	西藏自治区人民政府办公厅关于印发西藏自治区降低社会保险费率综合方案的通知	2019年4月24日	2019年5月1日
	【西北】			
27	陕西省	陕西省人民政府办公厅关于印发降低社会保险费率实施办法的通知	2019年4月30日	2019年4月30日
28	甘肃省	甘肃省人民政府办公厅关于印发甘肃省降低社会保险费率综合实施方案的通知	2019年4月25日	2019年5月1日
29	青海省	青海省人民政府办公厅关于印发青海省降低社会保险费率综合实施方案的通知	2019年4月26日	2019年5月1日
30	宁夏回族自治区	自治区人力资源和社会保障厅、自治区财政厅、自治区医疗保障局、国家税务总局宁夏税务局关于降低社会保险费率的通知	2019年4月28日	2019年5月1日
31	新疆维吾尔自治区	新疆维吾尔自治区人民政府办公厅关于印发自治区降低社会保险费率实施方案的通知	2019年4月24日	2019年5月1日

Analysis and Countermeasures on the Impact of Social Insurance Premiums Levy Reform

Yang Shimin，Huang Ruoyang

Abstract：As an important social security system，social insurance has great effect on ensuring the basic life of employees and retirees. Social insurance premiums are not unified by social insurance departments or tax departments which hinder social insurance premiums collection process. Council of State issued a letter to determine social insurance premiums shall be uniformly collected by the tax authorities and will be studied to appropriate reduction of social security rates since January 1st 2019. This paper combs the relevant policies of the social insurance premium collection reform, analyzes and studies the impact of the policy, and provides relevant suggestions.

Keywords: Social Insurance Premium; Levy Tax Reform; Reform Implications; Implementation of Reform Measures

浅析我国退休返聘人员工伤认定
与保险保障问题[*]

刘幼芳[**]

摘 要：退休返聘实现了个人和用人单位的互利双赢，有利于解决人才供需的矛盾，降低生产成本、提高经济效益。但是，由于认识上的分歧，有关法律法规的缺位，加之部分企业社会责任感的缺失，返聘人员的正当权益得不到全面有效的保护。在现有的退休返聘司法判例中，关涉退休返聘人员工伤的问题，各地区各级别法院判决结果不尽相同。据此笔者通过对我国现有法律对退休返聘人员权利保护现状的描述，及对法律规定漏洞的分析整理，结合当前实际，提出将退休返聘人员纳入工伤保险保障范畴的可行性建议。

关键词：退休返聘 劳动权利 劳动关系 工伤认定

已步入老龄化社会的我国，越来越多身体状况良好、专业技术娴熟的老年人以返聘形式重新进入劳动力市场，以其特殊的优势获得了用人单位青睐，活跃在社会经济生活各个领域中，退而不休，发挥余热再创新价值。但是，由于认识分歧，法律对有关退休返聘的规定十分有限且不统一，加之部分企业社会责任感的缺失，返聘人员的正当权益得不到全面有效的保护。解决退休返聘人员的工伤认定问题，具有现实紧迫性与必要性，对实现经济效益和社会效益的协调也有重要意义。退休返聘人员的工伤认定问题已成为企业、返聘人员的关注焦点之一。

---

[*] 本文在作者获得的厦门大学法律硕士学位同名论文的基础上修改而成。

[**] 刘幼芳，厦门大学法律硕士，福建省福安市人民法院政治处机关干部科科长。

一　退休返聘的界定与保护现状

（一）　退休返聘的概念

退休返聘，在现阶段的我国比较普遍。劳动者到了退休年龄后，被返聘到原来的工作单位工作，或到别的单位工作，这种现象逐渐增多。对退休返聘的具体概念解释也会因不同的研究方向、不一样的观察角度以及不同的研究人员而不同。有定义为退离劳动岗位以后的再就业行为;[①] 也有些描述为此类已退休人员经由合约签订而以公信力资源持续存在的行为或者状态;[②] 还有指已退休人员经由签订合约或事实劳动持续获取报酬，使人力资源存续的状况;[③] 等等。综合上述各方对概念的描述，笔者把退休返聘概括表述如下：劳动人员的年龄到规定的退休年龄之后，依然在原来的单位或者是退离原来单位转到其他地方再继续进行有偿工作的相关行为。当前，退休返聘通常包含下列三类情形：（1）退休手续办理完成以后，工作者自愿留在原来的岗位上接着工作下去，在时间方面通常会超过一年；（2）退休手续办理完成以后，再次申请或应邀到原来工作的单位，而所做的工作类型可以相同，也可以不相同；（3）退休手续办理完成以后，又通过劳动力市场等方式实施了自主性的择业行为，从而进入新单位工作的情形。

退休返聘具有下列四个特征。（1）退休返聘的聘用方式更自由。无论是出于消磨退休时光，还是消除老年贫困等原因重返劳务市场，退休返聘人员因其年龄、身体状况及家庭等特殊情况，一般而言，聘用方式较为灵活，聘用期限较短且具有随意性。尤其是对于部分返聘于原工作单位的退休人员而言，出于多年的劳动合同关系下的信赖，大多数返聘者对聘用协议约定较为随意，一般不做特殊要求，聘用期限、薪酬待遇方面也多以双方友好协商为主。而受聘于新用工单位的退休人员，他们与新单位的劳务

---

① 何伦坤：《返聘的劳动法规制研究》，《理论学刊》2010 年第 5 期。
② 朱正威、刘慧君、肖群鹰：《中国退休返聘公共政策环境分析》，《西安交通大学学报》（社会科学版）2005 年第 2 期。
③ 熊玮：《退休返聘制度研究》，中南大学硕士学位论文，2010，第 6 页。

协议，多基于民法平等自愿原则，自由协商确定。（2）返聘者多为工作经验丰富，技术或管理能力较强者，市场经济下的任何一个经济体，其用工考虑问题的出发点必是利字当先。他们在决定是否聘用退休人员时自然是先要综合评定此种措施所带来的利和弊，然后在有益于企业发展的前提下才会进行。而对于退休人员而言，他们一般具备认真的工作态度、更强的责任心以及多种工作经历等优势，而此种优势也正是大多数年轻从业者所欠缺的。（3）退休返聘的福利待遇成本较低，具有一定的职业优势。因为退休返聘者的原来工作单位通常具有较好的福利，故而，在返聘后的工作报酬中也就不用再过分地考虑这一部分支出。此外，退休返聘者也在领取一定数额的退休金，故而在经济方面也没有太大的压力，对自己的工作报酬也不会要求太多，工资也就可以稍微低一些。相反，如果让用工单位弃用退休人员，培养年轻人，其培养成本更高，且风险更大；毕竟有一定技术优势且有认真负责工作态度的年轻人，其可发展空间更大、更活跃，极易跳槽。（4）退休返聘的职业风险较大，劳动权益保障不周全。按照我国目前有关退休的法律规定及司法实践倾向，对于退休返聘人员的身份，普遍认为退休人员已不具备劳动者身份，不适用劳动法规定。据此，从用人单位来看，《劳动法》有关最低工资、缴纳社会保险的义务、单方面辞退人员的经济补偿金等规定均不适用于退休返聘人员，自然更不用担心因未签订劳动合同而支付双倍工资等强制规定的适用问题。另外，因为此种返聘所构成的相应劳务关系并未被我国的法规纳入工伤保险保障范畴，且大多数企业对退休返聘重视不够，职业风险意识不足，很少有聘用单位能为返聘人员办理相关的商业保险，此类人员在工作中产生伤害后，在损失负担方面往往会出现较多争议。

（二）退休返聘的法律性质

截至目前，我国未从国家立法层面明确规范退休返聘制度，各个地区的相关规定不一致。学术界对此现象中双方当事人法律关系性质的认识分歧大，主要有两类观点。

1. 劳务关系说

关于劳务关系说，我国法律没有明确规定，但司法实务界与很多学者认为其属于劳动人员和用工单位经劳务合同的签订，从而建立的由劳动人员进行工作，用工单位支付价金的民事权利义务的法律关系。支持者认为，首先，退休返聘双方自由约定劳务合同内容，当事人法律地位平等，不具有人身隶属关系等特点，完全符合劳务关系的法律特征。其次，国家的法规清楚载明劳动人员的退休年龄（男性是 60 周岁，女性职工是 50 周岁，女干部是 55 周岁），并且在劳动合同法中也清楚地表明，到了规定年龄，就应该终止劳动者相应的劳动合同。从这些能够得出，当劳动者到了规定年龄时，已被强行退出劳动法领域，不具备劳动法意义上的主体资格，更遑论与其他法律主体发生劳动法律关系。故而，劳务说主张，返聘人员和聘用单位形成的纠纷应当属于民法的约束范围，而非劳动法调整的对象。最后，该学说主张，由于此类人群享受着养老保险，不存在生存方面的紧迫性，相关法律没有必要对其进行偏向性保护，要不然的话，与适龄劳动者相比就会存在较大的不公平性。

实践中，关于退休返聘纠纷存在大量同案不同判的司法混乱情形，同时考虑到退休并非当然享受养老保险待遇的客观实际，也有部分学者在坚持劳务关系的基础上，进一步提出了"社会保险说"。就是在劳动人员退休之后按照其是不是能够享受养老保险来进行相应的划分，当用工单位招用的退休者没有享有相应养老福利时，则双方的关系就为劳动关系；如果已经享有相关福利，则建立起来的就是劳务关系。这个学说已被我国颁布的《最高人民法院关于审理劳动争议案件适用法律若干问题的解释（三）》所确认。把是否享有养老保险等福利作为区分退休返聘所形成的用工关系的标准，主要原因在于对那些还没有享有养老福利的退休者要进行偏向性的保护，而那些已经有保障的人员则不需要，这样不会激化社会的矛盾。

2. 劳动关系说

劳动关系指的是我国劳动法规中所定义的用工关系，是劳动人员所付出的劳动和用工单位所提供的土地、厂房、机器设备等资源通过相应的劳动行为而创造出来的一种关系。[①] 在这个关系中的劳动人员以自身劳动力付出，给用工单位创造出一定的经济收益。然而，两者只是劳动关系，并无人身隶属关系，系平等的法律关系主体。故而，一些研究人员主张，退休返聘者和用工单位之间的相互关系和劳动关系的相关法规要求是相一致

---

① 郭捷：《劳动法与社会保障法》，法律出版社，2011，第 6 页。

的，均为劳动法规设立的劳动关系。另外，我国的社会保障机制依然存在很多不足，在退休福利方面仍需要再健全一些，某些退休人员所领取的退休金不能有效保障生存需要，甚至一些老年人无法获得社会养老保障服务，使得他们无奈之下选择继续工作。根据这些剖析能够得出，退休返聘理应纳入劳动关系的范围。① 而在劳动关系的具体种类划分方面，又分为下面几类。

（1）"标准劳动关系说"。首先，我国法规没有对劳动人员的最大工作年龄进行限制，法不禁止即自由，劳动者的年龄不应当成为限制其劳动的障碍。其次，劳动权作为一项公民的基本权利规定在我国宪法中，劳动者有权利进行劳动，该权利不被侵犯。退休年龄的达到并不代表劳动能力的当然丧失，其只是作为劳动者退休后依法获得国家养老保障的一个年龄界限。这可以说明，退休人员可以与用工单位形成劳动关系。另外，退休人员再就业时，明显地处于弱势地位，更应该受到劳动法的保护。

（2）"事实劳动关系说"。根据《合同法》的规定，即使未订立书面合同但事实上双方发生了合同权利义务关系的，视为合同已经成立。故而在退休返聘并未违反我国法律强制性规定的情况下，退休返聘双方可不拘泥于传统的缔约方式，在自愿达成订立劳动关系的合意后，各自履行约定的权利及义务而形成事实上的劳动关系。因此从合同法方面来讲，享有劳动权利的人是全部平等的。我们把退休者再次受雇行为判定成事实劳动关系也是和合同法相一致的，并且和劳动法也无矛盾。

（3）"非法用工说"。该说对于被用工方的主体资格持严谨态度，认为既然国家规定了劳动关系中劳动者的身份条件，则退休返聘应要求履行一定的备案登记或审批手续，并办理相应的劳动保险，否则应认定为"非法用工"关系。其理由是，与按劳务关系认定比较，作此定性不但能促进用工制度的规范，而且，同样能将退休返聘人员纳入劳动保护范围，让其享有最低工资保障，享受同工同酬，在出现工伤事故时，可以按"非法用工"一次性赔偿标准给予救济。

3. 劳动关系说与劳务关系说的比较

各种学说均是在争辩劳动关系与劳务关系哪个更合适的问题，但其本

---

① 持此观点的学者及文献主要有王皎皎《离退休人员就业权法律保护问题研究》，《当代法学》2008年第12期；赵法良《浅议返聘》，《科技信息》2007年第17期。

质均是对法律适用性的探讨，即适用劳动法还是民法。这和退休返聘者的相关权益保障息息相关。劳动关系与劳务关系两者间的不同之处包括下面几点。

（1）主体上有差异。劳动关系中存在的相关主体均有相应的法定性。其中，作为提供劳动的一方，必须达到一定年龄，能够承担劳动义务，具备劳动行为能力。用人一方则包含了各种各样的企业及经济组织等。劳务关系中所定义的相关主体包含的面比较广，没有太多的限制，与劳动关系中所定义的主体是存在差异的。

（2）主体的身份有差异。对两者进行的划分主要是根据其地位的平等性来进行的，即是不是存在身份上的隶属关系。劳动关系中，一方接受另一方的管理和监督。劳动人员属于用工单位的工作人员，要服从用工单位的规章制度，接受单位的指派，完成单位布置的各项工作。劳务关系中，劳动人员是独立自主的，并不从属于用工单位，其仅仅需要提供劳务，对方相应地给予报酬。

（3）报酬的支付形式有差异。在劳动关系中，用工部门具有多种支付报酬的方法，此处多指工资、奖金以及社会保险费用等。其中的工资支付则要按照劳动法的相关规定来实施，也就是保证最低工资的支付。但是在劳务关系中，相应的报酬均是在平等的原则下自愿达成的。

（4）过错责任的承担方式也具有差异。劳动关系中，用工单位所聘用的劳动力是客体，而支出的报酬就是劳动力的价格，劳动人员需要自己去按照合约提供劳动，在过错责任方面多采用经济赔偿的方法，同时还具有一定的行政处罚性。劳务关系中，客体是一种服务行为，用工单位获得的是一种服务结果，在过错责任方面的承担方法就是经济形式的保护。

（5）国家介入强度有差异。国家对劳动关系的干涉多采用法律形式，例如对于签订和解除合同的方式、工作日和休假制度以及最低工资保障等，相关法律都有细化规定，多数是为了倾斜照顾作为弱势一方的劳动者。但是，国家对于劳务关系则没有过多强制性的规定，给予了较大的自由，充分尊重当事人的意志。

（6）用工单位承担的义务有差异。在劳动关系中，用工单位须严格遵从法律对劳动者予以特别保护的规定，建立一整套工作规范，并且经常性开展安全方面的教育，强化对职工的业务培训，同时要给职工办理相关的社会保险，承担相应费用。相对比而言，劳务关系的雇佣方承担的义务较少，大多数时候按照双方的合同约定履行义务即可。

劳动关系与劳务关系字面上看很相似，法律意义却根本不同。前者属于劳动法律调整范围，后者则由普通民事法律规范。上文已经对二者的差异进行了比较，结合退休返聘中的情形进行分析，可以发现：返聘者通常是有能力履行劳动义务、具备劳动行为能力的人，用工一方一般是企业和相关经济组织；二者通常会建立从属关系，返聘者服从用工单位的管理，依照其规章制度行事，这与劳务关系中双方的独立自主地位有所不同；返聘者的报酬也不同于劳务关系中的事先约定，通常情况下其收入由工资、奖金及社会保险等部分组成；在义务承担方面，用工单位对于自己管理下的返聘者，有责任保障其利益，也需要对其业务能力进行培训及加强安全防范意识，劳务关系中的雇佣方则不存在这些责任。

我国的退休制度是法律明文规定的保护劳动者长期履行劳动义务后能够老有所养的保障制度。这种保障是赋予劳动者权利，并没有说这些因为自己曾付出劳动而享受养老保障的人员已经丧失了劳动能力。是故，退休人员自愿选择继续工作，不论是在原单位在原岗位还是其他岗位，还是到其他单位，其与用工单位形成的必须是劳动关系，其在劳动过程中也应当享有最低工资等保障。只有这样，其权益才能得到更全面的保障。

（三）退休返聘人员权利保护现状

在越来越多退休者返聘工作的现实中，这些退休返聘者的权利保护情况是什么样呢？大多数退休返聘者与适龄劳动者的在岗待遇存在差别。本部分从劳动法、民事保护和公共政策三个路途分析退休返聘者权利保护的现状。

1. 劳动法上的一般规定

（1）第一阶段——退休返聘协议采合同制。20 世纪 90 年代后期，劳动力富余，国家层面呼吁正常情况下优先解决适龄劳动者的就业和再就业问题，但还是出现了一些退休返聘的情形。对于这样的新兴社会现象，在国家法律法规缺失的情况下，劳动部通过个别规定予以规范。劳动部在1996 年和 1997 年两次对再次被聘用的已享受养老保险待遇的离退休人员问题作了规定，提出这些人员再次受聘时，必须签订书面协议，协议中要载明工作内容、劳动条件和相应的报酬、医保待遇等。劳动部的上述文件仅仅对退休返聘的问题进行了原则性的规定，不具有相当程度的可操作性，而且因为属于部门规章欠缺强制执行力，实际上无法适应现实需要，无法解决涌现出来的越来越多的问题。

（2）第二阶段——退休返聘人员工伤参照工伤保险待遇。随着社会发展，国家和社会逐渐意识到广大离退休专业技术人员的经验优势，注重引导其在经济建设和科技进步方面发挥作用。2004 年中共中央组织部、人事部、劳动和社会保障部等八部委联合下发《关于进一步发挥离退休专业技术人员作用的意见》，提出了六点关于进一步发挥离退休专业技术人员作用的意见，其中第四点明确这些退休返聘人员因工受伤，应当参照工伤保险享受相关待遇，如若因此发生纠纷，通过民事诉讼途径解决。[①] 根据此规定，不论退休返聘为何种法律性质，退休返聘人员发生职业伤害，便可依此规定参照工伤保险的相关待遇处理。但这样的规定，也只能是参照工伤保险待遇解决，而具体承担相关待遇解决责任的单位仍为用人单位，至于待遇能否落实到位或落实程度如何，都只能依各用人单位的经济实力而定，企业压力大，个人待遇解决也存在一定的不确定性。

（3）第三阶段——视情况区别认定劳动关系或劳务关系。在我国社会主义法制体系建设进程中，有关劳动法律规范逐步制定、完善。尽管如此，在 2007 年颁布的《劳动合同法》中，退休返聘这一块仍然是空白，充其量，也只有该法第 44 条第 2 款规定了劳动合同在劳动者享受基本养老保险待遇时终止。这一规定其实将享受养老保险的劳动者排除在劳动法保护之外了。根据 2010 年《最高人民法院关于劳动争议案件适用法律若干问题的解释（三）》第 7 条的规定，已经享受养老保险的劳动者，工作过程中产生的纠纷，法院在审理过程中，应将他们与用工单位的关系认定为劳务关系而不是劳动关系。结合《工伤保险条例》的规定，确定工伤需要有劳动关系凭证，故对退休返聘者均无法进行工伤认定。

当然，在理论界有学者指出，退休人员返聘后，作为一种特殊劳动关系的一方主体，应赋予并厘定他们的劳动权利义务，参照正式合同工标

---

① 早在 1986 年 10 月 6 日，经中共中央书记处、国务院批准，中共中央办公厅、国务院办公厅转发了中央组织部、中央统战部、劳动人事部等七部委联合制定的《关于发挥离休退休专业技术人员作用的暂行规定》。自 2004 年颁行新的意见，该暂行规定被废止。

准，在最低工资、休息休假和劳动保护等方面给予同样待遇。实践中，部分发达地区也以出台文件的方式对此进行规范。如上海市，根据其发布的《关于实施〈上海市工伤保险实施办法〉若干问题的通知》第28条的规定，退休返聘人员工作中受伤，工伤认定以及工伤保险待遇等参照该实施办法执行。①

综合上述条文规定可知，当前有关退休返聘发生职业伤害的处理规定，存在法律规范较少，效力层级较低，劳动者身份无法认定等问题，纵然个别情况可以参照工伤保险待遇解决，但终归难以真正与用人单位形成劳动关系。

2. 民事权利下的权利救济

如上文所述，退休返聘人员的劳动者身份无法确认，寻求社会保险保障有难度，但身为自然人的他们，在民事领域的权利保护仍应予以支持。通常当退休返聘人员在工作中受到伤害，主要涉及民事赔偿诉讼，根据其人身损害是不是由用人单位的过错造成可分为以下两种情形。

（1）雇主的过错责任承担。根据我国《民法通则》第106条第2款的规定，过错侵害应当承担民事责任，第119条则对侵权损害赔偿的责任范围进行了具体列明。《侵权责任法》第35条对劳务关系中发生损害的责任承担进行了规定，其依据的是各方的过错程度。当返聘人员因用人单位过错造成人身损害时，则可依据上述规定请求用人单位予以追偿。但需要注意的是，以民事法律规定为主张依据，必须符合条文所列的"由于过错"的前提条件，即侵权损害是由用人单位的过错造成的，才能因此适用赔偿责任原则。然而事实上，因大多数退休返聘人员服务期较短，且用工形式较为灵活，常常处于用人单位的边缘位置，除非明显过错，不然很难完成过错责任举证过程。

（2）雇主的经济补偿责任承担。随着社会的发展，法治建设也在不断发展完善，2004年《最高人民法院关于审理人身损害赔偿案件适用法律若干问题的解释》第11条确立了雇主担责原则，受雇人员工作中发生人身损害，由雇主进行赔偿。雇主担责原则中蕴含着的获取利益一方对无过错

---

① 《上海市劳动和社会保障局、上海市医疗保险局关于实施〈上海市工伤保险实施办法〉若干问题的通知》，大律师网，http://www.maxlaw.cn/l/20160916/860678538781.shtmll，访问时间：2018年7月21日。

方的损害进行补偿的理念早在 1988 年《最高人民法院关于贯彻执行〈中华人民共和国民法通则〉若干问题的意见（试行）》中就有体现。因此，即使退休返聘人员不被覆盖到工伤保险之内，难以证明用人单位的过错责任，仍可主张雇主承担赔偿责任。

其实，从上述两种民事维权途径可以看出，用人单位对退休返聘人员在工作期间遭受的人身损害，即使无法完成《民法通则》中"过错"责任的证明，只要双方存在雇佣关系，就应该承担赔偿责任；至于是否存在受害人故意或重大过失等免责事由，则举证责任倒置，由雇主承担。这不可不谓民法上对工伤问题的进一步人性化的表现。当然，我们也必须清醒地意识到，退休返聘者的人身损害赔偿虽有民事求偿之诉可解，但由于大量"无法执行""无能力执行""转移财产"等情况出现，民事判决还存在执行难的问题，除非用人单位有足够的资金赔付因"工伤"事故需要赔偿的巨额款项，否则漫漫求偿路换来的只是一纸空文罢了。

3. 其他有关法律政策

纵观世界发达国家，会发现当老龄社会到来时，老年人既是福利国家的负担也能为福利国家带来福利。例如，现在的北欧国家和地区就存在这样的矛盾与压力。老年人具有社会参与权，尤其是经济参与权，其发挥余热再创价值，为社会经济建设添砖加瓦显得尤为重要，这不仅是老年人权利归属的需要，也是社会发展的需要。其实老年人作为国家公民，当然具有社会参与的自由，国家要提供社会参与的机会和条件。在现实中，只要老年人有社会参与的意愿，并且其自身具有社会参与的能力，就应当获得社会参与的机会，并感受参与带来的情感体验，以及获得合理收入或物质回馈。我国 2013 年实施的《老年人权益保障法》第 65 条就指出老年人的知识技能应当受到重视，并确保其得到发挥，同时还对老年人从事优良传统教育、传授文化和科技知识等个别行业类型的工作内容进行了引导鼓励；第 69 条甚至特别明确"老年人参加劳动的合法收入受法律保护"。这里的规定是从国家政策层面，对老年人社会参与现实需求的回应，也是在呼吁社会各界关注老年人权益，重视老年人社会发展参与权。当然，在该法明确规定保护老年人参加劳动的合法收入的同时，透露出的另一信息便是，国家并未否认老年人的劳动者身份，有关劳动者的权利义务并非当然排除老年人。这样的规定，对于身处尴尬境地的退休返聘人员来说意义重大，意味深远。

二　退休返聘人员工伤认定障碍问题

（一）退休返聘人员因工受伤司法案件统计分析

在中国裁判文书网上，笔者输入"退休返聘""工伤"作为关键字进行检索，[①] 结果显示在2009年至2017年9月共有185个相关案例，除去系统默认关联的司法案例及仅判决书中提及退休返聘、工伤等字眼，而非涉退休返聘人员工伤类诉讼的司法案例，真正属于退休返聘人员因工作受伤害或法定情形下发生意外事故造成人身损害的相关司法案例共计80个，涵盖了一审、二审及审判监督等各审判程序案例，包括了以生命权、健康权、社会保险待遇、劳动合同纠纷、提供劳务者受害责任承担、工伤待遇、劳动关系确认、机动车交通事故责任纠纷、行政确认等不同案由起诉立案的各类案例。本部分对上述司法案件进行分类统计分析。

1. **返聘人员基本情况分析**

（1）退休返聘人员的年龄分布

根据我国关于干部职工退休年龄的规定，除特殊职业或伤病原因提前退休外，正常退休年龄为男性60周岁，女职工50周岁，女干部55周岁。图1数据显示，47名男性退休返聘人员中，正常退休年龄以下的返聘人员，占29.79%；退休后5年内的返聘人员，占63.83%；退休5年以上的返聘人员，占6.38%。33名女性退休返聘人员中，退休后5年内的返聘人员，占60.61%；退休5~10年的返聘人员，占24.24%；退休10年以上的返聘人员，占15.15%。可见，退休返聘人员集中在其退休后的5年以内，此类人员大多身体状况良好，较为熟悉工作技能，富有工作热情，他们的劳动能力与退休前状态相差无几，除年龄外具备适龄劳动者的基本特质。

（2）退休返聘人员的职业和岗位构成

图2显示，对退休返聘的80个相关案例中明确提及返聘岗位与薪酬

---

① 中国裁判文书网，http://wenshu.court.gov.cn/，访问时间：2017年9月18日。

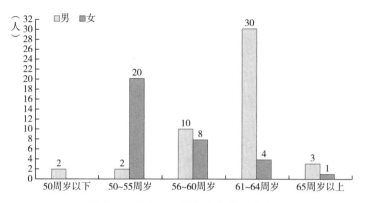

图1 退休返聘人员年龄与性别分布

待遇的 40 个案例进行统计，其中保洁员、保安、服务员、工厂操作工等劳动力型服务岗位人员，占 47.5%；电工、电梯维修工等初级技术人员，占 22.5%；车间主任、行政主管等行政管理人员，占 12.5%；医生、总工程师等高级技术人才，占 17.5%。薪酬待遇方面，从劳动力型服务岗位、初级技术人员、行政管理人员到高级技术人才，基本呈逐渐递增的趋势，也就是说占退休返聘人员近一半的劳动力型服务岗位的退休返聘人员薪酬待遇较低，当然这与其工作的可替代性、技术含量及工作稀缺性等诸多因素相关。

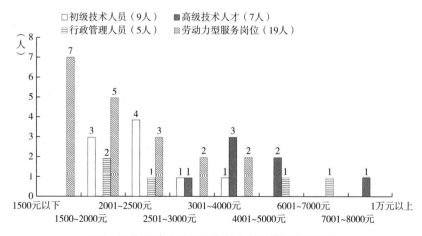

图2 退休返聘人员不同岗位人数及薪酬待遇统计

结合图 1、图 2 有关退休返聘人员基本情况的数据统计看，退休返聘人员大多为退休 5 年内、身体状况较好和个人精力较充沛的人员，他们集中从事低报酬、低技术性的服务型行业。而这部分人在适龄劳动期间大多也从事相关工作，社会竞争力小，工作收入低，社会财富积累较少，退休返聘更多的是出于生活压力，对意外伤害等风险承受能力较弱。若此类返聘人员遭受伤害无法获赔，无论对返聘人员抑或是其家庭来说，都将是沉重的负担和巨大的打击。

2. 受伤原因分析

如图 3 所示，退休返聘人员受伤主要包括 5 种情形，而不同受伤原因导致的返聘人员在诉讼过程中所承担的证明责任大小和侧重点也有所区别。

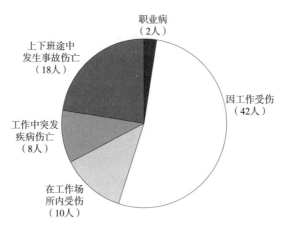

图 3　退休返聘人员受伤原因统计

（1）职业病及因工作受伤的两种情形，返聘人员需证明受伤系返聘工作引起，用人单位承担责任，否则，返聘人员将承担举证不能的不利后果，自行承担一切损失。统计中就有 12 个案例，退休返聘人员因举证不能，无法充分证明其在提供劳务中受伤，法院依法驳回了其诉讼请求；其他大部分案例均支持返聘人员的诉讼请求，由用人单位承担责任。

（2）在工作场所内受伤与工作中突发疾病伤亡，需证明用人单位存在过错，由用人单位按过错比例承担责任。统计中有 5 个案例，退休返聘人员由于自身健康原因，突发疾病身故，法院认为用人单位不存在任何过失，且用人单位已先行垫付部分医疗费用，无须再承担其他责任；返聘人员与用人单位之间不存在劳动关系，不能视同工伤处理，依法驳回了诉讼请求。3 个案例认为单位存在一定的过错，判决用人单位承担部分责任。

（3）上下班途中发生事故伤亡，退休返聘人员拥有诉讼选择权，用人单位视情况而承担责任。统计中有 12 个案例，返聘人员选择向肇事方主张赔偿；另有 6 个案例系交通事故肇事方逃逸，或明显无赔偿能力，返聘人员选择向用人单位主张权利。当然，即使向单位求偿，法院也会视返聘人员的过错情况，裁判责任分配比例。

上述判决统计结果表明，司法实践中，过错原则被普遍地适用于退休返聘人员因工受伤案件中。但因为过错责任下的举证分配，会出现较弱势的返聘者因举证能力不足，必须承担举证不能所带来的一切后果，民事求偿无望的情况。另一方面，即使是具备了退休返聘中的工作时间、工作场所、工作原因的"工伤"条件，已享受基本养老保险或领取退休金的退休返聘人员也不能认定为工伤，寻求劳动保护无门，则此类退休返聘人员极易面对两头空、权益保障缺失、职业风险加大的情形。

3. 案由统计

退休返聘人员选择诉讼维权，具有以民事侵权及合同争议纠纷类案例为主，夹杂少量工伤类案例的特点。如图 4 所示，选择以工伤保险待遇主张权利，及对劳动保障部门做出的工伤认定决定不服而依法提起行政诉讼的案例共计 11 件，仅占 13.75%；选择民事劳务合同纠纷主张权利的案件共计 18 件，占比达 22.5%；选择提供劳务者受害责任纠纷，生命权、健康权、身体权等侵权责任纠纷提起诉讼的案例共计 41 件，占 51.25%；选择向第三方肇事者主张赔偿的案件（机动车事故责任纠纷）共计 8 件，占 10%。

案由分布图主要受法律规定及司法实践对退休返聘人员的保护影响。事实上，很多返聘人员，在与当地劳动仲裁委员会交涉有关工伤鉴定的过程中就已经备受打击，工伤鉴定申请不被支持，所以绝大多数的退休返聘人员在返聘工作期间受到伤害，都是选择以提供劳务者受损害赔偿纠纷、劳动合同纠纷等民事权利受侵害为由起诉，法院则根据过错原则，依双方各自的过错按比例分担责任。

4. 案件审判层级

如图 5 所示，一审案件 56 件，占 70%；二审案件 20 件，占 25%；再

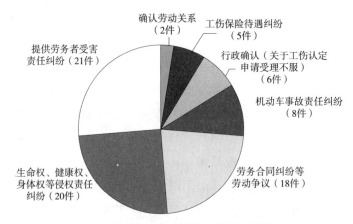

图 4 退休返聘人员受伤诉讼案由统计

审案件 4 件，占 5%。其中一审案件上诉率 35.71%，二审判决维持原判、再审审查驳回再审申请，维持原判率均达 100%。数据表明，虽然各地判决不尽相同，但在省、市级行政辖区范围内，司法机关对退休返聘人员因工受伤提起的诉讼判决标准把握得较为明确与一致。

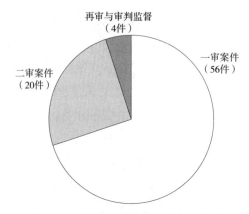

图 5 退休返聘人员工伤案件审判层级

5. 判决结果分析

司法实践中，对此类案件的判决，以返聘人员是否享受养老保险待遇或领取退休金为标准，大致可分为以下两种情形（见图6）。

（1）承认劳动者资格并支持工伤认定。这类判决主要是针对未享受基本养老保险或领取退休金、未达退休年龄的内退、下岗及企业经营性停产放长假人员，以及地方性政策支持人员。这一类司法判例主要基于下列三

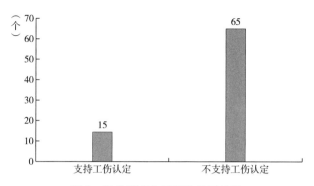

图6 退休返聘人员判决结果统计

方面的法律条文。第一，根据《最高人民法院关于审理劳动争议案件适用法律若干问题的解释（三）》第7条之规定，对于达到退休年龄但未享有养老保险福利待遇的人员，在返聘工作中遭遇损伤产生用工纠纷，仍应当以劳动关系作为处理依据。第二，《最高人民法院关于审理劳动争议案件适用法律若干问题的解释（三）》第8条规定，法定退休年龄内的停薪留职人员、内退人员、离岗待命及公司运营性停产待业人员，重新投入劳动市场，与新单位产生用工纠纷的，法院也应以劳动关系作为处理依据。第三，《上海市劳动和社会保障局、上海市医疗保险局关于实施〈上海市工伤保险实施办法〉若干问题的通知》规定，退休返聘人员在工作期间发生损伤的，可按照常规工伤认定，进行劳动能力鉴定，由用人单位支付工伤保险待遇。

在中国裁判文书网下载的退休返聘人员因工受伤的生效案例中，共有3个案例依据上述司法解释认定返聘人员与用人单位之间成立劳动关系，支持工伤保险待遇；10个案例系上海市依据当地政策支持返聘人员成立工伤，并作出伤残等级鉴定，判决用人单位给予工伤保险待遇；1个案例认为用人单位未为员工缴纳工伤等社会保险，应由单位承担工伤保险责任；1个案例以法律并未禁止为由，承认退休返聘者的劳动者身份，但因其被二审法院改判，为非生效判决。上述案例说明，在司法实践中，还是有个别地区和省市认可返聘人员的劳动者身份，允许进行工伤认定的，尤其是认可工伤案例较为集中的上海市，其无疑是先于全国其他地区的。案例说明，上海市在退休返聘人员身份性质问题上，是承认退休返聘人员的劳动者特质的，认为其与用人单位可以构成劳动关系，只要存在应当认定为工伤的情况，就应该确认为工伤。至于工伤保险待遇，则由用人单位自行承担。退休并获取养老保险福利是国家和社会的福利，而不应成为老年人自由劳动的羁绊。

无论是最高院的司法解释，还是地方工伤保险条例实施办法，均承认返聘人员成立工伤，享受工伤保险待遇。但限于工伤保险政策，各地返聘人员因超龄无法参加社会工伤保险还是普遍存在的，出现因用工单位未曾缴纳社会保险，返聘人员无法享受工伤保险理赔，有且只能由用人单位参照有关工伤保险待遇予以支付的情况。而这种支付方式也带来了另一个问题，即工伤保险制度分散用人单位用工风险的功能性价值无法实现，及返聘人员工伤保险待遇的实现存在更多的不确定性。毕竟用人单位的"私人支付"与工伤保险基金这样的社会统筹基金的执行力相比较，前者确实无优势可言；但很遗憾，这样的优势理赔对于被承认享有劳动者主体资格的超龄返聘人员而言仍然是一种奢望。

（2）承担雇佣责任或民事侵权责任。这类判决是针对已依法享受基本养老保险待遇或领取退休金的人员。其依据的法律条文源于下列三个方面：第一，根据《最高人民法院关于审理劳动争议案件适用法律若干问题的解释（三）》第7条之规定，退休返聘人员因为返聘工作期间受伤，产生用人纠纷时，法院应以劳务关系作为裁判依据；第二，《最高人民法院关于审理人身损害赔偿案件适用法律若干问题的解释》第11条规定，提供雇佣劳务者在工作期间遭遇伤害，应当由雇主承担责任；第三，《中华人民共和国侵权责任法》第35条规定，提供劳务者因劳务活动使自己受到损伤的，劳务关系双方应根据各自的过错情况按比例承担相应责任。

在笔者统计的案例中，涉及退休返聘人员工伤的案例，无论是以劳动合同纠纷、劳动争议为由的合同纠纷，还是以提供劳务者受害责任纠纷、生命权、健康权等民事侵权为由起诉立案的案件，共有56件引用上述条款之一，以证明返聘人员与用工单位之间形成劳务关系，返聘人员需通过侵权之诉维权。

然而无法认定工伤、享受工伤保险待遇，是否意味着也无法参照劳动关系中职业伤害扩大理解的情形予以处理，如《工伤保险条例》关于职工上下班期间发生交通事故比照工伤认定的问题，各地法院看法不一。统计中有3个法院判决认为，上下班期间的交通行为，是为履行职务而做准备的过程，与其受聘工作存在内在关联，符合从事雇佣活动中受到第三人伤害之情形。雇主虽然不是直接侵权人，但对其雇员的人身安全负有保护义务，返聘人员依据不同的请求权基础，分别对雇主和直接侵权人享有不同的赔偿请求权，两个请求权分别独立，任一赔偿义务人履行义务，均可使原告受到的物质损失和精神损失得到填补。所以上下班途中受伤，亦可认定为在雇佣活动中受伤。另有 4 个法院判决认为，上下班途中可认定为工伤，其前提条件便是二者之间存在劳动关系，可认定工伤。而退休返聘人员与用人单位除非符合前文所述司法解释所列明的劳动关系情形，形成的是劳务关系，且上下班途中并非劳务活动的延展期，否则自然不可认定为提供劳务者受伤害，用人单位无须担责。唯其如此，法律才能平等有效地保护各方的权利，否则，雇员在工作内容、工作场所、工作时间之外的任何风险，都可能依此转由雇主承担，显失公平。

6. 不同性质认定之待遇比较

（1）认定为工伤、支持工伤保险待遇的情况分析（见表 1）。

表 1　退休返聘人员认定为工伤，享受工伤保险待遇情况

伤亡情况	工伤保险待遇（元）
十级伤残	19897.90
	30729.60
	36212.00
九级伤残	49512.17
七级伤残	11426.10
	90072.80
	98471.40
	110824.00
	118745.42

统计中，认定为工伤，享受工伤保险的案件本就稀少，以致有显示赔偿金额的案件仅有 9 件。伤残情况鉴定的等级从最低的十级伤残到最高的七级伤残，因退休人员工资岗位、薪酬待遇存在差异，所在省市情况等不同，赔偿金额从 11426.10 元到 118745.42 元不等。其中鉴定为十级伤残的案件共 3 件，工伤保险待遇金额平均为 28946.50 元；鉴定为九级伤残的案件共 1 件，工伤保险待遇赔偿金额平均为 49512.17 元；鉴定为七级伤残的

案件共 5 件，工伤保险待遇赔偿金额平均为 85907.944 元。

（2）非认定为工伤，通过民事侵权获得人身损害赔偿的情况分析（见表2）。

表 2　退休返聘人员民事侵权下，人身损害赔偿情况

伤亡情况	人身损害赔偿（元）
十级伤残	35795.40
	37009.03
	37576.50
	38813.50
	49647.70
	50009.00
	63149.61
	66997.48
	72629.00
	98860.08
	146637.00
	156395.63
九级伤残	118068.00
	111684.00
	229840.70
七级伤残	89300.00
	168481.00
	659555.60
死亡	140103.00
	231622.40
	1101581.57
	1135444.00
伤残等级未显示的赔偿	230861.64
	37009.03
	77791.16
不构成伤残的赔偿	8030.80

经统计，在生命权、健康权、身体权等人身权利，劳动争议，提供劳务者受害责任纠纷等不同民事责任纠纷案件中，判决有显示人身损害赔偿

金额的案件共计 26 件，赔偿金额受伤情、户籍情况等多种因素影响，从
8030.80 元到 1135444.00 元不等。其中鉴定为十级伤残的案件 12 件，人
身损害赔偿额平均为 71126.66 元；鉴定为九级伤残的案件 3 件，人身损害
赔偿额平均为 153197.57 元；鉴定为七级伤残的案件 3 件，人身损害赔偿
额平均为 305778.87 元；返聘人员死亡的案件 4 件，人身损害赔偿额平均
为 652187.74 元；系统无法显示伤残等级的案件 3 件，人身损害赔偿额平
均为 115220.61 元；不构成伤残等级的案件 1 件，人身损害赔偿额为
8030.80 元。

根据表 1、表 2，认定为工伤案件，享受工伤保险待遇的赔偿金额相对
较平均，各地判决金额差距较小；认定为民事侵权，获得人身损害赔偿的
金额差距较大。以七级伤残等级为例，表 1 认定为工伤案件的判决中，七
级伤残最低赔偿额 11426.10 元与最高赔偿额 118745.42 元之间相差
107319.32 元；表 2 认定为民事侵权的判决中，七级伤残最低赔偿额
89300.00 元与最高赔偿额 659555.60 元之间相差 570255.60 元，赔偿金额
悬殊。巨大的人身损害赔偿金额差，出现"同命不同价"的不合理情况，
显失社会公平，不利于权利的平等保障和对生命尊严的维护。

（二）退休返聘人员工伤认定的障碍分析

从上文有关司法案例判决结果统计可知，对退休返聘人员是否支持工
伤，关键就在于其与用人单位是否构成劳动关系。所以，工伤保险适用范
围有多广，还是要看劳动关系的内涵与外延。但因返聘者的主体特殊性，
目前对与之相关的用工关系法律性质还不确定，以致其无法被正常纳入工
伤保险范围。

1. 退休返聘人员工伤认定的主要障碍——劳动关系

（1）国内关于退休返聘人员工伤认定的情况。退休返聘人员是否享
受工伤保险待遇，受限于工伤保险的适用范围。往往，工伤保险以企业
和具体参加的个人作为其参保对象的划分标准。我国的工伤保险制度，
以企业为划分依据，适用对象为企业劳动者。我国《工伤保险条例》的
相关要求是，申请工伤认定必须提供其与工伤单位具备劳动关系，含事
实劳动关系的材料。这说明，返聘人员与用人单位存在劳动关系系认定
工伤的先决条件，即"无劳动，不工伤"。现如今，社会不断发展，企

业用工越来越灵活，仅凭当前法律规定，要准确、公平、统一地认定用人单位与返聘人员是否形成劳动关系，成立工伤，学界与实务界也存在较大分歧。

（2）域外工伤保险适用范围介绍。部分工伤保险体制比较完善的国家在确认工伤保险适用时，一般以独立的个人作为划分依据。在德国，包括企业的实习生、行政人员、学徒、参训人员以及普通工人等所有雇员，不考虑性别、年龄、种族、薪酬待遇、工作岗位、聘用时间的区别，只要成立雇佣关系均可享受工伤保险，都可被视为工伤保险的法定被保险人。一旦工伤事故发生，无须考虑雇主是否已缴纳保险费，是否有效投保，受伤人员及其家属或遗属均享受工伤保险待遇。由此可见，德国工伤保险普及率很高，认定工伤享受工伤保险待遇并不需要存在劳动关系这一前提。日本的法律规定，工伤保险的使用对象为企业雇工，而且不论大型企业还是小规模企业，甚至只雇佣一两名人员的企业，均要求其纳入工伤保险体系中。这种明确且不容例外的规定，也能够保障工伤保险惠及大部分受雇人员。对美国而言，其称工伤保险为职业补偿，联邦和各个州的规定有所不同，适用范围也存在一定的差异，但大体上包括大部分的公司雇员。而且美国多数州为了使工伤保险涵盖到农业，使农业人员也能够享有工伤保险，对农业雇主参保进行了特别规定。

通过对以上国家的分析可知，其工伤保险的适用对象比我国广泛，主要原因在于我国将存在劳动关系作为享受工伤保险的前提，而这些国家没有这一前提要求。参考域外有关规定，也有学者指出我国也应效仿，舍弃劳动关系这个条件，树立劳动关系和社保关系的局部脱钩观念。在笔者看来，这种思想在应然形态下能够理解，然而从实然这个视角进行剖析，对于社保中的工伤保险来讲极难完成，目前把劳动关系当作职业伤害判定的条件存在着科学性。以下会进行具体的论证。

2. 劳动关系作为工伤认定前置性条件的再认识

西方发达国家，其工伤保险体制实施已久，经过长久以来的革新与调节，体制逐渐完善，职业伤害判定同样慢慢摆脱劳动关系的制约，然而对于中国来讲，当前想要完成职业伤害的判定并且摆脱劳动关系势必有些过于着急，对此从思想、真实情况及体制运转这三个部分进行剖析。

（1）理论方面的解说。通常情况下，劳动法律制度与社会保障法律制度具有紧密的关联，它们的主体一般情况下会统一，且劳动法与后者包含的工伤保险法规的关联性也很大。工伤保险保障制度最初为私法范畴，随着私法公法化的发展，其亦逐渐符合社会法特征。而对于雇佣关系而言，其原先为普通民法调整，遵循意思自治，后由于经济发展，国家干预加强，逐渐被纳入社会法调整范围。二者的这一趋势，不得不说是相互关联的，通过劳动法调节的雇佣关系的主体在一般情况下同样也是工伤保险的服务对象。据此，无论是劳动法，还是工伤保险条例，均以用人单位的性质为调整依据，二者在这一点上实现了统一。此外，从认识层面上来看，工伤保险制度，自然应是在工作中受伤才算工伤，适用对象当然是劳动者，其前提则是劳动关系存在。

（2）现实情况的考察。西方资本主义国家的私法发达，随着社会的发展，其经历私法公法化的过程，而我国则相反，我们最先发展起来的是公法，而后才是私法的繁荣。中国在经济转型时期受计划经济影响较大，要实现法制化社会，势必经过一个社会经济与法制不断磨合阶段，在这种立法背景下，中国法律制度体系建立，必须结合本国社会、经济、文化、道德等多方因素进行考虑，而非照抄、生搬硬套。例如，上文介绍的德国等发达国家，它们工业化水平较高，农业人口较少，且国家经济实力较强，具备全面铺开适用工伤保险制度的现实条件和可能性。与之相反，我国存在人口基数大、社会压力重、工伤保险资源有限的情况，若对所有劳动者不做区别地提供保障，会导社会保险压力过重，最终也会影响全民社会保险的水平和质量。因此，在我国，将劳动关系作为工伤认定的前提条件，是从我国社会实际情况出发的合理之选。

（3）制度运行的趋势。相较于世界发达国家，工伤保险制度由来已久。我国的工伤保险制度起步较晚，国家既有水平和实力有限，实现工伤保险全覆盖难度较大，当前我们把劳动关系作为工伤认定及赔付的前提条件，是过渡期的表现，具有一定科学性。但是，社会变革下，社会经济发展，出现灵活多样的用工形式，对标准化的劳动关系提出了挑战，必定需要扩大劳动关系内涵与外延，逐步扩大工伤适用范围，以更好地满足社会和劳动者对社会保障制度的需求。

三　关于退休返聘人员工伤认定问题的法律思考

（一）工伤保险保障的制度价值

目前司法实务中，退休返聘人员工伤保障困难重重，一般只能选择民事侵权诉讼，需承担较重的举证责任，即使胜诉，执行到位率也不高。但若将其纳入工伤保险中，相比于民事侵权救济，则有着显而易见的制度优势。

1. 社会本位的价值理念

工伤保险属于社会法范畴，其主旨在于保护公民的社会权利，尤其是保护弱势群体的利益。社会法，顾名思义，讲究社会本位，追求社会整体实质正义的实现。工伤保险制度具有社会属性，其建立的意义包括保障工伤职工或者其直系亲属的合法权益、分散工伤事故风险、促进劳动力资源优化配置、营造企业公平竞争环境、推动经济发展以及维护社会稳定等。而民法属于传统私法范畴，民事侵权救济强调的是厘清对错是非，寻求程序正义，其注重对过错方予以惩罚，对受害方予以补偿，但保障功能较为欠缺。

2. 无过错责任的归责原则

工伤保险的归责原则为"无过错责任"，只要劳动者被认定为工伤，不论雇主对事故的发生是否存在过错，劳动者均可获得工伤保险赔偿。即只要发生工伤事故，不论责任问题，劳动者就能获得补偿。而民事侵权采取的是以"过错责任"为主，"无过错责任"为例外的原则，在此情况下，返聘者唯有证明用人单位对事故的发生存在过错，才能获得赔偿。但这种举证对于处于弱势一方的劳动者而言相当困难，极容易败诉。工伤保险救济的"无过错责任原则"恰恰能避免弱势劳动者的举证难问题。

3. 全面高效的损害保障

从前文统计中发现，民事侵权救济虽然可能赔偿范围更广、标准更高，但工伤保险的保障却能做到全面高效，以及更公平合理。首先，民事侵权纠纷因为存在对立的双方，且利益此消彼长，劳动者有可能需要经历调解、诉讼、执行等阶段才能获得赔付，时间长、耗费精力大，诉讼结果亦不确定，而工伤保险则不存在这个问题，因其设立有社会保险基金，认定为工伤后，劳动者能够第一时间获得补偿。其次，在民事侵权救济中，即使赔偿金额确定了，也有可能受用人单位的经济实力影响而导致赔付不到位，工伤保险的社会保障则有效避免了这个问题，它是以社会整体的负担能力来分担个人的风险，其救济是确定有效的。最后，民事侵权救济是一时的，受害者只能获得一次性经济补偿，但工伤保险立足的是受害者的长期生存发展，它有长期待遇可供选择。

（二）将退休返聘人员纳入工伤保险保障的合理性

将退休返聘人员纳入工伤保险保障是否具有合理性？根据《工伤保险条例》第18条的规定，劳动关系是前提，退休返聘者在返聘工作期间能否获得正常的工伤保险待遇，最为关键的还是要证明二者之间是否构成劳动关系。司法实践中，退休返聘人员的工伤认定大多不被支持，主要就是因为法院认为退休返聘人员没有与用人单位形成劳动关系。那么，劳动关系问题得到解决，退休返聘人员享受工伤保险就顺理成章。且前文在退休返聘法律性质分析中，也提到部分学者提出劳动关系说，肯定了退休返聘者具备劳动者的基本法律特征，下面本部分将从现行法律关于劳动关系的界定标准、退休返聘者具备劳动者资格两方面详细阐述将退休返聘人员纳入工伤保险保障的合理性。

1. 现行法律关于劳动关系的界定标准

世界范围内对于劳动关系的界定标准可以分为两类，一是大陆法系国家的"从属认定标准"，二是英美法系国家的"控制性认定标准"。前者中典型的如德国，主要是"人格从属性"，注重"人身依赖性"，立法上表述为"在劳动关系中雇员存在典型的、广泛的、法律上的指令权约束以及雇员被纳入陌生的劳动组织"；[①] 日本主要是"使用从属性"，判断要素包括工作中有无指挥监督、工作时间地点有无拘束性、专属性的程度等。[②] 英美法系的"控制性认定标准"则是通过雇主对雇员工作的控制程度来判断双方是否存在劳动关系。以美国为例，其判断要素主要包括：雇

---

① 〔德〕W. 杜茨：《劳动法》，张国文译，法律出版社，2005，第18页。
② 田思路、贾秀芬：《契约劳动的研究——日本的理论与实践》，法律出版社，2007，第83页。

员工作中受控于雇主的程度；雇员分享利润或承担损失的机会；雇员所提供的服务作为雇佣实体不可分割的一部分的程度等。① 虽然两大法系在对劳动关系的界定上有着区别，但并非彼此对立，而且随着全球化的发展和互动交流的加深，双方开始互相借鉴以完善自身。

目前，我国以劳动法律关系为调整对象的专门法律中并没有定义劳动者和劳动关系，劳动法中也仅是禁止用人单位招用未满 16 周岁的未成年人，并未划定年龄上限。劳动和社会保障部于 2005 年发布的《关于确立劳动关系有关事项的通知》，明确了用人单位和劳动者成立劳动关系的三个标准：双方主体适格、后者受前者管理、后者的劳动系前者业务组成部分。学界将这三点归纳为主体、人格和业务标准。从通知内容上看，我国对劳动关系的界定主要是参考大陆法系的"从属认定标准"。

司法实践中，退休返聘者和用工单位间的关系大部分被认定为劳务关系，原因不在于其满足劳务关系的判定标准，而在于未能达到劳动关系的界定标准。虽然《劳动法》和《劳动关系法》未对劳动者和劳动关系进行明确界定，但实践中对劳动关系的界定采取的是以劳动合同关系为主，事实劳动关系和非标准劳动关系为补充的高标准低覆盖模式，这使得退休返聘人员被排除在劳动者之外，无法获得劳动法的保护。我国目前处于改革开放深入推进时期，新型用工关系不断涌现，雇佣关系愈趋复杂，劳动关系的认定不应拘泥于原有的高标准低覆盖模式，应当考虑社会的发展，顺应变化的趋势。司法实务也应对社会的发展予以回应，对于新类型的劳动者和用工方式的认定，应依据劳动关系的本质特征，而非表面表现形式，以实现劳动法调整机制的弹性化。

2. 退休返聘人员具备劳动者资格

无法认定退休返聘人员的工伤，根源在于劳务提供者为退休人员，这类人员具有一定特殊性。那么，确定这类退休人员的劳动者资格，就成为其合理享受工伤保险的一大前提。

（1）劳动法上的劳动者应有之义。劳动法是典型的社会法，而社会法的本质是实现社会整体利益，给予弱势者倾斜保护。我国《劳动法》并未明确阐述劳动者的概念，学者以及实务工作者往往经由判定当事人之间是

---

① 林晓云：《美国劳动雇佣法》，法律出版社，2007，第 21 页。

不是成立劳动关系，去判定劳务提供方是不是劳动人员，即通过劳动关联去判定劳动者身份，这势必产生本末倒置的嫌疑。判断其是否为劳动者，应考察劳动者本身的特质。通说认为，自然人要成为劳动法律关系中的劳动者一方，必须具备劳动权利能力和劳动行为能力。

劳动权利能力与民法中的民事权利能力类似，是劳动法赋予自然人成为劳动者的资格和能力。《劳动法》规定，劳动者就业不受歧视，即其在适用范围上具有平等性，自出生时起到死亡时止。劳动行为能力指自然人能以自己的行为行使劳动权利、履行劳动义务的能力。民法中的行为能力主要是要求自然人能够认识自己行为的法律后果，劳动法则对劳动行为能力设置了三个条件：一是年龄方面，劳动法规定，具备劳动行为能力的最低年龄为16周岁，而对于年龄上限，劳动法并未做出规定；二是健康方面，劳动者需要完成工作任务创造劳动价值，自然必须有起码的健康体质，不同工种对劳动者的健康要求也是不同的；三是人身自由方面，劳动者受雇从事劳动，自然得能支配自己的人身，大部分自然人毫无疑问均享有人身自由，但也有如被剥夺人身自由的服刑人员等，该类人员无法自由支配自己的劳动。

（2）将退休返聘人员认定为劳动者符合劳动法立法目的。《劳动法》第1条就规定了其立法目的，即保护劳动者合法权益。作为弱势的劳动者一方，需要给予其特别保护。退休返聘人员与一般劳动者最大的区别在年龄方面，退休返聘人员年龄高，在工作中要承担更大的事故风险，其体力、反应力、抵抗力等更弱，比一般适龄劳动者更有必要受到劳动法的倾斜性保护。因此，以退休返聘人员的高龄来否认其弱势劳动者身份，与劳动法的立法目的相违背。况且，退休年龄根本不构成劳动者认定的障碍。

退休制度，是以劳动保护为目的，根据自然规律和社会生产的实际，赋予劳动者的一种劳动权利。享受退休待遇须满足一定条件，通常情况下，这种条件的设置，需要考虑的因素并非劳动者个体劳动能力、身体条件等，而是寻求一种便于量化且具有普遍性的标准。目前，以达到一定年龄或工作年限作为退休条件，成为大部分国家的选择。但是，达到退休年龄，并不意味着劳动者丧失劳动能力，由于社会分工的存在，年龄并不能成为判断有无劳动力的绝对因素，所以，没有理由因此剥夺退休返聘者的劳动权利，而应赋予其选择自由。至于特殊岗位的限制，则属于另外的讨论范畴。所以，退休返聘人员适格劳动者身份的认定，符合劳动法的立法目的。

（3）退休返聘人员与用人单位可以形成劳动关系。如前所述，现行法律关于劳动关系的界定标准，采用的主要是"从属认定标准"。学界也普遍认为"在劳动关系的各种特性中，从属性即劳动者从属于用人单位是最本质的属性"[①]；从属性主要表现为人格上的从属和经济上的从属。前者指的是劳动者要接受用人单位的指挥、领导，让渡自己的人身自由。经济从属指的是劳动者向用人单位出卖自己的劳动力，以换取等价货币，即其在用人单位设置的劳动条件下实施劳动，并按劳动获得报酬。从以上劳动关系的内涵和表现来看，退休返聘人员与用人单位之间，可以形成劳动关系。在人格从属方面，退休返聘人员通常都被纳入用人单位的组织结构中，遵守用人单位的内部规章制度，接受单位指示完成工作任务，并因工作表现获得单位的奖惩。在经济从属方面，退休返聘人员获得报酬源于其提供的劳动，而其劳动成果或后果则归于用人单位。显然，退休返聘人员与用工单位之间建立的用工关系符合劳动关系的法律特征，可以认定为形成了劳动关系。

（三）将退休返聘人员纳入工伤保险保障存在的问题及解决路径

将退休返聘人员纳入工伤保险保障仍存在哪些问题？如何解决？

1. **存在的问题**

（1）立法上的不完善。将退休返聘人员纳入工伤保险保障，存在的首要问题就是相关法律法规并未对此明确予以规定。《劳动法》未界定劳动者概念，但实际上劳动者的概念被封闭化解释，且只从表面形式上进行理解，忽略了内涵实质，也脱离了时代的变化发展。工伤保险条例也未将退休返聘人员纳入其中，自然更不可能存在用人单位为退休返聘人员缴纳工伤保险的强制性规定。司法实践中，有参照 2010 年出台的《最高人民法院关于审理劳动争议案件适用法律若干问题的解释（三）》进行裁判的案件，该解释以是否享受养老保险待遇划分退休返聘人员，认为已享受的不

---

① 常凯：《劳权论——当代中国劳动关系的法律调整研究》，中国劳动社会保障出版社，2004，第 76 页。

能建立劳动关系，未享受则可以。这种人为的区分并不合理，实质上将享受养老保险待遇与劳动者资格对立起来，暗含着享受养老保险的退休人员不需要劳动法予以保护的理念，也许解释制定者考虑到了就业市场的严峻形势，借此压制退休人员的再就业，但显然，这与劳动法的平等保护相冲突，应当予以纠正。

（2）返聘人员情况特殊，社会保险缴纳范围难确定。作为我国社会保障体系核心部分的社会保险，包括养老保险、失业保险、工伤保险、医疗保险、生育保险五大险种，"五险一金"已被全面铺开，强制推行，成为人力资源市场的标配。但鉴于退休返聘人员年龄及已享受社会保险情况的特殊性，其他保险项目是否需要一并缴纳，从何时开始缴纳？如果享受工伤保险待遇，能否继续享受基本养老保险待遇，二者之间是否存在冲突？因为社会保险是国家为了让劳动者在年老、患病等丧失劳动力的情况下，获得国家和社会的帮助和补偿而建立的社会保障制度，其旨在合理配置社会资源，发挥社会稳定器作用，实现社会公平。已享受养老待遇的退休人员，又享受工伤待遇，存在重复利用社会资源的嫌疑，存在"双重待遇"的问题。对于此种情况，是否可以考虑规定退休返聘人员一旦享受工伤保险待遇，应停止养老保险待遇？

（3）职业风险较高，工伤保险费率评估难度增大。目前工伤保险费率确定的原则是以支定收、收支平衡。具体来说，国家依据不同行业的风险程度确定差别费率，并以行业内部不同工种的工伤发生率、工伤保险费使用率等确定行业内的费率等次。以上费率均需由国务院劳动保障部门、卫生部门、财务部门等会同制定，并报国务院批准后公布实施。退休人员由于年龄高，明显在体力、反应力、敏捷性等方面弱于适龄劳动者，其从事工作所要承担的事故风险自然也更高。如果规定同等的工伤保险费率，必然将增加社保机构的赔付风险，其与普通劳动者的适用费率应当存在一定的区别。但同时退休返聘人员广泛存在于各行各业，这就使得如何确定该类人员的工伤保险费率变得困难，需要投入大量人力物力财力进行统计。

2. 解决的具体方法

（1）确立公平就业指导思想。20世纪六七十年代开始，西方国家相关学者就已经开始研究包括年龄歧视在内的就业歧视问题，并提出一系列反歧视措施，英美等国也据此完善了公平就业方面的法律法规。而随着老龄社会的到来，针对老年人就业问题，不少国家也出台了一些政策加以扶持。反观我国，还存在着不少妨碍老年人就业的社会因素，退休返聘人员的劳动者身份认定不清、工伤保险保障不足就是其中的表现。确立公平就业指导思想，能制约歧视老年人就业的行为，可以从思想源头上为退休返聘人员的劳动者身份认定扫清障碍，更好地保障其合法权益。

（2）立法上明确关系。目前，退休返聘已实属普遍现象。具备劳动关系实质特征的退休返聘，在司法实践中被区别对待，以致退休返聘人员在工伤认定中出现，工伤、工伤保险待遇、劳动争议、提供劳务者受害责任纠纷以及生命权、健康权、身体权等各种类型的维权形式，存在不同地区性质认定不同，赔偿标准不一等混乱的局面。如果确定退休返聘人员为劳动者，赋予劳动者权利，享受劳动者福利待遇，则有利于解决退休返聘纠纷处理混乱、权利保障不公平的问题。

（3）法律明示缴费义务，相关部门确定适度缴费规则。由前文可知，退休返聘人员年龄特殊，对风险的抵抗能力明显弱于适龄劳动者，发生工伤的可能性更大，对工伤保险的需求更大。如能立法明确退休返聘人员工伤保险的强制性，设置区别于适龄劳动者的新型工伤保险，及用人单位应缴纳的工伤保险费用，势必会实现单位与返聘人员的双赢。首先，一旦发生工伤，能极大地减轻企业赔偿责任，分担用工风险。在前文的统计案例中，判决文书显示赔偿金额，责任承担者为用人单位的案件共有 31 件，合计赔偿金额达 5962015.63 元，平均一起受伤案件需赔偿约 192323.08 元。企业负担何其大！其次，这可以给返聘人员法律上的归属感。有关此类人员的工伤保险费标准，社会保险部门应充分考量不同行业、不同岗位，以及老年人的特殊性和用人单位的承受能力，力求做到既保护返聘人员的利益，又提高用人单位参加的主动性。

（4）设置退休返聘的年龄及岗位限制。从前文统计来看，退休人员大多在退休后的 5~10 年内返聘参加工作的意愿较为强烈，年龄集中在 55~65 周岁，以体力劳动和初级技术岗位为主。然此类人员不可避免地存在身体机能、体力情况逐年下降的自然现象，规定返聘年龄及岗位限制显得十分必要。结合本文第二部分关于退休返聘人员职业分布情况的统计，可建议按不同返聘行业及工作岗位，作不同规定。如对清洁工、服务员、保安等体力劳动者，及电工等初级技术人员，可设置 65 周岁以下的年龄限制；

对医生、学者等脑力劳动者，可适当放宽至75周岁以下。这一方面，在有限的就业资源下，可为年轻劳动力提供足够的工作岗位，发挥社会新生力量的爆发力和创造力，更高效地服务企业，带动社会发展；另一方面，在体力劳动工作岗位，年龄大小与职业风险成一定的比例关系，年龄越大，雇主承担的责任风险越大，设置返聘年龄限制，可一定程度上控制返聘人员的工伤风险，减轻企业用工压力。

（5）实施利益激励机制。首先，在退休返聘人员参加工伤保险制度强制铺开的基础上，工伤保险机构应对退休返聘人员参保情况进行备案登记，对于当年度内自觉参保的用人单位给予减免一定比例保险费用的奖励，以期提高用人单位的参保积极性。其次，可建立浮动费率制度，即通过浮动费率的经济杠杆，根据用人单位安全生产、事故预防状况、职工安全宣传培训情况、工伤事故发生率等情况调整费率，对工伤预防做得好的企业下调下一年度工伤保险缴费率，反之则上调。

（6）强化工伤预防意识，建立事前预防机制。在前文的统计中，因工作受伤及在工作场所内受伤的案件52件，占返聘人员受伤案件的65%。此类工伤案件中，用人单位存在不同程度的疏于管理培训、未能提供安全劳务场所等问题，个人存在疏忽大意、不具备职业技术职称等问题，单位和个人都存在安全生产、工伤防范意识淡薄的问题。事先预防，不仅需要用工单位主动参保、规范安全生产，工伤保险机构还可为用工单位与退休返聘人员提供安全生产培训和咨询，加大安全知识的宣传和对已发生的安全事故的分析总结及工伤预防科研工作的投入，逐步进入预防—减少事故—降低企业缴纳工伤保险费率的预防良性循环。

由于经济进步，社会发展，人们的权利意识、社会参与意识不断增强，退休后返聘人员不断增加。随之而来的是，返聘人员在工作中受到损害从而引发的矛盾纠纷不断出现。此类实际情况已引起重视。因为法律法规界定的含糊与就业引导理论的制约，有关主体间的关系不明确，学界对于这些难题有不同看法。本文通过对司法实践中退休返聘人员工伤保护案例的统计研究，揭示了退休返聘人员队伍的基本情况、司法对此类人员工伤利益的保护程度，发现退休返聘人员一旦发生工伤，将遇到保障权益缺失问题。退休返聘人员具备劳动法上的劳动者的实质要素，应将其纳入工伤保险保障范畴。

A Brief Analysis of the Identification of Industrial Injury and Insurance Guarantee of Re – employed Personnel in China

Liu Youfang

Abstract：Rehiring workers retired is both beneficial to individual and employing units which will help solve the contradiction between supply and demand of competent people, reduce production costs and improve economic efficiency. However, due to the differences of understanding, the omission of current law and regulations, and some enterprises lack social responsibility, the legitimate rights and interests of rehiring retirees are not protected effectively. Now the majority of the existing rehired judicial precedent is related to the problems of retiring retirees'work – related injuries. The results of judgments at various levels and districts are not the same. According to the description of rehiring retirees'current rights protection and analysis of the law loopholes, the author puts forward the practical advice about bringing rehiring retirees into the scope of work – related injuries insurance.

Keywords：Rehire Retirees；Labor Rights；Labor Relations；Identification of Work – related Injuries

域外社会法观察

白领工人也会失业：软技能和惯常性工作[*]

〔英〕丹尼尔·苏斯肯德[**] 著　吴锦宇[***]　殷树喜[****] 译

没有人应该被迫从事机器能胜任的工作——亨利·福特

关于技术革新和劳动力市场的一个传统观念是蓝领工作有被自动化取代的风险，而白领工作则没有。本文阐述为何这种观点不再是正确的了。

白领工人是受过良好教育的职业工作者、专业人员和专家，他们有两个前景。第一种前景颇为熟悉，是我们今天情形的更具生产效率的版本。在这种前景中，白领工人运用技术来从事他们目前从事的任务和活动，但是更有效率和效益。第二种未来迥然不同，那就是技术不仅仅使得白领工人更有效率，还在一些任务和活动中让这些白领工人失业。这些任务和活

---

[*]　本文来自 Estevadeordal，Antoni and Cabrol，Marcelo et al.，*Robotlution：the Future of Work in Latin American Integration 4.0*，Buenos Aires：Inter‐American Development Bank Press，2017 一书。该书是第一本系统阐述世界各国人工智能对劳动就业影响及法律政策应对的正式出版的学术论文集，是美洲开发银行邀请诺贝尔经济学奖得主、图灵奖得主、国际劳工组织人员等学者专家撰写报告的节选本，有英文版和西班牙文版。其英文版、西班牙文版的电子版下载地址为 https：//publications.iadb.org/en/integration‐and‐trade‐journal‐volume‐21‐no‐42‐august‐2017‐robot‐lucion‐future‐work‐latin‐american。

[**]　丹尼尔·苏斯肯德，牛津大学贝利奥学院经济学研究员，曾任英国首相战略部研究员，英国内阁办公室高级政策顾问，哈佛大学肯尼迪行政学院访问学者。他主要研究技术尤其是人工智能对工作和社会的影响。他是国际畅销书——《职业的未来》——的作者之一。

[***]　吴锦宇，浙江定海人，法律学士、政治学士、经济学硕士、意大利摩德纳‐雷焦·艾米利亚大学劳动关系专业（劳动市场法研究方向）博士、中国人民大学应用经济学（劳动经济学专业劳动法与劳动关系研究方向）博士后；浙江工商大学经济学院经济系讲师；研究方向：国际比较劳动法与产业关系、法经济学、世界经济学。

[****]　殷树喜，男，山东青岛人，北京大学文学学士和经济学学士、美国哈佛大学经济学硕士、德国图宾根大学经济学博士、瑞士圣加仑大学经济学博士后，现为合肥工业大学经济学院金融学教授、博士生导师，研究方向：微观金融学。

动或者被不同种类的人所完成，或者在很多情形中由机器完成。在中期，我们预期这两种情景并行发展；在长期，我们预期第二种场景会占据主导地位（Susskind，R.，and Susskind，D.，2015）。

2015 年我（与理查德·苏斯肯德合著）的著作《职业的未来》在读者中产生了两极分化的反响。一些读者非常赞同，而另一些人特别反对。在该书中，我们探讨了八种行业。一般而言，我们认为，会计师大多反应灵敏，律师大多保守，记者中立，教师爱怀疑或者富有激情，医生特别讨厌不是医生的人对医生的未来发表意见，建筑师为可能性感到兴奋，咨询师在他们行业之外的行当发现机会，教士比较沉默。首先，我探讨了这种关于技术和就业市场的传统观念，也就是说蓝领工人有风险，而白领工人无虞。我提出，此观念的智识基础在于对技术变革的"带有技能偏见"的观点。这种观点在 20 世纪 90 年代在经济思想中占上风，到今天都很有影响力。然后我探讨了最近的技术变革的本质：处理能力的增长，数据储存能力的进步，还有程序设计能力的飞跃。我还解释了为什么我们的系统和机器变得越来越能干。再次，为了解释为什么白领工作不能再免受技术变革的冲击，我提出了两个观点。最后，我做出总结，说明这对目前和未来的白领工人，还有公共政策意味着什么。

偏好熟练工人的偏见

本文一开始提到的对技术变革的传统观点，是指蓝领工人面对自动化有风险，而白领工人则无忧。劳动力市场的历史趋势，还有经济学家用以解释和理解这些趋势的观点，都说明了为什么这种传统观点甚为流行。

在 20 世纪的大部分时间，在发达国家中，和只有高中文凭的工人相比，受过大学教育的工人的相对工资有所增长，这种现象被称为技能溢价。当然，技能溢价增长幅度因时间和地点而有所不同。但是一般趋势是，熟练工人的"价码"，相对于非熟练工人的"价码"，在上升，这里的价码是靠与其相对的工资水平衡量的。

经济学家的一个共识是，对于我们理解和解释这些趋势，技术至关重要。技术尤其有"技能偏见"。它偏好那些有技巧的人，或者说对那些非熟练工人有负面偏见。简而言之，因为技术，和非熟练工人的工作相比，熟练工人的工作更重要，更有价值。这种"技能偏见性的技术变革"理论被用于解释发达国家中的工资趋势。[①]

技能偏见性技术变革理论不仅被用于解释世界各地的劳动力市场现象，还被用于作为对策的公共政策。这种想法认为，技术和教育之间存在竞争。戈尔丁（Goldin）和卡茨（Katz）2008 年著述的标题就反映了这种观点。技术变革使得熟练工作更有价值。因此，对政策制定者的启示就是要设计一些干预措施，帮助提高劳动力大军的技能。对政策制定者而言，具体的挑战在于进行实验，尽快实施，让劳动者在这场竞争中保持不落伍。例如，世界各国政府都看重大学教育，这反映了对趋势和对策的理解。

这种历史经验以及不断提高的技能溢价，都似乎支持了这种传统观点，那就是白领工作在技术变革面前受到保护。在 20 世纪的大部分时间里，技术变革都似乎使得白领工人的工作和蓝领工人的工作相比更加重要，更加有价值。这对 20 世纪大部分时间可能适用。但是，可能指导不了21 世纪。在过去，技术变革似乎帮助了高技能工人，损害了低技能工人。这并不能确保白领工人在未来也能在技术变革面前受到保护。我下面将提出两个观点，来说明为什么未来不是这种情形。在此之前，我们需要回顾一下过去几个世纪的惊人技术变革的本质。

技术变革的本质

在对工作的未来的通俗性评论中，人们在探讨技术变革的幅度和速度时经常提及摩尔法则。戈登·摩尔是一位计算机科学家，他在 1968 年与他人一起创立英特尔公司。他在 1965 年预言说，我们在一个芯片里面能放入的中转器的数量每两年左右会翻一番。在后来的 50 年中，这个预言大多都被证实了，尽管在一些年份加快，一些年份放慢。这种机械成就驱动了处理能力在同期的迅猛增长。诺贝尔经济学奖得主迈克尔·斯宾塞在 2001 年指出，摩尔法则在过去的 50 年里处理能力的费用降低了"100 亿倍"。而他是在 16 年前做出这个预言的。这个过程延续至今。从那时开始，每两年

---

① See Bekman, Bound, and Machin, 1998, and Acemoglu, 2002。

翻一番。

摩尔法则在未来还正确吗？对此不断有质疑声。很多质疑者正确地指出了一个事实，那就是一个芯片中能放入的中转器的数量必然会有物理极限。这显然是正确的。但是，我们需要弄清楚一点，那就是很多计算机科学家预言摩尔法则在未来仍会有效，他们不一定受制于处理能力迅猛增长的传统方式，也就是将不断缩小的中转器放入集成电路中，通过不同的计算方式，摩尔法则可能在未来还会成立。我们将会采取的技术可能还没有被发明出来呢。

不管怎样，摩尔法则只是整个格局的一部分。对工作的未来的通俗性评论经常犯一个错误，那就是只注重于这些系统和机器的处理能力的增长。但是，这些系统不仅仅在计算能力上更强大，它们也变得越来越能干。更严谨地说，这些系统和机器能执行更多的任务和活动，而我们过去认为很多这种任务和活动是只有人类才能胜任的。当然，处理能力的惊人增长是这种能力增长的一个重要驱动因素。但是，还有其他两个重要原因。

一个原因是我们捕捉和存储海量数据的能力。目前对数据科学有大量的兴奋点和评论。数据科学亦称大数据、预测性分析，以及数据分析。这些术语大多指的是同一种现象。谷歌董事会主席艾瑞克·施密特在 2010 年指出，我们现在每天所创造的信息相当于 2003 年之前创造的信息的总和。在《职业的未来》中，我们预计，到 2020 年，同样的信息每几个小时就创造出来了。这是一个事实的结果，这个事实就是，随着我们的活动变得数码化，我们的所有活动和决策都留下了海量"数据残余"，我们现在能捕捉和储存这种残余。

除了数据存储能力的这种改善，还有第二个原因，那就是程序设计的突飞猛进。计算机能力的近期进展不仅仅是因为一个事实，即我们的系统变得更强大，也不仅仅是基于另一个事实，即我们有更多的数据要处理。还有一个事实，那就是我们在程序设计方面，也就是在这些系统和机器所遵循的规则方面有了突破性的智识进展。这意味着我们可以将这种处理能力和数据付诸使用。计算能力、数据处理能力，还有程序设计的改进，这三个原因促进了我们现在机器能力的突飞猛进。

律师和会计师

直到最近，很多白领工人认为，他们的工作不会受到技术变革的冲击。在我们为撰写这本书而开展调查时，很多职业人士表示，他们怀疑技术会取代人类，或者能让非专业人员完成专业任务。我们在上面提到了技术变革的历史经验。它们及其技能偏好都似乎支持了这种想法。

有一个重要的问题：如果存在技术变革的技能偏好，那是为什么呢？也就是说，如果说技术变革使得熟练白领工人的工作和非熟练的蓝领工人的工作相比更有价值，那是为什么？最常见的解释是，和蓝领工作相比，白领工作更负责，更有难度。例如，律师经常宣称他或者她的工作需要判断力，建筑师经常说其工作需要创造力，或者医生宣称其工作需要同情心。因此这些任务不能被机器完成。

这种解释很常见，也很符合直觉。但是它和我们现在观察到的发展迥然不同。几乎每天，一些过去由白领工人完成的任务被自动化取代了。一些系统能够编纂法律文书，为建筑物和物品进行设计，诊断病患，而且经常不需要律师、建筑师或者医生的参与。这不仅仅见于法律、建筑或者医学。《职业的未来》一书阐述了，在各种白领场景中，技术变革开始接管很多人过去认为技术无法接手的任务和活动。

这样一来，我们的挑战就在于解释为什么关于技术变革的传统观点是错误的；为什么和预期相反的是，白领工作现在也被自动化取代了，也就是说，为什么白领工人认为他们的工作不会受到技术变革的冲击。这有两个相互关联的原因。第一个是基于对工作的本质的错误理解。第二个是基于对最新一代的系统和机器的工作方式的错误理解。

任务，不是工作

很多人认为，人们从事的工作是一整块无法分割的"事情"的组合。这种观点受到了对工作的前景的通俗性评论的支持。这种论述鼓励我们去想象一个未来，那就是工人来到办公桌前，发现其工作完全被一个机器人取代了。例如，我们很少会读到一篇关于工作的未来的文章，或者看到关于自动化的新闻报道，而没有看到一个机器人的形象，这个机器人可能穿着律师的长袍，或者脖子上戴着医生的听诊器，完全胜任人类的工作。

这种关于工作的观点鼓励我们去设想，白领工作很难被自动化取代。原因很简单。如果工作被认为是不可分割的活动的组合，那就意味着，正如我已经强调过的，技术变革影响到白领工作的唯一方式是将职业工作者的所有工作都自动化。所以，如果职业性工作有"判断"、"同情"和"创造力"这样的很难被自动化的特点，我们就很难设想白领工作如何被自动化取代。

但是这种观点显然是错的。工作并不是不可分割的事物的浑然整体。事实上，任何工作都是由很多任务组成的。也就是说，职业工作人员在岗位上进行多种活动。在经济学文献中，"基于任务的就业市场模式"基于这种直觉性观察，并且使之定型（参见 Autor，2013）。在分析了 20 世纪90 年代中期以来的法律工作之后，我的合著者理查德·苏斯肯德发展了这种基于任务的视角（参见 Susskind 1996，2000，2008）。这种关于工作本质的观点更微妙，让我们对技术变革如何影响就业市场有了更细致入微的了解。当职业性工作被分解或者解构，变成各项任务时，工作的各个部分就变得非常简单，基于过程，并不是白领工作的所有活动都需要创造力、判断力或者同情心，很多情况下都不太需要。

用更正式的术语来说，如果职业性工作被分解成各个分支任务，那么很多任务就是简单重复性的。这并不是说，这些任务是平庸枯燥的。这意味着我们发现，人们可以轻易解释他们进行这些任务时所遵循的特定规则。如果这些规则很容易阐述，我们也就很容易为机器设计出一套类似的规则，让机器基于解释来遵守。在经济学文献中，惯常性任务是最容易被自动化取代的，这被称为"惯常性假设"（参见 Autor，Levy，and Murnane，2003）。

白领工作可能被自动化取代。对此观点的一个常见反应是，职业工作者所进行的很多任务和活动很难被自动化，争辩说因为这些很难被自动化，所以职业工作者的其他工作也不会受到自动化冲击。我们将此称为"靠困难案例而争辩"。我在此解释为什么这种争辩方式是错误的。当然，我们目前还无法将一些任务自动化。但是，白领从事的工作是由很多活动组成的，集中于无法被自动化的任务，那经常是关注非典型性的任务，认为职业性工作是复杂的，而实际上它往往不是。

非惯常性任务

笔者已经提到，当白领工作被分解成活动时，它经常有一个惯常性任务的组成部分，很容易被自动化。因此，白领工作在自动化面前有风险。但是，还有第二个理由，那就是非惯常性工作也来越能被自动化。白领工作的自动化，很多成功案例关乎非惯常性任务，而不是惯常性任务。

在思考技术能力时，人们经常会争辩说，因为机器无法像人类一样"思考"，它们无法有创造力，因为机器无法像人类一样"感觉"，它们无法有同情心，因为机器无法像人类一样推理，它们无法进行"判断"。但是，这些说法都是所谓的人工智能谬误。它取决于一个观点，那就是机器超越人类的唯一办法是复制人类的思考过程。错误在于，它没有认识到最新的人工智能系统并不复制人类的思考或者推理。

恰恰相反，人类的职业工作者被惊人的机器处理能力、大规模数据存储能力，还有复杂程序所击败。系统比律师更准确地预见法庭判决，机器依照过去的医疗数据比医生做出更好的医学诊断。这时我们就看到，高性能的机器并不依赖于人类的创造力、判断力或者同情心。在很多情况下，它们所遵循的规则并不是人类所遵循的。

人工智能谬误还在于这个惯常性假设的核心。这个假设指出，因为人类能够轻易说出他们在执行这些任务时遵循的法则，所以惯常性任务很容易被自动化。因此我们很容易基于这些阐述制定规则让机器人遵守。反而言之，非惯常性任务很难被自动化，因为人类遵循的规则并不清楚。但是这忽视了一个事实，那就是有其他方式来发展系统，来从事专家级的工作，而不需要试图复制人类专家的思考过程。也就是说，如果在执行同样的任务时，机器遵循的法则不同于人类所遵循的法则，那么人类能否解释他们在完成任务时所遵循的法则并不重要？

要看一下实践中的例子，我们只需要考虑诊断疾病这种情形。很多人曾经认为这是自动化无法取代的。医生和医师常说，诊断疾病的技能无法写下来或者描绘出来，它依赖于"经验"、"直觉"和"判断"这些东西。因此，人们说它无法被自动化。这个观点的核心很清楚。如果我们人类甚至无法描述我们如何完成一项任务，我们怎么能让机器完成此任务呢？

答案在于，通过与人类完全不同的方式来完成任务，而不依赖于对人类在诊断病患时所遵循规则的清晰描述。Esteva 等（2017）描述了一个系统，它能像 21 位皮肤病专家一样精确预测一幅皮肤变色图是否有癌变。这种系统并不试图揭示皮肤病专家在诊断癌变时的思考过程。恰恰相反，它用一种完全不同的方式来完成任务，用 129450 个既往案例来训练机器学习程序，以便获得一套完全不同于人类的规则。

执行白领工人所进行的任务和活动，这项能力是较新的。10 年之前，在处理能力和数据存储能力大幅增长之前，我们无法运行这项系统和机器。在那个时候，超越人类的唯一办法是实验和复制人类的思考过程，让机器来遵循，而现在不是这种情况了。

同机器竞争？

本文的观点如下。

首先，人们通常假定，白领工作是一套不可分割的事情的整体。但是，实际上白领工作经常可以被分割成很多不同类型的任务和活动，那么很多就不是很复杂的，而经常是惯常性的，或者基于过程的，可以被自动化。其次，人们通常假设，那些非惯常性的任务，比如说需要判断力、创造力或者同情心的任务，无法被自动化。但是这取决于人工智能谬论，这种错误想法认为，在完成一项具体任务时，超越人类的唯一方式是复制人类的思维方式。

现在和未来的白领工人应该做什么来应对这些变化呢？很简单，他们面对的是所有工人现在都面对的两项选择。第一个战略是同机器竞争，这意味着他们从事需要人类感官，而机器哪怕是用不同的方式仍然难以胜任的工作。例如，选择严重依靠人际交往能力和创造性思维能力的工作，而不是选择那些依靠大量学习被清晰界定的知识并且以平常的方式加以运用的工作。例如，雄心勃勃的会计师应该志在税收规划，而不是税收守则。第二个战略是不要和机器竞争，而是建造机器，学习软件开发师或者系统工程师需要的技能和能力。

政策制定者应该支持这两种战略。很重要的是，这所导致的政策会迴异于适用于 20 世纪后半期的政策。在那个时候，随着技能溢价上升，我们应该致力于提升工人技能，让他们从事白领工作，支持正规的大学教育就是适宜的政策干预。但是，这是否适用于未来，我们还不清楚。很多仍然无法自动化的任务和活动是低技能工作，例如护士和护理。很多在未来会变得重要的技能和能力不是现在的传统教育机构能够提供的。

参考文献

Acemoglu, D., 2002, "Technical Change, Inequality, and the Labor Market", *Journal of Economic Literature* 40 (1): 7 – 72.

Autor, D., 2013, "The 'Task Approach' to Labor Markets: An Overview", *Journal for Labour Market Research* 46 (3): 185 – 199.

Autor, D., Levy, F., and Murnane, R., 2003, "The Skill Content of Recent Technological Change: An Empirical Exploration", *Quarterly Journal of Economics* 118 (4): 1279 – 1333.

Berman, E., Bound, J., and Machin, S., 1998, "Implications of Skill – Biased Technological Change: International Evidence", *The Quarterly Journal of Economics* 113 (4): 1245 – 1279.

Esteva, A., Kuprel, B., Novoa, R., et al., 2017, "Dermatologist – Level Classification of Skin Cancer with Deep Neural Networks", *Nature* 542: 115 – 118.

Goldin, C., and Katz, L., 2008, *The Race Between Education and Technology*, Cambridge: Harvard University Press.

Susskind, R., 1996, *The Future of Law. How Technology Will Transform the Work of Human Experts*, Oxford: Oxford University Press.

—, 2000, *Transforming the Law. Essays on Technology, Justice, and the Legal Marketplace*, Oxford: Oxford University Press.

—, 2008, *The End of Lawyers? Rethinking the Nature of Legal Services*, Oxford: Oxford University Press.

Susskind, R., and Susskind, D., 2015, *The Future of the Professions: How Technology Will Transform the Work of Human Experts*, Oxford: Oxford University Press.

美国博雷洛公司诉劳资关系部案（1989）[*]

——加利福尼亚州最高法院 S003956 号判决，1989 年 3 月 23 日

罗丽娜[**] 译　李海明[***] 校

上诉人：博雷洛公司。

被上诉人：劳资关系部。

意见团：伊格里森法官、卢卡斯法官、莫斯克法官。

布鲁萨尔法官和阿列斯法官与意见团达成一致，考夫曼法官和帕内利法官与意见团持相反意见。

已退休最高法院陪审法官受司法委员会主席指派出席。

代理人：

上诉人代理人：马库斯·马克斯·冈克尔、卡伦·凯莉和西姆斯·冈克尔。

德雷斯勒和奎恩伯里、安东尼·布利希、南希·麦克多诺和卡尔·博尔登为上诉人的法庭之友。

被上诉人代理人：托马斯·卡德尔和弗兰克·佩德森。

柯克·麦克布莱德、苏·马纳尔、罗卡、奥波伊尔、伦巴多和麦凯纳、琼·格拉夫、罗伯特·巴恩斯、威廉·麦克尼尔三世、威廉·霍格尔、乔尔·迪林格和迈克尔·布兰克，为被上诉人的法庭之友。

---

[*]　名称中的"美国"一词，于本刊编辑时添加的，以便读者一目了然知晓该案例源于哪国。

[**]　罗丽娜，中央财经大学法学院硕士研究生。

[***]　李海明，中央财经大学法学院副教授，专业兴趣领域：劳动法与社会保障法。

法官意见

伊格里森法官

我们下令审查一个采摘黄瓜的农业劳动者与农场主订立书面共享收益协议后，是不是被工伤赔偿覆盖范围排除在外的"独立承包商"。

我们的回应将对其他州的社会立法所依赖的雇佣关系产生重要影响。

种植者声称，在法定"工作控制"规则之下，与农场主共享收益的采摘工人是独立承包商，因为他们自主管理自己的劳动，共享农作物收益的同时共担风险，并书面同意自己不是雇员。在就工作关系的性质进行取证之后，劳资关系部的劳动划分标准执行局否决了这些论点。高级法院认为该局的决定是有证据支持的。然而，上诉法院推翻了这一决定。

正如该局和高级法院主张的那样，我们发现农场主的论据没有说服力。种植者控制着农场里的农业生产，从农作物种植到销售。他只是选择以奖励工人的方法代替直接的工作监督来完成农作物生产的整个过程。他因此保留了对生产的一切必要控制，导致该生产过程只能通过一种路径完成。

此外，记录显示，尽管采摘工的工作是季节性的，但是其仍然遵循了雇员的一般模式。"与农场主共享收益的农场工人"并没有在实际意义上作为企业家来独立经营农场业务。他们及其家庭成员明显应该被纳入适用工伤赔偿法的那一类人群。

因此，我们基于不可否认的事实作出法律结论："与农场主共享收益的农场工人"属于雇员并有权受到工伤赔偿法保护。据此，我们推翻了上诉法院的判决。

法院已查明案情

1985 年 8 月 14 日，一位副劳工专员对吉尔罗伊地区的种植者博雷洛公司发出停止令和惩罚评估通知，因为该公司没有为在他农场中从事黄瓜采摘工作的 50 名随工作迁徙的采摘工人缴纳工伤保险。博雷洛公司随后上诉至劳资关系部劳动标准划分执行局。在行政听证会上，博雷洛公司承认没有给黄瓜采摘工人缴纳工伤保险。它辩称它农场里的黄瓜采摘工是被工伤赔偿法排除在外的独立承包商（第3351条、第3353条）。

采摘工人家族的负责人与农场主签署了预先协议，这份协议现在作为证据。协议有英语和西班牙语对照，协议中指明签字者是"与农场主共享收益的农场工人"，他的职责是准备并收获农场里的黄瓜。博雷洛公司同意准备并提供土地、种植作物、培育、洒药、施肥并且支付与之相关的所有费用，种植者也同意提供包装黄瓜的盒子和箱子并将黄瓜运送至买家手中。

"与农场主共享收益的农场工人"同意"由他和他的家庭成员们一起完成农作物的收获工作"（原文以斜体标注）。收获工作包括将优质的黄瓜整齐、干净地摆放在博雷洛公司提供的盒子或箱子里。完成这项工作的方式由采摘工人自行选择。但是他同意利用农业惯例来获得最大的收成以及付出必要的时间来完成收获任务。采摘工人必须自备采摘工具和往来田间的交通工具。

该协议进一步规定，由"与农场主共享收益的农场工人"收获的农作物必须卖给双方均认可的买家。博雷洛公司享有作物的所有权直至它被出售，但是博雷洛公司和"与农场主共享收益的农场工人"平分该作物的毛收入。合同规定，货款金额完全取决于买家制定的价格、货物重量和评级数据。这些数据的副本将提供给缔约方。博雷洛公司承诺将保留必要的重量、价格、作物等级记录以供"与农场主共享收益的农场工人"查验。

最后，该协议详述缔约双方为委托人和独立承包商的关系而不是雇主和雇员的关系；该"与农场主共享收益的农场工人"是个体经营者，他必须遵守童工法的所有规定；博雷洛公司不会对他们的收益进行扣税，"与农场主共享收益的农场工人"须自己进行纳税申报；博雷洛公司将不会提供工伤赔偿保险或伤残保险。合同被视为属于特定主体，非经另一方同意不得私自转让。

博雷洛公司的负责人理查德·博雷洛和约翰尼·博雷洛证明如下：博雷洛公司种植了多种农作物，其中包括黄瓜。其他所有的作物都是以支付工资的形式雇佣工人进行收获的。近几年，当地收购黄瓜的只有弗拉西克腌制品公司。弗拉西克腌制品公司单方面决定他们收购的黄瓜的品种和价格。每吨黄瓜"个头越小，价格越高"。

黄瓜的生长周期是60天，博雷洛公司自负成本进行耕种，使用自己的管道进行灌溉并在弗拉西克腌制品公司的指导下喷洒农药。

采摘工人——14个随工作而迁徙的家族——在1985年的收获季开始之前2～3周到达。他们想要继续以"与农场主共享收益"的模式合作，因为他们想要赚更多的钱。一些家族已经在这个模式下工作了许多年，在吉尔罗伊地区，这是黄瓜采摘常用的模式。博雷洛公司与上述的家族负责人签订的"与农场主共享收益"的格式合同由弗拉西克腌制品公司预先提供。如有必要，合同将用西班牙语向工人阅读并向工人解释其中的条款。

"与农场主共享收益的农场工人"希望能够获得的土地承包数量基于先到先得原则。一英亩或两英亩或20～40排都是常见的。在收获期间，工人对所分配到的地块里的作物全权负责。除了锄地、除草，采摘工还必须阻止沟两边的藤蔓互相蔓延，以防被踩坏。后一个任务是通过将乱窜的藤蔓归置到合适的位置来完成的。在此期间，"与农场主共享收益的农场工人"也决定何时对黄瓜进行灌溉，但是供水由博雷洛公司控制。

博雷洛公司没有在田间设置监工，也不对工人的收获工作进行直接指导。工人们可以自己设定工作时间，可以决定何时按照尺寸规格挑选采摘并整理黄瓜，以保证利润最大化。利润激励是控制绩效和工作质量的唯一保证。博雷洛公司在田间的唯一一名员工是拖拉机驾驶员。他提供空盒子和箱子，为每一个"与农场主共享收益的农场工人"的箱子编号，并把装满的箱子运送到装货区。工人可以自己运送自己收获的货物到弗拉西克腌制品公司，但是博雷洛公司自己运输，因为弗拉西克腌制品公司比较喜欢这种方式。

弗拉西克腌制品公司根据编号记录每一个"与农场主共享收益的农场工人"所收获的作物。在博雷洛公司的要求下，弗拉西克腌制品公司将每一个"与农场主共享收益的农场工人"享有的那一部分货款的支票直接给该工人，理查德·博雷洛完全不经手这一部分支票和弗拉西克腌制品公司的记录文件。"与农场主共享收益的农场工人"之后将他的份额分给和他一起进行黄瓜采摘工作的家族成员。

博雷洛公司的证人坚称在收获期间他们无权辞退"与农场主共享收益的农场工人"和他的采摘工。如果他放弃所承包的这块地，将失去追索权。尽管承包协议的条款规定不得将"共享收益协议"随意转让，也不能雇佣除承包商家族成员之外的工人，但是仍然有一些"与农场主共享收益的农场工人"在家庭出现紧急情况时将他们承包的份额转租给他人。黄瓜收获结束后，这些工人就会直接离开，不会为博雷洛公司收获其他的作物。博雷洛公司承认，他们不会为黄瓜采摘工人提供食物和卫生设施。

基于这些证据，执行局得出结论：因为博雷洛在黄瓜的耕种、收获、出售中起着控制作用，收获工人缺乏对作物的投资，所以，他们不能被看作真正意义上的佃农。所以，执行局裁定，收获工人是雇员而不是独立承包商，从而确认了惩罚评估/停止令的效力。

博雷洛公司请求法院审查执行局做出的该停止令。法院在审理过程中发现该局的决定是有证据支持的，于是驳回了博雷洛公司的诉讼请求。

上诉法院推翻了这一结论。上诉法院认为博雷洛公司放弃控制收获工人的工作，在收获期间它不能随意辞退这些工人，工人自备必要的工具，以及之后的酬劳支付方式、工作的临时性，还有书面合同中达成的合意，所有这些因素结合起来促使"与农场主共享收益"的独立承包商成为一个法律问题。

辩　论

工伤赔偿法仅适用于雇员在雇佣过程中遭受到的伤害（第3600条、第3700条）。"雇员"包括大多数基于雇佣合同而为雇主工作的人（第3351条），但是不包括独立承包商。该法案将独立承包商定义为任何一个为特定结果服务的人，其雇主只控制工作的结果不控制具体的工作方式（第3353条）。

如果依赖于有争议的证据或推论来确定雇员或独立承包商身份，那这个问题就是一个事实问题。如果得到实质性证据，该局的决定将会获得支持（Germann v. Workers' Comp. Appeals Bd.［1981］案）。如果证据是无可争议的，那这个问题就成为法律问题（Tieberg v. Unemployment Ins. App. Bd.［1970］案），但是该机构的决定是恰当的。合同双方对他们关系的界定不具有决定性作用，为规避法律义务而耍的花招均不会得到支持（Kowalski v. Shell Oil Co.［1979］案；Tieberg案；Truesdale v. Workers'Comp. Appeals

Bd.［1987］案；Martin v. Phillips Petroleum Co.［1974］案；Bemis v. People［1952］案）。必须对工伤赔偿法案进行解释，以扩大在工作中受伤的人的福利（第3202条）。一个试图逃避责任的人有责任证明为其工作的人是独立承包商而不是雇员（第3357条、第5705条、细则a）。

博雷洛公司和它的集体种植户们强烈主张上诉法院将独立承包商关系作为一个法律问题。种植者主张，在协议的实际应用中，博雷洛公司仅保留了一项对"与农场主共享收益"的黄瓜收获工人工作结果的控制，即完成收获，不对如何完成工作进行控制。种植者还指出，"与农场主共享收益的农场工人"所得的酬金完全是基于工作的结果。种植者强调收获工人自备工具、使用自己的工作技能、不会被辞退，并明确接受自己的独立地位以及随之带来的风险和好处。我们既不同意种植者的前提，也不认同他的结论。

独立承包商与雇员的区别是普通法上产生的，以限制某人为提供服务者的不当行为承担责任。在这种情况下，委托人的监督至关重要，"雇主有权控制服务的细节和范围，这与雇主是否应该对他们承担法律责任高度相关"（见Larson《工伤赔偿法》［1986］第43.42节，第8~20页；另见Hanna《加利福尼亚州工伤和工伤赔偿法》［1988］第3.012节，第3~4页）。因此，"细节控制"规则成为普通法中确认雇员地位的重要衡量标准。

20世纪通过的许多保护"雇员"的立法都对独立承包商做了区分，以此来确定和限制其保护范围。该法明确规定排除"独立承包商"，并在独立承包商的法定定义中插入普通法的"细节控制"规则。这些案件也将这些原则扩展到其他"雇员"立法。遵循普通法传统，加利福尼亚州决定适用这些法律并做出统一声明：确定雇佣关系的主要标准是，被服务的人是否有权控制实现所期望结果的方式和手段（Tieberg案，失业保险；另见Isenberg v. California Emp. Stab. Com.［1947］案，同样的，直接类比工伤赔偿法；Perguica v. Ind. Acc. Com.［1947］案，工伤赔偿；Empire Star Mines Co. v. Cal. Emp. Com.［1946］案，失业保险）。

然而，法院早就认识到，严格而孤立地实行的"控制"规则在评估无限多样的服务合同方面往往没有什么用处。除了承认"细节控制"规则是最重要或最有意义的考量因素，当局还认可一些关于服务关系性质的次要因素。因此，我们注意到"构成雇佣关系的有力证据是无理由随意解雇的权利"（引用自 Tieberg 案，引用 Empire Star Mines 案）。额外的因素主要来自机构的重述，包括：（a）从事的服务是否完成单独的工作任务；（b）工作是否通常需要用工方或者专家进行指导；（c）工作是否需要特殊的技能；（d）是否由用工方提供工具和工作场所；（e）为用工方提供多长时间的工作；（f）计算报酬的方式，基于时间还是工作结果；（g）是不是用工方日常业务的一部分；（h）双方当事人是否相信他们之间存在雇佣关系（Tieberg 案；Empire Star Mines 案）。"一般而言，……个别因素不能机械地单独应用，这些因素是结合使用的，各个因素的权重取决于它们的组合方式。"（Germann 案）

此外，该法案中所体现的雇佣关系的概念并没有受到普通法规则的限制。我们承认对该法案中雇佣关系定义的解释需要考虑"历史和立法宗旨"（Laeng v. Workmen's Comp. Appeals Bd.［1972］案，简称"Laeng 案"）。

普通法和立法目的在关于区分雇员与独立承包商的定义上有着本质不同。普通法的规则用于界定雇主对雇员造成的伤害的责任，"赔偿法案中的一个基本问题就是雇主应该对雇员所受的哪些伤害进行投保"（引自"第 777～778 页【原文以斜体标注】；1. Larson《工伤赔偿法》［1986］第43.42 节，第 8～20 页；2. Hanna《加利福尼亚州工伤和工伤赔偿法》［1988］第 3.012 节，3～4 页"）。

联邦法院早已意识到：侵权行为法和社会立法之间的区别可以证明当索赔人作为一个独立承包商而被排除在"雇员"之外时就背离了普通法的原则。在立法没有禁止的情况下，联邦法院认为传统"控制"规则是一般性的评估，即评估服务协议是不是保护性法规想要覆盖的类型（Bartels v. Birmingham［1947］案；Rutherford Food Corp. v. McComb［1947］案；United States v. Silk［1947］案；Board v. Hearst Publications［1944］案）。但是 United States v. Webb, Inc.（1970）案中提到，《联邦保险费缴纳法》和《联邦失业税法》的修正案规定，雇佣关系必须由"普通的普通法规则"来决定。

大多数州的法院都认同，在工伤赔偿案件中，为了实现立法救济的目的，必须考虑索赔人是雇员还是独立承包商这一问题。有一些州已经做出了判决，如加利福尼亚州已经立法规定将"对工作的控制"作为区分雇员和独立承包商的依据。如，Anton v. Industrial Commission of Arizona 案（Ariz. App. 1984）中提到，法律排除将在雇员之外的"独立承包商"定义为不需要服从雇主制定的规则，雇主也不对其工作进行控制，雇主只设计并控制工作完成的结果；Woody v. Waibel（1976）案中提到，法律覆盖的雇员是指以服务换取薪酬并且受雇主指导和控制的人。Matter of Kokesch（Minn. App. 1987）案中也提到了这一点。Grothe v. Olafson（Alaska 1983）案中提到了"细节控制"的定义于1959年被废止。Ceradsky v. Mid – America Dairymen，Inc.（Mo. App. 1979）案；Burton v. Crawford and Company（1976）案；Evans v. Naihaus（La. App. 1976）案；Sandy v. Salter（1976）案；Caicco v. Toto Brothers，Inc.（1973）案；Tata v. Benjamin Muskovitz Plumbing & Heating（1959）案；Seals v. Zollo（1959）案；Paly v. Lane Brush Co.（1958）案中均提到了关于"细节控制"废止之言。但是 Kirkwood v. Industrial Commission（1981）案中提到，原则上同意重构，但是援引企业领域对传统"控制规则"的依赖。

上文提到的 Laeng 一案的判决中没有直接涉及雇员和独立承包商法定定义的区别。但是自 Laeng 案之后，一些上诉法院提出，加利福尼亚州确认独立承包商地位的传统规则在处理工伤赔偿案件时必须考量立法救济的目的、拟保护的人群、谈判双方的相对地位（如，Truesdale v. Workers' Comp. Appeals Bd. [1987]案；上文提到的 Germann 案；Ohnson v. Workmen's Comp. Appeals Bd. [1974]案）。

我们同意：基于《工伤赔偿法案》，通过"细节控制"规则确定一个为雇主提供服务的人是"雇员"还是"独立承包商"需要结合保护性立法的目的加以考量。工作的性质、工作协议的整体安排都必须加以审查，以确定是否符合法律的"历史和立法宗旨"（Laeng 案）。

《工伤赔偿法案》的立法目的有如下几个。它寻求（1）确保工伤损害是订约人生产成本的一部分，而不是社会的负担。（2）将工伤赔偿作为无法避免的生产成本，不论雇员过错与否，均对其遭受的工伤损害进行及时、有限的赔偿。（3）促进工业生产安全。（4）作为回报，使雇主免受雇员因工伤对其提起的侵权责任诉讼（见 Laeng 案；Van Horn v. Industrial Acc. Com. [1963]案；Hanna 案）。

该法案旨在将所有雇佣过程中发生的工伤事故纳入保险。它通过将雇员广泛的定义为"为雇主提供服务的人"，以及做出一个一般性推定——"任何一个为他人服务的人都是被该法案覆盖的雇员"——来实现这一目标（§§ 3351，5705，subd. ［a］；见 Laeng 案）。

将"独立承包商"明确排除在保护范围之外是有目的的，同时有着有限但是重要的功能。立法者已经意识到在某些情况下，直接将无过错损伤的风险强加于服务提供者而不是接受者也可以较好地实现该法案的目标。例如，对于服务提供者对工作安全环境有控制权这类案件，最好是将工伤损害的风险和成本纳入服务提供者的业务中，让服务提供者独立地选择自雇的风险和收益。

在决定一个工作人员是雇员还是独立承包商时要为了实现立法的目的进行衡平。我们没有采用新的细节标准来审查这个问题。为此，我们州迄今为止所保留的重述准则依然是有用的参考。第 2750.5 条中规定的独立承包商许可标准（见第 5 ~ 6 页、第 351 ~ 352 页）也是区分雇员和独立承包商的有用手段。相关的考量可能经常会与普通法上的考量重合（见 Laeng案）。每个服务提供协议都必须根据事实进行评估，并且个案因情况而异。

我们也考虑到了其他辖区根据立法救济目的所制定的厘定独立承包商的"六因素规则"。除了控制工作的权利之外，其他因素还包括：（1）员工根据其工作管理技能获得收益或亏损的机会；（2）员工对工作任务所需要的装备和原料进行投资，或者雇佣佣工；（3）提供该服务是否需要特殊技能；（4）工作关系的持久性程度；（5）提供的服务是不是用工方日常业务的一部分（Real v. Driscoll Strawberry Associates, Inc. ［9th Cir. 1979］案，《公平劳工标准法》）。

可以看出，这些规则与我们传统的重述规则有许多相似之处。我们发现，确定一名服务提供者在工伤赔偿法的目的上是雇员还是被排除在外的独立承包商是逻辑上的固有难题。

无论基于哪种规则，在这里我们都必须驳回种植者的请求。尽管博雷洛绞尽脑汁将他们的黄瓜收获工人伪装成独立承包商，但是他们之间的雇佣关系也是毋庸置疑的。

这个问题在其他地方出现了很多次。种植者声称，随工作而迁徙的黄瓜收获工人是自雇的"与农场主共享收益的农场工人"，他们承包一项工作任务，自行根据情况做出判断并运用技能，控制自己的工作，并且所获酬劳完全由最终的收获成果确定。因此，种植者强调黄瓜收获工人不是《工伤赔偿法案》立法所保护的雇员，而是被排除在保护范围外的"独立承包商"。

在一些有例外情况的案例中，法院驳回了种植者的如上请求。该判决强调：种植者虽然声称放弃了对黄瓜收获工作的监督和控制，但是仍然保留了对作物生产和销售的绝对、全面的控制。此外，案例中提到，除了简单的手工工具之外，工人们没有投入任何资本；他们从事的体力劳动不需要任何特殊技能；他们的报酬不取决于他们的主动性、判断能力或管理能力；他们的服务虽然是季节性的，但是定期提供，已经成为种植者业务的一部分；他们依赖于他们所从事的农业劳动生存。以上述情况作为理由，当局认为收获工人属于保护性立法覆盖的人群（类似的考量在一些案例中具有决定性作用。如，Sec'y of Labor，U. S. Dept. of Labor v. Lauritzen［7th Cir. 1987］案；Beliz v. W. H. McLeod & Sons Packing Co.［5th Cir. 1985］案；Donovan v. Gillmor［N. D. Ohio 1982］案；Kokesch 案；Donovan v. Brandel［6th Cir. 1984］案）。

种植者强调，就黄瓜收获工作来说，博雷洛只对"特定的工作结果"支付"特定的报酬"，不关注工作的细节。他们强调，"与农场主共享收益的农场工人"的工作不受博雷洛的干涉，为了完成他们的工作任务，他们有权采用一切合法的手段，并且博雷洛支付的酬金是为生产成果支付的而不是为劳动支付的。种植者强调，此项工作需要技巧和判断能力，因为作物在收获期间需要进行最后的锄地、除草和灌溉；收获工人需要清理沟里的藤蔓；并且需要根据最适合销售的尺寸去挑选成熟的黄瓜。因此，种植者断言，收获工人在工作过程中的自我"控制"因素推翻了之前认定他们之间为雇佣关系的判决。

我们不支持该抗辩理由。首先，博雷洛公司的业务是生产和销售农作物，对这个业务流程进行"全面普遍的控制"。博雷洛公司拥有自己的土地并进行耕种，没有"与农场主共享收益的农场工人"的参与，博雷洛公司自行决定种植黄瓜，从唯一的买家那里得到黄瓜收售价格方案，之后种植作物并且负责作物的整个生长周期。采摘工作于作物成熟时在博雷洛公司的农场进行。在采摘期间，博雷洛公司提供包装黄瓜的箱子和盒子，博雷洛公司的员工将货物从田间搬走并运到市场出售，并且保存工人收入的记录文件并开具支票。因此，"在整个业务流程中有实际意义的环节——价格、农作物种植、施肥和防虫、支付和与买家打交道的权利都是由博雷洛公司控制的"（Gillmor 案）。

除此之外，与种植者的说法相反，黄瓜采摘只是简单的体力劳动，只能以一种正确方式进行。采摘方式和植物护理方式可以快速习得。这项工作需要耐力和耐心，但是并不涉及任何超出员工预期的特殊技能（Lauritzen 案、Gillmor 案、Kokesch 案）。这是一项简单的工作，不是那种要求从业者有高超技能从而需要细节监督和严格的岗位纪律的工作。通过酬劳支付模式促使工人勤勉工作并把控工作质量，本质上是计件工资模式在农业上的变通适用。

在这种情况下，博雷洛公司保留了其业务运营的收获环节中的所有必要控制权。企业不得将其业务生产过程分解为一个一个小步骤，然后宣称它缺乏对责任工人的"控制权"，从而规避法律上的义务（Silk 案；另见 Powell v. Appeal Board of Michigan Empl. Sec. Com'n [1956] 案）。

其他令人信服的因素也表明：工伤赔偿法将工伤事故的风险和成本放在博雷洛公司身上，而不是农工自己身上。黄瓜收获工人是博雷洛公司业务运营中的一个规律、整合的部分。他们的工作虽然是季节性的，但是农业活动却是长久性的。理查德·博雷洛作证说，他与一些黄瓜收获工人的合作是长期的，因为一些随工作迁徙的家庭年复一年地回到这里工作。收获工人长期融入博雷洛公司的核心业务是基于《工伤赔偿法案》认定博雷洛公司是"雇主"的一个强有力的指标（参见，例如 Lauritzen 案、Kokesch 案；Larson 案"认定雇佣关系的现代化趋势是：员工完成的工作是雇主正常的日常业务中不可或缺的部分以及员工为雇主提供的服务不是独立的或专业业务"）。

同样的道理，"与农场主共享收益的农场工人"和他们的家属也没有表现出任何可能将他们排除在《工伤赔偿法案》立法保护目的之外的特征。他们不从事任何贸易或职业，他们在商业中不占优势，他们从事典型的农场劳动，只要有工作就可以雇佣他们。他们除了手工服务和简单的工具之外不投入任何资本，也没有"盈利"或"亏损"的机会；像计件工资模式的雇员一样，他们根据自己采摘的黄瓜的等级和尺寸获得酬劳，依靠田间劳动维持生计。尽管有合同的规定，但是他们没有机会使他们自己和他们的家人免受工伤带来的损失。如果博雷洛公司不是他们的雇主，那么他们自己和整个社会将承担这种损害发生时的全部经济负担。毫无疑问，他们是《工伤赔偿法案》旨在保护的人群。

种植者认为，他们经过明确解释后才打印并签署了该协议，"与农场主共享收益的农场工人"明确认同他们不是"雇员"，并自觉接受随之而来的收益和风险。然而，《工伤赔偿法案》有着保护工人自身利益之外的公共利益的目的。除此之外，该法案基于一种社会认识，即如果工伤事故的风险不属于企业自身的经营风险，就可能落在公共财政之上。当然，工人明示或默示放弃雇员地位而作为独立承包商是有"重大意义的"（见Tieberg 案）。但是如果在其他方面存在令人信服的具有雇佣关系的标志，我们就不能轻易地假定个人放弃基于该法案所获得的受保护的权利。

而且，没有迹象表明博雷洛公司给它的黄瓜收获工人提供了真正可以选择的条件。理查德·博雷洛证实，收获工人家族的负责人签订了预先打印好的合同。他承认最近当地来了一批黄瓜收获工人，进一步承认他们没有对合同条款进行讨价还价，也没有证据证明"与农场主共享收益的农场工人"家族里那些没有签字的采摘工人接受了博雷洛公司在雇佣过程中的免责条款。没有记录表明这些工人自愿成为独立的、不受保护的群体。

基于该法案得出"共享收益农场工人"的结论会产生一个令人不安的方法，使得雇主免于根据加利福尼亚州保护雇员的法律和其他保护农业劳动者制定的法律应该负担的义务。其中包括农业劳动关系法、农业劳动承包商许可要求、最低工资标准、最长工作时间和（本案中提到的）雇佣未成年人、公平就业和住房法的反歧视规定，以及关于雇员健康和安全的规定（如《劳动法》第6300条，关于职业健康和安全的规定；健康和安全法第5474.20条规定的雇主的强制性义务，为每40名或更少的外地雇员提供厕所和卫生洗涤设施）。

因此，我们认为博雷洛公司未能证明其雇佣的黄瓜收获工人是被《工伤赔偿法案》排除在外的独立承包商。因此，高等法院决定推翻上诉法院作出的同意博雷洛公司上诉请求的判决。

卢卡斯法官、莫斯克法官、布鲁萨尔法官和阿圭列斯法官表示同意。

司法委员会主任任命已退休的最高法院副法官出席。

考夫曼法官提出异议

　　该院的复审裁决和由此产生的大多数意见，很大程度上偏离了长期以来公认的成文法和判例法，这是本院历史上最令人心痛的事件——对事物进行完全不必要和不适当的干涉并损害加利福尼亚州居民的自由。它没有预见到这一所谓不幸的做法在该地区是普遍的而且已经存在了多年，基于该地区唯一的黄瓜收购商的要求从而令订约各方都满意。此决断的后果损害的恰好是那些它原本想保护的人。威尔·罗杰斯已经阐明了民间智慧："如果一个事物没有破裂，不要去修理它。"对任何的政府部门来说，这都是合理的建议，司法机构也应该恪守这个规则。

　　我们复审这个案件时有一个令人非常好奇的问题——为什么没有任何一方提出复审申请。各方在口头辩论中告诉我们为什么；他们坦率地相互承认，这一案件的卷宗记录完全不足以为重大决定提供依据。整个听证笔录包括展品只有 60 页；该部门没有提供证人，没有一位同事作证，唯一的证人是博雷洛公司的两名比较活跃的管理人员。确认了这一点后，法院撤销对由于考量不周而受理的案件的复审是合适的。但是显然在提交审查报告之后不屑于驳回，大多数人现在着手做出扭曲独立承包商法的判决，并且这个过程是依靠完全没有卷宗记录支持的一些事实和假设进行的。

　　今天有两个案件待决，一个是由多数人决定的，一个是开庭之前就已经显而易见的。卷宗展示的图景是一个由博雷洛公司发明的逃避工伤赔偿法下的雇主责任以及剥削处于不利地位的随工作迁徙的农场工人的邪恶诡计。但是记录显示的证据展示了另一种图景：无论是劳动标准划分执行局还是高级法院都没有发现这个诡计，而且没有任何证据表明博雷洛公司编造了共享收益的服务协议，更不用说它是为了逃避工伤赔偿法下的义务。事实上，除非"与农场主共享收益的农场工人"是工伤赔偿法下规定的雇员，否则博雷洛公司对他们不负有该法案赋予的义务。对于这个问题大多数人的推理都是用同一个未经证明的假定来辩论的。多数人呼吁对《劳动法》第 3202 条进行任意解释也是如此。任意解释仅仅是为了这个法案所覆盖的人——雇员的福利。况且，正如第 3202.5 条所提到的那样，任意解释不能取代实质性的证据。

案卷记录表明，博雷洛公司雇用了大量的农业生产劳动力来种植其他作物。博雷洛公司为这类工人缴纳了工伤保险，无论作物的收成或作物的营销情况如何，这些工人都按小时或其他方式领取薪酬，这与他们作为雇员的地位是一致的。只有腌制类黄瓜的生产和销售是由 14 个"与农场主共享收益"模式的家庭完成的。该共享收益协议是由当地唯一的黄瓜采购商弗拉西克腌制品公司确定的，弗拉西克腌制品公司起草并提供"与农场主共享收益"的合同，并要求每一个向其出售黄瓜的农场主按照这个模式来。弗拉西克腌制品公司在每年的"与农场主共享收益"协议签署前，单方面决定黄瓜的价格。

这个"共享收益"协议在吉尔罗伊地区已经普遍实行了多年，博雷洛公司种植腌制类黄瓜至少已经 10 年。根据两名证人在法庭上做出的无可置疑的证词，这种模式是收获工人们所喜欢的，因为这使得他们有机会比小时工赚得更多的钱。在博雷洛公司种植这类黄瓜的 10 年里，有很多"与农场主共享收益"的迁徙家庭每年都会回到这里与他们合作，有一个家庭已经连续 9 年回来与他们合作。经验丰富的"与农场主共享收益的农场工人"经常带来一些新的迁徙家庭并推荐给博雷洛公司，他们希望在"与农场主共享收益"的协议下从事黄瓜收获工作。

大多数州都认为照看和收获黄瓜只是简单的体力劳动，博雷洛公司"保留了对这项工作的所有必要控制，完成这个工作只有一条正确路径"。案卷记录中所载明的证据却刚好相反，理查德·博雷洛作证时毫不矛盾地证明，经验丰富的"与农场主共享收益的农场工人"比没有经验的人能获得更多的酬劳，"与农场主共享收益的农场工人"在照看和收获黄瓜时需要与之相应的技巧。他具体陈述："一个'与农场主共享收益的农场工人'需要拔杂草，他也确实这样做了，在藤蔓长到沟里的时候，他需要把藤蔓理顺放到植物下边，以保证它们沿着线路生长，这样它们就不会长到沟里，工人劳作时也就不会踩到藤蔓。藤蔓长到沟里的时候，人们经过会踩到它们，从而造成很大损失。也就是说你可能会因此损失百分之二十的黄瓜。除草和清理藤蔓是他们的职责。"他进一步作证："从签订合同那一刻起，'与农场主共享收益的农场工人'将完全负责黄瓜的照料和收获。如果需要锄地或除草，都是他们的责任。他们全权照料这些作物。""共享收益工人自己照顾自己所负责的那几排黄瓜，自行决定是否需要灌溉，我唯一需要做的就是提供水，也就是说我只需要按下按钮启动油泵。"当问到谁决定灌溉时，理查德·博雷洛作证说："是'共享收益农场工人'们一起决定的，他们知道不能同时给一块地里的那么多排作物浇水，所以他们商议决定何时灌溉。他们会经过商议一致同意何时进行采摘（灌溉）。我不会进行干预。"当被问到如果"共享收益农场工人"故意进行不合适的灌溉对作物造成损失时，他会怎么应对，他回答："我损失了就只能是损失了，对此我没有办法做任何事。但是他们不会那么做的，因为他们也会有损失。他们为什么要破坏自己的作物呢？"

打理藤蔓和照料黄瓜藤是这些共享收益者需要个人技能的标志，Richard Borello 作证说："如果他（共享收益工人）放弃照料某一个区域，那我就会有损失。再去找一个'共享收益工人'来照料这片区域是非常困难的，因为另一个人不会像这个人一样一下照料这些作物，同时如果这个人照料的方式不对，这个作物就损失了。"接管这些作物也是很困难的，因为"及时把大的黄瓜从藤蔓上摘走是很重要的，因为它们会压坏植物"。

至于"与农场主共享收益的农场工人"的工作时间，理查德·博雷洛说："他们都是经验丰富的黄瓜收获工人，他们知道早晨太早出发对植物是不利的，他们想让自己负责的作物保持最健康的状态从而提高产量。这对他们来说是最有利的。所以他们会开始得晚一些。很多时候，一些工人不会来地里。有一些会在八点开始，其他的一些会在十点开始，这取决于他们是否关心他们的作物。一些人说我想要赶快解决它们，于是他们在很早的时候就开始工作，在植物还是湿的时候就开始采摘，即使这样会伤害到作物。但是我从来没有对此说过什么。有一些人会在十点开始，那时候植物比较干燥，这样对作物本身比较好。还有一些人从下午六点开始，只在傍晚进行采摘。所以对于工作的时间我从来不做干涉。"至于做这项工作的具体是哪些人，他说："我没有控制的权利，合同规定采摘工人由'共享收益农场工人'自主提供，在合同中有提到他们只能用他们自己的家庭成员，合同也强调了这一点。对一个'与农场主共享收益的农场工人或者承包商'，除了同意合同所说的只能用自己的家庭成员这一点外，我不能控制他们在自己负责的区域投放哪些工人。"

被问到除了质量控制之外博雷洛公司和弗拉西克腌制品公司是否对"与农场主共享收益的农场工人"进行其他任何类型的控制时，理查德·

博雷洛作证说："除了挑选小黄瓜和照料好自己的作物实现利益最大化之外，没有任何的质量控制，这就是一种激励手段或者说质量控制。如果他们采摘的黄瓜很大，那他们就会损失，我也会损失，如果他们采摘的黄瓜比较小，那他们就会获利，我也会获利。"

再次，大多数人的结论是"与农场主共享收益的农场工人"不是实际意义上的承包商，这是没有证据支撑的。两个基本的事实证明了这些"与农场主共享收益的农场工人"是承包商。第一，证词显示在合同期限内，博雷洛公司不能随意解除合同或辞退他们；第二，如果庄稼歉收、被破坏或其他原因导致无法上市，无论他们工作了多久，他们的劳动都不会得到报酬。

这些事实证明了大多数人所认为的"与农场主共享收益的农场工人"没有对企业进行投资这个结论是错误的。他们以劳动进行投资。这对于大多数人来说可能是微不足道的，但是对于"与农场主共享收益的农场工人"来说，毫无疑问是重要的。劳动的价值是所有资本的最终来源。在各个时代美国都有许多随工作迁徙的家族成为企业，他们仅仅投资他们所掌握的唯一资产，即他们的劳动价值。

博雷洛公司在这个共享收益协议中承担了实实在在的风险，也获得了实际利益。博雷洛公司节省了雇佣控制生产方式和工作质量的监工成本。另一方面，它放弃了控制工作的时间和方式的权利。正如理查德·博雷洛所解释的那样，博雷洛公司对这项工作没有任何控制权，如果因为不恰当的照料或采摘而导致"与农场主共享收益的农场工人"遭受损失，博雷洛公司也会遭受损失。

大多数人做出的"没有证据证明收获工人自愿处于独立的和不受保护的状态之下"这一结论不是基于执行局或高级法院的调查事实做出的，而且与自身没有矛盾的案卷记录相违背。共享协议明确规定"与农场主共享收益的农场工人"是独立承包商，博雷洛公司不会对他们进行扣税，也不会为他们和他们的家庭成员缴纳工伤保险。协议是用明确通俗的语言所写的，有英语和西班牙语两个版本，如果有必要博雷洛公司会在签署之前用西班牙语解释条款。与大多数人的意见相反，没有法律规定，除非有可替代选择，否则一个人进行的订约行为是非自愿的。理查德·博雷洛和约翰尼·博雷洛都作证说："与农场主共享收益的农场工人喜欢共享收益模式，因为在这种模式下他们可以比小时工赚到更多的钱。"这些迁徙家庭年复一年地回来与他们合作，并且带来了一些新的迁徙家庭加入他们的事实也证实了博雷洛一方的证词。

大多数人所认为的"没有证据表明没有签署名字的'与农场主共享收益的农场工人'的家庭成员自愿接受博雷洛公司的雇佣责任免责声明"是不可思议的。他们的家族负责人显然是获得了家庭成员的授权，代他们家族与博雷洛公司签订共享收益协议。根本没有相反的证据也没有其他合理推论。值得注意的是，没有任何一位"与农场主共享收益的农场工人"或其他证人作出与博雷洛公司的陈述相抵触的证词。

更令人惊讶的是，大多数人试图抹杀"与农场主共享收益的农场工人"能够比小时工获得更多收入的证据。被问到"为什么工人们喜欢共享收益模式，而不是我们常说的按小时支付工资"时，理查德·博雷洛回答说："因为在共享收益基础下，他们能获得更多的收入。"接着他被问道："如果是时薪制，这些工人的时薪大概是多少？"他回答说："以吉尔罗伊的标准来看，大概是每小时4美元。"接着他又被提问："公平地说，在共享收益模式下，工人们比时薪制赚得多很多吗？"他回答："当然，在共享收益模式下，平均算下来他们的时薪能达到每小时7~8美元。"

约翰尼·博雷洛的证词也是一样的。他对这个问题作出了如下回应：

> Q：你觉得在吉尔罗伊地区还有不采用共享收益模式的农场工人吗？
>
> A：很少。
>
> Q：你知道为什么他们不采用这种共享收益模式吗？
>
> A：不管怎么样，如果他们采用共享收益模式，他们可以赚得更多。
>
> Q：根据你在农场的经验，工人们乐于接受这种共享收益模式吗？他们是否想要这种共享收益模式？
>
> A：他们喜欢这种模式。
>
> Q：在你看来，在共享收益模式下，他们是否能获得更多的收入？
>
> A：是的。

理查德·博雷洛证实，每周的销售收益都会在家庭成员之间进行分配，同时也没有事实可以推断出农场工人在共享收益模式下会比在时薪制下赚得少。销售收益的金额取决于那一周收获并销售的黄瓜的数量和种类。大多数人所说的每周的金额不代表他们每周的工作时间，也不代表他们那一周采摘黄瓜的人数。因此，不可能依据每周收入的多少推断出他们平均每个小时的工资。剩下的是理查德·博雷洛和约翰尼·博雷洛所作出的无可置疑的证词。

最后，回到法律上来。法律上的控制规则非常清晰、简单，尽管在这个案件上的适用不是那么容易。基于这些摆在我们面前的证据，上诉法院一致做出正确的判决，即执行局做出的"与农场主共享收益的农场工人"是法定雇员的决定是不正确的。

正如大多数人指出的那样，《工伤赔偿法案》只适用于雇员在雇佣关系存在的过程中遭受的伤害（第3600条、第3700条）。"雇员"包括大多数基于雇佣合同为雇主提供服务的人（第3351条），但是不包括独立承包商（第3353条、第3357条）。

1947年法院作出解释之后，对"控制规则"的意义和内容已经很明确了："独立承包商是指为服务接受者指定的结果提供服务的人，委托人只控制其工作的结果，而不考虑这种结果的实现方式。"（《劳动法》第3353条）区分雇员和独立承包商需要考虑几个重要的因素，其中一个重要并常常具有决定性作用的因素是雇主是否有权对工作进行的方式进行完全和权威的控制。这种控制权的存在造就了雇主－雇员的关系（不是由控制的程度来确定的）（S. A. Gerrard Co. v. Industrial Acc. Com. 案；Riskin v. Industrial Acc. Com. 案；Industrial Indemnity Exchange v. Industrial Acc. Com. 案）。支持雇佣关系的有力证据是雇主有权随时终止合同（Press Publishing Co. v. Industrial Acc. Com. 案；另见 Hillen v. Industrial Acc. Com. 案；Riskin v. Industrial Acc. Com. 案；California Employment Com. v. Los Angeles etc. News Corp. 案；Yucaipa Farmers etc. Assn. v. Industrial Acc. Com. 案）。雇员可以随时离职，但是独立承包商有完成合同任务的法律义务（Baugh v. Rogers 案；Los Flores School Dist. v. Industrial Acc. Com. 案）。还有其他因素需要考虑，Empire Star Mines Co. v. California Employment Commission（1946）案中提到：（a）提供服务的人是否从事独立的职业或业务；（b）职业的种类，是否在当地，是否在委托人指导下进行，在没有监督的情况下是否由专家指导进行；（c）该职业是否需要特殊技能；（d）委托人或工头是否为从事具体工作的工人提供工具和场所；（e）服务持续时间；（f）酬劳模式，是按时间还是工作内容；（g）从事的工作是不是委托方日常业务的一部分；（h）当事人是否认为他们之间存在雇主和雇员的关系（Perguica v. Ind. Acc. Com. ［1947］案；Tieberg v. Unemployment Ins. App. Bd. ［1970］案；Empire Star Mines Co. v. Cal. Emp. Com. ［1946］案）

　　一般而言，委员会根据存在的证据确认是否存在基本的雇主和雇员的关系是一个事实问题（Riskin v. Industrial Acc. Com. 案），委员会基于大量实质性证据对此问题做出的决定是不会受到干扰的（S. A. Gerrard Co. v. Industrial Acc. Com. 案）。但是"如果从所有的事实中只能得出一个单一的推论和一个结论，那么一个人是雇员还是独立承包商这个问题就是法律问题"（Baugh v. Rogers 案；Yucaipa Farmers etc. Assn. v. Industrial Acc. Com. 案；另见 Burlingham v. Gray 案；Perguica v. Ind. Acc. Com. 案）。

　　多年来，本院和上诉法院都一致遵守法案规定的法律和本院做出的解释，在本案中，上诉法院基于案卷记录显示的事实准确地适用法律。在卡帕奇奥里法官的意见中，他的理由是："这个案件中，工人们从事的工作是照料并采摘黄瓜。除了要求农场工人只能雇佣自己家庭成员作为采摘工人之外，博雷洛公司没有保留或行使控制'与农场主共享收益的农场工人'完成任务的方式的权利。这些'与农场主共享收益的农场工人'可以使用自己的方式，自行决定工作时间。尽管弗拉西克腌制品公司制定的价格标准是促使工人们采摘小黄瓜的经济诱因，但他们可以自由选择在成熟的哪个阶段进行采摘。'与农场主共享收益的农场工人'决定何时给作物进行灌溉。"

　　以下因素也表明了博雷洛公司和"与农场主共享收益的农场工人"之间是独立承包商的关系。第一，没有证据表明博雷洛公司有权随意辞退"与农场主共享收益的农场工人"；第二，"与农场主共享收益的农场工人"要自己准备工具和必要的设备照料和收获黄瓜；第三，"与农场主共享收益的农场工人"只在一个有限的时间段进行工作；第四，"与农场主共享收益的农场工人"的收入是由产出结果决定的，不是按时间支付的；第五，双方认为他们之间已经形成独立承包商关系。

　　我们没有发现博雷洛公司保留了施肥和喷洒农药的责任的事实，因为这些活动需要不同的专业知识和技能，而且与农场工人承包的体力劳动相分离。在权衡控制权时，我们必须认真区分权威控制和完成一个小的工作内容是整体业务一部分时二者之间的必要合作（Western Indemnity Co. v. Pillsbury［1916］案）。

大多数人为了证明其所辩护的结果做出了许多努力，但是背离了法定的以及长期建立起来的标准。首先，他们花了很长时间讨论控制规则的发展历史，试图证明今天的控制规则已经不像之前那么有意义了。答案是，这是法律规定的，并且在今天依然有重要的意义。

其次，大多数人认为联邦基于各州的法律规定而做出的与法律标准无关或是对我们的生活无足轻重的决定无关痛痒。接下来是关于第2750.5条的未经许可的承包商。这一法条的意义本身就有极大的争议（见State Compensation Ins. Fund v. Workers'Comp. Appeals Bd.［1985］案）。但是，简而言之，没有人要求"与农场主共享收益的农场工人"获得许可，所以第2750.5条与本案无关。

我的结论是，大多数人的意见在法律和事实上都是不正确的。如果在本案案卷记录之外，确实存在着这样的事实，即农场工人与农场主之间签订的共享收益协议对社会造成了威胁，那么立法机关毫无疑问可以予以补救。法院无须做出歪曲法律规定和案卷记录显示的事实的判决。

我的意见是不予受理这个因考虑不周而受理的案件或者维持上诉法院的判决。

帕内利法官表示同意考夫曼法官的意见

本案当事人没有提起审查上诉法院裁决的诉讼请求，但是，我们认为这个问题非常重要，所以，我们要求自行审查。

该案的相关问题已经由许多法官助理进行了简短的论述。来自加利福尼亚州的申请人律师协会、加利福尼亚州农业局联合会和西部种植者协会的简报已经收到。劳动法律中心和加利福尼亚州农村法律援助机构已经代表雇农西列罗·洛佩兹提交了一份联合简报。

所有的法律依据都参考《劳动法》，另有说明的除外。

副劳工专员因为博雷洛公司没有为"与农场主共享收益的农场工人"

缴纳工伤保险而发出惩罚评估/停止令时，还指出博雷洛公司为取得许可擅自雇佣未成年人从事黄瓜采摘工作。雇佣童工的听证会使工伤赔偿问题进一步强化。提出的每一项辩护和证据都是一致的，该司对这两项引证均予以肯定。但是，1985 年 11 月 26 日，执行局自愿撤销了雇佣童工的指证，这里并没有提到这个问题。

立法机关已经承认"对工作细节的控制"不一定是认定独立承包商关系的决定性规则。1978 年通过的第 2750.5 条提供了广泛的指导方针，以确定获得承包商许可的人是雇员还是独立承包商。根据法律规定，为了证明持证人是独立承包商，不仅要展示缔约方为工作的"成果"而不是"完成工作的方式"签订了合同（传统的"控制"规则），而且要展示被许可人通常从事独立成立的业务，并且独立承包人的身份是善意的，而不是逃避雇员身份做出的假象。除了"控制"和"从事独立业务"两个因素外，确定"善意的独立承包合同"还需要一些别的标志：被许可人需要进行除了个人服务之外的实质性投资，为自己做生意，以完成一个项目而不是按照时间标准获得酬劳，自行控制工作的时间和地点，自备工作需要的工具，招聘员工，执行一般不属于委托人日常业务范围的工作，执行需要特殊技能的工作，根据商业和专业准则持有执照，当事方期望的是独立的承包商身份，或者委托人不能随时确立或终止关系，否则会造成违约。对于需要承包商许可证的工作，工人"应持有有效的许可证作为具有独立承包商地位的条件"。

在工伤赔偿法体系中，我们没有发现类似的普通法原则。虽然早期的案例表明，加利福尼亚州宪法禁止"雇员"、"雇主"、"雇佣"、"独立承包人"和"控制"（见，例如 Fidelity & C. Co. v. Industrial Acc. Com. ［1923］案；Flickenger v. Industrial Acc. Com. ［1919］案）等的定义在普通法中扩张或收缩，但最近的事态发展掩盖了这种观念。与联邦的情况相反，对于 Laeng 案持有的观点，没有任何法律或宪法上的回应，普通法原则并不能判定法案所考虑的雇佣关系。此外，立法机关还将赔偿范围扩大到"雇员"，而这些雇员可能不被认为是普通法中的"雇员"（例如，参见第3360 条，为"完成特定工作任务"而组成的合伙制工人是该工作任务委托人的雇员；第 2750.5 条，建立详细的标准以确定根据商业和行业专业准则取得独立承包许可的人是雇员还是独立承包商；规定无许可执照的人不能成为独立承包商。另见 State Compensation Ins. Fund v. Workers'Comp. Appeals Bd. ［1985］案，对第 2750.5 条进行的解释；没有违宪审查意见）。

因此，在"与农场主共享收益"协议中，很少有人相信"庄稼应卖给双方都可以接受的买主"。

因此，"与农场主共享收益的农场工人"并不是那种自己占有土地，投资设备和种子，种植庄稼，负责种植和收获，并以销售收入支付地租的"佃农"。

事实上，博雷洛公司确实保留了通常会对自雇承包商有利的重要权利。根据书面协议，"与农场主共享收益的农场工人"只可以雇用自己的家庭成员帮助他们进行采摘工作。理查德·博雷洛作证说，他不知道为什么弗拉西克腌制品公司在协议中加入该条款，而且他声称这个限制性条款没有被强制执行。但是，这是控制的权利，而不是实际工作安排中行使的权利（如 Perguica 案）。

事实上，通过认定"与农场主共享收益的农场工人"是独立的承包商，博雷洛公司已经规避了根据加利福尼亚州法律规定的除非雇员的工资等于最低工资的两倍，否则需要为其农业雇员提供一切必要的工具和设备的义务。

"与农场主共享收益的农场工人"的每根黄瓜的利润大小是由作物的销售价格决定的，而不是由博雷洛公司直接决定的，这并不意味着"与农场主共享收益的农场工人"获得了"利润"作为他们创业风险的回报。在"与农场主共享收益的农场工人"到来之前，农作物的买主，以及基于等级和大小的销售价格已经确定。出于同样的原因，"与农场主共享收益的农场工人"没有产生"损失"的创业风险。种植者强调，"与农场主共享收益的农场工人"认为"风险"是农作物会颗粒无收。所以，当然，任何员工都会参与收获。这种"风险"并不像种植者所说的那样，是"企业家式的冒险"，而是任何一个有前途的工薪阶层所面临的机遇，毕竟他的服务并不是不可或缺的。这个案卷记录并没有清楚地表明"与农场主共享收益的农场工人"不会得到酬劳——这样理解，黄瓜作物在收获后不太可能出现无法出售的情况。

如果被视为一个独立的承包商，"与农场主共享收益的农场工人"将不被工伤赔偿法覆盖（参见第 32501 条、第 3503 条、第 3600 条、第 3700 条）。因此，他必须依靠个人事故保险、残疾保险或收入保护保险，而他不太可能获得这种保险。做一个不合理的假设，每年与家人一起随工作迁徙的"与农场主共享收益的农场工人/承包商"，根据与博雷洛公司签订的合同，其他家庭成员也成为其"雇员"，因此能够或将要获得工伤赔偿保险。

种植者认为博雷洛公司不是黄瓜收获工人的"雇主"，因为是弗拉西克腌制品公司而不是博雷洛公司决定了"与农场主共享收益的农场工人"的共享收益协议内容。争论是似是而非的。无论博雷洛公司使用弗拉西克腌制品公司合同的原因是什么，博雷洛公司和收获工人之间的关系都没有因此而消失。根据合同和现实情况，收获工人由博雷洛公司招募，在博雷洛公司的土地上采摘属于博雷洛公司所有的直到收获后出售给弗拉西克腌制品公司的农作物。

立法机关已明确表示，《工伤赔偿法案》要覆盖农业工人。1959 年，废除了排除农业工人受《工伤赔偿法案》保护的有关规定。

理查德·博雷洛作证说，收获工人"偏爱"共享收益模式，这样他们能挣更多的钱。但是，没有证据表明在共享收益模式中有真正的经济利益。首先，任何即时现金收入的增加都会因雇员的法定财务保护损失而抵消。其次，即使是现金优势也显得有些虚幻。理查德·博雷洛作证说，1985 年吉尔罗伊地区的典型的小时工资是每小时 4 美元，但如果你想把它均分的话，"与农场主共享收益的农场工人"的收入就是"至少每小时7～8 美元"。1985 年 7 月 4 日结束的那一周，弗拉西克腌制品公司的个人收获记录表明，"与农场主共享收益的农场工人"每周分利从 634.34 美元跌到了 136.04 美元。理查德·博雷洛承认，这些钱会在"与农场主共享收益的农场工人"的家庭成员之间进行分配，在他们的采摘工作中，有时会多达 8～9 个人。这可能会产生一个有效的，远低于每个工人大概作为雇员所获得的工资的时薪标准。

加利福尼亚州失业保险法特别规定，在大多数情况下，该法覆盖的"雇员"必须由"通常的普通法规则"来决定。此外，在缺少雇主时，如果他对"非交通设施进行了大量投资"用于完成该服务任务，或者该服务属于单一交易性质，与作为服务接受者的用人单位之间没有持续性关系，就不能将其视为失业保险法上的"雇员"。我们不需要考虑是否依据这些条款对"与农场主共享收益的农场工人"与博雷洛公司之间的关系作出不同的决定，以实现使该群体被失业保险覆盖的目的。失业保险上诉委员会至少有一项关于税务决定的先例，认定基于类似事实的黄瓜收获工人是独立承包商。

没有任何一方对上诉法院的判决提出异议，本院自行决定复审。

大多数人做出一个毫无根据的假设："与农场主共享收益的农场工人"不为自己投保，也无法承受任何意外事故。事实上在案卷记录中没有任何一个证据来支撑这个假设。所有的记录显示，"与农场主共享收益的农场工人"可能全都为自己投保健康或事故险。事实上，值得注意的是，这个案件并不是由一个遭受事故的"与农场主共享收益的农场工人"提起的工伤赔偿诉讼，也没有任何证据显示"与农场主共享收益的农场工人"受伤或伤残。有人在听证会上特别指出，目前没有因为这种共享收益模式提起的工伤赔偿诉讼。

正如大多数人所说，"执行局因为博雷洛公司主导了黄瓜的种植、收获和销售，'与农场主共享收益的农场工人'没有对作物进行投资，而作出他们是法定的雇员而非独立承包商的结论。法庭发现执行局的决定有证据支持于是否决了博雷洛的抗辩请求"。

所有的法律依据都参考《劳动法》，另有说明的除外。

第3202.5条规定，第3202条所载的任何内容都不应被解释为一方因为证据优势而可以被免除举证责任。证据优势是指当与相反证据权衡时，更具有说服力。衡量证据时，考虑的因素不是证人的数量而是证据本身的说服力。

大多数人认为合同只允许"与农场主共享收益的农场工人"的家族成员进行采摘工作，但是这个规定之后的原因是显而易见的，若非如此，这个家族的负责人可能会成为非法包工头（见第1140.4条、第1682条及以下）。

尽管没有证据表明这一点，但从证据中也可以看出，除了在采摘高峰期的时候，并非所有家庭成员的全部时间都会被合同任务占用，可以想象，在大多数时间里，这些家庭成员是可以同时在其他地方就业的。

这个判决有着特殊的意义，即一个未经许可的非法承包商可以被工伤赔偿法覆盖，但是当他取得许可证的时候，就无法享受这样的待遇。

　　译后记：在劳动关系多样化的背景下，乘着国家鼓励发展共享经济之风，劳动关系认定问题成为劳动法学研究的重要问题和热点议题。我们注意到，在较早开始的有关代驾与平台之间是否存在劳动关系的研究中，王天玉研究员引介了美国的 Borello Test。在比较法视野中，Borello Test 成为我们认知美国劳动关系认定的重要印象。正是因此，我们翻译了形成 Borello Test 的 Borello 案，即博雷洛公司诉劳资关系部案，希冀更进一步了解博雷洛标准背后的事实以增进感性认识。

会议综述

"新时代社会法的挑战与回应"研讨会综述

何 维[*]

摘 要：改革开放 40 周年之际，"新时代社会法的挑战与回应"研讨会于 2018 年 11 月 24～25 日在厦门召开。我国社会法取得了巨大成就，也存在着问题与不足。新时代全面推进依法治国进程中，社会法如何应对社会变迁中的挑战与变化，60 余位与会嘉宾深入研讨了"人口与政策对劳动和社会保障法的挑战""新经济业态与劳动关系""供给侧改革与劳动法的回应"等五个议题。同时，就社会法自身建构的完善，提出了诸多建议。

关键词：新时代 社会法 劳动法

2018 年 11 月 24～25 日，厦门大学法学院主办的"新时代社会法的挑战与回应"研讨会在厦门举行。来自中国人民大学、清华大学、上海财经大学、华东理工大学、山西大学、福州大学、福建农林大学、温州大学等高校的学者，来自广东省珠海市中级人民法院、厦门市思明区人民法院、厦门市同安区人民法院、厦门市劳动人事争议仲裁院等法律实务部门的法官和仲裁员，来自福建联合信实律师事务所、北京大成（福州）律师事务所等律师事务所的律师以及多家大型企业的法律事务和人力资源岗位从业者共 60 余人出席会议，围绕主题开展了深入交流。研讨会设立了五个议题："人口与政策对劳动和社会保障法的挑战""新经济业态与劳动关系""供给侧改革与劳动法的回应""社保缴费与征收机制：政策、影响和回应"和"劳动安全与社会法实施"。共征集到论文 21 篇，编印成册，供交流。此研讨会由厦门大学法学院社会法研究所承办，福建联合信实律师事务所协办。

---

* 何维，厦门大学法学院 2018 级硕士研究生。

开幕式上，中国人民大学法学院党委书记、副院长，中国社会法学研究会常务副会长林嘉教授；厦门大学法学院副院长何丽新教授；福建联合信实律师事务所高级合伙人廖山海律师先后致辞。中国社会法学研究会常务理事、厦门大学法学院教授、社会法研究所主任蒋月主持开幕式。本次会议分为主旨报告与大会报告两大部分，每部分又分设两个单元。

一 第一单元主旨报告

第一单元主旨报告中，中国人民大学法学院林嘉教授和中国社会法学研究会副会长、上海财经大学法学院王全兴教授分别进行主旨发言。该单元由福建省法学会社会法学研究会会长、福州大学法学院汤黎虹教授主持。

林嘉教授以"我国社会法的发展：挑战与机遇"为题，以我国社会法的成就与不足为切入点，结合我国社会法发展的新形势，剖析了我国社会法的重难点问题，展望了我国社会法发展的未来。改革开放40年以来，我国社会法立法进程不断加快，社会法体系日益完善，其中由全国人大及其常委会制定的法律共20多件。社会法作为中国特色社会主义法律体系的重要组成部分获得了其应有的法律地位，社会法在劳动关系领域、社会保障领域、特殊群体权益保护领域、公益组织与慈善事业领域得到不断丰富和发展。社会法是以保障民生、实现社会正义、维护社会安全为目的的法律，社会法自身的法律性质和部门法品格决定了其社会调节机能，在保障民生、社会建设方面发挥着重要作用。社会法作为进入21世纪后出现的一个新的法律部门，呈现调整模式综合化和治理体系规范化的特点，理论研究也逐步深化，内容不断丰富。同时社会法也有不足，权责分配不协调，应对新的社会风险的能力还不够，体系有待完善，理论仍需深入。当前，随着中国经济从高速增长转向高质量发展，供给侧结构性改革的展开，加之人口老龄化和人口红利消失，城乡二元户籍制度的调整，党和国家确立了一系列政治新政，党的十九大顺利召开和国家机构进行改革，如组建国家卫生健康委员会和国家医疗保障局，将国务院原部委的相关职责进行整合。此外，特别值得重视的是互联网共享经济的发展，2017年中国共享经济市场交易额约为49205亿元，比上年增长47.2%，参与提供服务者约为

7000 万人，比 2016 年增加 1000 万人。预计到 2020 年，在共享经济领域内提供服务的人数有望超过 1 亿人，越来越多的人会从劳动合同关系走向劳务合同关系，从雇佣式就业走向创业式就业，从全职工作走向兼职分时工作，用工模式从"公司＋员工"走向"平台＋个人"。经济新常态下，《劳动合同法》的修改成为众矢之的，主要争议点在于以下几点。（1）对于连续订立两次固定期限的劳动合同，续订为无固定期限劳动合同的规定是否合理。（2）经济补偿金制度已成为诱发劳资矛盾、影响劳资稳定的不和谐因素，成为劳资双方争议的博弈点，应当如何完善。（3）经济补偿金和失业保险金的关系。（4）员工离职过于宽松，无须承担任何责任，违约金的适用过于严格。（5）公司高管的劳动保护是否应当弱化。此外，互联网平台经济带来劳动关系的一系列问题，劳动者与互联网平台是否应当建立劳动关系？互联网平台颠覆传统用工模式，呈现劳动任务的承包性、工作选择的自主性、劳动报酬的分享性等特点，工作时间、工作地点、管理模式的改变，导致法律关系的定性模糊化，是否存在介乎劳动关系和劳务关系的第三种关系？最后，林嘉教授提出，应当坚持良法善治，着力加快社会法领域的立法，深化理论研究，注重强化社会法基础理论的本土化探讨，保障社会权实现，建立健全社会法领域的治理体系，回应现实需求，重点解决社会法领域的突出问题。

王全兴教授在题为"新时代供给侧结构性改革劳动法问题和应对思路"的报告中认为，供给侧结构性改革并非供给主义，也非否定需求侧改革，而是创新调控方式，供给侧与需求侧改革互补，使经济从有形要素投入型增长向无形要素贡献型增长，从过度依赖自然资源型增长向更多依赖人力资源型增长，从人口红利型增长向人力资本红利型增长转变，在劳动法意义上，此三者转变的核心是人口红利消失背景下如何解决人力资源供给问题，具体为劳动者权益保护问题、劳动力资源素质问题和劳动力资源配置效率问题，"十三五规划"、《新时期产业工人队伍建设改革方案》和十九大报告等政策对解决上述问题提出了具体解决办法。劳动法不仅是劳动者权益保护之法，更是劳动力资源配置之法、劳动力资源开发之法，应补足职工民主管理法、劳动条件基准法、职业培训法和就业促进法的立法，从而提高劳动者素质和劳动参与率。当前培训职业制度的挑战是"中国制造 2025"所要求的以人才为根本，以创新驱动为主的发展纲要与供给侧结构性改革下劳动力市场灵活化、去过剩产能和降企业成本所导致的企业人力资本投入的动力和能力降多于升之间的矛盾。解决矛盾的首要是实现政府、企业、培训机构、社会组织四方权利义务体系的重构。同时，面对中高职业技能人才短缺与企业培训动力不足并存、培训资源短缺与培训资源利用率不高并存、培训供给结构与人才需求结构不对应的突出问题，培训体制要从行政主导型转向企业主导、政企校合作型，改革重点是学徒制要进行社会化转型，建立现代学徒制和企业新型学徒制，实行企校联合，双师培养，招生即招工，入校即入企，岗位训练与学校教学融合，对学徒采用准劳动关系式保护。《劳动合同法》第 22 条确立了出资培训服务期制度，① 未确认特殊物质待遇服务期，这是不符合公平原则和契约精神的，地方立法如沪高法〔2009〕73 号规定了特殊物质待遇服务期，② 此法规定特殊物质待遇不属于劳动报酬，而是特殊劳动福利，对应的不是劳动者已提供的劳动，而是预期的劳动力使用权。特殊物质待遇按比例返还的约定在实质上属于违约金，违反了《劳动合同法》第 25 条关于不得在法定范围之外约定由劳动者承担违约金的规定，③ 服务期协议属于劳动合同，其对民事合同法的适用须以不违反劳动法宗旨为前提。实质上出资培训和特殊物质待遇分别属于不同的人才竞争类型，前者属于开发型人才竞争，是人才增量竞争，可直接从数量和质量上增加人力资源供给，且对人力资源市场秩序几乎无负面影响，我国在这方面发展不足。后者属于争夺型人才竞争，是人才存量竞争，可激励劳动者提高自身素质，但可能抑制开发

---

① 《劳动合同法》第 22 条：用人单位为劳动者提供专项培训费用，对其进行专业技术培训的，可以与该劳动者订立协议，约定服务期。劳动者违反服务期约定的，应当按照约定向用人单位支付违约金。违约金的数额不得超过用人单位提供的培训费用。用人单位要求劳动者支付的违约金不得超过服务期尚未履行部分所应分摊的培训费用。用人单位与劳动者约定服务期的，不影响按照正常的工资调整机制提高劳动者在服务期期间的劳动报酬。
② 《上海市高级人民法院关于适用〈劳动合同法〉若干问题的意见》（沪高法〔2009〕73 号）第 7 条：用人单位给予劳动者价值较高的财物，如汽车、房屋或住房补贴等特殊待遇的，属于预付性质。劳动者未按照约定期限付出劳动的，属于不完全履行合同。根据合同履行的对等原则，对劳动者未履行的部分，用人单位可以拒绝给付；已经给付的，也可以要求相应返还。因此，用人单位以劳动者未完全履行劳动合同为由，要求劳动者按照相应比例返还的，可以支持。
③ 《劳动合同法》第 25 条：除本法第 22 条和第 23 条规定的情形外，用人单位不得与劳动者约定由劳动者承担违约金。

型人才竞争，加剧人力资源供求矛盾，对人力资源市场秩序有负面影响，当前政策是鼓励开发型人才竞争，不支持争夺型人才竞争。劳动力市场灵活性，即劳动力供求双方都有自愿、自由、自主、自治（协商）的空间。我国劳动合同制度的发展过程实质上是劳动力资源行政配置转向市场配置的过程，亦即推进劳动力市场灵活化的过程，灵活化是劳动力市场发展的总趋势。劳动力市场灵活化导致了劳动关系、用工灵活化，表现为去劳动关系化，以"互联网＋"为标志和契机，用工灵活化和去劳动关系化步入新阶段。当前劳动力市场呈现二元结构，一是劳动力市场灵活性的二元分化，国有企业与非国有企业、体制内用工与体制外用工、传统行业与新产业、本地户籍劳动者与农民工灵活度分化；二是招工难与就业难并存，留人难与解雇难并存。劳动力市场灵活化带来了一系列矛盾。（1）安全的矛盾。劳动关系不稳定和社会保险覆盖率低，演变为社会不安全因素。（2）竞争性的矛盾。一方面，制造业用工荒和人才争夺战再升级，人力资源竞争加剧；另一方面，用工灵活化导致企业人力资本投入降低，人力资源供给结构失衡。（3）公平性的矛盾。用工形式多样化、灵活化造成企业内同工不同待遇，企业外公共待遇不平等，导致劳动力市场竞争不公平、劳动关系不和谐。（4）就业质量的矛盾。实体经济下行，"大众创业、万众创新"和新业态的快速发展，就业目标以数量优先，而实现全面小康，提高人民生活水平要求提高就业质量。（5）劳动法现行模式的矛盾。《劳动法》以产业工人和工厂制为样本，多年未修改，在市场灵活用工下调整范围偏窄，保护手段欠分层。对此，增强劳动力市场灵活性应当精准和适当，不宜以立法"一刀切"配置保护手段为借口，从严甚至拒绝认定非典型劳动关系，将本应纳入劳动法保护范围的对象排斥在外，对不同对象的不同问题及其不同原因，分别选择提高或降低灵活度的取向，依赖劳动法体系内外的系统化分工和配合，实现劳动力市场灵活性与安全性、公平性、竞争性的统一，劳动合同法要适当减小稳定劳动关系的力度，劳动法、民法、社会保险法要对非典型劳动关系、准从属性劳务关系和灵活就业者分别提供权益保护，非典型劳动关系认定应当以适度从宽和谨慎选择保护手段并行，即劳动关系认定适度从宽，劳动合同法、劳动基准法、社会保险法选择适用。

二 第二单元主旨报告

第二单元主旨报告中，中国社会法学研究会副会长、清华大学法学院郑尚元教授，中国社会法学研究会常务理事、厦门大学法学院蒋月教授，山西大学法学院副院长孙淑云教授分别做主旨发言。华东理工大学法学院刘金祥教授主持该单元。

郑尚元教授的报告以"老龄化、少子化、城市化与长期照护保险法制建构"为题。中国老龄化的总体态势为平均寿命提高和老龄人口占比逐渐增大，失能老人、高龄老人存在一定比例，有照护的必要性。此外，从1978年《中华人民共和国宪法》规定计划生育，提倡一对夫妇只生育一个孩子及后来实行独生子女政策，到2014年调整为"单独两孩"和2016年"全面两孩"政策实施，独生子女政策导致年轻人口减少、人口年龄结构失衡，两者共同加剧了家庭养老的困局，社会养老的代际传递受到影响，面临没钱养老的社会问题，家庭风险上升。同时，城市化的推进导致了家庭小型化、家中空巢化、人口老龄化、老年高龄化和老人失能化"五化同见"现象，由此引发了长期照护保险法制形成和风险社会化的思考。首先，老年人之生存权保障是一种最基础的社会安全与正义的要求；其次，以个人风险分担与社会连带主义思想为基础，采取个体预付的方式，不仅具有保险费与保险给付的连带，更扩大到代际，形成"代际契约与连带"的关系；最后，社会问题的产生，乃是社会法的起源，个人问题酿成社会问题可以倒逼长期照护社会保险制度之形成。从比较法视野看，德国是世界上最早建构社会保险法制的国家。对于长期照护一体的公共讨论，源自1974年德国老人扶助协会所提出的一份关于老年疾病住院治疗以及透过法定健康保险承担费用的专家鉴定书，鉴定书中赞成由健康保险合作社承接给付责任。后在公共讨论的基础上，经历初步解决倡议、法律草案提出、健康保险给付阶段，最终照护保险独立立法，并编入《社会法典》。日本是世界上典型的高龄化国家，20世纪60年代起，日本先后颁布了《老人福祉法》《老年保健法》，但都有一定缺陷。后于1997年12月通过了《介护保险法》并于2000年4月施行，日本的介护保险制度的产生既有应对现实之需，亦有未来之远见：（1）日本高龄人口增长迅速，日本高龄人口

1993 年以后每年增加约 200 万人，2025 年之后预计每年将增加 520 万人；（2）介护重度化、长期化；（3）介护者的高龄化。

蒋月教授的报告题目是"改革开放 40 年劳动法学研究的回顾与展望"。改革开放 40 年以来，劳动法律体系已初具规模，劳动法学理论界也呈现百家争鸣的蓬勃景象，取得了巨大成就。（1）40 年来我国劳动法学界出版了一批有分量、有深度的教材、专著、译著、论文，为推动劳动法理论体系的构建和整合做出了不懈努力。（2）劳动法理论研究拓宽了劳动法研究视野，并对建立健全与社会主义市场经济相适应的劳动关系、劳动合同订立、职业安全卫生制度、社会保障体系协调机制，促进经济社会全面发展发挥了重要的理论导向作用。（3）我国劳动法体系已基本成型。《劳动合同法》《安全生产法》《职业病防治法》《就业促进法》《社会保险法》《劳动争议调解仲裁法》及一系列行政法规和部门规章初步形成工资、工时和休息休假等劳动标准制度，加之《劳动保障监察条例》等一系列配套法规、规章和国家标准等，我国劳动法已自成体系，并朝着不断完善和完备的方向前进。（4）为劳动者维权提供了相应的理论依据和方案对策，劳动者的维权意识明显提高。劳动者的集体意识和行动意识不断提高，用人单位也逐渐完善了相应的劳动设施，并且更加重视对劳动者工作安全的保护，在实践中用人单位在劳动基准方面的现状也有了较大改善，劳资关系趋于缓和。（5）劳动法学作为一个专业学科门类获得了普遍认同。劳动法与社会保障法专业方向的博士点设立，劳动法学研究会和社会法学研究会的相继成立，说明了劳动法学研究在教学、科研和学术组织上的深入和推动，其成果有目共睹。当然既往研究也存在不足与问题。（1）对劳动法基本理论的全面研究有待加强。过去 40 年，学者对劳动法基本理论进行了大量的探讨，但有些方面的研究仍然较薄弱甚至稀缺。对劳动关系、劳动合同、劳务派遣、集体合同、劳动争议处理等问题和制度，仍应大力开展基础理论研究。围绕劳动合同法的争议，在一定程度上是源于对劳动合同法基本理论问题研究不充分、不透彻，除了法学界非专业领域的人士，经济学界、政府部门以及有关各方的认识也明显不同，立场取舍存在显著差异。（2）对有关概念和制度研究有待细化。对诸如劳动法基本原则、劳动合同立法、劳务派遣以及劳动争议等热门讨论话题，还可以继续深入或是进行两个领域的交叉研究等。（3）跨学科的研究视野和交叉研究不足。劳动法不是一个封闭和孤立的法律部门，不可能自给自足地发展，也不可能脱离社会科学乃至自然科学。将劳动法放入一个更加纵横的视野中，放入其他社会科学、自然科学背景下的结合研究，是很有必要的。（4）研究方法需要更新。劳动法是人权保障之法，与现实社会有着强烈的关联性，具有强大的应用性，在大数据时代对当下企业及劳动者，通过司法个案的研究，可以进行数据模型分析、比较分析、类型化的整理，得出结论。当然，已有部分学者通过成立课题组等方式对区域性的企业进行走访调研以更好地从理论到实践，从实践回归理论。（5）比较劳动法研究有待深化。我国比较劳动法的研究成果还较为丰富，劳动法的概念庞多，都为理论界比较劳动法研究的展开提供了论题，以德国、法国、意大利等国的劳动立法为借鉴，以期更好地完善我国的劳动立法。（6）强化定位劳动法社会法属性，逐步提出现实生活热点话题，从学理、我国立法以及比较法领域综合分析论证，以期提出更具有可适性的对策和方案。最后，蒋月教授展望了新时代我国劳动法学研究，提出了下列五个建议。（1）全面深入研究新时代劳动法的基本理论和基本法律关系。习近平新时代中国特色社会主义思想指出，我国主要社会矛盾是人民日益增长的美好生活需要和不平衡不充分的发展的矛盾。由此，在劳动领域，基本理论框架和解释应当在遵循我国新时代社会主义的指引下，有进一步的创新和发展。（2）推动立法，补齐短板。1994年制定的《劳动法》作为劳动法体系中的基本法，已经落后于社会发展。目前劳动法律对劳动关系的调整和保护存在交叉也有诸多缺漏，需要进行整合构建，建立较为明晰的劳动法律体系。劳动监察法的修改需提上议程，确保与劳动保障法律法规的实施效果相衔接，并加强对劳动执法的监督检查。我国作为国际劳工组织的成员国，与现行国际劳工标准还存在差距，在劳动立法上适时适当地将劳工公约引入国内法，提高我国的劳动立法水平。完善工会法规和集体协商、罢工权等制度。促进工会的民主化、职业化、社会化以及行业化。完善我国反就业歧视立法，建立完善的就业促进的政策支持体系。建立专门的反就业歧视机构来执行和保障劳动者的合法权益，当发生就业歧视案件时，该机构可协助劳动者收集证据，并可作为劳动者代表与用人单位谈判，或者可以代表劳动者向劳动监督部门提出申诉或者向法院提起诉讼。（3）推动劳动司法更加公平公正。完善落实劳动关系三方协调机制的职责，建立健全劳动行政部门以及劳动争议仲裁、劳动诉讼等联动机制，使劳动争议最大限度地得到公正的解决。完善举证责任分配，现行劳动仲裁、劳动诉讼的证据制度规定过于简单，应明确劳动争议案件中用人单位所掌管证据、工伤和职业病认定的举证责任以及拖欠工资的举证责任，并进一步明确质证规则，从而使劳动争议案件得到尽可能完满的解决。(4) 积极回应科技革命带来的用工模式和劳动力市场需求的变化，利用人工智能和大数据进行理论研究和司法实践，使劳动法始终承担调整和保护劳动关系的职责。(5) 推动劳动法学学科发展和学术繁荣。继续深化研究劳动法相关问题，丰富完善劳动法教学体系。深入扩展劳动法国际视野，借鉴域外有益经验。创新劳动理论建构，推动劳动法研究大发展。

孙淑云教授报告了《新时代中国基本医疗保险立法的机遇与发展》。她提出，自 20 世纪 90 年代初期以来，中国探索建设与市场经济体制相适应的基本医疗保险制度，分时、分段、分割建设了纵横割据、碎片化的城乡三项医保制度，三项医保制度以党和政府的政策红头文件为主导开展渐进性探索，立法也渐进性展开，基本医保立法依循了"政策构建、试点探索、法律总结"的路径，推动计划经济体制下的公费医疗、劳动保险和传统农村合作医疗制度向社会化的医保制度转型。一是从"城乡分割"到"整合和统一"，建构"全民医保"法律体系，即"分割"建设了城镇职工基本医疗保险法律制度、新型农村合作医疗法律制度、城镇居民医疗保险法律制度，地方以"参保、筹资、待遇支付、管理与经办"等医保制度结构为整合和统一的维度，"整合统一"了城乡三项医保的立法；二是从分散、交叉的行政立法和地方立法到基本立法，确立了"全民医保"的基本法律框架；三是围绕医保的行政管理和经办服务展开行政管理立法，初步建成了多效力、多层次的"全民医保"法制体系。转型期三项医保制度的探索性，决定了必须将改革行动和政策创新放在首位。守成的法律自然表现出时滞性，甚至天然地是去结构化的，或者是弹性的，体现为以下几点。(1)《社会保险法》没有明确的立法理念，不具有完整的基本原则，欠缺法理自洽性和内在协调性。城乡三项医保"分割"与"整合"的规范混搭、相互冲突。"分割"的三项医保法律体系之间，没有总体立法规划，各成封闭系统，体系结构残缺，针对医保基金筹集、财务管理和经办业务的需求，立一件算一件，相关国民医保权利的享受至今没有完备规定，形成医保立法的最大漏洞。（2）规范粗略、法律功能不良、可操作性差。《社会保险法》第三章相关基本医保只有10条规定，主要以原则性、方向性、授权性规范呈现。法律语言政策化、弹性化表达，法条类似政策的"简明指引"，更像立法纲要，奠定了社会保险各方主体的关系框架但疏于对法律关系的梳理。（3）行政权力优位、医保权利次位、权利表达不彰。立足于行政职权立法，立法倾注于行政权力运行秩序，在乎事本位而非人本位，已有的法规、规章名称基本以"管理""暂行办法"命名。《社会保险法》也按照基本医保的行政管理、保险费征缴、基金经办、行政监督等逻辑框架来建构。对此，孙淑云教授认为，新时代基本医保立法应当摒弃初级阶段"基本医保管理法"的理念和逻辑，回归"国民医保权利保障法"的本质和使命，在《社会保险法》之下，制定"基本医疗保险条例"，以保障国民医保权利为基石和红线，围绕医保核心制度环节构建国民基本医保权利体系，并同步完善基本医保的行政管理和经办实施机制，全面定型和统一城乡基本医保制度。

三　第一单元大会报告

大会报告的第一单元中，广东技术师范大学法学与知识产权学院讲师、广东省法学会社会法学研究会副秘书长焦娟博士和北京大成（福州）律师事务所合伙人方维忠律师分别进行了大会报告。郑尚元教授主持该单元，汕头大学法学院熊金才教授担任该单元评议人。

焦娟博士报告了《共享经济下用工规制的法律迷思》。首先，她提出，共享经济平台以供需主体类型为标准，可划分为B2C（企业对个人）、C2C（个人对个人）和C2B（个人对企业）三个类型。行为共享类平台（C2C）以共享行为为主，行为的提供方和接收方均为个人，其用工有劳动提供方式的灵活度增强、劳动方自带生产资料、劳动过程呈现半组织性、劳动使用关系重叠性增强等特点。其次，从两大法系比较看，大陆法系以从属性标准将用工分为自治性劳动（自雇者）和从属性劳动（雇员），前者以自行劳动、自获收益、自为组织为特点，后者以人格从属性、经济从属性、组织从属性为特点，体现在工作时间、最低工资、集体协议等方面，呈现被动、依赖、非独立的状态。英美法系以复合性标准，即控制性标准、组织性标准、合同条款、劳动者是否自带工具、有无为其他雇主工作的机会等具体情形，将劳动分为自治性劳动（独立经营者）和从属性劳动（雇员）。我国以从属性标准将共享经济下的用工关系分为劳动关系和劳务关系，前者对劳动者的法律保护要强于后者，但我国从属性标准比较模糊。当前，关于共享经济用工应当认定为何种法律关系存在多种观点，有劳务关系说、劳动关系说、具体分析说、类劳动者说、非典型劳动关系说。

方维忠律师报告了《社保缴费与征收机制：政策、影响和回应》。2018 年 3 月 21 日，十九届三中全会通过了《深化党和国家机构改革方案》，规定省级和省级以下国地税机构合并，以及社保费交由税务部门统一征收，各部门各省市随即积极行动，一系列社保费统一征收和"清欠清缴"工作展开，2018 年 9 月，国务院决定在社保征收机构改革到位前，各地要一律保持现有征收政策不变，同时抓紧研究适当降低社保费率，确保总体上不增加企业负担，以激发市场活力，引导社会预期向好。人社部表示将严格执行现行各项社保费征收政策，只是征收主体变更，并未调整社保费征收政策。我国现行社保征管体制存在的主要问题有以下几点。（1）缺乏统一征缴。各地社保征收分为社保经办机构征收和税务征收两大模式。其中，税务征收又分为税务代征和税务全责征收。（2）对劳动者作为缴费主体的相关缴费义务和权利规定不够完善。（3）对用人单位作为缴费主体的缴费义务和相关义务的法律责任不完善。（4）缺乏对征缴主体职责的具体规定。如缺乏不履行征费职责的赔偿责任规定，缺乏对登记职责的责任规定，没有赋予征缴主体履行职责的职权规定，缺乏未提供咨询义务的法律责任规定等。（5）名义费率高于实际费率。名义费率是相对于实际缴费而言的，名义费率即法定费率，我国社保法定费率普遍高于其他发展中国家，而且高于大多数发达国家。企业逃缴、漏缴、少缴社保的动机很强。农民工、灵活就业人员、"劳务派遣工"往往被一些企业排斥在社会保险之外。方维忠律师认为，社保政策的改革必然带来企业的实际社保缴费率上升，社保统征将原有混乱的征缴程序全权由税务部门统一负责，这将很大程度上提高制度的强制性，迫使企业必须为自己的员工足额征缴社保费用，如海底捞一次性补缴 8800 万元。

四 第二单元大会报告

大会报告第二单元中，厦门市思明区人民法院滨海人民法庭（劳动法庭）副庭长张希华法官、厦门市同安区人民法院新民法庭庭长洪佩兰法官、厦门市劳动人事争议仲裁院综合科黄璐敏科长、温州大学法政学院周湖勇副教授先后做大会发言。福建农林大学公共事务学院胡玉浪教授主持该单元，厦门大学法学院黄健雄教授担任该单元评议人。

张希华法官以"劳动案件专业化审判若干实务问题"为题，介绍了厦门市思明区人民法院滨海劳动法庭的相关情况。思明区法院的滨海法庭被确定为劳动人事争议案件专业审判法庭，是全国首个专业劳动法庭。劳动案件集中专业化审判有多项优势：（1）有利于敏锐把握劳动力市场的行业动态，当前，劳动力市场波动较大，主要原因为东南沿海外贸型加工制造业受中美贸易摩擦影响、房地产市场进入调整期、共享经济和平台经济经营状况起伏较大；（2）有利于形成纠纷多元化解的统一接口，协调工会组织、行业协会、人社部门、劳动人事仲裁委员会、人民调解委员会等纠纷解决机制；（3）有利于统筹兼顾化解社会矛盾，将审判从法律关系标准向社会关系标准转变，如搭建交通事故导致的误工损失与劳动争议之间的桥梁，将人身侵权追加雇主责任与雇佣纠纷协调把握；（4）有利于集中研究问题，统一裁判规则，提高查明裁判依据的效率，解决因立法滞后和立法冲突导致的裁判规则模糊的问题。当前劳动案件审判中存在着以下价值矛盾：（1）保护劳动者权利与支持新业态发展的矛盾，如互联网餐饮配送、家政服务、网约车服务平台等互联网行业劳动关系的认定，"空壳接单"企业劳动关系的认定，众筹经济业态下劳动关系的认定；（2）引导规范用工与维护用工秩序的矛盾，如是否允许解除违规员工劳动合同时存在细微程序瑕疵（未通知工会）的情形，劳动者主动提出社保折现的认定，用人单位依法终止劳动合同是否应支付补偿金；（3）严守法律规则与柔性调整正义的价值矛盾，如劳动者故意拖延或不签订劳动合同的，劳动者故意利用企业管理漏洞"碰瓷"获利的，劳动者偷盖企业公章制造假文件，企业无法举证的。

黄璐敏科长以"厦门市劳动人事争议仲裁情况与疑难问题"为题，阐述了基于厦门市劳动人事争议实践的思考。首先，她介绍了近三年来厦门市劳动人事争议案件的特点：一是劳动人事争议案件处理总数略有下降，但仲裁机构立案数持续增长；二是十人以上集体劳动人事争议有所下降；三是案件以劳动报酬及解除、终止劳动合同类争议为主；四是半数以上劳动人事争议以调撤方式结案；五是用人单位胜诉率不断提高，用工管理日趋规范。其次，简要阐述了实务中遇到的下列疑难问题。（1）用人单位制定规章制度的民主程序审查应如何把握。《劳动合同法》第4条第2款规定，用人单位制定、修改或决定直接涉及劳动者切身利益的规章制度或者重大事项时，应当经职工代表大会或者全体职工讨论，提出方案和意见，与工会或者职工代表大会平等协商确定。因此，劳动者提出用人单位规章制度未经民主程序而用人单位无法证明的，该规章制度不得作为定案的依据。此外，对民主程序的认定应如何把握，民主程序是否可以简化，有工会的，是否只要有工会盖章即可，没有工会的，职工代表如何确定，职工代表签名如何审核等。（2）工伤责任主体与用工责任主体相分离的情形。如建筑工程中较为普遍的层层转包现象，具备用工主体资格的承包单位将工程层层转包或违法分包给不具备用工主体资格的组织或者自然人，具备用工主体资格的承包单位与不具备用工主体资格的组织或者自然人招用的劳动者之间没有建立劳动关系的书面合同或事实行为的，认定双方不存在劳动关系。但发生工伤且社会保险行政部门已认定该人员为工伤的，按工伤保险规定处理，由具备用工主体资格的承包单位承担工伤责任，但该单位对工伤之外的用工主体责任，如支付工资、经济补偿金等不承担。（3）未签订书面劳动合同的二倍工资差额的仲裁时效问题。《劳动合同法》第82条所称的"二倍工资"中加付的一倍工资并不属于劳动报酬，劳动者申请仲裁的时效为一年。用人单位自用工之日起超过一个月未与劳动者订立书面劳动合同，劳动者要求用人单位加付 倍工资的，按日分别计算仲裁时效。对于这个问题存在两种观点：一是按持续性侵权的原则处理，即申请仲裁时依法可主张的最后一个月的二倍工资差额未超过时效的，则该月之前所有月份的二倍工资差额均按未超过仲裁时效处理；二是逐月进行审查，即申请仲裁时每个月未超过一年的，则该月的二倍工资差额也未超过仲裁时效。（4）企业整体搬迁引起的劳动合同履行地变更问题如何处理。用人单位成建制于本市行政区域内搬迁的，不影响劳动合同的履行，劳动者以上述变更为由要求解除劳动关系并由用人单位支付经济补偿金的，不予支持。用人单位成建制地搬迁出厦门市，劳动者要求解除劳动合同并要求用人单位支付经济补偿金的，可以支持，但迁入地符合劳动合同约定的工作地点的除外。有观点不认可"成建制搬迁"，认为企业因自身发展规划进行的搬迁，属于劳动合同订立时所依据的客观情况发生重大变化，用人单位应与劳动者协商变更劳动合同内容。未能就变更劳动合同内容达成协议的，劳动者要求解除劳动合同并要求用人单位支付经济补偿金的，予以支持。但企业搬迁未对劳动者造成明显的影响，且用人单位采取了合理的弥补措施，如提供班车、交通补贴等，劳动者解除劳动合同理由不充分的，用人单位无须支付解除劳动合同的经济补偿金。搬迁对劳动者的影响是不可避免的，但何谓"明显的影响"，操作上不好把握。

周湖勇副教授报告了《智能仲裁的应用范围、功能创新及其限度》。他认为，智能仲裁建设以仲裁业务为中心，突出仲裁服务的便捷化、业务判断的智能化、数据流转的自动化、数据业务的融合化和仲裁管理的科学化，主要有以下应用范围：（1）庭审语音识别系统，可以自动区分庭审发言对象及发言内容，将语音自动转化为文字，提高庭审效率；（2）利用图像识别、多证据关联对比辅助证据分类检索，实现证据标准统一；（3）智能化仲裁服务系统建设，建立类似于法院的仲裁服务系统，尤其是 App 开发、短信及微信的适用等实现移动办案、线上办案，让仲裁变得更为便捷；（4）仲裁流程再造，实现仲裁申请、案件受理、案件移送、调查取证、庭审记录、裁决等整个劳动人事争议仲裁整体业务的智能化，利用 OCR、云柜技术实现电子卷宗随案生成，利用 3D 打印技术实现实物档案数字化，助推劳动人事争议仲裁办案程序规范化、标准化；（5）通过语义识别、大数据分析以及仲裁大数据库的建设可以实现法律法规推送、类案推送、关联案件推送，助力裁判标准统一，实现仲裁公正，同时利用人工智能提供仲裁风险分析、仲裁结果预测预判，助力当事人理性选择纠纷解决机制，有效促进多元化解劳动人事争议；（6）劳动人事争议处理机制的有机衔接和统一；（7）调解过程的智能化支撑，支持调解现场、调解过程的信息采集；（8）包括劳动关系预警系统在内的劳动人事争议仲裁指挥和管理系统的智能化。目前人工智能在裁判领域主要是进行一些司法辅助工作，诸如机械性的工作，即通过电子卷宗代替传统卷宗归档、格式法律文书的自动生成等可标准化的工作，还有数字法庭替代庭审记录、法律纠错、身份识别等一定智能性的工作，这种智能化是有限智能，和人类智能还无法比拟。当前关于智能仲裁的限度问题主要有以下观点。（1）决定论，认为人工智能可以取代裁判者，做出裁决，甚至会出现阿尔法式的法官，将来端坐在法院的不只是人类，还有机器人法官。（2）人工智能辅助论，"智慧审判"的未来，事务性工作归人工智能，事关经验和良知运用的实体裁判归裁判人员。（3）控制论，强调人机融合，对人工智能进行"提线木偶式"定位，甚至又提出要限制人工智能在司法领域中的应用。

A Summary of the Seminar on "Challenges and Responses to Social Law in the New Era"

He Wei

Abstract：The seminar on "Challenges and Responses to Social Law in the New Era" was held in Xiamen on November 24, 2018. A total of 21 papers were collected. Looking back at the development of social law on the 40th anniversary of the reform and opening policy implemented by China from 1978. Social law has made great achievements while there are problems and deficiencies. More than 60 participants held in – depth discussions on those issues such as how to comprehensively deepen reform and comprehensively promote the rule of law, how to deal with the challenges of social law facing changes of society, and how to promote the construction and perfection of social law. Everyone believes that the society law has been ushering in a great opportunity for its development. It advocates social law colleagues to continue their best efforts.

Keywords：New Era；Social Law；Labor Law

征稿启事

为繁荣社会法学研究，促进学术交流，《社会法论丛》编辑部诚挚向国内外从事社会法学的教学、研究、实务工作者约稿。

一、征稿范围

本刊现设理论探索与争鸣、劳动法研究、社会保障法研究、域外法观察四个栏目，未来可增设社会福利法研究、典型案例研究等栏目，还可灵活设立若干专题。凡符合本论丛之栏目或专题的投稿，皆受欢迎。

二、征稿要求

1. 本集刊以学术性水平作为选稿的基本标准。要求来稿论点鲜明，无政治性错误，立论客观、论述新颖，说理通畅，论据充分，资料翔实，数据客观真实。

2. 来稿请用 Word 排版。按标题（不超过 20 字，必要时可加副标题）、作者、单位、摘要（200~300 字）、关键词（4~5 个）、正文之顺序撰稿。若是基金项目，请注明课题全称和批准文号，文章注释请参考本刊注释体例。

3. 来稿文责自负；切勿一稿多投，严禁抄袭剽窃。文稿中摘编或引用他人作品，请在注释中标明其作者和文献来源。本刊有权对拟刊用文稿作文字上的修改、删节，对图表有权按规范、标准等要求作技术处理；凡不同意者，请在来稿时申明。

4. 本刊收到投稿作品后，将在 3 个月内回复作者是否将录用。刊用与否，均恕不退稿。请作者自留底稿。

5. 投稿注意：邮件主题为所投刊物名称或写明"向《社会法论丛》投稿"或者类似字样。

有意者请与本刊联系。

投稿邮箱：prof. jiangyue@ 126. com

欢迎赐稿！

《社会法论丛》编辑部

注释体例

为便于学术交流和推进本社期刊编辑工作的规范化，本集刊对注释体例作出以下规定，敬请注意。

一、一般规范

1. 采用脚注，注释序号用①，②，③……标识在句末标点符号之后，每页重新编号，若该注释位于段落结尾，则标识于标点符号之前。

2. 引用书籍须注明出版年份，如果被引用书籍属于再版书籍，要注明"修订版"或"xx年版"等。

3. 引用期刊论文须注明作者姓名、论文名称、期刊名称、期刊年份与期号。

4. 引用未公开发表的资料，须注明作者、资料来源与年份。

5. 引用网上资料，须注明作者、文献名称、访问路径、访问时间。

6. 若引用资料非引自原始出处，须加注"转引自"。

二、注释例

（一）著作类

例如，刘剑文：《财税法专题研究》，北京大学出版社，2007，第148~149页。

（二）论文类

例如，姜颖：《无固定期限劳动合同立法完善之探讨》，《中国劳动关系学院学报》2008年第5期。

（三）文集、教材类

例如，王全兴主编《劳动法学》（第二版），高等教育出版社，2008，第500、502页。

葛克昌：《论公法上金钱给付义务之法律性质》，《行政法争议问题研究》（下），五南图书出版公司，2000，第1076页。

（四）译作类

例如，〔德〕沃尔夫根·冯·李希霍芬：《劳动监察——监察职业指南》，劳动和社会保障部国际劳工与信息研究所译，中国劳动社会保障出版社，2004，第8页。

（五）报纸类

例如，李轶捷：《"无固定"，想说爱你不容易》，《劳动报》2010年11月20日。

（六）古籍类

例如，（清）沈家本：《沈寄簃先生遗书》甲编，第43卷。

（七）辞书类

例如，《辞海》，上海辞书出版社，1979，第932页。

（八）港台著作

例如，钟秉正：《社会保险法论》，台北：三民书局，2005，第80~83页。

（九）外文类

Employee Benefit Research Institute, EBRI Databook on Employee Benefits, Chapter 7: Sources of Income for Persons Aged 55 and Older, updated November, 2011.

（十）网络资料类

例如，降蕴彰：《劳动合同法今年修改，重点规范劳动派遣用工》，网址：http://www.doc88.com/p-999957147610.html，访问日期：2012年3月26日。

（十一）未公开出版物类

例如，阮华燕：《广东省社会保险费改税研究》，厦门大学硕士学位论文，2006，第20页。

图书在版编目（CIP）数据

社会法论丛. 2018 年卷：总第 3 卷 / 蒋月主编. --
北京：社会科学文献出版社，2020.1
ISBN 978 - 7 - 5201 - 5941 - 8

Ⅰ. ①社…　Ⅱ. ①蒋…　Ⅲ. ①社会法学 - 文集　Ⅳ.
①D90 - 052

中国版本图书馆 CIP 数据核字（2020）第 004694 号

社会法论丛 2018 年卷（总第 3 卷）

主　　编 / 蒋　月

出 版 人 / 谢寿光
组稿编辑 / 刘骁军
责任编辑 / 关晶焱
文稿编辑 / 张　娇

出　　版 / 社会科学文献出版社·集刊分社（010）59367161
　　　　　　地址：北京市北三环中路甲 29 号院华龙大厦　邮编：100029
　　　　　　网址：www. ssap. com. cn
发　　行 / 市场营销中心（010）59367081　59367083
印　　装 / 三河市尚艺印装有限公司

规　　格 / 开本：787mm × 1092mm　1/16
　　　　　　印张：26.5　字数：428 千字
版　　次 / 2020 年 1 月第 1 版　2020 年 1 月第 1 次印刷
书　　号 / ISBN 978 - 7 - 5201 - 5941 - 8
定　　价 / 128.00 元